BASTEI
LÜBBE

Catherine Cookson

Einer Mutter Sohn

Aus dem Englischen von
Eva-Maria Schwab

BASTEI
LÜBBE

BASTEI-LÜBBE-TASCHENBUCH
Band 11 931

Titel der englischen Originalausgabe: MY BELOVED SON
Originalverlag: Bantam Press, London

Printed in Germany April 1993
Einbandgestaltung: Adolf Bachmann
Titelbild: ACCONERO / T. Schlück-Agentur
Satz: Fotosatz Koenig, Köln
Druck und Bindung: Ebner Ulm
ISBN 3-404-11931-2

Der Preis dieses Bandes versteht sich einschließlich der gesetzlichen Mehrwertsteuer

Inhalt

Für Bill McBrien, der mit viel
Feingefühl 1950 eine Steuerforderung
über 2 Pfund, 10 Shilling für das
Erstlingswerk eines gereizten und
zudem blutigen Anfängers bearbeitete
und sich auch vierzig Jahre später dafür
nicht zu schade ist.
Danke, Bill

TEIL EINS

1926

1.

Die große Frau hob den Jungen aus dem Eisenbahnwagen hinaus in den Schnee, der durch einen Windstoß vom Dach des Zuges geweht wurde. Als sie sich auf dem kleinen Bahnhof umsah, erblickte sie zwei Männer, die auf sie zukamen.

Es war der Mann mit der karierten Mütze, der sich schließlich mit den Worten an sie wandte: »Meine liebe Ellen, da sind wir ja gerade noch mal rechtzeitig gekommen.«

Er hatte ihre Hand ergriffen und betrachtete den Jungen. »Hallo, Kleiner. Dann wollen wir mal, nicht wahr? Wo sind eure Koffer? Im Gepäckwagen?« Er wandte sich an seinen Begleiter. »Kümmere dich darum, Dick.«

»Ich habe nur zwei Reisetaschen dabei. Die Koffer habe ich bereits vor drei Tagen aufgegeben«, meinte die Frau.

»Schon vor drei Tagen? Nun, hoffentlich ist dein Gepäck nicht verlorengegangen. Aber nun zu dir: Du weißt gar nicht, wie ich mich freue, dich zu sehen, Ellen. Es ist lange her, seit wir uns das letzte Mal begegnet sind. Was hältst du denn von diesem Wetter? Ich hoffe, du wirst dich bald daran gewöhnt haben. Die Umstellung wird sicher nicht leicht werden, wenn man wie du aus dem sonnigen Süden kommt. Aber wenn es nicht das Wetter ist, was den Leuten Kopfzerbrechen bereitet, dann sind es die Kriege, und wenn es nicht die Kriege sind, dann ist es der Streik. Ich frage mich, wo das alles noch enden soll.« Er lachte laut auf. Dann ergriff er mit einer Hand Ellens Arm, mit der anderen die Hand des Jungen und führte sie hinaus zu seinem Auto, das vor dem Bahnhof stand.

Der Schnee fiel nun in großen, dicken Flocken. Als der Mann ihnen ins Auto half, meinte er: »Die Fahrt wird wahrscheinlich ein wenig holprig, aber wir werden schon in Screehaugh ankommen. Ich hoffe es wenigstens.« Er lachte wieder, dann rief er seinem Begleiter, der das Gepäck im Kofferraum verstaute, zu: »Beeil dich, Dick! Oder willst du unbedingt zu Fuß laufen?« Erneut brach er in schallendes Gelächter aus, und der kleine Junge stimmte in das Lachen mit ein.

»Sehr gut, Junge! Du scheinst Humor zu haben. Das ist ein gutes Zeichen«, sagte der Mann.

Doch seine Mutter rügte ihn leise: »Hör auf zu kichern, Joseph!«

Das Kind starrte sie einen Moment an. Dann rutschte es auf der Rückbank des Wagens dicht ans Fenster und rieb mit der einen Hand, die in einem Fäustling steckte, an der Scheibe.

»Der Schnee ist *draußen*«, erklärte Ellen ihrem Sohn.

»Ich weiß.«

Sie lächelte ihn an und schüttelte in gespielter Verzweiflung den Kopf.

Der Mann, der Dick gerufen wurde, hatte vorne im Auto Platz genommen. Im selben Augenblick startete Sir Arthur Jebeau den Wagen. Mit einem Ruck setzte sich das Fahrzeug in Bewegung. Ellen zog ihren Sohn eng an sich und legte den Arm um seine Schultern. Dann lehnte sie sich zurück und entspannte sich. Sie betrachtete den Mann, der hinter dem Steuer saß.

Ihrem Schwager Sir Arthur Jebeau war sie erst zweimal während ihrer fünfjährigen Ehe mit seinem Bruder begegnet. Und erneut mußte sie feststellen, wie unterschiedlich die beiden Geschwister doch waren. Sir Arthur Jebeau war ein Lebemann, redselig, impulsiv und sehr humorvoll, während ihr Ehemann das genaue Gegenteil davon war: ein Phantast, dessen Träume nie in Erfüllung gingen. Sein letzter Traum hatte ihn umgebracht, fernab in einem fremden Land. Dort hatte er wieder einmal versucht, über Nacht Geld zu machen, und das in einem Metier, in dem man jahrelange Erfahrung benötigte: dem Anbau und der Herstellung von Wein.

Sie fragte sich, wie das Leben sie zusammengeführt hatte, denn ihr Charakter war von dem ihres Mannes genauso verschieden wie der seines Bruders. Sie hatte niemals Träume; sie hatte Sehnsüchte, große Sehnsüchte, die aber eher praktischer Natur waren und nicht auf irgendwelchen Hirngespinsten beruhten. Auf eine bestimmte Art und Weise tat es ihr nicht einmal leid, daß Joe gestorben war, da eine Trennung über kurz oder lang sowieso bevorgestanden hätte. Hätte sie über eigene finanzielle Mittel verfügt, so hätte sie diese Trennung mit Sicherheit längst vollzogen. Tief in ihrem Herzen wußte sie das. Und doch war es nicht die ganze Wahrheit. Das Sorgerecht für das Kind hätte letztendlich darüber entschieden, ob sie geblieben oder gegangen wäre. Aber dieser Entscheidung brauchte sie sich gnädigerweise nicht mehr zu stellen. Sie sagte zwar »gnädigerweise«, aber als sie feststellen mußte, daß sein Nachlaß nur aus Schulden und einer erdrückenden Hypothek auf das alte und zugige Farmhaus bestand, das er ihr mit solchem Stolz präsentiert hatte, als schenke er ihr einen königlichen Palast, hätte sie ihn verfluchen können.

Vor einem Monat war der Mann, der nun vor ihr saß, nach Frankreich gekommen und hatte sich um das Begräbnis seines Bruders gekümmert. Dabei überließ er ihr genügend Mittel, um alle Dinge zu regeln. Außerdem hatte er ihr spontan ein Heim angeboten, bis sie irgendwann eigene Pläne für sich machen wollte.

Unter ihrem Mantel der Trauer verschaffte ihr dieses Angebot nicht nur Erleichterung, sondern auch eine Art von Freude. Ihr Schwager war schon seit fünf Jahren Witwer und hatte seine Frau so sehr geliebt, daß er noch nicht bereit dazu schien, wieder zu heiraten. Sie dachte an Screehaugh, diesen wunderschönen Besitz mit dem traumhaften Haus. Und in all den Nächten, in denen sie in ihrem trübseligen, kahlen Farmhaus wachgelegen hatte, hatte sie sich immer wieder voller Neid gefragt, warum der eine Bruder so stilvoll leben konnte, während der andere vor allem durch eigenes Verschulden ein Dasein fristen sollte, das nicht besser als das eines Bauern war.

Was ihr allerdings inzwischen noch mehr Trost spendete, war das Wissen darum, daß es auf Screehaugh noch nicht einmal eine Wirtschafterin gab.

Die Frau des Stallburschen, der nun neben seinem Herrn saß, und deren Töchter kümmerten sich um das Haus. Also gab es niemanden, der den Haushalt offiziell leitete und gegen den sie sich behaupten mußte. Keine Haushälterin, der gegenüber sie ein Gefühl der Unterordnung entwickeln mußte.

Sie seufzte tief und gelöst, während sie sich in Gedanken ihre Zukunft ausmalte, die sich nun wie ein goldener Pfad von einem kalten Winter über das Frühjahr bis hinaus in einen sonnigen Sommer erstreckte. Aber aus Erfahrung wußte sie, daß sowohl das Frühjahr als auch der Sommer Stürme für sie bereithielten. Doch alles zu seiner Zeit, sagte sie zu sich selbst, alles zu seiner Zeit. Sie begann ein neues Leben, nicht nur für sich, sondern auch für ihren Sohn. Unwillkürlich drückte sie ihn so fest an sich, daß er wimmerte: »Mutter, du tust mir weh!«

Es dauerte anderthalb Stunden, bis sie das Haus erreichten. Ellen hatte von der Landschaft, durch die sie gefahren waren, nicht viel gesehen. Aber da sie schon einmal nach Screehaugh gefahren war, wußte sie, daß sie nicht viel verpaßt hatte. Der Blick auf die kahlen Hügel und steinigen Abhänge hatte sie nie sonderlich interessiert.

Sie betrachtete kurz die Vorderseite des Hauses und sah hinauf zu dem schmalen Schornstein, aus dem dicke Rauchschwaden hervorquollen. Wenig später betraten sie das Vestibül, und um sie herum herrschte überall geschäftiges Treiben. Da war die unförmige Jessie Smith, die ihr ein Lächeln zum Gruß schenkte, das aber aufgesetzt wirkte. Ihre Tochter Mary, ein neunzehnjähriges Mädchen, das im Gegensatz zu der Mutter ausgesprochen dünn war, nickte ihr zur Begrüßung einfach zu. Die beiden halfen Ellen und ihrem Sohn aus den Mänteln. Dabei fiel Ellens Blick auf zwei Jungen, die ihr schweigsam und verlegen gegenüberstanden, während ihr Vater unablässig auf sie einredete.

»Es wird immer schlimmer! Bestimmt werden wir morgen eingeschneit sein. Habt ihr die Tiere hinausgelassen? Wenn das Wetter anhält und sie keine Bewegung mehr haben, werden sie noch dick und träge. Los, jetzt steht hier nicht herum wie die Ölgötzen, sagt etwas zu eurer Tante. Ihr erinnert euch doch noch an sie, oder?«

Der zwölfjährige Martin trat nun vor und streckte seine Hand aus. »Wie geht es dir, Tante Ellen?« Dann folgte, wie gewöhnlich, der zehnjährige Harry dem Beispiel seines Bruders und fragte: »Wie geht es dir, Tante Ellen?«

Schließlich wandten sich beide gleichzeitig dem kleinen Jungen zu. Und als dieser zu ihnen aufsah, sie angrinste und »Hallo!« sagte, erwiderten beide das breite Lächeln und den Gruß.

»Das ist ein hübsches Feuer.« Joseph deutete auf den Kamin.

»Nun, du wirst dich vielleicht nicht mehr daran erinnern, aber als du ein Jahr alt warst, wärst du beinahe da hineingefallen.«

»Wirklich?«

»Ja, es war sogar an deinem Geburtstag. Du hast doch Heiligabend Geburtstag, nicht wahr?«

»Ja. Dieses Jahr werde ich fünf«, erklärte der Junge stolz.

»Mensch, dann bist du ja fast ein alter Mann.« Martins Gesicht nahm einen Ausdruck gespielter Feierlichkeit an, und alle lachten.

»Komm doch her zum Kamin und wärm dich auf.« Als Harry Joseph die Hand reichte, sagte Ellen: »Ich denke, er zieht sich erst einmal um. Seine Schuhe und Strümpfe sind bestimmt ganz naß.«

»Aber ich möchte . . . na ja, ich möchte bei ihnen bleiben.« Joseph sah seine Mutter bittend an.

Doch Ellen hielt ihm ihre Hand auffordernd entgegen. »Na komm. Sei ein braver Junge!«

Joseph blickte erst seine Vettern und deren Vater an, dann seine Mutter. Schließlich wandte er sich seufzend von seinen Cousins ab. Er legte seine Hand aber nicht in die seiner Mutter, sondern ging vor ihr die Treppe hinauf. Und er hatte weder für die prächtige Galerie noch für die wundervolle Umgebung einen Blick. Und damit war sein Schicksal sozusagen besiegelt. Es würden von nun an Menschen und nicht Dinge sein, die ihn in ihren Bann schlagen sollten. Doch zu diesem Zeitpunkt hatte er noch keine Ahnung davon, was das für ihn bedeuten würde.

Joseph sollte sich immer an seinen fünften Geburtstag erinnern. Selbst in den Zeiten, an denen er sich an nichts anderes mehr erinnerte, blieb ihm die Atmosphäre des Hauses im Bewußtsein, im besonderen die der Eingangshalle. Am frühen Morgen des Heiligabend hatten Martin und Harry ihn auf den Rücken eines der Pferde gesetzt und ihn im Hof herumgeführt, den man vom größten Teil des Schnees befreit hatte. Dann führten sie ihn hinauf zum Heuboden, wo sie mit ihm spielten. Später am Tag zog er mit ihnen los, um ihnen beim Tragen der Geschenke für die Smith-Familie zu helfen. Im Gänsemarsch liefen sie den schmalen Pfad hinunter zu den drei Hütten. Dort traf Joe zum ersten Mal auf die vollzählige Familie.

Mr. Smith kannte er bereits, ebenso seine Frau, eine große korpulente Person, die herrlichen Pudding kochen konnte, und ihre Tochter Mary, die in der Küche half und bei Tisch bediente. Auch Helen, das Hausmädchen, das der Mutter sehr ähnelte, war ihm nicht fremd. Sie war sechzehn Jahre alt. Dann war da noch Charly, der auch im Haus arbeitete. Er mußte die Schuhe putzen und die Flaschen und Gläser spülen. Florrie war seine Zwillingsschwester. Sie arbeitete in der Küche und spülte das Geschirr. Und da war Mick, der »Junge für alles«. Angefangen von der Gartenarbeit bis hin zum Beschlagen der Pferde half er überall dort, wo er gebraucht wurde. Zwei weitere Mitglieder der Familie traf Joe an diesem Abend zum ersten Mal. Eine von ihnen hieß Janet. Sie war dreizehn und besuchte noch die Schule. Doch das Mädchen, das ihn am meisten interessierte, war Carrie, die Jüngste.

Er sah Carrie zum ersten Mal, als sie auf einem Holzstoß beim offenen Feuer saß. Obwohl sie neben den anderen Familienmitgliedern zu verblassen schien, war es ihm, als leuchte sie – so würde Mick später sagen – wie ein Stern. Nicht, daß sie besonders hübsch war. Eigentlich war es Janet, die außerordentlich schön war, während Carrie keine besonders anmutigen Gesichtszüge hatte. Doch ihre Augen fielen ihm auf. Sie waren groß und rund, und ihre Farbe war undefinierbar. Ihre Lippen hatten noch immer jene kindliche Fülle, doch schienen deren Winkel sich nach unten zu neigen, wie es oft der Fall ist, wenn die Gedanken schwer sind.

Joseph stand einfach da und schaute schüchtern

das kleine Mädchen auf dem Holzstoß an, während die Stimmen um seinen Kopf zu kreisen schienen.

»Fröhliche Weihnachten!«

»Fröhliche Weihnachten!«

»O danke! Danke, vielen Dank!«

»Der gnädige Herr ist sehr großzügig.«

»Aber nicht mehr lange, Mary, wenn du dich nicht bald anschickst, hinüberzugehen und dich um das Festessen zu kümmern!«

»Aber Ma! Ich bin doch noch keine Minute hier. Und außerdem paßt Mrs. Paxstone in der Küche auf.«

»Dann danke Gott für die Geschenke. Jetzt aber schnell, Mary. Ich werde auch gleich kommen.«

»O danke, Master Harry.«

»Danke, Master Martin.«

Joseph tauchte aus dem Meer der Stimmen wieder auf, als Martin ihm etwas in die Hand drückte und sagte: »Hier, Joe. Gib das Carrie.« Martin wies auf das jüngste der Mädchen. Joseph ging ohne zu zögern auf sie zu und drückte ihr hastig die Schachtel in die Hand.

»Bedank dich bei Master Joseph!«

Im Zimmer war es plötzlich still, alle warteten gespannt auf eine Erwiderung von Carrie. Doch sie riß nur mit einem kräftigen Ruck das Geschenkpapier von der Schachtel, ungeachtet der Ausrufe, die dieses Tun hervorrief.

»O Himmel! Seht mal, was sie angestellt hat.«

»Du ungezogenes Mädchen! Das Geschenk ist doch erst für morgen.«

»Laßt sie es ruhig jetzt schon auspacken.« Es war Mick Smith, der das sagte. Der Junge, der nicht älter als zehn Jahre alt war, schien die Stimme eines

Erwachsenen zu haben. Und als ob er tatsächlich ein Erwachsener wäre, erhoben die anderen keinen Einwand, und die Mutter sagte: »Also gut, Carrie. Mach es schon auf.«

Zu diesem Zeitpunkt hatte das Mädchen schon den Deckel der Schachtel geöffnet und das Papier zurückgeschlagen, in dem eine Puppe eingewickelt war. Sie war wie ein Baby in ein langes Kleid gehüllt. Als Carrie sie hochhielt, rief Charly Smith laut aus: »Sieh mal einer an! Er schenkt ihr ein Kind!«

Das Wissen, welches sich hinter dieser Bemerkung verbarg, blieb nicht unbemerkt. Als der Junge sich in der anderen Ecke des Raumes wiederfand und seine glühende Wange rieb, sagte der Vater: »Das soll dir eine Lehre sein. Das nächste Mal öffnest du dein loses Mundwerk nur, wenn du ihm was zu essen gibst.«

Betretenes Schweigen erfüllte den kleinen Raum. Schließlich sagte Martin in demselben aufgeräumten Tonfall, den auch sein Vater zuweilen hatte: »So, ich glaube, wir müssen los. Ich . . . ich habe meine Geschenke noch nicht eingepackt. Und was Harry betrifft« – er stupste seinen Bruder an – »glaube ich, daß er seine noch nicht einmal eingekauft hat.«

»Na, dann wird's aber Zeit, was?« Es war Janet, die diese vorlaute Bemerkung von sich gab und somit die angespannte Stimmung ein wenig auflockerte.

Auch Joseph lachte, obwohl er gar nicht so recht wußte, warum. Er wußte nur, daß er noch ein wenig bleiben und mit dem Mädchen spielen wollte. Doch Martin nahm ihn wieder bei der Hand, und so blieb ihm nichts anderes übrig, als seinem Cousin zu folgen, der laut »Eine frohe Weihnacht euch allen« rief. Als sie schon in der Tür standen, die von Dick Smith aufgehalten wurde, drehte er sich jedoch noch einmal um und sagte leise: »Ich habe heute Geburtstag. Ich werde fünf Jahre alt.«

Daraufhin brachen die Anwesenden in lautes Gelächter aus und riefen ihm zu: »Herzlichen Glückwunsch zum Geburtstag, Master Joseph. Herzlichen Glückwunsch!«

Als Martin ihn über den verschneiten Pfad führte, sagte er lachend: »Du bist ganz schön dämlich, weißt du das, Joe? Sie wissen doch, daß du heute Geburtstag hast. Schließlich bindest du es ja jedem schon seit heute morgen auf die Nase. Und hat Dick dir nicht auch das kleine hölzerne Pferd geschenkt?«

»Ja, ich weiß. Aber . . . aber seit heute morgen ist eine lange Zeit vergangen. Sie hätten es schließlich vergessen können, oder?«

Die zwei Brüder lachten Tränen, und als sie den Hof erreichten, ergriff Harry Josephs freie Hand, um ihn mit Martin von Zeit zu Zeit kurz hochzuheben. Im Haus wetteiferten sie darum, wer Joseph am schnellsten die Winterstiefel ausziehen könnte. Dann rissen sie ihm Mantel, Schal und Mütze aus den Händen und warfen ihn auf den Teppich vor dem großen Kamin. Dort kitzelten sie ihn durch und tollten mit ihm alsbald so laut, daß der Lärm seine Mutter nach unten lockte.

Doch diesmal rügte Ellen Jebeau ihren Sohn nicht. Vielmehr setzte sie sich anmutig in den Sessel, der neben dem Kamin stand, so daß die Jungen in ihrem wüsten Spiel innehielten und sie mit großen Augen erwartungsvoll anstarrten.

Sie trug diesmal kein Schwarz, sondern eine mitternachtsblaue Robe. Das blonde Haar hatte sie zu einem kunstvollen Knoten hochgesteckt, und alles in allem wirkte sie in ihrer Perfektion wie ein hinreißendes Gemälde.

Martin blickte sie ungläubig an. Sie erinnerte ihn an etwas – nein, an jemanden. Er wußte nicht genau, wer es war, bis ihm seine Mutter einfiel, die oft ein ähnliches Kleid getragen hatte.

Ellen konnte sich denken, was dem Jungen durch den Kopf ging. Tags zuvor hatte sein Vater zu ihr gesagt: »Tu mir einen Gefallen, Ellen, und laß die schwarzen Kleider im Schrank hängen. Die Toten sind tot. So wie ich mich dieser Tatsache letztes Jahr stellen mußte, mußt du dir dessen auch endlich bewußt werden. Ich weiß, wie sehr du Joe vermissen mußt. Er war wirklich das liebenswerteste Geschöpf auf Gottes Erden. Ein Träumer, ja, aber das ist schließlich keine Sünde. Tatsächlich glaube ich, daß die Träumereien sein Lebenselixier waren. Er hatte ein Selbstvertrauen, das ihn fast wie ein unschuldiges Kind erscheinen ließ. Ich habe um Vera getrauert. Vier lange Jahre klammerte ich mich an ihre Erinnerung. Ihr Ankleidezimmer war für mich ein Heiligtum, das ich in all der Zeit nicht veränderte. Wenn du es dir genau ansiehst, so wirst du feststellen, daß keines ihrer Kleider fehlt. Ich habe schon oft daran gedacht, sie einfach wegzugeben. Aber ich konnte den Gedanken, daß eine Fremde ihre Kleider trägt, kaum ertragen. Bei dir ist es jedoch etwas anderes. Auf deine Art bist du ihr . . . nun, ähnlich. Du hast ungefähr dieselbe Größe, dieselbe Haarfarbe. Wenn es dir also gefällt, mach Gebrauch von diesen Kleidungsstücken. Ich glaube, es würde sie freuen, wenn sie wüßte, daß ihre Kleider wieder getragen werden. Sie liebte sie, und sie hatte Geschmack.«

»Ja, ich erinnere mich, wie klug und hübsch sie war.« Dann fügte sie hinzu: »Ich könnte niemals so sein wie sie, denn ich bin mir meiner Grenzen, was Aussehen und Charakter angeht, bewußt.«

»Jetzt stell dein Licht nicht so unter den Scheffel, Ellen. Du bist zu bescheiden. Aber es wäre mir eine Freude, wenn du auf mein Angebot eingehen würdest«, erwiderte er.

»Also gut.« Sie konnte ihre Freude kaum verbergen, als sie schließlich seinem Wunsch nachkam. Endlich hatte sie einen Schrank voller Kleider, von denen die meisten schön, aber allesamt teuer waren. Sie hatte ihre Schwägerin nicht umsonst beneidet.

Die Jungen lagen noch immer erschöpft auf dem Teppich, als Arthur das Vestibül betrat. Er hielt für eine Sekunde inne und blickte Ellen an. Dann ging er zum Kamin und rief: »Jetzt aber hinauf mit euch! Versucht wenigstens, euch einmal wie Gentlemen zu benehmen.« Er packte sie beim Kragen und schüttelte sie kräftig durch, wobei er schallend lachte. Dann schob er sie zur Treppe und sagte: »Los, zieht euch um. Ihr riecht nach Stall. Nehmt den Spitzbuben hier mit und kümmert euch um ihn. Paßt auf, daß er sich die Ohren wäscht und daß seine Fingernägel sauber sind.«

Und so faßten die beiden Brüder Joseph wieder an den Händen, hievten ihn die Treppe hoch, wobei sie jede zweite Stufe übersprangen, und riefen im Chor: »Eins, zwei, allez hopp!«

Arthur ging langsam zu dem kleinen französischen Beistelltisch, der an der Wand stand und in seiner Zierlichkeit einen krassen Gegensatz zu dem steinernen Mauerwerk bildete. Er nahm aus einer silbernen Dose eine Zigarette, doch bevor er sie anzündete, drehte er sich überraschend um und sagte: »Was für Manieren! Wie kann ich von meinen Söhnen erwarten, daß sie sich wie Gentlemen benehmen, wenn es dem Vater an den Grundprinzipien der Höflichkeit mangelt. Es tut mir leid, meine Liebe.« Er bot ihr eine Zigarette an. »Das kommt davon, wenn man keine Frau mehr hat.«

»Ich rauche nicht, danke.«

»Oh! Nun, das freut mich. Es ist wirklich eine schreckliche Angewohnheit. Ich kann es mir einfach nicht abgewöhnen, obwohl ich mir manchmal die Seele aus dem Leib huste.« Abrupt wechselte er das Thema, und sein Gesichtsausdruck war plötzlich sehr ernst. »Du siehst wunderschön aus, Ellen.«

»Danke, Arthur. Aber wie heißt es doch so schön: Kleider machen Leute. Ich habe lange mit mir gerungen, ob ich das Kleid anziehen soll. Ich hatte Angst, es könnte dich zu sehr aufregen.«

Er schüttelte den Kopf. »Nein, nein! Es regt mich überhaupt nicht auf. Vor ein paar Jahren vielleicht. Aber die Zeit heilt alle Wunden, glaub mir.« Dann änderte sich seine Stimmung erneut. Wieder war er der ausgelassene Junge. »Aber nun sag, was möchtest du trinken? Du möchtest doch sicher gerne einen Aperitif, oder täusche ich mich da?« Er zwinkerte sie auffordernd an.

»Ich muß schon sagen, dein Gedächtnis ist hervorragend«, antwortete sie lächelnd.

»Sehr gut.« Er ging hinüber zu dem kleinen Schränkchen, das als Bar diente. »Sherry, Port oder etwas Härteres? Was hättest du denn gern?«

»Ich hätte gern einen Port mit Brandy.«

»Nanu?« Er drehte sich zu ihr um. »Davon habe ich ja noch nie gehört.«

»Joe hat es erfunden. Wir haben es nur zu speziellen Anlässen getrunken.«

»Und dies ist ein spezieller Anlaß. Ich glaube, ich werde auch so einen probieren.«

Einen Moment später erhoben sie die Gläser, und er stieß mit ihr an. »Auf die Zukunft, auf daß du hier glücklich wirst.«

Als sich die Gläser mit einem leisen Klirren berührten, erwiderte sie: »Das werde ich bestimmt, Arthur. Und laß es mich dir noch einmal sagen: Mein Herz ist voller Dankbarkeit, daß du uns so freundlich aufgenommen hast. Ich weiß nicht, was wir ohne dich getan hätten. Ich hoffe, ich werde irgendwann einmal in der Lage sein, mich bei dir zu revanchieren.«

»Jetzt red doch keinen Unsinn!« Er wandte sich von ihr ab und ließ sich in einen Sessel neben dem Kamin fallen. »Ich freue mich aufrichtig, daß du hier bist. Ich habe schon lange eine Frau in diesem Haus vermißt. Oh, ich will damit nicht sagen, daß Jessie und ihre Familie sich nicht um mich gekümmert hätten. Aber es ist eben nicht dasselbe, wenn du verstehst, was ich meine.«

Sie drehte sich langsam zu ihm um. »Ja, ich weiß, was du meinst.«

»Aber gib acht. Du wirst es hier wahrscheinlich schon bald recht langweilig finden. Es geschieht nicht viel Aufregendes. Du weißt, wir leben hier fast wie auf einer Insel, und im Winter können wir für Wochen von der Außenwelt abgeschnitten sein. Zum größten Teil versorgen wir uns selbst. Aber es kann schon an den Nerven zerren, wenn man diese Einöde nicht gewohnt ist.«

»Mach dir um mich keine Sorgen. Ich kann mich sehr gut allein beschäftigen. Ich kenne die Einsamkeit. Joe war die meiste Zeit nicht zu Hause. Schließlich mußte er sich um die Geschäfte kümmern. Ich ... ich kann dir versichern, daß mangelnde Gesellschaft das geringste Problem für mich sein wird.«

»Mißversteh mich bitte nicht. Wir leben hier nicht ohne Gesellschaft. Da gibt es zum Beispiel die Doltons und die Hallidays. Die Doltons haben drei Kinder, die Hallidays zwei. Ich glaube, Joan Dolton wird dir gefallen. Sie ist recht lebhaft. Nun, du wirst sie bestimmt Sylvester kennenlernen, wenn nicht sogar vorher. Nachdem Vera gestorben war, habe ich unser Neujahrsfest zwei Jahre lang nicht mehr veranstaltet. Doch dann hat Tom gesagt – Tom Halliday –, sie würden es vermissen. Und da in diesem Jahr meine Familie um zwei Personen angewachsen ist, habe ich mich überreden lassen.«

Sie erwiderte nichts darauf, sondern beobachtete, wie er in seiner eigentümlich nervösen und fahrigen Art fortfuhr: »Es war ein gutes Jahr. Schließlich haben wir die Ashes besiegt.« Er setzte sich aufrech hin. »Ja, wir haben gegen die Ashes gewonnen. Und Cobham ist nach Australien und wieder zurück geflogen. Und Betty Nuttal hat Mrs. Mallory geschlagen ... Magst du Sport?«

»Ich mag Schwimmen. Das ist die einzige Sportart, die ich selbst ein wenig beherrsche. Und Joe hat mir beigebracht, auf die Jagd zu gehen.«

»Oh, es freut mich, daß du mit Schußwaffen umgehen kannst. Hier in der Gegend wird viel gejagt. Aber es ist merkwürdig, ich selbst bin ein miserabler Schütze. Ich glaube sogar, daß die Vögel sich über mich lustig machen, wenn sie mich sehen.«

Sie mußten beide lachen. Dann fragte er: »Spielst du immer noch Klavier?«

»Ja, ein wenig.«

Er schaute sie aus zusammengekniffenen Augen an, wobei seine Zunge über die Oberlippe fuhr. Dann trank er einen kleinen Schluck. Es war ihm anzusehen, daß er verzweifelt nach einem weiteren Gesprächsthema suchte. Plötzlich stieß er hervor: »Politik! Interessiert dich Politik?«

»O nein! Keine Politik! Das ist das letzte, mit dem ich etwas zu tun haben möchte.«

»Oh . . . Ich verstehe dich nur zu gut. Frauen sollten sich sowieso aus der Politik heraushalten. Aber du hast doch trotzdem vor deiner Abreise von dem Streik gehört?«

»Ja.«

»Das war eine schlimme Zeit. Das Land war wie gelähmt. Der Generalstreik hat zwar nicht lange gedauert, aber die armen Teufel waren für Monate ohne Arbeit. Hier oben war es scheußlich. Sie hatten wirklich ein hartes Los. Einige von ihnen waren hier und verrichteten Aushilfsarbeiten. Sie arbeiteten für Kartoffeln. Wie schlimm muß es sein, wenn man so weit gehen muß.«

Mit einem Satz sprang er aus seinem Sessel. »Das Leben ist sehr ungerecht. Ich gebe ja zu . . .« – Er streckte abwehrend den Arm aus, als erwidere er einen Einwand, den sie vorgebracht hatte – » . . . ich spreche als einer der Reichen, der den Hungernden vor seiner Tür sieht. Ich war der dritte in der Erbfolge, aber ich habe diesen Titel niemals angestrebt. Ich hatte im Traum auch nie daran gedacht, daß er mir eines Tages zufallen könnte, denn meine Vettern John und Thomas waren kerngesund. Doch John starb an einer Lungenentzündung kurz vor seiner Hochzeit. Und Thomas brach sich in den Bergen das Genick. Für mich war es ein großer Schock, glaub mir das. Ich meine, allein die Vorstellung ... Ich, ein Baronet! Und alles, weil ... na ja.« Er wandte sich dem Feuer zu und stieß mit dem Fuß einen Holzscheit in die Glut. »Ich glaube, ich bin kein Mensch, zu dem ein Titel paßt. Ich wollte nur Anwalt werden ... und auf einer Farm leben. Wußtest du, daß wir eine Farm hatten?«

»Warum glaubst du, daß der Titel nicht zu dir paßt?« Die Frage war mit einem scharfen Unterton gestellt.

Überrascht sah er sie an. »Nun, abgesehen von allem anderen geht dieser Titel mit einer gewissen Verantwortung einher. Ich bin von Natur aus ein Mensch, der sich nicht gerne an die Leine legen läßt. Und ich nehme die Dinge meistens nicht so ernst, wie man sie nehmen sollte. Das liegt vielleicht daran, daß ich, was meine Arbeit betrifft, die merkwürdigsten Zeitgenossen antreffe. Mein Vater war auch schon so und mein Großvater erst recht, obwohl mein Urgroßvater ein Richter war. Aber er war, wie man mir erzählte, einer von der Sorte, die auch einmal fünf gerade sein ließ. Weißt du, dieses Haus bestand am Anfang nur aus dem Trakt, in dem wir uns jetzt befinden. Dabei war auch nur der obere Teil für die Familie bewohnbar. Da, wo du jetzt sitzt, war der Kuhstall. Der Schweinestall befand sich in der Nähe der Treppe. In einem der Bücher in der

Bibliothek kannst du dir einen Stich ansehen, wie es seinerzeit hier aussah. Ich zeige ihn dir einmal. Dann verlegten sie die Ställe nach draußen und bauten einen Kamin. Das muß jetzt an die hundert Jahre her sein. Mein Großvater hatte unwahrscheinliches Glück. Wohl mehr, als er verdiente.« Er lachte plötzlich laut auf. »Irgendwelche entfernten Verwandten in Amerika vermachten ihm eine halbe Million Dollar. Wenn man den Wechselkurs bedenkt, klingt es natürlich nur noch halb so gewaltig. Daran hielten sich auch eine Reihe von Anwälten schadlos. Dennoch, es blieb ein kleines Vermögen übrig. Und somit machte mein Großvater endlich Nägel mit Köpfen. Er veränderte die Fassade und ergänzte das Gebäude um den Ost- und den Westflügel. Na ja, eigentlich baute er das ganze Haus um.«

»Er hat etwas Wunderbares daraus gemacht.«

»Dem kann ich nur zustimmen, Ellen. Ah!« Er hob plötzlich die Hand. »So viel zu unserer Ruhe. Sieh mal, wer da kommt!«

Sie drehten sich beide zur Treppe um und sahen, wie Joseph von den beiden Brüdern die Treppe hinunter eskortiert wurde. Unten angekommen, riß sich Joseph von seinen beiden Vettern los und lief zu seiner Mutter. »Sie haben mir die Ohren gewaschen, obwohl sie sauber waren. Das habe ich ihnen gesagt, aber sie behaupteten, sie müßten ganz rot sein, sonst würde Onkel Arthur mit mir rodeln gehen.«

Arthur übertönte mit seiner kräftigen Stimme das Gelächter, das die Halle jetzt erfüllte. »Paßt bloß auf, ihr zwei! Sonst fahre ich mit *euch* Schlitten!«

Als die Jungen die Köpfe senkten, aber trotzdem vernehmlich kicherten, trat Mary Smith in das

Vestibül und sagte: »Das Essen ist zubereitet, Mr. Arthur.«

»Danke, Mary. Ich weiß nicht, wie es mit euch ist, aber ich sterbe vor Hunger.«

Als er Ellen den Arm reichte, blickte Joseph zu ihm auf und fragte: »Warum nennt sie dich ›Mister‹? Martin sagte mir, du bist ein ›Sir‹, fast schon ein ›Lord‹, oder etwa nicht?«

»Ich bin zwar kein Lord, aber man nennt mich ›Sir‹.«

»Oh.« Der Junge wirkte enttäuscht. »Und ich habe gedacht, du wärst ein Lord. Dann wärst du nämlich fast so etwas wie ein König.«

Während die beiden anderen Jungen in schallendes Gelächter ausbrachen, trieb Joe, der bemerkte, daß er der Grund für ihre Erheiterung war, das kindliche Spiel noch ein wenig weiter und fragte: »Werde ich auch ein ›Sir‹ sein, wenn ich erwachsen bin?«

Schlagartig verstummte das Gelächter, und als Ellen Jebeau am Arm ihres Sohnes zupfte, sagte Arthur ruhig, fast ernst: »Ich hoffe nicht, Joe, ich hoffe nicht. Die Konsequenzen wären zu gewaltig.«

Jahre später, als diese längst vergessenen Worte wieder in Joes Erinnerung aufstiegen, sollte er sich auch an die Stimme seines Onkels und dessen Gesichtsausdruck erinnern – an seinem ersten Weihnachtsfest in Screehaugh.

2.

1932

»Freust du dich schon auf Oxford?«

Martin blickte auf und sagte: »Ja und nein. Ja, weil dort wenigstens etwas passiert. Auf der anderen Seite werde ich es vermissen, daß ich am Wochenende nicht mehr nach Hause fahren kann. Weißt du, ich liebe dieses alte Gemäuer.« Dabei schaute er aus dem Schlafzimmerfenster. »Ich glaube aber, daß ich ihm ab und zu den Rücken kehren muß. Und wenn es jemals mir gehören sollte ...« Er drehte sich zu Harry um. »Möge Gott dafür sorgen, daß dies erst geschieht, wenn ich vor Altersschwäche nicht mehr laufen kann. Falls doch, dann müßte ich ab und zu hier raus. Verstehst du, was ich meine?«

»Nein, weil ich nie von hier fort wollte.«

»Nein, das kann ich mir vorstellen, du alter Langweiler.« Martin gab seinem Bruder einen kleinen Schubs, so daß dieser lachend auf der Bettkante landete.

Doch dann wurde Harry wieder ernst, als er ruhig fragte: »Was hältst du eigentlich davon, wenn Vater noch einmal heiraten würde?«

Martin sah ihn mißtrauisch an. »Was weißt du, was ich nicht weiß?«

»Nichts. Gar nichts. Ich halte nur die Augen auf.«

»Und?«

»Na ja. Tante Ellen benimmt sich immer seltsamer. Zumindest habe ich das Gefühl, denn jedesmal, wenn Vater mit Vanessa Southall ausreitet, ist sie ziemlich wütend. Letzten Samstag, als du nach Hause kamst, hat sie sogar Joe verprügelt.«

»Sie hat ihn geschlagen?« Martin schaute seinen Bruder ungläubig an. »Sie hat Joe geschlagen?«

»Ja, das hat sie. Und wie! Er ist regelrecht gegen die Wand geflogen. Sie muß es aber sofort wieder bedauert haben, weil sie ihn direkt danach weinend in die Arme genommen hat.«

»Wo ist das geschehen?«

Harry deutete mit dem Kopf zur Decke. »Ich war oben und habe bei meiner alten Eisenbahn nach einer Achse gesucht, die ich noch hätte gebrauchen können. Ich fand sie auch, aber sie war leider zu klein. Ich war gerade auf dem Weg nach unten, als ich Tante Ellen und Joe heraufkommen hörte. Zuerst dachte ich, sie wollten in das alte Kinderzimmer, weil sie etwas suchten. Bücher oder so etwas, weil sie ihm doch immer so viel vorliest. Manchmal habe ich das Gefühl, daß sie eine wandelnde Enzyklopädie aus ihm machen will. Natürlich läßt Joe das nicht mit sich machen. Sie gingen aber direkt zum alten Schulzimmer. Und als ich die Tür öffnete, sah ich, wie sie ausholte und ihn so heftig schlug, daß er gegen die Wand prallte. Ich sage dir, am liebsten hätte ich *ihr* eine verpaßt. Aber dann fiel sie auf die Knie und weinte zum Steinerweichen. Es war schon irgendwie merkwürdig, wie sie dort jammernd hockte und immer wieder schluchzte: ›Ich denke doch nur an dein Wohl, Joe, immer nur an dein Wohl. Es ist alles deinetwegen, Joe.‹ Nun, was sie auch immer alles seinetwegen tat, sie hatte eine etwas ungewöhnliche Art, es ihm zu zeigen. Mir standen die Haare zu Berge, das kannst du mir glauben, und ich sah zu, daß ich wegkam. Ich habe sie eigentlich immer gemocht. Aber nach dem Vorfall letzte Woche habe ich eine Seite von ihr gesehen, die mir überhaupt nicht gefällt! Vielleicht kennst du das ja schon länger, weil du nie so warm mit ihr wurdest.«

»Nein, ich konnte es irgendwie nie besonders gut mit ihr.«

»Seit wann eigentlich? Als du das mit ihr und Vater herausgefunden hattest?«

»Ich glaube nicht, obwohl ich mir da nicht so sicher bin. Damals war ich immerhin erst zwölf. Trotzdem hatte ich das Gefühl, daß es keine fünf Minuten dauerte, bis sie ihn in ihr Bett gelotst hatte. Ich werde nie die Nacht vergessen, als ich es herausfand. Es machte mich ganz krank. Danach konnte ich ihr nie wieder ins Gesicht sehen. Es hat sogar Einfluß auf meine Leistungen in der Schule gehabt. Erst als ich mich dem guten alten Baldy Wrighton anvertraute, ging es mir etwas besser. Ich erinnere mich noch genau, wie er hinter seinem Schreibtisch saß und mit seinen fleischigen Fingern über seinen kahlen Kopf fuhr, als hätte er noch Haare. Er grinste mich mit all seinen verfaulten Zähnen an und sagte: ›Da brauchst du dir keine Sorgen zu machen, Jebeau. Diese Frau kann niemals deine Stiefmutter werden. Nach dem Gesetz darf niemand die Frau seines Bruders heiraten.‹

Ich weiß noch heute, wie ich ihn voller Erleichterung fragte: ›Wie kann das sein?‹ Dann brachte er mich zum Lachen, wie er es mit uns allen oft am Ende einer Stunde tat. ›So ist das Gesetz‹, sagte er. ›Und was den Akt des Beischlafes angeht: Hunde, Katzen, Stiere und Ziegenböcke tun es, ohne darüber nachzudenken. Wieso sollte dann gerade so ein dummes Wesen wie der Mensch seine Triebe kontrollieren. Oder was meinst du, Jebeau?‹«

Als Martin kicherte, sagte Harry: »Ich hatte vor dem alten Wrighton immer Angst gehabt. Er ist mir einfach zu klug. Jeder sagt, er sei der hellste Lehrer an der Schule. Er hat sogar einen Ruf an die Universität abgelehnt, um hier zu bleiben.«

»Ja, das stimmt. Aber ich wette mit dir, nächstes Jahr um diese Zeit wirst du ihn wie jeder in seiner Klasse in den höchsten Tönen loben... Aber zurück zu Vater. Das wird noch jede Menge Ärger geben, wenn sich zwischen ihm und Vanessa Southall wirklich etwas abspielen sollte. Oder was meinst du?«

Harry schwieg. Dann stand er auf, ging hinüber zum Fenster und sagte: »Es wird mehr als nur Ärger geben. Wir würden einen Aufstand erleben, denn Tante Ellen könnte sich nie einer anderen Frau unterordnen. Sie denkt doch jetzt schon, sie sei die Herrin des Hauses. Zumindest führt sie sich so auf. Und was die ganze Sache noch schlimmer macht: Die Rivalin ist um einiges jünger als sie. Vielleicht so um die Dreißig und überaus hübsch.«

Martin trat nun an Harrys Seite und schaute ebenfalls aus dem Fenster. »Ich kann mir nicht vorstellen, daß Vater so etwas macht. Ich mag Tante Ellen zwar nicht, aber das ist kein Grund dafür, sie so zu erniedrigen.« Er boxte seinen Bruder leicht in die Seite. »Vielleicht siehst du ja auch nur Gespenster.«

»Du bist in diesem Schuljahr nicht jedes Wochenende nach Hause gekommen. Den größten Spaß hast du also verpaßt. Glaub mir, in einigen Monaten kann sehr viel geschehen.«

»Ich war nur vier Wochenenden nicht da.«

»Nun, an zwei von diesen besagten Wochenenden ging es heiß her. Einmal im Salon, ein weiteres Mal im Damenzimmer.«

Wieder herrschte Schweigen. Plötzlich wies Martin nach draußen. »Da kommen Joe und Carrie zurück!«

Harry sah, wie die beiden in dem kleinen Wäldchen am Fuße der Anhöhe verschwanden. Als sie nicht mehr zu sehen waren, sagte er: »Das einzige, worauf Tante Ellen sich verlassen kann, ist die Zuneigung, die Vater dem Jungen gegenüber hat. Er würde nichts tun, was sie veranlassen könnte, die beiden zu trennen. Ich kann mir das Haus auch nicht ohne Joe vorstellen.«

»Genau wie ich. Von ihm geht eine merkwürdige Faszination aus. Er verströmt geradezu eine Liebe, die man irgendwie wieder zurückgeben will. Trotzdem habe ich das Gefühl, daß ihm etwas fehlt. Er ist einsam. Tief in seinem Innersten ist er allein.«

Harry starrte seinen Bruder an. Er war wie sein Vater: überschwenglich und extrovertiert. Dann wiederum konnte er auch geheimnisvoll, gedankenschwer, ja zuweilen sogar poetisch sein.

Plötzlich sagte Martin: »Ich wette, Tante Ellen weiß nicht, daß er mit Carrie durch die Gegend zieht. Sie hält nicht viel von dieser Freundschaft.«

»Ja, genau! Carrie!« Harry packte Martin fester am Arm. »Die Prügel, die er letzte Woche bezogen hat. Jetzt fällt es mir wieder ein. Tante Ellen sagte: ›Ich werde dir helfen mit deiner Carrie!‹ Gütiger Himmel. Genau das war's. Armer Joe! Er hat es wirklich nicht leicht.«

»Und es ist nicht nur seine Mutter, die ihm das Leben schwermacht!« Martin nickte. »Es ist auch Jessie. Wenn es nach ihr ginge, hätte sie die beiden schon längst miteinander verkuppelt. Und zwar schneller, als der arme Joe reagieren könnte.«

»Jessie?«

»Ja, genau, unsere liebe, dicke Jessie. Zu deiner Information erzähle ich dir einmal, daß unser altes Faktotum ein Früchtchen ersten Grades ist.«

»Unsere Jessie? Ach komm.«

»Ja, unsere Jessie!«

»Wie kommst du denn darauf?«

»Weil sie ihre Töchter am liebsten eine nach der anderen verkaufen würde. O ja, auf den Kopf gefallen ist Jessie bestimmt nicht.«

»Irgendwie kann ich dir nicht ganz folgen.« Harrys Stimme war auf einmal seltsam dünn. »Ich mag Jessie.«

»Nun, Brüderlein, ich kann dir nur raten, kein Auge auf Janet oder Carrie zu werfen. Was Florrie angeht, hat Jessie schon etwas in petto. Irgendwie kann ich die alte Schlampe ja verstehen. Sie möchte, daß ihre Kinder es einmal besser haben als sie. Und deswegen versucht sie mit allen Mitteln, eine ihrer Töchter in unsere Familie einheiraten zu lassen.«

»Du machst Witze!«

»O nein, das ist kein Scherz, Harry!« Martin wurde sehr ernst. »Seit ich vierzehn war, hat sie versucht, mich mit Florrie zu verkuppeln. Und Florrie war überaus willig. Sie weiß, wie man andere Leute um den kleinen Finger wickelt. Ich habe davon allerdings nur in den Ferien profitiert, aber . . .«

»Was? Du meinst . . .« Harrys Stimme war jetzt nur noch ein rauhes Flüstern. »Du meinst also . . .«

»Ja, genau das meine ich, Bruderherz«, erwiderte Martin. »Und guck mich nicht so schockiert an.«

»Ich ... ich bin nicht schockiert, nur verwirrt. Ich meine, überrascht ... und irgendwie enttäuscht. Ich dachte immer, Jessie wäre einfach nur nett; wie eine Mutter eben.«

»O ja, wie eine Mutter. So sehr Mutter, daß sie versucht hat, etwas zwischen Mary und Vater in die Wege zu leiten, obwohl ich glaube, daß Mary das nicht lange durchgehalten hätte. Dazu gleicht sie zu sehr ihrem Vater. Wie Carrie. Jessie wird Carrie wohl dazu zwingen müssen, das zu tun, was sie von ihr erwartet. Bei Florrie und Janet ist das was anderes. Die schlagen nach ihrer Mutter.«

Als Martin Harrys Gesichtsausdruck sah, mußte er laut lachen. »Jetzt komm schon! Tu nicht so entsetzt. Laß uns lieber die Pferde satteln und uns ein wenig abreagieren!« Er legte den Arm um Harrys Schultern. »Wir reiten zu den Doltons.«

Harry mußte unwillkürlich grinsen. »Wenn du da aber ans Abreagieren denkst, reitest du genau in die falsche Richtung.«

»Was du nicht sagst. Cleverer Bursche!«

Martin ergriff Harrys Hand, und wie damals als Kinder rannten sie so aus dem Zimmer hinaus und die Treppe hinunter. Als sie über den Hof liefen, rief Harry: »Ich werde mir endlich ein Motorrad kaufen!«

»Du wirst hier kein Motorrad abstellen, solange wir noch ein Pferd haben!«

»Wart's nur ab! Wart's nur ab!«

Als sie den Stall betraten, kam ihnen Dick Smith entgegen. Wie vom Donner gerührt blieben die beiden stehen, denn der Mann, der ihnen das Reiten beigebracht hatte, der sie bei jedem Wetter vom Bahnhof abholte, wenn sie aus dem Internat kamen, ging mit einem dermaßen finsteren Gesicht an ihnen vorbei, daß sie sich erstaunte Blicke zuwarfen.

»Was ist denn in den gefahren?« seufzte Harry.

»Frag mich nicht. So aufgebracht habe ich Dick noch nie gesehen! Irgendwas stimmt da nicht. Na ja, ich denke, wir werden es noch früh genug erfahren!«

3.

»Nun iß schon!«

»Ach, laß mich doch mit dem Essen in Ruhe!«

»Also gut, das kannst du haben.« Jessie Smith nahm den mit Kartoffeln, Kohl und gekochtem Fleisch gefüllten Teller und schob ihn in den Ofen. »Und falls dir einfällt, daß du doch noch Hunger hast, kannst du dir den Teller ja wieder herausholen, denn ich werde es nicht für dich tun.« Mit einem lauten Knall warf sie die Ofentür zu. »Da steht man hier den ganzen Tag und kocht . . .« Sie strich sich das graue Haar zurück und wischte sich mit der Schürze über das Gesicht. Dann blickte sie zu ihrem Mann hinüber. »Du bist ein Narr, Dick Smith. Ein ausgemachter Narr! Das warst du schon immer. Was hast du denn schon von all den Jahren der Sklavenarbeit, he?«

»Was ich davon habe? Das kann ich dir sagen: Genug zu essen, um eine Familie zu ernähren, und ein ruhiges Gewissen, mit dem es sich sehr gut schlafen ließ. Ich werde wohl nie mehr in den Spiegel schauen können.«

Jessie Smith ignorierte die letzten Worte ihres

Mannes. »Genug zu essen und einen Schweinekoben für deine Familie. Schau dich doch um!« Sie wirbelte herum. »Vergleich das hier doch einmal mit dem, was die da drüben haben!« Sie wies mit dem Kopf zur Tür. »Ist es denen jemals in den Sinn gekommen, uns ein anständiges Haus zu bauen? Und wenn ich mir erst mal deinen Lohn von einem Pfund in der Woche anschaue!«

»Sei nicht so gottverdammt überheblich! Ich verdiene nicht nur ein Pfund die Woche. Wir bekommen oft genug etwas von ihnen zu essen, und Heizkosten haben wir auch keine. Und abgesehen davon haben wir alle eine Anstellung. Du solltest lieber auf den Knien dafür danken, daß es uns so gut geht. Oder möchtest du lieber auf der Straße um Brot betteln wie die anderen? Viele der Bergarbeiter würden ihre Seele dafür geben, so zu leben wie wir!«

»Du machst mich noch ganz krank. Dieses Märchen höre ich mir jetzt schon seit Jahren an. Wieso kriechst du nicht gleich vor ihnen am Boden und bedankst dich dafür, daß sie uns überhaupt existieren lassen! Weißt du, manchmal denke ich, du bist nur deswegen so dankbar, weil du in diesem Schweinestall geboren bist. Aber das haben wir schon so oft durchgekaut. Bleiben wir lieber bei der Sache. Sprichst du mit ihm, oder soll ich es tun?«

Dick Smith holte tief Luft und rieb sich mit der Hand über sein stoppeliges Kinn. »Und was soll ich ihm deiner Meinung nach sagen? ›Herr, Ihr Sohn hat unserer Florrie ein Kind gemacht. Wann sollen wir Hochzeit feiern?‹« Er biß die Zähne zusammen und sah seine Frau aus zusammengekniffenen Augen an. »Du bist eine Närrin, Jessie! Glaubst du ernsthaft, daß er seinen Sohn zwingen wird, Florrie zu heiraten? Zum einen ist sie zwei Jahre älter als er. Nicht, daß das ein Hindernis wäre, wenn sie aus seiner Gesellschaftsklasse wäre . . .«

»Fang nicht schon wieder mit ›Klasse‹ an!«

»Halt den Mund, Frau, und laß mich ausreden. Ich sag' dir nur eins: Ich bin nicht vollkommen blind, was Florrie und Janet angeht. Sie sind nun wirklich keine Kostverächter. Und jetzt versuch einmal zu beweisen, daß Martin ihr den dicken Bauch gemacht hat.«

»Weil sie es gesagt hat. Und weil sie es Ostern miteinander getrieben haben – und viele Male davor.«

»O ja, ich kann mir sehr gut vorstellen, daß du dabei warst und aufgepaßt hast. Du planst ja lange genug im voraus, Jessie. Schon bevor Mrs. Ellen kam, hattest du dir etwas ausgedacht.« Er schüttelte den Kopf. »Komm zu dir, Frau. Ich bin nicht so ein Narr, wie du denkst. Ich rede nicht besonders viel, aber ich halte meine Augen und Ohren offen. Und von jetzt an werden sich hier einige Dinge ändern. Wenn hier jemand auch nur ein Wort über diese Affäre verliert, dann bin ich das. Und ich sage dir jetzt: Keiner wird zu dem Haus hochgehen. Moment, Frau!« Er hob abwehrend seine Hand. »Sag jetzt bloß nicht, daß sie es nicht alleine durchstehen wird.«

»Nein, ich werde nichts sagen, ich werde etwas tun! Eher sehe ich dich in der Hölle wieder, bevor ich mir von dir den Mund verbieten lasse. Martin ist für Florries Zustand verantwortlich, also muß irgend etwas geschehen, egal, was! Dafür werde ich schon sorgen, und zwar jetzt sofort.«

Als Jessie sich anschickte, zur Tür zu gehen,

sprang Dick auf und stellte sich ihr in den Weg. Es war ihm anzusehen, daß er Mühe hatte, sich zu beherrschen. »Ich habe dich noch nie geschlagen, Frau, und ich werde mich auch jetzt nicht dazu verleiten lassen. Aber ich sage dir eins: Wenn du zu dem Haus hinaufgehst und irgendwelche Scherereien machst, dann ist es aus mit uns. Und du müßtest mich gut genug kennen, um zu wissen, daß das ernst gemeint ist. Wag dich, und ich werde dich nie wieder anrühren, Jessie. Ich werde nur noch mit dir sprechen, wenn es unabdingbar ist. Das kannst du mir glauben.«

Er trat beiseite und konnte regelrecht spüren, wie es in ihr arbeitete. Dann hob sie entschlossen den Kopf. Er wußte, was das zu bedeuten hatte. Und als sie durch die Tür schritt, hielt er sie nicht auf.

Arthur starrte die Frau entgeistert an, die er nun immerhin seit sechsundzwanzig Jahren kannte. Tagtäglich waren sie einander begegnet. In all den Jahren hatte er sich eingeredet, was für eine gute Angestellte sie ihm war und daß sie ihre Familie immer angehalten hatte, ebenso korrekt zu sein. Als er sie nun betrachtete, bemerkte er, daß er das ungute Gefühl Jessie gegenüber immer nur verdrängt hatte.

»Sie behaupten also, daß Florrie schwanger und Martin der Vater des Ungeborenen ist. Des weiteren kommen Sie zu dem Schluß, daß Florrie – verknallt, so haben Sie sich doch ausgedrückt? – verknallt in Martin ist. Und daß es ihr das Herz brechen würde, wenn der Junge ihren Zustand zum Anlaß nehmen würde, diese Verbindung wieder zu lösen. Also gut, Jessie, lassen Sie uns eins klarstellen.« Seine Stimme war jetzt gefährlich leise. »Erst einmal müßte erwiesen werden, daß mein Sohn wirklich der Vater des Kindes ist. Wie ich Florrie kenne – und ich glaube, das tue ich recht gut –, ist sie von einer besonders lebhaften Natur. Um es mit anderen Worten auszudrücken: Es trifft sich doch vorzüglich für Sie, daß dieses Jahr so wenige Erntearbeiter eingestellt werden mußten. Sonst wäre der Haushalt noch mehr vernachlässigt worden als eh schon. Wie schmeckt Ihnen das, Jessie?«

Jessie wurde kreidebleich. Doch dann zuckte sie mit den Schultern und sagte nur: »Er muß zu ihr stehen.«

Arthur hatte in dem ledernen Sessel hinter seinem Schreibtisch gesessen, doch nun sprang er wütend auf und hieb mit der Faust auf die Tischplatte. »Einen Teufel wird er! Und lassen Sie mich eines sagen, Jessie. Ich hatte gehofft, daß das nicht nötig sein würde – besonders, da Sie Dicks Frau sind und ich Ihren Mann sehr respektiere. Doch sollten Sie das Ganze an die große Glocke hängen, werden Sie und Ihre Familie über Nacht arbeitslos sein. Das verspreche ich Ihnen. Und wo wir schon einmal dabei sind: Sie und Ihre Tochter haben das gute Verhältnis, das wir miteinander hatten, zerstört. Ich denke dabei nicht so sehr an Sie als an Ihren Mann. Und jetzt machen Sie sich wieder an Ihre Arbeit. Wenn mein Sohn heimkehrt, werde ich mit ihm über das Problem sprechen. Wenn er die Vaterschaft zugibt, und ich glaube nicht, daß er das tut, werden Sie Ihre Tochter zu einem Ihrer vielen Verwandten schicken, und ich werde in einem gemessenen Rahmen für die Unkosten aufkommen. Kommt das Kind dann zur Welt, werden wir die

Dinge neu überdenken. Aber selbst wenn mein Sohn jegliche ... Beteiligung leugnet, werden Sie mir Ihre Tochter aus den Augen schaffen.«

Zunächst schien es, als wolle Jessie ihm eine Szene machen. Doch sie besann sich eines Besseren, biß sich auf die Unterlippe und wandte sich zur Tür um. Doch bevor sie das Zimmer verließ, fragte er grimmig: »Im wievielten Monat ist sie?«

»Im dritten Monat.« Jessie drehte sich nicht um. »Und sie kann sich noch genau an den Tag erinnern, an dem es passiert ist.«

Sie hatte das Zimmer längst verlassen, als er sich schwer in den Sessel fallen ließ. Gott! Wie konnte das nur passieren? Dieser verdammte Narr! Warum konnte er seine Erfahrungen nicht woanders machen? Ausgerechnet Florrie, die sowieso läufig wie eine Hündin war. Janet war mindestens genauso schlimm, und Helen war auch nicht viel besser, aber seit sie Paxstone geheiratet hatte, war sie wesentlich ruhiger geworden. Die einzigen, von denen man noch so etwas wie Zurückhaltung erwarten konnte, waren Mary und die kleine Carrie. Aber Carrie war noch jung; wer konnte schon wissen, wie sie sich entwickeln würde.

Arthur stützte seine Ellbogen auf den Schreibtisch, fuhr sich mit der Hand über die Stirn und sagte laut: »Das darf alles nicht wahr sein!« Als hätte er im Moment nicht genug mit Ellen zu tun. Er hatte sein Büro in Newcastle tags zuvor früher verlassen, um sich mit ihr auszusprechen. So konnte es nicht mehr weitergehen. Sie würde Verständnis dafür haben, würde vernünftig reagieren. Doch als er zu Hause ankam und sie sah, wurde ihm klar, daß er sich geirrt hatte.

Er war so in Gedanken versunken, daß er zusammenzuckte, als es an der Tür klopfte. Es war Ellen, die kurz darauf das Zimmer betrat. »Was war denn mit Jessie? Stimmt etwas mit dem Haus nicht?«

Er schloß für einen Moment die Augen. Dann sagte er langsam: »Wenn es nur das wäre!«

Sie stand jetzt genau vor ihm und sah ihm geradewegs in die Augen. »Was ist denn los? Ist etwas Schlimmes passiert?«

»Das kann man wohl sagen. Florrie ist schwanger und behauptet, Martin sei der Vater.«

»Nein! Sie wagt es, Martin dessen zu bezichtigen?«

»O Ellen.« Er schloß wieder die Augen. »Schau nicht so schockiert drein. Martin ist ein junger attraktiver Mann, und Florrie ist schließlich auch ganz ansehnlich.«

»Das ist mir auch klar. Aber nichtsdestotrotz ist Florrie ein Flittchen. Die sind doch alle vom selben Schlag da unten.«

Er hob seine Hand und bedeutete ihr, still zu sein. Es war schon merkwürdig. Er sah sie an, und ihm fiel zynischerweise ein Spruch aus der Bibel ein: Wer unter euch ohne Sünde ist, der werfe den ersten Stein auf sie. Es war schon in Ordnung, wenn Ellen ihm zu Willen war, und zwar in einer Art, die manch einer schamlos nennen würde. Denn selbst wenn er sie nicht brauchte, war sie für ihn da. Doch bei Florrie sollte das etwas anderes sein.

»Was wirst du dagegen unternehmen?«

»Ich weiß es noch nicht. Ich werde zunächst mit Martin sprechen, denn seine Schuld muß erst bewiesen werden.«

»Allerdings, und ich bezweifle, daß es Florrie

leichtfallen wird, ihm die Vaterschaft zu beweisen.« Dann setzte sie sich und schaute ihn an. »Du wolltest mich sprechen?«

Arthur gab keine Antwort, sondern starrte sie nur gedankenverloren an. Wenn man sie so sah, war es nur schwer vorstellbar, daß in ihr eine Leidenschaft brannte, die ihresgleichen suchte. Es schien, als hätte Ellen sich in den vergangenen sechs Jahren nicht verändert. Zumindest was ihr Äußeres betraf. Sie hatte zwar ein wenig zugenommen, doch war sie noch immer sehr schlank. Und sie wirkte immer noch sehr kühl und gefühllos, aber gerade das fand er so reizvoll an ihr.

Während der ersten Tage ihres Aufenthaltes faszinierte sie ihn so sehr, daß er nur daran denken konnte, wie er sie am besten in sein Bett bekommen würde. Und als er das Objekt seiner Begierde auf ihre Bereitschaft hin geprüft hatte, befand er, man könne das Werben überspringen und direkt mit den Flitterwochen beginnen.

Mit der Zeit erkannte er, daß sich neben der ungewöhnlichen Leidenschaft hinter ihrem kühlen Äußeren ein hitziges Temperament verbarg, welches sich im entsprechenden Moment zu einer rasenden Wut steigern konnte. Er hatte dies zum ersten Mal festgestellt, als er ihr eröffnete, daß eine Heirat zwischen ihnen gewissen gesetzlichen Bestimmungen widersprach. Sie selbst war sich der Tatsache nie bewußt gewesen. Zu diesem Zeitpunkt war er bereit gewesen, jeglichen Körperkontakt mit ihr abzubrechen, doch sie hatte bereits andere Pläne.

Nun hatte er sich wieder verliebt, richtig verliebt, und wollte heiraten. Er wollte nochmals Vater werden, und dazu konnte ihm nur Vanessa verhelfen.

Das Haus war für junge Menschen wie geschaffen, doch die Kinder waren mittlerweile erwachsen. Auch Joe war kein kleiner Junge mehr. Das war auch so eine Sache, die Einstellung ihrem eigenen Sohn gegenüber. Sie erdrückte ihn – war zumindest auf dem besten Weg dorthin. Eines Tages würde Joe gegen seine Mutter kämpfen müssen, wollte er frei sein.

»Woran denkst du?«

»Nun, Ellen, um die Wahrheit zu sagen: Ich dachte über uns beide nach.«

»Ich glaube, da bist du nicht der einzige. Ich denke ständig über uns nach.« Ihr Gesicht wirkte noch immer ausdruckslos, obwohl die Worte eigentlich sehr zärtlich gemeint waren.

Arthur stand auf und ging im Zimmer auf und ab. »Ich glaube nicht, daß das, was ich dir jetzt sagen werde, besonders einfach für dich ist. Ich ... nun, ich weiß, was du für mich empfindest. Und ich bin dir dankbar für alles, was du für mich getan hast.« Er sah sie an. »In jeder Beziehung, das weißt du.«

Er wartete auf eine Erwiderung, doch sie setzte sich nur hin, wobei sie ihren Rücken übertrieben gerade hielt, und fixierte ihn ausdruckslos. »Ich weiß, Ellen. Ich fühle mich richtig elend, wirklich. Aber du mußt verstehen, ich werde auch nicht jünger und ... Ach, ich glaube, ich lasse die Katze besser aus dem Sack.« Er setzte sich wieder in seinen Sessel und betrachtete seine Hände. »Was ich eigentlich damit sagen will ... Ich trage mich mit dem Gedanken, wieder zu heiraten. Du kennst sie. Es ist Vanessa Southall. Ich weiß, ich bin fast doppelt so alt wie sie ... aber sie hat mir ihr Jawort gegeben und ...«

Er drückte sich gegen die Lehne seines Sessels, als sie auf einmal über den Tisch nach seinem Jackenärmel griff und ihn anzischte: »Das wirst du nicht tun! Das lasse ich nicht zu, verstehst du? In all den Jahren hast du mich ausgenutzt. Dieses Haus ist mein Heim geworden. Und jetzt willst du mich wegen einer anderen, die noch dazu jünger ist, rausschmeißen. Das wirst du nicht tun. Eher bringe ich dich um! Hast du mich verstanden?«

Mit einer heftigen Bewegung befreite er sich von ihrem Griff. »Droh mir nicht, Ellen! Das ist das letzte, was du tun solltest. Und was das Ausnutzen betrifft, solltest du einmal überlegen, welchen Profit du . . . O Gott!« Er schlug die Hände vors Gesicht und sagte mit bebender Stimme: »Bring mich nicht dazu, solche Dinge zu sagen. Obwohl es stimmt und du es weißt. Für deine Arbeit im Haus habe ich immer versucht, dich gut zu entlohnen. Du hast eine hohe monatliche Entschädigung erhalten, die du . . . auch nicht verlieren wirst. Ich werde sie sogar verdoppeln, wenn du gehst.« Er wandte sich jetzt von ihr ab. »Du wirst ein neues Heim haben. In der Nähe von Hexham steht ein nettes kleines Haus mit Garten zum Verkauf. Es wird auch näher an Joes Schule sein. Ich werde alles in meiner Macht Stehende tun, um . . .«

»Halt den Mund!«

Er sprang auf und schaute sie mit weit aufgerissenen Augen an. Ihr Gesicht war wutverzerrt. Sie glich in keiner Hinsicht mehr der Frau, die vor wenigen Minuten das Zimmer betreten hatte. Die Schultern hochgezogen, schien es, als sei sie bereit zum Sprung. »Halt bloß den Mund!« zischte sie ein weiteres Mal.

»Ellen . . .« Ihr Name war mehr eine unausgesprochene Bitte. Doch bevor er weitersprechen konnte, ergriff sie den Kragen seiner Jacke und zog sich dicht an ihn heran. Bevor er sich's versah, hatte sie ihn vor lauter Wut ins Kinn gebissen. Mit einem Schmerzensschrei gelang es ihm, sie mit solcher Gewalt von sich zu stoßen, daß sie rückwärts stolperte, über einen Schemel fiel und mit dem Kopf gegen die Ecke des Regals stieß, welches die Stirnseite des Zimmers ausfüllte. Und in dem Moment, als er, sich das blutende Kinn haltend, vor ihr stand, ging die Tür auf, und Joe trat herein . . .

Joe klopfte nie an Türen, zumindest nicht an die des Arbeitszimmers, wo er des öfteren vorbeischaute, um sich mit seinem Onkel ein bißchen zu unterhalten. Die einzigen Türen, an die er klopfen mußte, bevor er sie öffnete, waren die Schlafzimmertüren. Nun starrte er die beiden Menschen vor sich an und sah, wie sein Onkel seiner Mutter wieder auf die Beine half. Es kam ihm in den Sinn, daß sie sich bestimmt gestritten hatten. Aber als er auf sie zutrat, fragte er nur: »Bist du vielleicht gestolpert, Mutter?«

Ellen antwortete nicht. Ihr Kopf hing wie leblos herab. Doch mit einer merkwürdigen Stimme antwortete sein Onkel: »Ja . . . deine Mutter ist gestürzt. Bring sie auf ihr Zimmer, sei so gut.«

Gehorsam legte Joe den Arm um seine Mutter und führte sie hinauf in ihr Schlafzimmer. Doch plötzlich tat sie etwas Seltsames. Sie fiel auf die Knie und umarmte ihn so heftig, daß er beinahe laut losgeschrien hätte. Dann löste sie ihre Arme mit einer fast schon schroffen Bewegung von ihm und ließ sich auf das Bett fallen. Immer heftiger hieb sie mit den Fäusten in die Kissen und schrie dabei: »Das kann er nicht tun! Das kann er doch nicht tun!«

Erstaunt bemerkte er, daß sie nicht eine einzige Träne vergoß. Menschen weinten für gewöhnlich, wenn man sie verletzt hatte. Aber andererseits war seine Mutter auch kein gewöhnlicher Mensch.

4.

Mick Smith sagte: »Es läßt sich keiner blicken«, und Joe entgegnete: »Nein, es sieht wirklich nicht so aus. Vielleicht liegt es am Wetter.«

»Ja, wird wohl das Wetter sein. Die anderen liegen hinter dem Damm im Schatten, und ich glaube, es wäre vernünftiger, wenn wir uns auch unter einen Baum setzen würden. Ihr schwitzt wie ein Ochse.«

Der sechzehnjährige Junge grinste Joe breit an, und Joe grinste ebenso breit zurück, als er sagte: »Da hast du wohl recht.« Er wußte, daß er sich eigentlich nicht so kameradschaftlich geben sollte, aber er schätzte nun mal den freundschaftlichen Umgangston mit Mick.

Einige Minuten später lehnten die beiden mit dem Rücken an einer verwitterten alten Weide, und die Stille des schwülen Sommernachmittags hing in der Luft. Es war Micks rauhe Stimme, die das Schweigen durchbrach: »Morgen mußt du also wieder ins Internat?«

»Ja.«

»Freust du dich darauf, wieder zurückzukehren?«

Joe antwortete nicht sofort. Er drehte sich zur Seite, griff nach einem Grashalm, riß ihn aus und steckte ihn zwischen die Zähne. Er kaute eine Weile darauf herum, bis er endlich erwiderte: »Es waren nette Ferien. Nicht so wie die letzten.«

»Nein, du sagst es. Nicht so wie die letzten. Da hast du vollkommen recht.«

Joe betrachtete den angekauten Grashalm, den er jetzt zwischen den Fingern hielt, und sagte: »Warum hat dein Vater Carrie verboten, mit mir zu spielen?«

»Na ja . . .« Mick beugte sich vor, um ein Kleeblatt auszureißen und ebenfalls in seinen Mund zu stekken. Dann murmelte er bedächtig: »Du weißt doch, daß es Ärger gegeben hat, oder?«

»Ja, aber ich weiß immer noch nicht, warum. Ich weiß nur, daß mein Onkel sehr böse auf Martin war. Er ging dann fort zu einem Freund. Und als ich Harry fragte, was los sei, hat er mir eine gelangt. Das ist überhaupt nicht Harrys Art. Ich mag Harry« – seine Stimme wurde nachdenklich –, »aber ich hätte nicht gedacht, daß ich ihn weniger mag als Martin. Ich liebe Martin.«

»Na, jetzt aber langsam, Master Joe.« Mick richtete sich jetzt ein wenig auf. In seiner Stimme war so etwas wie Belustigung zu hören. »So spricht man aber nicht über einen Kumpel.«

»Nein?«

»Nein. Einen Kumpel liebt man nicht. Man liebt vielleicht seinen Vater oder seine Mutter. Man liebt auch . . . na ja, ein Mädchen. Aber man sagt nicht, daß man einen Jungen, einen Mann . . . einen jungen Mann wie Master Martin liebt.«

»Wieso eigentlich nicht? Wenn man das Gefühl hat, jemanden sehr zu mögen, was ist dann daran verkehrt?«

»Weil . . . na ja, man tut es einfach nicht, Master

Joe. Oh, ich glaube nicht, daß du alt genug bist, um das zu verstehen. Aber für die Zukunft empfehle ich dir, am besten nicht mehr zu sagen, daß du einen Jungen liebst. Du weißt, was ich meine, oder?«

»Nein, eigentlich nicht.«

»O Mann.« Mick drehte sich mit einem Lächeln um und murmelte: »Du bist wohl ein Mensch, der immer direkte Fragen stellt und auch direkte Antworten erwartet. Das wird dich noch einmal in echte Schwierigkeiten bringen.«

»Dann könnte ich also sagen, ich liebe Carrie, und keiner würde daran Anstoß nehmen?«

Mick fuhr herum. »Gott bewahre! Sag das bloß nicht, Joe! Äh . . . ich meine, Master Joe. Man kann zwar sagen, daß man bestimmte Leute mag, aber nicht, daß man sie liebt! Und was Carrie angeht, willst du bestimmt nicht mehr Ärger machen, als wir sowieso schon haben!«

»Weshalb sollte ich Ärger machen? Ich habe Carrie schon immer geliebt. Ich habe es zwar noch nie gesagt, aber schon immer so gefühlt.«

Mick schaute den Jungen jetzt ernst an. »Wann wirst du elf? Dieses Jahr?«

»Nein, das weißt du ganz genau.«

»Ja, sicher, aber im Moment wünschte ich mir, du wärst drei oder vier Jahre älter.«

»Warum?«

»O Master Joe!« Mick kniete sich neben ihn. »Du mußte einfach lernen, daß du nicht so mir nichts, dir nichts in der Gegend herumlaufen und jedem sagen kannst, daß du ihn liebst. Ich weiß, wie du dich fühlst. Ich liebe die Menschen ja auch. Wirklich! Aber ich erzähle das nicht jedem. Du bist schlimmer dran als ich, weil du von oben kommst.« Er deutete in Richtung Haus. »Und jetzt sagst du auch noch, daß du Carrie liebst. Paß mal auf: All der Ärger, den wir in letzter Zeit hatten, lag ganz einfach nur daran, daß irgend jemand angeblich einen anderen liebt. Kannst . . . kannst du mir folgen?«

Joe schüttelte den Kopf. »Nein.«

»Ja, gibt's denn das?« Mick raufte sich das Haar, dann sagte er: »Gut, mein Freund. Ich denke, daß es einfach ein bißchen zu früh für dich ist, jetzt schon alles zu erfahren. Das ist nur in deinem eigenen Interesse. Du weißt doch, daß nicht nur Master Martin gegangen ist, sondern auch unsere Florrie, nicht wahr?«

»Ja, sicher, Mick.«

»Gut. Sie ist gegangen, weil . . .« Dicke Schweißperlen standen nun auf Micks Stirn. Er wischte sie weg, bevor er weitersprach. »Sie hatte auch gesagt, daß sie Master Martin liebt. Und deswegen mußte sie gehen.«

Joe drehte sich um, und in seinem Gesicht stand der Ausdruck wahren Erstaunens. »Du meinst, nur weil sie ihn liebte . . .«

»Nein, nein! Nicht, weil sie das sagte. Sieh mal, Joe, du und Master Martin und Master Harry, ihr seid doch zusammen aufgewachsen. Und ihr habt doch jedes Jahr in den Ferien viel mit Tieren zu tun gehabt, oder? Da hast du doch gesehen, was die Tiere machen, nicht wahr?«

Joe gab keine Antwort, sondern starrte Mick, der nun seufzte, weiter an.

»Unsere Florrie erwartet ein Kind, und sie sagt, es ist von Martin.« Seine Stimme wurde rauh, als er den Namen aussprach. Er setzte sich wieder hin und erwiderte den starren Blick. So saßen sie eine ganze

Weile, bis Joe sich langsam abwandte und wieder Gras zupfte.

»Werden sie denn heiraten?«

»Nein, das ist wohl nicht möglich.«

»Ich verstehe.« Joe stand auf und blickte zum Fluß hinüber. »Bin ich eigentlich sehr weit zurück für mein Alter?«

»Nein, nein! Du stehst schon mit beiden Beinen im Leben. Aber auf der anderen Seite siehst du manches zu . . . zu rosarot.«

»Rosarot?«

»Nun, ich kann das nicht sehr gut erklären, aber ich habe manchmal das Gefühl, wenn du deine Gedichte schreibst, verlierst du dich dabei ein bißchen.«

»Sehe ich deswegen alles so rosarot?«

»Nun ja, auf irgendeine Weise schon. Du siehst dann nicht, was vor deiner Nase geschieht.«

»Dann darf ich die Dinge einfach nicht mehr so rosarot sehen, oder?«

»Nein, um Gottes willen! Tu das nur nicht. Du bist schon in Ordnung so. Ich habe den Herrn sagen hören, daß aus dir bestimmt einmal etwas wird, auch wenn man es jetzt noch nicht erkennen kann. Und da hat er auch recht. Es wäre schön, wenn ich eines Tages sagen könnte: ›Oh, Master Joseph Jebeau? Ja, den kenne ich. Wir sind nämlich praktisch zusammen groß geworden. Wir sind zusammen gewandert, haben zusammen geangelt, und eines schönen Morgens haben wir uns sogar aus dem Haus geschlichen und haben uns den Sonnenaufgang im Moor angesehen.‹ Diesen Morgen werde ich übrigens nie vergessen. Die Erinnerung daran kann mir keiner nehmen.«

Die Züge in Joes Gesicht zuckten ein wenig, als er zu seinem großen, schlaksigen Freund aufsah. In diesem Moment platzte es fast aus ihm heraus, er wollte unbedingt sagen: Ich empfinde genauso für dich wie für Martin und Carrie. Doch statt dessen sagte er: »Du könntest fast selbst Gedichte schreiben.«

»Ich und Gedichte schreiben? Du machst dich lustig über mich.«

»Nein, nein! Es ist die Art, wie du manchmal die Dinge beschreibst. Das klingt für mich fast wie ein Gedicht.«

»Den Tag möchte ich erleben, an dem ich mein erstes Gedicht verfasse. Es liegt ja nicht daran, daß ich nicht schreiben könnte. Ich bekomme die Buchstaben besser hin als mancher andere. Nein, Joe, meine Gedanken können sich nun mal nicht von den Linien im Heft lösen. Meine Gedanken fliegen auch nicht einfach so davon. Meine Füße stehen so fest auf dem Boden, daß es mir noch nicht einmal helfen würde, wenn ich vom lieben Gott Flügel bekäme.«

»Da! Schon wieder!« Joe lachte. »Das ist genau das, was ich meine. Du kannst Gedichte schreiben.«

»Mach du nur deine Witze. Laß uns lieber die Angelsachen einpacken und zurückgehen. Ich habe noch im Stall zu tun. Außerdem ist es wohl besser, wenn ich vor Master Harry wieder zurück bin. Er wird Neptun bestimmt heute wieder gut gescheucht haben. Für einen jungen Mann, der von sich behauptet, er würde sich nicht für Pferde interessieren, reitet er aber wie der Teufel, wenn er erst einmal auf einem sitzt. Je schneller er sein Motorrad bekommt, desto besser. Das ist auf jeden Fall meine Meinung. Und schließlich ist da noch deine Mutter. Wollte sie nicht auch vor fünf zurück sein? Wenn Bill Swann und Danny mich hier sehen, werden sie mich bestimmt bei deinem Onkel verpetzen. Warum denken eigentlich die Gärtner immer, sie wären die einzigen, die arbeiten?«

»Tun sie das? Ich meine, denken sie wirklich, sie seien die einzigen, die arbeiten?«

»Darauf kannst du dich verlassen. – Haben wir auch alles? Na, dann los.«

Fünf Minuten später, als sie schon das Haus sahen, blieb Joe noch einmal stehen. »Mick? Kann ich dich um einen Gefallen bitten?«

Mick drehte sich zu ihm um und schaute lachend zu ihm hinab. »Aber sicher! Alles, was in meiner Macht steht.«

Jedoch das Lächeln in Micks Gesicht verschwand, als Joe sagte: »Ich würde gern noch einmal Carrie wiedersehen. Nur, um auf Wiedersehen zu sagen. Ich habe . . . ich habe nämlich ein Geschenk für sie.«

»Das ist ja ein schöner Gefallen, um den du mich bittest.« Mick reckte seinen Hals. »Aber nun gut. Es ist dein letzter Tag hier, und ich kann mir ehrlich gesagt nichts Gefährliches dabei vorstellen. Aber sei ja vorsichtig.«

»O ja, Mick! Ich werde vorsichtig sein.«

»Es hängt alles davon ab, ob Carrie draußen ist. Wenn sie im Haus ist, kann ich nichts für dich tun. Ist sie aber im Garten, schicke ich sie hinten herum. Versteck dich im Eingang zur Kellertreppe. Und mach um Gottes willen nicht zu lange. Wenn mein Vater Wind von der Sache bekommt, zieht er mir die

Haut bei lebendigem Leibe ab. So, bring jetzt dein Zeug weg. Du weißt, wo du warten mußt.«

Mick ging jetzt direkt zum Hof, während Joe entlang dem Gebüsch und den Rosenhecken ging. Dann lief er quer über den Rasen zum hinteren Teil des Hauses. Dort hielt er an der Tür zur Kellertreppe inne. Wenn er sein Angelzeug sofort wegbringen würde, würden vielleicht einige kostbare Minuten mit Carrie verlorengehen. Also nahm er die Tasche von der Schulter und warf sie in die Ecke des Ganges, der zur Kellertür führte. Dann nahm er die Angelrute, lehnte sie gegen die Wand, wischte sich die Hände an der Hose ab und strich sich das Haar aus der Stirn. Schließlich blickte er vorsichtig um die Ecke und beobachtete die Rückseite des Hauses.

Nur wenige Minuten später sah er, wie Carrie um die Hausecke kam. Sie lief mit gesenktem Kopf und hob ihn erst an, als sie ihm im dunklen Eingang atemlos gegenüberstand.

Als Joe in ihre Augen sah, brachte er wie gewöhnlich kein Wort hervor. Wenn er mit ihr zusammen war, wollte er sie nur anschauen. Und doch gelang es ihm, Worte zu formulieren; Worte, die ungewohnt tief und besorgt klangen. »Ich gehe morgen wieder zur Schule.«

»Ich weiß.«

»Ich werde dich vermissen.«

»Ich weiß.« Sie nickte. »Ich dich auch.«

Carrie machte nie viele Worte, sondern kam immer gleich auf den Kern der Dinge zu sprechen. Das war es, was er an ihr so mochte. Andere Leute, egal ob alt oder jung, schlichen immer wie die Katze um den heißen Brei. Aber Carrie tat das nicht.

»Ich habe ein Geschenk für dich. Ich . . . ich habe

es aus dem Gedächtnis gemacht. Ich glaube nicht, daß es besonders gut gelungen ist«, meinte Joe.

»Was ist es?«

»Ein Bild von dir.«

»Ein Bild von mir?« Carries Gesicht hellte sich auf. »Du hast mich gezeichnet?«

Joe nickte und lächelte dabei verlegen. Dann sagte er hastig: »Ich gehe es schnell holen. Warte hier einen Moment.«

Er hatte die dritte Stufe erreicht, als er sich umdrehte und zu ihr hinaufschaute. Sein Gefühl verriet ihm, daß niemand im Haus war, zumindest niemand von besonderer Wichtigkeit. Sein Onkel war wegen geschäftlicher Dinge nach Newcastle gereist, ebenso seine Mutter. Früher hatten sie das oft gemeinsam gemacht und dort festlich diniert. Doch in letzter Zeit war dies nicht mehr geschehen. Auch Harry war nicht da.

Er reichte Carrie die Hand und sagte ein wenig atemlos: »Komm mit. Ich zeig' dir mein Zimmer.«

Als sie zögerte, fügte Joe hinzu: »Es ist keiner da, und ich habe einige Gedichte geschrieben – über dich. Nun komm.«

Gespannt legte sie ihre Hand in die seine. Dann liefen sie durch den Keller und gemeinsam die Treppe hinauf. Doch als sie die Tür erreichten, die ins Vestibül führte, hielt er inne, schob sie vorsichtig auf und schaute sich um.

Nach einer Weile flüsterte Carrie: »Helen ist mit Mary in der Küche.«

»Oh, ich glaube, die wird es nicht stören.« Er grinste sie jetzt an, stieß die Tür auf und rannte mit ihr, sie noch immer an der Hand haltend, den langen Korridor entlang zu seinem Zimmer. Erst dort ließ er sie los und stürmte auf eine Kommode zu. Er zog die unterste Schublade auf und zog ein Stück Karton hervor, das in einem Passepartout eingefaßt war. Dann lief er zurück zur Tür und drückte ihr das Bild in die Hand. »Da!«

Carrie schaute auf die Zeichnung hinab und erkannte sich sofort. Die Freude war so groß, daß ihr Gesicht zu leuchten begann, die Augen strahlten, die Wangen wurden ganz rosig, und ihre Lippen umspielte ein breites Lächeln, das ihre Zahnlücken zeigte. »Das bin ja ich!«

»Du meinst, es sieht dir ähnlich?«

»Ja! Natürlich! Es ist wundervoll. Danke, Joe!«

Sein Blick war jetzt genauso verhalten wie seine Worte. »Meinst du, daß dir deine Mutter erlaubt, es zu behalten?«

Sie gab ihm zur Antwort: »Ich werde es niemandem zeigen. Ich habe ein Versteck, unten bei der Scheune. Wenn ich ein paar Pennies gespart habe, bewahre ich sie dort auf!«

»Wirklich?«

»Ja.« Carrie nickte ernst.

Als sie sich so ansahen, machte sich in dem Zimmer ein Schweigen breit, das wie ein Druck auf ihnen lastete. Beiden wurde ganz warm ums Herz. »Ich habe noch eine Flasche Limonade in der Schublade. Eine amerikanische Cream Soda. Sie wird zwar warm sein, aber vielleicht möchtest du einen Schluck?«

»Ja, bitte.«

Er ging wieder hinüber zu der Kommode und wühlte jetzt in der Unterwäsche, die in der obersten Schublade lag. Als er die Flasche gefunden hatte, ging er hinüber zum Waschkrug, öffnete sie und schenkte etwas von dem Getränk in einen Zahnputzbecher. »Sie hat immer noch Kohlensäure, vielleicht erfrischt sie ja ein wenig.«

Bevor Carrie trank, schaute sie ihn an. »Hast du denn noch etwas für dich übriggelassen?«

»O ja! Ich habe aber nur einen Becher, deswegen trinke ich aus der Flasche.« Er nahm einen Schluck und setzte sich auf die Bettkante. Es geschah ganz automatisch, aber er bemerkte sofort, daß das unhöflich war. Er sprang wieder auf und sagte: »Möchtest du dich nicht setzen? Da drüben ist noch Platz.« Er deutete auf einen Sessel links von sich.

Doch Carrie setzte sich an das Fußende des Bettes, wobei sie die Streben mit ihrem rechten Arm unterhakte und weiter ihre Limonade trank.

»Möchtest du gerne ein Gedicht hören, das ich über dich geschrieben habe?«

Sie hatte so hastig getrunken, daß sie sich wegen der aufsteigenden Kohlensäure beinahe verschluckt hätte. Dann jedoch nickte sie.

Er stand von seinem Bett auf und ging hinüber zum Fenster, unter dem sein Schreibtisch stand. Dort öffnete er eine Schublade, griff nach einem Notizheft und entnahm ihm eine lose Seite. Dann setzte er sich wieder auf das Bett, aber diesmal etwas weiter von Carrie weg. »Es ist kurz.« Joe schluckte einmal schwer, dann begann er:

»Der Morgen bringt der Vögel lieblich Lieder,
des Mittags steigt die Lerche hoch hinauf,
des Abends singt die Drossel immer wieder,
und die Nacht bringt Sterne uns zuhauf.
Doch das Lied in meinem Herzen ist süß wie nie,
denn es klingt: Carrie, Carrie, Carrie.«

Als er endete, war sein Gesicht puterrot. Er schaute verlegen zu Boden. Schließlich fragte er: »Du findest es bestimmt dumm, oder?«

»Aber nein!« Ihre Stimme war fest, und ihre Worte klangen ehrlich. »Überhaupt nicht. Ich fand es hübsch.«

Sie sahen jetzt beide einander wortlos an. Und dann sagte Carrie etwas, das ihm beinahe die Tränen in die Augen trieb: »Mick sagt, daß du sehr gut mit Worten umgehen kannst und daß du es noch mal zu was bringst und so. Er mag dich wirklich sehr.«

Seine Stimme war belegt, als er antwortete: »Und ich mag ihn auch sehr.«

»Ich liebe Mick. Ich . . . ich liebe ihn wirklich mehr als jeden anderen in unserer Familie. Er ist ein sehr guter Mensch. Und . . . und da ist doch auch noch etwas.«

Er wartete gespannt.

»Ich liebe dich, Joe. Ich weiß zwar, daß ich das nicht sollte. Mein Vater würde mich windelweich schlagen, könnte er das hören. Aber du gehst morgen zur Schule, und ich werde dich wahrscheinlich nie mehr wiedersehen.«

Joe war wie vom Blitz getroffen von dieser Liebeserklärung, doch die letzte Bemerkung ließ ihn näher an sie heranrücken.

»Was meinst du damit?«

»Mein Vater überlegt, ob er mich nicht zu Tante Alice schicken soll. Er hat sich sogar schon mit meiner Mutter darüber gestritten. Wenn er es durchsetzen kann, muß ich gehen. Ich will es zwar nicht, aber da kann ich nichts machen. Deswegen sagte ich, daß wir uns vielleicht nie wiedersehen würden.

Du mußt wissen, Tante Alice lebt viele Meilen weit weg in einer Stadt namens Howdon.«

»O Carrie!« Er nahm ihr den Becher aus der Hand und stellte ihn auf den Boden. Dann ergriff er ihre Hände und drückte sie fest an sich. Tränen standen ihm in den Augen. »Ich könnte es nie ertragen, wenn wir uns nicht mehr wiedersehen würden. Ich liebe dich auch, Carrie. Das tue ich wirklich.«

Ihre Stimme war nur noch ein leises Flüstern. »Ich werde dich nie vergessen, Joe. Und wenn ich gehe, werde ich dein Bild mitnehmen.«

Lange schauten sie einander stumm in die Augen. Langsam ließen sie sich auf das Bett fallen, was sie im ersten Moment erstarren ließ. Dann mußte Carrie plötzlich kichern, und auch Joe konnte sich ein Grinsen nicht verkneifen. Schließlich mußten beide leise lachen.

Eigentlich wäre diese kompromittierende Situation damit für Carrie beendet gewesen, denn sie wollte sich gerade aufsetzen. Sie stützte sich mit dem Ellbogen auf und versuchte den Oberkörper hochzubeugen, als sich plötzlich die Tür öffnete und ein Schrei der Entrüstung sie zu blankem Entsetzen erstarren ließ.

Dann war der Schatten auch schon über ihnen. Das Gesicht war so verzerrt, daß Joe seine Mutter im ersten Moment gar nicht erkennen konnte. Und als Carrie vom Bett gezerrt wurde, blieb ihm der Angstschrei im Halse stecken. Seine Mutter brüllte das Mädchen an.

»Du dreckiges kleines Flittchen! Du berechnendes, dreckiges kleines Flittchen!« Als sie Carrie schallend ohrfeigte, sprang Joe auf und ging dazwischen. »Hör auf! Tu es nicht!«

»Geh mir aus dem Weg! Um dich kümmere ich mich später.« Die Wucht ihres Schlages ließ ihn gegen den Waschtisch taumeln. Dann packte sie Carrie mit beiden Händen an der Schulter und warf sie, die mittlerweile aus Angst nur noch schreien und heulen konnte, zur Tür hinaus. Sie trieb das Mädchen den Korridor entlang die Treppe herunter, und zwar mit solch einer Wucht, daß beide die letzten Stufen beinahe hinabgestürzt wären.

Mary und Helen kamen aus der Küche gerannt, um im nächsten Moment sprachlos dazustehen, als sie sahen, wie ihre Herrin Carrie wutentbrannt schüttelte. Carrie selbst schluchzte so laut und herzzerreißend, wie sie es noch nie erlebt hatten.

Schließlich war es Mary, die nach vorne stürmte. »Was soll das? Was machen Sie da mit ihr? Und was hat sie verbrochen? Lassen Sie sie sofort los!«

Nun war es Ellen Jebeau, die mit solcher Gewalt nach hinten gestoßen wurde, daß sie beinahe über die Treppenstufen fiel. Mary hielt ihre schluchzende Schwester im Arm. »Seid ihr wahnsinnig geworden?«

Ellen stand jetzt schwer atmend da. Schweißperlen hatten sich auf ihrer Stirn gebildet, und sie mußte erst tief Luft holen, bevor sie weitersprechen konnte. »Ich habe gerade gesehen, wie dieses verkommene Biest meinen Sohn verführen wollte.«

»Sie sind ja verrückt, Ma'am.« Helen Paxstones Stimme war ruhig und gelassen, obwohl ihr aufgebrachter Blick, den sie der wütenden Frau zuwarf, das Gegenteil bewies.

»Ich soll verrückt sein? Ich soll meinen Augen nicht trauen können? Sie lag mit ihm im Bett und hielt ihn in den Armen!«

»Könnte es vielleicht nicht auch andersherum gewesen sein? Er lag mit ihr im Bett und hatte sie umarmt?«

Schließlich sagte Mary: »Himmel, es sind doch nur Kinder!«

»Kinder? Keiner in eurer Familie ist ein Kind, wo ihr doch schließlich alle nur das eine im Sinn habt!«

»Oh, dann scheint es ja, als wären wir da in guter Gesellschaft, Ma'am!«

Ellen wandte sich jetzt direkt dem Hausmädchen zu. Ihre Stimme war nur noch ein hohes Kreischen. »Wag es ja nicht, in solch einem Ton mit mir zu reden!«

»Nun, dann reden Sie auch nicht in einem solchen Ton mit uns! Seien Sie vorsichtig mit dem, was Sie über unsere Familie sagen. Ich habe einen guten Ruf, genau wie Mary. Und niemand kann mit seinen schmierigen Fingern auf uns zeigen. Heutzutage kann das schließlich nicht jeder von sich behaupten, nicht wahr, Ma'am? Oder sind Sie anderer Meinung, Ma'am?«

»Sofort in die Küche mit euch! Ich werde dem gnädigen Herrn alles berichten, wenn er wiederkommt.«

»Ich glaube, da werden Sie nicht die einzige sein. Es ist damit noch nicht zu Ende. Carrie hat einen Bluterguß unter dem Auge, und der ist bestimmt nicht durch einen leichten Klaps entstanden.« Sie strich Carrie, die sich jetzt eng an ihre Schwester geschmiegt hatte, über den Kopf. »O ja, Sie werden nicht die einzige sein, die heute noch mit dem gnädigen Herrn sprechen wird.«

Helen ergriff jetzt den Arm ihrer älteren Schwester, und zusammen mit Carrie gingen sie in die

Küche. Doch bevor sie die Tür hinter sich schloß, schaute sie Ellen scharf an und sagte: »Wir waren hier, bevor Sie kamen. Und wir werden noch hiersein, wenn Sie schon lange wieder weg sind.«

Für einen Moment dachte Ellen, sie müsse erstikken. Dann strich sie sich über das Haar, drehte sich um und ging die Treppe hinauf.

Es schien, als hätte Joe sie schon erwartet, denn er stand mit dem Rücken zu seinem Schreibtisch da und sah sie an. Als sie vor ihm stand und ihn stumm anstarrte, sagte er: »Wir haben nichts Böses getan. Und es war meine Schuld. Ich habe sie hier hinaufgebracht, um ihr ein Abschiedsgeschenk zu geben.« Er nahm das Bild von seinem Schreibtisch und zeigte es seiner Mutter. »Ich habe das gezeichnet.«

Bevor er überhaupt nur reagieren konnte, hatte sie das Bild in zwei Teile gerissen.

Als er sah, wie sie es wieder und immer wieder zerriß, traten ihm Tränen in die Augen. Er wischte sie sich aus dem Gesicht und preßte fest die Lippen aufeinander, bevor er mit gebrochener Stimme sagte: »Das macht nichts, ich kann ein neues Bild von Carrie zeichnen. Und genau das werde ich tun, denn ich liebe sie.«

Der Schlag traf Joe mit voller Wucht. Er taumelte, verlor das Gleichgewicht und prallte mit dem Hinterkopf gegen etwas Scharfkantiges. Dann fiel er in eine tiefe Bewußtlosigkeit.

Als Joe wieder zu sich kam, lag er auf dem Bett. Seine Mutter hatte sich über ihn gebeugt und wischte seine Stirn mit einem feuchten Tuch ab. Er fühlte sich noch immer benommen, und auch ihre Stimme klang, als würde sie von weit her kommen. »Oh, es tut mir leid. Es tut mir so leid, Joe. Wenn du mich doch nur hören könntest. Du bist alles, was ich jetzt noch habe. Und ich möchte nicht, daß irgendwelche Schlampen dein Leben verpfuschen. Du kannst alles tun, was du willst, wenn du dabei nur nicht deinen Verstand ausschaltest. Du und ich, wir sind doch aus demselben Holz geschnitzt, das weiß ich ganz genau. Wach doch auf, Joe. Wach doch bitte auf. Ich liebe dich, Joe. Hörst du nicht? Ich liebe dich.«

Als ihre Stimme ihn wieder ins Bewußtsein holte, kam ihm in den Sinn, was für ein merkwürdiger Tag es doch gewesen war. Egal, mit wem er redete oder wem er zuhörte, alle sprachen von Liebe. Es fing schon morgens an, als er hörte, wie Bernard Paxstone mit Rob Burnip sprach. Bernard sagte, daß der gnädige Herr sich in Miss Southall verliebt hätte und es ihn überhaupt nicht wundern würde, wenn er sie irgendwann vor den Altar führen würde. Aus irgendeinem Grund hatte Joe diese Neuigkeit mit seiner Mutter in Verbindung gebracht. Schließlich würde es erklären, warum sie in der letzten Zeit so merkwürdig war. Ihm fiel auf, daß sie schon seit einiger Zeit nicht sehr glücklich wirkte. Besonders seit jenem Abend, als er ohne anzuklopfen das Arbeitszimmer seines Onkels betreten hatte und sie bewußtlos auf dem Boden hatte liegen sehen. Seit dieser Zeit spürte er, wie unglücklich sie war.

Niemand schien glücklich zu sein, ohne Ausnahme. Und doch hatte alles irgendwie mit Liebe zu tun. Dabei sollte sie die Menschen doch glücklich machen. Joe wußte jetzt mit Bestimmtheit, daß er Carrie nie wiedersehen würde, denn nach diesem Vorfall würde man sie bestimmt in diese Stadt namens Howdon schicken. Sein Verlust schien sich auf merkwürdige Art und Weise mit dem seiner Mutter zu verknüpfen. Also konnte er ihr verzeihen, daß sie ihn geschlagen hatte. Aber er war sich nicht sicher, ob er ihr jemals verzeihen könnte, daß sie Carrie geschlagen hatte.

Carrie ging mit ihrem Vater den Weg entlang, der aus dem Garten hinaus auf die Weide führte. Die Weide war groß und führte auf eine Anhöhe hinauf, auf der einige Schafe grasten. Augenscheinlich hatten sie es irgendwie geschafft, an einer niedrigen Stelle über den Zaun zu springen. Normalerweise hätte Dick sie wieder zurückgetrieben. Doch an diesem Tag nahm er keine Notiz davon. Mit dem Rükken an einen Felsen gelehnt, schaute Dick sich um. In der Ferne schlängelte sich der Fluß durchs Tal, und zu seiner Linken breiteten sich die Hügel bis zum Horizont aus. Er blickte starr auf diese Landschaft, als er seine Tochter fragte: »Du hast mich doch noch nie angelogen, nicht wahr?«

»Nein, Vater.« Ihre Stimme war nur ein leises Flüstern.

»Und du wirst bestimmt auch jetzt nicht damit anfangen?«

»Nein, Vater.«

»Nun, dann erzähl mir ganz genau, was heute nachmittag passiert ist, und zwar in allen Einzelheiten.«

Ihre Stimme war leise und bebte, als sie begann: »Nun, es war so: Mick kam zu mir und sagte, Master Joe müsse morgen zur Schule, und ob ich mich nicht von ihm verabschieden wolle. Und ich sagte: ›Ja, ich würde gerne.‹ Also ging ich und . . . und . . .« Sie stockte.

»Ja, und weiter?«

Und Carrie fuhr fort, wobei sie nichts ausließ und dem Vater ein genaues Bild von dem vermittelte, was geschehen war oder woran sie sich zumindest erinnerte. Und als sie endete, schaute er zu ihr hinab und fragte leise: »Aber hat er dich angerührt?«

Sie schien zu überlegen, welche Antwort sie geben sollte. Also fragte er wieder, diesmal drängender: »Ich fragte, ob er dich angerührt hat!«

»Ja, Vater. Aber . . .«

»Aber was?«

»Er hat meine Hände gehalten, etwa so.« Sie zeigte es ihm. »Dann ließ er sich auf das Bett fallen und drückte seine Stirn gegen meine.« Als Carrie geendet hatte, blickte sie zu Boden.

Als sie wieder aufsah, wich er ihrem Blick aus und sagte seufzend: »Oh, Mädchen.«

»Aber ich sage die Wahrheit!«

»Ich glaube dir ja auch, Kind. Aber was du mir gerade erzählt hast, ist wieder einmal der Beweis dafür, daß alle Frauen wie Vampire sind. Du weißt doch, was ein Vampir ist, oder?«

»Nein, Vater.«

»Nun, das ist jemand, der sich in deinem Hals festbeißt und dein Blut saugt. Frauen sind fast genauso . . . und junge Mädchen auch. Sobald ein Mann in ihrem Bann steht, kann er nichts mehr dagegen tun.« Er beugte sich zu Carrie hinunter. »Bald wirst du ein junges Mädchen sein, Carrie. Du wirst zwar jetzt noch nicht wissen, was ich damit sagen will, doch eines Tages wirst du dich an meine Worte erinnern. Egal, was du fühlst, behalte es für dich, bis der richtige Zeitpunkt gekommen ist. Du wirst schon wissen, wenn es soweit ist. Und das hat auch nicht unbedingt etwas mit Hochzeit zu tun. Heiraten ist zwar gut und schön, aber es ist keine Garantie für Glück. Verstehst du, was ich damit sagen will?«

Carrie schaute eine Minute schweigend zu ihm auf. »Ich denke schon, Vater. Du meinst damit, ich soll ein braves Mädchen sein.«

»Jawohl, genau das meine ich. Ich muß dir noch etwas sagen. Ich schicke dich nach Howdon. Dort wird es dir in jeder Hinsicht bessergehen. Wie du weißt, haben Tante Alice und Onkel Stan keine eigenen Kinder. Du erinnerst dich doch noch an sie? Sie haben uns einmal besucht.«

Carrie schluckte schwer und nickte.

»Sie haben dich schon immer gemocht. Alice hat mir letztes Jahr gesagt, sie würde dir gerne eine neue Existenz aufbauen. Dein Onkel hat eine gute Anstellung. Er arbeitet als Vorarbeiter in einer Glasfabrik und kommt aus einer sehr geachteten Familie. Seine Erziehung war sehr gut. Er spielt übrigens wunderbar Klavier. Und sie haben ein großes Haus. Zwar nicht so eins wie das vom gnädigen Herrn, aber doch ein recht großes Haus in der Stadt, mit einer Terrasse, einer großen Küche, einem Eß- und einem Wohnzimmer und einem Bad, ganz für sich alleine. Nun, was hältst du davon?«

Was immer Carrie auch dachte, sie sagte es nicht. Ihr Hals war wie zugeschnürt.

»Nun weine doch nicht, Mädchen. Mir wird ja ganz schwer ums Herz.« Er schluckte einmal und wischte sich mit dem Handrücken die Tränen fort. »In all den Jahren sind wir so oft hierhergekommen, du und ich. Doch diesmal wird es vorerst das letzte Mal sein, daß wir gemeinsam die Berge betrachten.

Du kommst uns in den Ferien ja immer besuchen. Ich werde dir jetzt etwas sagen, mein Mädchen: Von all den Kindern, die ich in die Welt gesetzt habe, bist du mir das liebste!«

»O Vater! Vater!« Sie hatte ihre Arme fest um ihn geschlungen, während er über ihr blondes Haar strich. In seinen Augen schimmerten Tränen, als er zu den Bergen hinüberschaute.

5.

»Du mußt den Tatsachen ins Auge sehen. Ich werde Vanessa heiraten.«

Ellen saß im Salon neben dem Kamin und starrte mit einer eigentümlichen Ruhe ins Feuer. Sie sprach kein Wort.

»Ich tue mein Bestes für dich und deinen Jungen, das kannst du nicht leugnen. Dein neues Zuhause ist wirklich schön. Am liebsten würde ich selbst dort einziehen. Natürlich wird es für dich nicht leicht sein. Ich weiß, daß du dieses Haus in all den Jahren liebgewonnen hast, und du hast die Dinge hier so gut gerichtet. Aber du weißt selbst, daß hier kein Platz für zwei Frauen ist. Dein Vorschlag, hier als eine Art Haushälterin zu arbeiten, ist vollkommen unmöglich. Und ich glaube, im Grunde genommen weißt du das auch. Abgesehen davon könnte ich die Situation dann nicht ertragen, nicht nach dem, was zwischen uns gewesen ist.«

Zum ersten Mal drehte sie sich zu ihm um und sagte mit leiser Stimme: »Also gibst du zu, daß zwischen uns etwas war?«

»Oh, sei nicht kindisch, Ellen.« Beinahe hätte

Arthur sie angeschrien. Doch er nahm sich zusammen und trat einen Schritt näher an sie heran. »Mach mich bitte nicht wütend.«

»Mach mich nicht wütend.« Sie lachte bitter. »Du hast doch keinen Grund, wütend zu sein. Du hast dir immer das Beste genommen – und wirst es auch weiterhin tun. Nein!« Sie starrte wieder ins Feuer. »Das stimmt nicht. Du würdest dir neben einer Ehefrau keine Geliebte zugestehen. Deine Selbstgefälligkeit würde das nicht gutheißen.« Sie schaute ihn prüfend an. »Nein, das würde sie wirklich nicht.«

Fast beschwörend sagte er zu ihr: »Bitte, laß uns die letzten Tage hier in diesem Haus nicht so verbringen, als würden wir Krieg miteinander führen. Vanessa wird jede Minute hiersein. Ich bitte dich inständigst, bring sie nicht in eine peinliche Situation. Sie war sehr verständnisvoll, als ich ihr die Umstände erklärte.«

Plötzlich sprang Ellen auf, das Gesicht feuerrot. »Du meinst, du hast es ihr erzählt?«

»Aber sicher. In meinem Alter erwartet sie keinen Mönch vorzufinden.«

»Wie lange weiß sie es schon?«

»Oh, ich denke, sie vermutete es schon von Anfang an. Aber ich habe ihr erst vor ein paar Tagen alles erklärt.«

»Du bist ein alter, stumpfsinniger, geschwätziger, dummer Narr!«

»Ellen! Du wagst dich zu weit vor. Solltest du diesmal wieder einen deiner hysterischen Anfälle bekommen, wirst du nicht die einzige sein, die sich ihrer Hände bedient, dessen sei versichert. Ich werde zurückschlagen. Merk dir das!«

Als sie einander ansahen, bemerkte er, daß sie

alle Gewalt aufbrachte, um ihr unbändiges Temperament zu beherrschen. Es verwunderte ihn immer wieder, daß jemand, der oberflächlich gesehen ein so ausgeglichener Mensch war, so die Fassung verlieren konnte. Manchmal fragte er sich allen Ernstes, ob Ellen wirklich bei voller geistiger Gesundheit war.

Schließlich wandte er sich von ihr ab und ging zur Tür. »Ich erwarte von dir, dich beim Lunch nicht blicken zu lassen.«

Das war eindeutig eine Zurückweisung. Und in diesem Moment wurde Ellen klar, daß er sie genauso wie die Smiths behandelte. Ihre unterdrückte Wut brach nun hervor, verzerrte ihr Gesicht zu einer purpurnen Fratze. Sie wirbelte herum, als würde sie gleichsam nach einem Fluchtweg suchen. Und doch kam es ihr nicht in den Sinn zu fliehen, vor ihm davonzulaufen. Es war einfach nicht zu ertragen. Sie sagte sich das immer wieder. Es war nicht zu ertragen. Da war dieses junge Mädchen, und die Vorstellung, daß sie mit Arthur zusammen war, brachte Ellen beinahe an den Rand der Verzweiflung. Sie lief quer durch das Zimmer auf die Balkontür zu, als wolle sie sich hinausstürzen. Doch plötzlich blieb sie stehen und preßte ihre Hände auf die Glasscheiben, die von Eisblumen übersät waren. In diesem Moment hatte sie den Wunsch, sie zu zerschlagen, irgend etwas zu zerstören – die Scherben durch die Luft fliegen zu sehen wie die Scherben ihres Lebens. Sie versuchte sich ins Gedächtnis zu rufen, daß sie schließlich immer noch Joe hatte, für den sie leben mußte. Doch es gab noch ein weiteres Gefühl, das sie vorantrieb: Ehrgeiz. Sie wünschte, ja, sie ersehnte fast, daß er all die Dinge bekam, die ihr versagt blieben. Und ihre Träume und Hoffnungen konnten nur durch ihn erfüllt werden. Trotzdem war die Liebe zu ihrem Sohn nur ein Teil ihrer Persönlichkeit. Ihre Liebe zu Arthur glich mehr einer körperlichen Passion. Diese Leidenschaft war eine alles verzehrende Flamme, von der sie wußte, daß sie nie verlöschen würde.

Als Ellen aufblickte, sah sie durch das Fenster auf die Terrasse und den Garten hinaus, der weit in die hügelige Landschaft hineinragte, die das Haus umgab. Alles war mit eisigem Weiß bedeckt. Es hatte schon seit gestern gefroren. Und als sie so aus dem Fenster schaute, fragte sie sich unwillkürlich: Was soll ich jetzt tun? Und dann kam ihr langsam eine Idee in den Sinn. Sie kam in Form eines Autos, das die Auffahrt hinaufgekommen war und jetzt vor dem Haus hielt.

Miss Vanessa Southall war in ihrem Sportwagen vorgefahren. Sie war so jung, so gefestigt in ihrer Art, daß es ihr noch nicht einmal etwas ausmachte, bei diesem Wetter mit offenem Verdeck zu fahren. Daß sie überhaupt in einem Auto kam, und dies auch noch an solch einem frostigen Tag, wo die Straßen spiegelglatt sein mußten, zeigte, aus welchem Holz sie geschnitzt war, wagemutig und keineswegs ängstlich. Andere Menschen in diesem Teil der Welt motteten ihr Auto den Winter über ein. Nicht aber Miss Vanessa Southall. Ellen wandte sich vom Fenster ab, ging auf die Tür zu und flüsterte dabei unentwegt: »Miss Vanessa Southall. Miss Vanessa Southall.«

Joe blickte zu seinen beiden Cousins hinüber, die vor ihm standen. Sie waren in Martins Zimmer, und es machte den Eindruck, daß dieser ansonsten großzügige Raum mit seinem Rosenholzbett durch die beiden Jungen, besonders durch Martin, ausgefüllt schien.

Der Schmerz in Joes Brust nagte immer tiefer und tiefer. Schließlich legte Martin seine Hand auf Joes Schulter und sagte in demselben jovialen Tonfall, den er auch von seinem Onkel kannte: »Nun komm schon. Kopf hoch. So weit ist es doch auch nicht. Und ... und außerdem kommst du Weihnachten wieder her.«

»Eben nicht.«

»Wie kommst du denn darauf?« fragte Harry.

»Ich weiß es ganz einfach. Wenn ich einmal gegangen bin, sehen wir uns nie wieder.«

»Unsinn!« Martins Stimme war jetzt lauter als gewöhnlich. Er rieb sich die Hände, denn es fröstelte ihn. Das Zimmer war nicht beheizt.

»Ich ... ich bin doch kein kleines Kind mehr, Martin.«

»Was?!« Martin wirbelte herum und schaute ihn wortlos an. Dann sagte er: »Es tut mir leid, Joe. Du hast vollkommen recht. Du bist wirklich kein kleines Kind mehr. Das hätte uns beiden längst klar sein müssen.« Er warf einen flüchtigen Blick auf seinen Bruder. »Eigentlich bist du nie ein kleines Kind gewesen. Aber trotzdem, wir wissen, woran wir sind. Wie du eben selbst sagtest, ich habe auch meine Zweifel, ob du Weihnachten hiersein wirst. Deswegen haben wir deine Geschenke schon jetzt gekauft.« Er wies mit dem Kopf zum Tisch. »Die sind für dich. Nimm sie mit.«

Joe schaute hinüber und hustete einmal kräftig. »Ich ... ich habe auch etwas für euch beide. Ich ...

ich habe die Geschenke Mary gegeben, damit sie sie unter den Baum legen kann.«

Dann folgte eine lange Pause, in der eine bedrükkende Stille herrschte. Martin und Harry schauten auf Joe, dessen Kopf immer noch nach vorne gebeugt war, so daß man das bleiche Gesicht des Jungen nicht sehen konnte. Plötzlich sagte Harry: »Du glaubst gar nicht, wie schnell die Zeit vergeht. Es dauert nicht mehr lange, und du wirst alt genug sein, um deinen eigenen Weg zu gehen.« Er hielt kurz inne, bevor er hinzufügte: »Ich meine, daß du dann selbst bestimmen kannst, was du tun oder lassen willst. Nicht wahr, Martin?«

»Ja, ja!«

Doch was Joe dann sagte, schien das, was Harry soeben mit solch einer Überzeugung vorgetragen hatte, Lügen zu strafen: »Ich bin fast elf Jahre alt, und achtzehn zu sein scheint in ebenso weiter Ferne zu liegen wie das nächste Weihnachtsfest: Es wird nie soweit kommen.«

Martin kaute auf seiner Unterlippe herum, bevor er mit sich fast überschlagender Stimme sagte: »Ich weiß, wie du dich fühlst. Ich war selbst einmal wie du. Na ja, eigentlich bin ich es immer noch. Manchmal denke ich, ich kann es kaum erwarten, bis ich einundzwanzig bin. Dann erst kann ich meine Großmutter beerben. Und was ich dann mit dem Geld machen werde, geht niemand etwas an. Nicht, daß mich Vater an der kurzen Leine hält. Aber es ist halt nicht dasselbe, als könnte ich schon über das Geld verfügen. Und bis es soweit ist, scheint es eine Ewigkeit zu dauern.« Er mußte grinsen, als er merkte, daß es ihm gelungen war, Joe von seinen eigenen Problemen abzulenken. »Ich möchte einmal Pferde züchten. Und das werde ich auch tun. Du weißt ja, wie sehr ich an Pferden hänge. Fast so wie er« – er deutete auf seinen Bruder – »an seinen Motorrädern. Du wirst auch irgendwann einmal etwas haben, dem du dich ganz hingeben möchtest. Hast du schon eine Idee, was es sein könnte, Joe?«

Joe überlegte. »Schreiben vielleicht. Oder malen.«

»Oh!« Der Ausdruck des Erstaunens kam den beiden Brüdern fast gleichzeitig über die Lippen. Sie schauten einander überrascht an, bevor Martin sagte: »Nun, er kann beides recht gut, nicht wahr?«

»Ja, ja!«

»Und wie steht es mit Cricket und Fußball?« Martin konnte sich ein Lächeln nicht verkneifen, als er Joe die Frage stellte.

»Nein, irgendwie liegt mir so etwas nicht.«

»Du bist schon ein merkwürdiger Kerl.« Martin streckte jetzt seine Hand aus und fuhr dem Jungen durchs Haar. »Ich frage mich, warum du dich nicht für Autos interessierst. Das wäre doch etwas Aufregendes. Mich wundert, daß sie dir nicht gefallen, wo doch deine Mutter so eine gute Fahrerin ist. Sie fährt fast so gut wie ein Mann. Sie kann sogar selbst einen Reifen wechseln, und das finde ich recht erstaunlich, da deine Mutter nicht gerade so aussieht, als hätte sie auch nur einen Funken technisches Verständnis. Oder sieht sie so aus?«

»Nein.« Joe fragte sich, wann seine Cousins aufhören würden, so nett zu ihm zu sein. Wenn dies nicht bald der Fall wäre, würde er bestimmt anfangen zu weinen. Sie sprachen über Dinge, die überhaupt nicht wichtig waren, weder für die beiden noch für ihn. Er wünschte, er könnte aus dem Zimmer gehen. Er wünschte, er könnte schon heute das Haus verlassen und nicht erst morgen früh. Er wünschte, sein Herz würde aufhören, um Carrie zu weinen. Er wünschte, er könnte sterben, denn von jetzt an mußte er alleine mit seiner Mutter leben. Es würde niemanden geben, nur sie und ihn. Außer ihm hätte sie niemanden, den sie lieben konnte. Sein Onkel heiratete bald, deswegen konnte sie ihm nicht mehr ihre Zuneigung schenken. Und Joe wußte nicht, wie er ihre Liebe ertragen sollte.

Joe konnte nur schwer beschreiben, was ihre Liebe bei ihm bewirkte. Es war, als ob er einen Alptraum hätte, sich dabei in den Bettlaken verfing und zu ersticken drohte. Und doch wollte er sie lieben und trösten, denn er wußte, daß sie sehr unglücklich war. Gerade jetzt würde sie alleine zu Hause sitzen. Eigentlich müßte er jetzt bei ihr sein. Sein Onkel und Miss Southall waren im Park spazieren. Schon nach dem Mittagessen waren sie aufgebrochen. Seine Mutter hatte nicht mitgegessen und ihm aufgetragen, ebenfalls nicht zu Tisch zu gehen. Ihm war es nur recht, denn er hatte keinen Hunger.

Es war jetzt vier Uhr, und es wurde schon langsam dunkel. Er mußte sie suchen. Mit gesenktem Kopf eilte Joe zur Tür und murmelte so etwas wie: »Bis morgen früh.« Er eilte den Korridor entlang zum Zimmer seiner Mutter. Nachdem er angeklopft und keine Antwort erhalten hatte, öffnete er leise die Tür und schaute hinein. Der Raum war leer. Er ging zurück in sein Zimmer und schaute aus dem Fenster. Von hier aus konnte er die Rückseite des Stalles und der kleinen Scheune sehen, die als Garage genutzt wurde, und den größten Teil des Hofes. Doch auch hier war weit und breit niemand zu sehen. Die ganze Woche über war nur das Nötigste gemacht worden: Mr. Smith lag mit einer bösen Erkältung im Bett, und Bernard Paxstone hatte heute seinen freien Nachmittag. Rob Burnip war seinen eigenen Interessen nachgegangen, aber dem Licht nach zu urteilen, das aus einem der Fenster über dem Stall auf den Hof fiel, vermutete er, daß Rob dort oben arbeitete. Er mochte Rob. Auch ihn würde er wohl vermissen. Und das nicht nur, weil er stets eine Tüte Bonbons dabeihatte und nie ein böses Wort für sie übrighatte.

Joe wollte sich gerade vom Fenster abwenden, als er eine Gestalt sah, die aus der hinteren Garagentür trat. Joe erkannte sofort seine Mutter. Eigentlich wunderte es ihn nicht, daß sie dort war. Vielleicht hatte sie noch einen letzten Blick auf Onkels Wagen geworfen, jetzt, da sie wußte, daß sie nie mehr mit ihm fahren würde. Ihm fiel auf, daß sie den Kopf und die Schultern nach vorne gebeugt hielt. Plötzlich hielt sie inne und richtete sich auf. Dabei hielt sie die Kapuze ihres Mantels fest unter dem Kinn zusammen. Schließlich lehnte sie sich gegen die Wand, als wäre sie vollkommen außer Atem. Joe preßte sein Gesicht gegen die Fensterscheibe und kniff die Augen zusammen, damit er besser sehen konnte. Seine Mutter ging jetzt weiter. Aber nicht, wie er erwartet hatte, zum Treppenhaus, sondern die kleine Anhöhe hinunter, die in den Garten führte. Wahrscheinlich ging sie noch ein letztes Mal spazieren. Er trat vom Fenster zurück und schüttelte den Kopf. Es war so kalt draußen, und schon bald würde es dunkel sein. Sollte er vielleicht doch hinter ihr herlaufen und ihr Gesellschaft leisten?

»Nein«, sagte er so laut zu sich selbst, daß er

erschrak. Dann ging er zum Kleiderschrank, holte einen Mantel und einen Schal hervor, zog den Sessel heran und setzte sich ans Fenster, um in die Dämmerung hinauszustarren.

Sie würde wahrscheinlich über die hintere Treppe das Haus betreten. Jeden Moment würde Mary das Licht über der rückwärtigen Tür einschalten, denn dann würde auch das Licht im Durchgang zur Küche angehen. So würde er es auf jeden Fall sehen, wenn seine Mutter zurückkam. Und wenn sie dann wieder auf ihrem Zimmer war, würde er zu ihr gehen, um mit ihr zu reden ... Nun, er würde sich etwas einfallen lassen müssen, wenn er sie trösten wollte.

Das Licht war schon geraume Zeit an, und Joe saß noch immer wartend am Fenster, als er auf einmal hörte, wie jemand seinen Namen rief. Doch bevor er die Tür erreichte, wurde sie von Harry aufgerissen.

»Warum sitzt du denn hier im Dunklen? Wir haben dich schon überall gesucht. Wo ist denn deine Mutter?«

»Ich ... ich weiß es nicht.«

»Nun, Vater will gleich mit Miss Southall wegfahren. Sie haben ihre Pläne geändert. Sie wollen nach Newcastle ins Theater gehen und anschließend den Abend mit Vanessas Familie verbringen.«

»Oh.«

Harry stand da und sah zu dem Jungen hinüber. Dann seufzte er schwer und sagte: »Ich nehme an, Tante Ellen ist den beiden aus dem Weg gegangen. Ich denke aber, daß Vater sich noch gerne von ihr verabschiedet hätte, denn er wird wohl morgen früh noch nicht zurück sein, oder?«

»Nein.« Joe ging jetzt an Harry vorbei auf den Flur. Aus einem unerfindlichen Grund hatte er das dringende Bedürfnis, seine Mutter zu finden. Er malte sich in Gedanken aus, wie er sie bei der Hand nahm und in die Halle zu seinem Onkel führte. Vielleicht, so dachte er, könnte er sich noch an das alte Lied erinnern, das sein Onkel immer so spöttisch sang, wenn er zu viel Wein getrunken hatte. Offensichtlich war es ein Lied, das sein eigener Vater immer zu singen pflegte: »Ein kleines Kind soll sie führen, soll sie führen den gewund'nen Pfad.« Einen Moment dachte er daran, wie er seine Mutter damals zu seinem Onkel geführt hatte. Doch tief in ihm war die Gewißheit, daß dies reines Wunschdenken war, denn sein Onkel wollte seine Mutter nicht. Zumindest nicht so, wie sie ihn wollte.

Joe lief jetzt den Korridor entlang und rief über die Schulter zurück: »Ich werde sie finden!«

Als er die Galerie entlanglief, konnte er sehen, wie sie alle im Vestibül die Köpfe nach oben reckten: Martin, Mary Smith und sein Onkel. Miss Southall konnte er nicht sehen, doch in dem Durcheinander erkannte er ihr Lachen. Er hatte es schon früher gehört, und es gefiel ihm. Es klang klar und fröhlich. Genauso, wie es bei ihm klang, wenn er mit Carrie über die Hügel rannte, um sie zu fangen, oder wenn Mick auf seine trockene Art einen Witz zum besten gab.

Joe hatte jetzt die Tür am Fuße der rückwärtigen Treppe erreicht und öffnete sie. Die Nacht war nicht so dunkel, wie er erwartet hatte. Der Himmel war voller Sterne. Doch die kalte Luft kitzelte in seiner Nase, so daß er beinahe niesen mußte.

Er sagte zu sich selbst, daß es wohl keinen Sinn hatte, im Garten nachzuschauen. Sie würde nicht mehr dort oben sitzen. Wenn sie sich nicht in Bewegung gehalten hätte, wäre sie bestimmt schon längst erfroren.

Er schaute durch eine Lücke in der Hecke. Allerdings war es hier so stockdunkel, daß er die Hand nicht mehr vor Augen sehen konnte. Deswegen rief er leise: »Mutter! Mutter! Bist du da draußen?«

Er tastete sich an der Hecke entlang in Richtung des Rosengartens. Hier war es wieder heller, und er rief erneut: »Mutter! Mutter!« Joe hatte den Rosengarten durchquert und rutschte jetzt die Anhöhe hinab, die den Tennisplatz umgab. Als er zum Himmel sah, konnte er Myriaden von Sternen funkeln sehen.

»Mutter! Mutter! Bist du da?«

Er atmete erleichtert auf, als er die Gestalt wahrnahm, die langsam auf ihn zukam. Joe rannte ihr entgegen, warf sich ihr an den Hals und sagte mit keuchender Stimme: »Ich . . . ich habe dich überall gesucht. Sie fahren weg und möchten dir vorher noch auf Wiedersehen sagen. Nun komm! Komm schon!« Er zerrte an ihrer Hand und versuchte sie zum Gehen zu bewegen.

Doch Ellen rührte sich nicht von der Stelle. »Wer fährt?«

»Onkel und Miss Southall. Harry sagt, sie hätten es sich anders überlegt. Sie wollen ins Theater gehen und . . . Onkel wird jedenfalls morgen früh nicht hiersein, um sich von dir zu verabschieden. Er hat dich überall gesucht!«

»Was?!« Ellen beugte sich nach vorne und packte ihn hart an den Schultern. »Was sagst du da?«

Joe wand sich unter ihrem festen Griff. »Das habe ich doch gerade erklärt, sie fahren weg.«

Schlagartig ließ sie ihren Sohn los und rannte davon.

Joe hatte Mühe, ihr zu folgen. Es schien ihm, als wäre der Weg vom Haus bis hin zum Tennisplatz recht lang gewesen. Doch jetzt schafften sie die Strecke innerhalb von Sekunden.

Ellen hielt nicht auf die rückwärtige Treppe zu, sondern lief sofort zur Küche, deren Tür sie ungestüm aufriß. Beinahe hätte sie Mary umgerannt. Doch bevor sie wußte, wie ihr geschah, hatte Ellen den Raum auch schon wieder verlassen. »Oh! Ma'am? Misses?! Stimmt etwas nicht?«

»Wo sind sie?« Ellen stand jetzt im Vestibül. Martin wollte gerade den Salon betreten und Harry die Treppe hinaufgehen, als ihre Stimme, die jetzt ein einziger Schrei war, sie zusammenzucken ließ. »Wo sind sie?!«

Harry und Martin machten auf der Stelle kehrt und liefen auf sie zu. Es war Martin, der in ruhigem Tonfall zu ihr sagte: »Vater hat dich überall gesucht, Tante Ellen. Stimmt etwas nicht?« Er hielt sie jetzt am Arm.

Ihre Stimme war nur noch ein Keuchen. »Wie lange sind sie schon fort?«

Martin schaute sie aus zusammengekniffenen Augen an. »Das muß vor ungefähr vier, fünf Minuten gewesen sein.« Er schaute hinüber zu Harry, der zustimmend nickte. »Ja, ungefähr vor fünf Minuten . . . Herr im Himmel! Halte sie fest!«

Als sie auf Harry zuwankte, ergriff Martin sie bei den Schultern. Dann zog sie ihn mit zu Boden.

»Sie ist ohnmächtig geworden. Schafft sie hinüber in den Salon. Mary!« Er schaute zu der Küchenhilfe hinüber, die sich vor Schreck bis jetzt noch nicht gerührt hatte. »Hol etwas Wasser!«

Wie gelähmt folgte ihnen Joe. Sie beeilten sich, Ellen in den Salon zu bringen, und legten sie dort auf die Couch. Ellen glich mehr einer Toten denn einer Lebenden. Ihr Gesicht war aschfahl, und ihre Glieder hingen schlaff an ihrem Körper herab. Er sah, wie Mary mit einem Krug voll Wasser in der einen und einem Glas in der anderen Hand das Zimmer betrat. Als Harry sie so sah, sagte er ungewöhnlich hart zu ihr: »Trinken wird sie jetzt ja wohl kaum können. Wie wäre es mit einem feuchten Tuch?«

»Hier.« Martin zog ein fein säuberlich zusammengelegtes Taschentuch aus der Brusttasche seiner Jacke und reichte es Mary, die es in den Krug tauchte, auswrang und dann an ihn zurückreichte.

Joe beobachtete, wie er das Gesicht seiner Mutter damit abtupfte, doch sie lag noch immer wie tot da.

»Riechsalz!«

»Ich glaube, es steht etwas davon auf ihrem Frisiertisch.«

Martin schaute zu Mary auf. Dann sah er Joe an und sagte: »Lauf und hol es.«

Joe nahm zwei Stufen auf einmal und flog beinahe in das Schlafzimmer seiner Mutter. Er mußte wieder zur Tür zurücklaufen, um das Licht einzuschalten. Joe wußte zwar, wie die Flasche mit dem Riechsalz aussah, aber sie befand sich nicht auf dem Frisiertisch, sie stand auf dem Nachttisch. Er griff nach ihr und rannte wieder los. Mit einer Hand am Geländer sprang er die letzten drei Stufen hinunter. Dann lief er in den Salon, wo er nur noch Harry,

Martin und seine Mutter sah. Mary war bereits gegangen.

»Das kommt nun davon. Vater hätte so etwas nie tun dürfen. Es war nicht fair.«

Harrys Stimme war nur ein Flüstern. »Aber du hast doch selbst gesagt, es wäre das Beste.«

»Ja, das habe ich auch. Aber damit meinte ich, daß er überhaupt wieder heiraten würde. Nicht, daß es jemand ist wie Vanessa. Es muß Tante Ellen einem Schlag ins Gesicht gleichgekommen sein.« Er schaute jetzt auf seine Tante hinab, die noch immer reglos auf der Couch lag.

Joe reichte ihm die Flasche. Er konnte sehen, wie das Riechsalz seine Mutter wieder ins Bewußtsein holte, doch erst eine Viertelstunde später war sie in der Lage, ein Wort hervorzubringen. Während er ihr zuhörte, mußte er feststellen, daß seine Mutter eine sehr kluge Frau war. Eigentlich waren zwei Seelen in ihrer Brust, doch diese Erkenntnis war ein so unbewußter Gedanke, daß er ihn im Laufe des Abends wieder vergessen hatte. Genau wie der Satz, den sie äußerte und an den er sich erst in späteren Jahren erinnern sollte. Denn seine Mutter sagte mir ruhiger, gefaßter Stimme: »Ich . . . ich wollte mich noch . . . persönlich von ihm verabschieden. Verstehst du?«

Und Martin beugte sich zu ihr hinunter, als er leise sagte: »Ja, ich verstehe dich, Tante. Ich verstehe dich vollkommen.«

Die Brüder schlugen Joe vor, daß seine Mutter zu Bett gehen sollte, um sich auszuruhen, doch sie schien zu zögern. Da das schließlich die letzte Nacht in diesem Haus sein sollte, so dachte Joe, warum sollte sie nicht das Beste daraus machen. Nachdem sie von der Couch aufgestanden war, hatte sie sich in ihren Sessel gesetzt und fortwährend die Hände am Feuer gewärmt.

Mary servierte ihr ein leichtes Abendessen, das sie aber nicht anrührte. Sie wollte nur etwas Warmes trinken. Als die Uhr acht schlug und Harry sich noch immer wunderte, daß sie in dem Sessel saß, versicherte sie ihm, ihr ginge es gut. Die beiden sollten nur ruhig ihre obligatorische Partie Billard spielen.

Als die Brüder schließlich um neun Uhr ihr Spiel beendet hatten, erhob sie sich endlich mit einem dünnen Lächeln aus ihrem Sessel und sagte, sie sei wohl jetzt imstande, zu Bett zu gehen. Harry und Martin sollten sich keine Sorgen machen, sie würde die Treppe schon alleine schaffen. Schließlich sei sie ja noch keine alte Dame.

Martin wollte gerade eine galante Erwiderung vorbringen, als plötzlich die Türglocke betätigt wurde. Das war verwunderlich, denn nach Eintritt der Dunkelheit klingelte in der Regel niemand mehr. Wenn man Freunde erwartete, war die Tür für gewöhnlich nicht verschlossen. Selbst im Winter war stets jemand da, der den Besuch empfing. Das Personal benutzte natürlich die Hintertür.

Mary war bereits zu Hause.

Martin und Harry wechselten fragende Blicke, und Joe blickte seine Mutter an. Sie hielt sich die Hand vor den Hals und nickte kaum merklich.

»Wer kann das denn sein?« Martin verließ den Salon, und Harry folgte ihm. Ellen rührte sich nicht, ebensowenig Joe.

Einige Minuten später betraten sie in Begleitung

eines Polizisten in Uniform und eines weiteren in Zivil den Salon.

Joe sah, wie Martin, einem Betrunkenen gleich, nach einer Sitzgelegenheit tastete. Dann starrte er wieder seine Mutter an.

Joe drehte sich zu Harry um, der weinte. Dann wanderte sein Blick zu dem Mann in Zivil. Er sprach ruhig und leise wie ein Arzt zu jemandem, der krank war. Joe wußte, daß auch er starb. Nicht so sehr wegen dem, was der Mann erzählte; wie man den Wagen mit einem Schneidbrenner hatte zerlegen müssen, um an die Leichen seines Onkels und Vanessa Southalls zu gelangen. Es waren auch nicht die beiden Toten im LKW. Es war etwas, das so groß, so monströs war, daß er es kaum ertrug, weil er auf seltsame Art und Weise ein Teil davon war.

Das einzige, an das sich Joe erinnern sollte, bevor das Tor seiner Erinnerungen wieder aufgestoßen wurde, war der Umstand, daß seine Mutter so etwas wie einen Anfall hatte, demzufolge sie für zwei Monate das Bett hüten mußte, und Marys tränenerstícktes Gestammel, daß des einen Menschen Speise des anderen Menschen Gift sein konnte. Jahre später sollte er erfahren, daß dies nicht unbedingt zutraf. Aber vielleicht war es die einzige Art und Weise, den für seine Mutter überaus vorteilhaften Wechsel im Lauf der Dinge zu beschreiben. Denn zur elften Stunde wurde sie davor bewahrt, das Haus verlassen zu müssen.

TEIL ZWEI

1937

1.

Seite an Seite standen Joe und Harry am Bahnsteig. Und obgleich Harry einundzwanzig und Joe erst sechzehn war, waren die beiden gleich groß. Selbst in ihrem Körperbau waren sie sich sehr ähnlich. Beide hatten kräftige Schultern und dieselbe Haarfarbe. Nur daß Joes Haar einen schwarzen Schimmer hatte, während Harrys eher dunkelbraun war. Erst wenn man in ihre Gesichter schaute, erkannte man den Unterschied, sowohl im Alter als auch im Ausdruck. Harrys Gesicht war rund, und seine Augen hatten einen fröhlichen Glanz. Das Gesicht seines Freundes hingegen war eher länglich, und die tiefliegenden grauen Augen, die manchmal vollkommen farblos erschienen, waren voller Melancholie, die mit den Jahren immer stärker wurde.

Joe zuckte zusammen, als Harry ihm mit dem Ellbogen in die Rippen stieß und sagte: »Ich frage mich, ob mein erlauchter Bruder genauso unausstehlich sein wird wie während der Weihnachtsferien.«

»Martin ist nie unausstehlich.«

»Aber sicher ist er das. Jeder, der nach Oxford geht, wird einmal unausstehlich. Früher hieß es: Ich lerne für meine Jura-Vorlesungen« – dabei spitzte er die Lippen und tat ganz eitel –, »doch in den letzten Jahren hieß es nur noch: Ich lerne für mein Examen. Himmel! Das macht einen noch ganz krank.«

»Du bist doch nur neidisch. Und weißt du noch, was für Sorgen du dir gemacht hast, als er das eine Jahr durch dieses Fieber verlor? Ist ja auch egal. Auf alle Fälle liebst du ihn.«

Harry wollte darauf zunächst etwas in seiner jovialen Art erwidern. Dann hielt er jedoch inne und verzog das Gesicht. »Du kommst doch immer wieder mit den merkwürdigsten Sachen. Du kannst doch nicht so einfach sagen, daß man jemanden liebt.«

»Wieso nicht, wenn es doch stimmt?«

»Na ja, einfach weil ...«

»Das hat mir Mick auch einmal erzählt.«

»Mick?«

»Ja. Vor Jahren hat er mich einmal darauf aufmerksam gemacht, daß man das nicht so offen sagt, wenn man jemanden liebt. Wenn man aber schon nicht viele Menschen liebt, sollte man es zumindest den wenigen sagen. Das ist meine Meinung.«

»Oh, Mann!« Harry trat einen Schritt zurück und fragte flüsternd: »Du erzählst doch hoffentlich nicht in der Schule so einen Mist!«

»Nein.«

»Ich glaube, das ist auch besser so. Ansonsten werden sie dich nämlich vor den Direktor zerren.« Harry sah auf seine Uhr und murmelte: »Er hat schon fünfzehn Minuten Verspätung. Der Zug ist bestimmt in London umgeleitet worden.« Er schaute Joe grinsend an. »Muß ja heute allerhand dort los sein.« Er blickte hinauf zu den Fahnen, die an der Überdachung des Bahnsteigs wehten. »Mit ein wenig Phantasie könnte ich glatt die Krönung vergessen und mir einreden, daß das alles hier für meinen einundzwanzigsten Geburtstag geschmückt wurde. Ich werd' heut einundzwanzig, ich werd' heut einundzwanzig.« Er begann zu singen und über den Bahnsteig zu tanzen, so daß Joe über das ganze Gesicht grinsen mußte.

Dann wurde Harry wieder ernst. »Du weißt, wie sehr ich mich darüber freue, daß Martin zu meinem Geburtstag kommt. Er hätte ja schließlich auch in London bleiben können, um dort zu feiern. Aber wir werden heute nacht eine tolle Party haben. Und ich kenne keinen, der so gerne über die Stränge schlägt wie unser Martin.« Er lachte. Dann schaute er die Gleise entlang und sagte: »Es scheint, als ob wir die einzigen wären, die noch jemanden erwarten.«

»Ich nehme an, daß jetzt alle vor ihren Radios sitzen.«

»Ja, wahrscheinlich.«

»Sie sagen, daß der König heute nacht noch eine Ansprache halten wird. Ist das nicht erstaunlich?« Er schaute noch einmal die Gleise hinauf und hinab.

»Ich glaube, da kommt der Zug.« Harry schaute wieder auf seine Uhr. »Beinahe zwanzig Minuten Verspätung. Das müßte man eigentlich melden.«

Der Zug hielt mit einem lauten Quietschen und Zischen an. Nur fünf Passagiere stiegen aus, von denen nur einer ein Mann war. Er war hochgewachsen, seine Haare so blond, daß sie von weitem fast weiß wirkten, und winkte ihnen zu, bevor er zum Gepäckwagen ging, um sich seine Koffer geben zu lassen.

Sie gaben einander die Hände und lachten fröhlich. Dann packte Martin seinen Bruder an den

Schultern und sagte: »Herzlichen Glückwunsch zum Geburtstag, Bruderherz.«

»Danke, Martin. Danke.« Harrys Antwort war leise und hatte fast einen ernsten Unterton.

Sie verließen den Bahnsteig, durchquerten den Wartesaal und gingen hinaus auf die Straße, wo Pferd und Kutsche schon warteten.

Martin ergriff die Zügel und rief: »Vorwärts, alter Zosse!« Das Pferd, so schien es, erkannte die Stimme und antwortete mit einem heftigen Kopfnicken. Dann lief es in schnellem Galopp die Straße hinunter. »Ja, ist es denn zu glauben?« sagte Harry. »Auf mich hört der Gaul nie.«

»Er weiß halt, daß du stinkende Maschinen bevorzugst. Übrigens, wie gefällt es dir?«

»Was meinst du?«

Martin zog die Zügel straffer und drehte sich um. »Sag bloß, es ist noch nicht da!«

»Wenn ich wüßte, wovon du redest, könnte ich es dir vielleicht sagen.«

»Herr im Himmel, ich bringe sie um! Sie haben es mir versprochen!«

»Was versprochen?«

»Na, dein Geburtstagsgeschenk, du Dummkopf!«

»Sag jetzt bloß nicht, daß es ein Pferd ist!«

»Die Art von Pferd, die dir so gefällt.«

Harry riß ungläubig die Augen auf. Dann griff er nach Martins Schulter. »Du willst doch damit nicht etwa sagen ... Es ist doch wohl nicht ...«

»Doch, genau das will ich damit sagen. Obwohl es mir weiß Gott schwergefallen ist, denn ich hasse diese verdammten Motorräder.«

»Jetzt sag schon, Martin! Was für eins ist es?«

»Was du dir immer schon gewünscht hast.«

»Eine *AJS?*« Harry wirbelte zu Joe herum und rief aufgeregt: »Martin ist schon ein verrückter Kerl! Gibt sein Geld für Sachen aus, die er eigentlich haßt. Meinst du nicht auch?«

Joe lächelte, verkniff sich aber eine Antwort. Plötzlich fragte Harry ihn etwas nachdenklich: »Was möchtest du denn einmal haben, wenn du einundzwanzig bist?«

Noch bevor Joe antworten konnte, wandte sich Harry von ihm ab. »Wozu frage ich überhaupt? Mit Sicherheit eine Enzyklopädie. Wie steht es um deine schriftstellerischen Ambitionen, Joe?«

»Nicht so gut.«

»Was? Und du willst nach Oxford und Englische Literatur studieren?«

»Das ist es ja gerade. Ich muß so viel lesen, daß ich mich ums Schreiben überhaupt nicht mehr kümmern kann. Zumindest nicht um die Art, die mir Spaß macht.«

»Gedichte?« fragte Martin geringschätzig.

»Nein, nicht nur Gedichte. Um ehrlich zu sein, überhaupt keine Gedichte.«

»Nein? Jetzt erzähl mir bitte nicht, daß du dich neuerdings für Politik interessierst. Es gibt schon genug Ärger, ohne daß du mitmischst. Oder hast du etwa vor, Kiplings Platz einzunehmen?« Dann wechselte er das Thema. An seinen Bruder gewandt, sagte er: »Ich frage mich, wie der Herzog sich heute fühlt. Ob er immer noch der Meinung ist, daß sich das alles gelohnt hat?«

»Ich denke schon. Er liebt sie. Nun, er muß zumindest so empfunden haben.«

Die Brüder drehten sich jetzt wieder zu Joe um, und Martin sagte: »Schau ihn dir an, Harry. Aus ihm wird mal ein Romancier. Man kann es ihm fast ansehen. Nur schade, daß er dieses Jahr nichts zustande gebracht hat. Dabei waren die vergangenen Monate so ereignisreich. Mal abgesehen von der Affäre des Herzogs, Prinzessin Juliana hat einen deutschen Prinzen geheiratet. Und da ist immer noch unsere blonde Schönheit, Jean Harlow. Himmel, so ein Jahr wird es so schnell nicht wieder geben.«

»Haltet den Mund!«

Martin und Harry mußten beide lachen, wobei Harry Joe auf die Schulter schlug. »Mach dir keine Gedanken. Du wirst schon erreichen, was du erreichen willst. Ich wäre schon froh, wenn ich nur die Hälfte deines Verstandes hätte.«

Den Rest der Fahrt hörte Joe den beiden Brüdern zu, wie sie sich über ihre Zukunftspläne unterhielten, besonders über Martins, der im Juni des Jahres seine Studien abschließen würde.

Harrys Ziel war es, einmal Ingenieur zu werden. Er war seit drei Jahren am College of Science in Newcastle.

Als sie durch das Tor fuhren, zeigte Joe auf eine Gestalt, die über die Hügel ging. »Da ist Mick!«

»Mick? Mick Smith?« Martin kniff die Augen zusammen und schaute in dieselbe Richtung. »Wie willst du das von hier aus erkennen?«

»Oh, ich erkenne ihn an seinem Gang.«

»Bleibt er jetzt für immer?«

»Nein.« Joe schüttelte den Kopf. »Er ist hier auf Urlaub. Übrigens wurde er letzten Monat auch einundzwanzig.«

»Arbeitet er noch immer in der Fabrik?«

»Ja, aber man hat ihn befördert. Er ist jetzt Schichtleiter.«

»Na, das wundert mich nicht. Er kannte sich schon immer gut mit dem Radio aus.«

»Ja, das kann er wirklich.«

Joe beobachtete noch, wie Mick hinter den Hügeln verschwand.

Als sie das Haus erreichten, sahen sie zuerst Ellen Jebeau, die auf der Terrasse stand. Als Martin das Pferd am Fuße der Treppe zum Stehen brachte, war sie schon da, um ihn zu begrüßen. Sie reichte ihm die Hand und empfing ihn mit einem Lächeln. »Schön, daß du wieder zu Hause bist, Martin.«

Er nahm ihre Hand und küßte sie auf die Wange. »Ich freue mich auch, Tante. Wie geht es dir?«

»Gut. Sehr gut ... Und was hältst du von unserem neuen Herrn im Hause?« Sie wies mit der Hand auf Harry, woraufhin Martin spöttisch meinte: »Herr im Haus? Er spielt doch noch immer heimlich im Kinderzimmer mit seinen Motorrädern.«

Und wieder stießen sich die beiden Brüder gegenseitig an. Als sie die Stufen hinaufgingen, blieb Ellen neben ihrem Sohn – eine Angewohnheit, die sie immer an den Tag legte, wenn sie beisammen waren. Joe hatte diese Marotte zum ersten Mal an ihr bemerkt, als sie sich von dem Schlag erholt hatte, den ihr der Tod ihres Schwagers – seines Onkels – versetzt hatte. Er wußte nicht, ob es an der abwegigen Vermutung lag, daß ihn die Brüder aus ihrer eingeschworenen Gemeinschaft ausschlossen, oder ob seine Mutter mit diesem Benehmen eine Art Besitzanspruch demonstrierte. Es machte ihn verlegen, aber da es sehr unauffällig geschah, fragte er sich, ob Außenstehende es überhaupt wahrnahmen.

Im Vestibül wandte sie sich wieder an Martin und

sagte: »Schau dir erst einmal den Tisch an, bevor du nach oben gehst.« Sie ging voraus, und Martin sagte in aufrichtiger Bewunderung, daß ihm die Dekoration, die Blumen und die silbernen Gedecke für sechzehn Gäste außerordentlich gut gefielen.

»Es ist wunderbar, Tante! Schöner, als ich es an meinem einundzwanzigsten Geburtstag hatte.« In gespielter Wut drehte er sich zu seinem Bruder um. »Da hat man sich nicht so viel Mühe gemacht.«

»O doch! Sogar noch mehr als bei mir. Du hattest zwei Tische. Einer davon war nur für deine Freundinnen reserviert. So viele habe ich nicht.«

»Das ist ja wohl deine Schuld. Du mußt dir einfach ein gewisses Maß an Charme zulegen.« Er ging jetzt in übertriebener Pose um den Tisch, so daß Harry schallend lachen mußte.

»Wenn ich Tante Ellens Mühen damit nicht zunichte machen würde, schmisse ich jetzt mit dem Tafelaufsatz nach dir.«

»Wer kommt denn eigentlich alles?« fragte Martin nun seine Tante.

»Nun, es sind Harrys Gäste, und er wollte, daß die Doltons . . .«

»O ja, die Doltons müssen kommen!« Martin zwinkerte Harry zu. »Besonders Rachel. Wie steht es eigentlich mit Betty? Ist sie mittlerweile verheiratet?«

»Nein, das ist sie noch nicht. Ich wette, sie wartet auf dich.« Harry machte seinem Bruder eine lange Nase.

»Dann kommen noch die Hallidays und ihre beiden Cousinen, die zur Zeit bei ihnen wohnen.« Ellen drehte sich zu Harry um und fragte: »Wie war ihr Name noch? Crosby?«

Als Harry nickte, fragte Martin: »Wie alt sind sie?«

»Nell ist neunzehn und Marion achtzehn«, erwiderte Harry und fügte hinzu: »Und keine von beiden ist eine Schönheit.«

»Oh!« Martin hob enttäuscht die Augenbrauen. »Also kann ich sie schon einmal von meiner Liste streichen. Es sei denn, sie sind unterhaltsam, haben Humor, sind reich und können erkennen, was für ein wertvoller Mensch ich bin.« Mit diesen Worten verließ er das Zimmer.

Alle mußten lachen, sogar Ellen. »Er wird sich wohl nie ändern.«

»Nein, das wird er wohl nicht.« Harry schaute jetzt gedankenverloren auf den Tisch. »Es wäre auch schrecklich, wenn er das täte.«

Ellen hielt für den Bruchteil einer Sekunde inne, bevor sie antwortete: »Ja, das wäre es wirklich.«

Joe betrachtete eingehend seine Mutter. Ihm fiel wieder einmal auf, daß seine Mutter Martin nicht leiden konnte. Sie mochte Harry, aber nicht Martin. Und Martin mochte sie auch nicht.

Es war zwei Uhr nachmittags. Der Himmel war strahlend blau und die Luft so klar, daß man meinte, man könnte bis ans Ende der Welt schauen. Joe saß mit Mick auf einem der Hügel und wünschte sich, daß die Zeit stillstehen würde. Er hatte immer dieses Gefühl, wenn er mit Mick zusammen war. Bei Mick konnte er ausruhen. Sein Verstand brauchte sich nicht zu winden und Fragen zu stellen. Die meiste Zeit hörte er zu. Nicht, daß Mick viel sprach. Doch wenn er es tat, so hatte es Hand und Fuß. Als ihm nun dieser Gedanke in den Sinn kam, sprach Joe ihn sofort laut aus. Hätte er so mit jemand anderem gesprochen, so hätte dieser es als Beleidigung aufgefaßt. »Es ist eine Schande, daß du nicht gebildet bist, Mick.«

Mick schaute einen Moment schweigend in die Ferne, bevor er antwortete: »Ja, das habe ich auch oft gedacht. Vor Jahren, als die jungen Herren – auch du – das Internat besuchten, habe ich euch beneidet. Jetzt nicht mehr. Schau, ich sehe das so: Diese Schulen zwingen dich, auf eine bestimmte Art und Weise zu denken. Und wenn man nicht aufpaßt, plagt man sich sein ganzes Leben damit herum. Man ist Mitglied einer bestimmten Klasse. Und egal, wie sich deine Meinung ändert, du kannst dieses Denken nicht einfach so ablegen. Du bist davon geprägt. Es ist in deiner Stimme und deinem Verhalten. Selbst wenn ein Gentleman sich auf die Fahrt machen würde, er bliebe immer noch ein Gentleman. Ich finde, diese Art von Erziehung gleicht einem goldenen Käfig. Verstehst du?«

Sie schauten einander schweigend an, bevor ihre Blicke wieder zum Horizont schweiften. Schließlich fuhr Mick fort: »So wie ich es sehe, ist wahre Bildung das, was du vom Leben bekommen kannst. Ich lese viel, Joe, und ich hatte bis jetzt immer den Eindruck, daß jeder Mensch eine eigene Ansicht hat. Je mehr ich von und über Menschen lese, über ihr Leben und ihre Ideen, desto mehr stelle ich fest, daß es kein Schwarz-weiß auf dieser Welt gibt. Selbst im tiefsten Schwarz findest du immer etwas Weiß, und selbst die sogenannten Heiligen haben ihre dunklen Seiten. Was nämlich Himmel und Hölle angeht, Joe . . . Nun, wir sind es, die sie erschaffen.«

»Dann glaubst du also nicht an Gott, Mick?«

»Ja und nein. Ich glaube nicht an den Gott, den uns der Pfarrer sonntags immer präsentiert.« Er mußte lachen. »Durch ihn habe ich Gott eher fürchten gelernt. Weißt du, Joe ...« Er beugte sich zu ihm hinüber und sagte mit einem breiten Grinsen: »Jeden Sonntagmorgen habe ich mir in die Hose gemacht. Wirklich!«

Als Joe laut auflachte, fuhr Mick fort: »Und Sonntagnachts erging es mir nicht anders, denn ich bin zur Hölle gefahren. Weißt du, wo sie war?« Nun mußte er selbst lachen, so daß er kaum die Worte hervorbrachte. »Du kennst doch noch den Hof von Bauer Bolton, bevor er niederbrannte? Na ja ...« Er hielt sich den Bauch vor lauter Lachen. »Ich hatte mich unter die Schweine begeben, und die scharrten gemeinsam ein Loch. Ich stand da und schaute nach unten. Mir wurde regelrecht übel von dem Gestank. Und als das Loch schließlich so tief war, daß ich nicht einmal den Grund sehen konnte, kam Boltons preisgekrönte Sau an – du weißt schon, die so viele Ferkel geworfen hat. Sie war so fett, daß zwischen ihrem Bauch und dem Boden kein Platz mehr war. Nun, diese Sau habe ich ängstlich erwartet. Sie schlich sich immer von hinten an, um mir einen Stoß zu geben, damit ich in dieses Loch fiel, was ich schließlich auch tat. Und ich stürzte immer tiefer und tiefer, geradewegs hinein in die Hölle – bis ich dann jedesmal mit einem lauten Schrei aufwachte und Charly mir die Seele aus dem Leib schüttelte.«

Die beiden kugelten sich vor Lachen, und Mick fügte noch hinzu: »Es wurde so schlimm, daß sie jede Sonntagnacht abwarteten, um meine Schreie mit einem Kissen zu ersticken. Ein Wunder, daß ich überhaupt noch lebe!«

»O Mick! Mick!« Joe liefen Tränen über die Wangen. Dann löste er bei Mick einen weiteren Lachanfall aus, indem er ihn fragte: »Meinst du, ich könnte bei dir in dieser Fabrik arbeiten?«

Einige Zeit später schaute er auf seine Uhr und sagte bedauernd: »Ich muß langsam nach Hause. Die Gäste kommen um vier. Wie lange bleibst du, Mick? Eine Woche?«

»Nein, ich muß morgen wieder los.«

»So bald schon? Ich dachte, du hättest noch ein paar Tage.«

»Ja, die Zeit reicht nie ganz aus.« Mick wies auf das Haus. »Ich habe noch so viel zu tun ... und wollte auch noch jemanden besuchen.«

Sie schauten einander eine Weile an, bevor Mick fragte: »Du hast Carrie seit Jahren nicht mehr gesehen, nicht wahr?«

»Ja, stimmt.«

»Nun, sie fahre ich besuchen. Ich bin am Wochenende bei ihr. Onkel Stan und Tante Alice sind sehr gut zu mir und noch besser zu Carrie. Sie haben ihr eine Starthilfe gegeben, die sie hier auf keinen Fall hätte haben können. Weißt du, sie besucht einen Kurs für Sekretärinnen.«

»Wirklich?«

»O ja, sie ist ein helles Köpfchen, unsere Carrie.«

Joe starrte vor sich hin. Es war merkwürdig. Mick hatte sie in all den Jahren nicht erwähnt. Das Thema Carrie war tabu. Er selbst hatte jede Erinnerung an sie verdrängt, da sich seine Gedanken immer wieder um die beschämende und bedauerliche Szene in seinem Zimmer drehten. Aber hier erzählte Mick ihm plötzlich von einem jungen Mädchen, das bald seine Ausbildung als Sekretärin abschließen würde. Sie mußte jetzt siebzehn sein, denn sie war einige Monate älter als er.

»Unternimmst du öfters Ausflüge, Joe?«

»O ja. Manchmal fahre ich nach Newcastle.«

»Mit deiner Mutter?«

»Ja, oder mit Harry.«

»Glaubst du, daß deine Mutter dir erlauben würde, mit mir nach Newcastle zu fahren?«

Joe wollte schon sagen: Das bezweifle ich. Aber dann erwiderte er: »Ich wüßte nicht, was sie dagegen haben sollte.«

»Also abgemacht! Wie sieht es mit morgen aus?«

»Einverstanden.«

»Wir müßten zum Bahnhof laufen. Es sei denn, uns nimmt einer mit.«

»Das stört mich nicht.«

»Sehr gut. Bis morgen dann.«

Gemeinsam liefen sie den Hügel hinab und gingen zum Haus.

»Wenn du nach Newcastle willst, gehst du gefälligst mit mir.«

»Ich will aber mit Mick gehen, Mutter.«

»Warum willst du den Tag ausgerechnet mit Mick verbringen?«

»Weil . . . nun, weil ich gerne mit Mick zusammen bin. Darum.«

»Wirklich, Junge, du bist ein hoffnungsloser Fall. Aber wie dem auch sei, ich verbiete es dir.«

»Das tut mir leid, Mutter. Ich hatte gehofft, du würdest mir deine Einwilligung geben. Nichtsdestotrotz werde ich nach Newcastle fahren.«

»Paß auf, was du sagst! Du bist noch nicht alt genug, um nicht mehr in deinem Zimmer eingeschlossen zu werden!«

Er schleuderte ihr einen wütenden Blick entgegen. »Ich würde es nicht darauf ankommen lassen, Mutter! Denk dran, die beiden sind zu Hause. Wenn ich Martin fragen würde, gäbe er ohne Vorbehalte seine Zustimmung.«

»Wie, du wagst es . . . Also gut, dann geh und frag Martin!«

»Er ist das Oberhaupt dieses Hauses.«

»Das mag er zwar sein, aber ich bin deine Mutter und somit verantwortlich für dich.«

»Ich werde demnächst siebzehn, Mutter. Ich hörte, wie der Lehrer in der Schule sagte, daß wohl bald der Krieg ausbrechen würde. Also werden sie mich nächstes Jahr einziehen. Und selbst du könntest es nicht verhindern.«

»Was ist denn in dich gefahren, Kind?«

»Hör auf, mich ›Kind‹ zu nennen!«

»Ich werde dich weiter Kind nennen, weil du eins bist. Noch mal sage ich es dir nicht: Du wirst nicht mit Mick Smith nach Newcastle fahren. Und ich warne dich: Sprich nicht in diesem Ton mit mir!«

Während Joe seine Mutter anstarrte, wußte er plötzlich, daß er an einem Punkt angelangt war, an dem er sich entscheiden mußte. Wenn er ihr jetzt nachgäbe, würde er wieder und immer wieder klein beigeben. Obwohl er ihr schon oft getrotzt hatte, war es bis jetzt immer nur mit Worten gewesen. Doch jetzt wußte er, daß er die Möglichkeit hatte, den Worten Taten folgen zu lassen. Nun bot sich ihm eine Gelegenheit, das Band zu durchtrennen, das sie miteinander verband. Sein ganzer Körper zitterte, und seine Stimme bebte, als er sagte: »Entweder gibst du mir freiwillig die Erlaubnis, morgen mit Mick nach Newcastle zu fahren, oder ich werde Martin fragen!«

Als er sah, wie sich die Farbe ihres Gesichts veränderte, bekam er plötzlich panische Angst. Für einen Moment fühlte er sich in die Zeit zurückversetzt, als ihre Wut sich zur Raserei steigern konnte.

»Geh mir aus den Augen, Junge! *Geh mir aus den Augen!*«

Und Joe ging ihr aus den Augen. Er verließ den Raum, durchquerte den Korridor und ging in sein Zimmer. Dort stand er, mit dem Rücken an die Tür gelehnt, und holte tief Luft. Noch immer verspürte er Angst. Aber gleichzeitig wußte er, daß er sich von den Fesseln befreit hatte, als hätte er den Weg aus einem dunklen Tal heraus gefunden.

2.

Joe saß auf einem hölzernen Küchenstuhl und beobachtete, wie Mrs. Alice Carver ständig zwischen Herd und Küchentisch hin- und herlief, wobei sie unentwegt erzählte. Sie war recht korpulent, obwohl ihr Gesicht eher schmal wirkte, auch bedingt durch die scharfgeschnittene Nase. Selbst ihre Stimme paßte nicht so ganz zu ihrem sonstigen Erscheinungsbild. Micks Beschreibung paßte haargenau auf sie, und Joe konnte sich gut vorstellen, daß sie ein warmes Herz hatte, auch wenn sie kein Blatt vor den Mund nahm.

Nachdem sie ein Tischtuch aufgelegt hatte, wandte sie sich an Mick. »Glaub ja nicht, daß ich all das deinetwegen mache! Wenn ich gewußt hätte, daß du Besuch mitbringst, sähe es hier sowieso anders aus. Du hast bis jetzt immer in der Küche gegessen, und ich werde auf die Schnelle nicht das Eßzimmer fertigmachen. Aber ihr könnt euch in das Zimmer nebenan setzen und dort essen.«

»Wieso? Hier ist es bequem genug!«

»Nun, es liegt an euch.« Sie stellte das Geschirr auf den Tisch. »Du weißt, daß dein Onkel Punkt zehn nach zwölf heimkommt und Carrie ein paar Minuten später. Das heißt, wenn sie nicht wieder an den Schaufenstern klebengeblieben ist. Na ja, sie weiß, wann es bei uns Essen gibt. Wenn sie nicht rechtzeitig kommt, soll das nicht mein Problem sein. Kann ich euch in der Zwischenzeit eine Tasse Tee anbieten?«

Sie hatte sich an Joe gewandt, der vollkommen überrascht stammelte: »Ja ... ich meine, nein. Ich kann auf das Mittagsmahl warten.«

Sie schaute Mick mit einem Blick an, der Befremden ausdrücken sollte, und deutete mit dem Daumen auf Joe. »Er erwartet sein Mittagsmahl! Hast du das gehört? Er erwartet sein Mittagsmahl!«

Mick schaute zu Joe hinüber, dessen Gesicht rot anlief. »Ja, ich weiß, Tante Alice. Er hatte schon immer einen seltsamen Humor.«

Dann mußten sie beide lachen. Schließlich ging Mrs. Carver auf Joe zu, klopfte ihm so fest auf den Rücken, daß er husten mußte, und sagte: »Jetzt schau mich nicht an, als sei ich ein Walfisch. Ich werde dich schon nicht fressen. Nun, zumindest nicht auf der Stelle.«

Joe zwang sich zu einem Lächeln. Dann sah er zu Mick hinüber, der ihn breit angrinste, und warf ihm einen Blick zu, als wollte er fragen: Wie soll ich sie nehmen?

Mick drehte sich zu seiner Tante um. »Hat Carrie eigentlich ihren Test bestanden?«

»Natürlich! Den hätte sie auch bestanden, wenn sie dabei einen Kopfstand hätte machen müssen. Und ich sag' dir noch was.« Sie hielt inne und ging zum Ofen, nahm die Pfanne mit den Bratkartoffeln und wendete diese mit einer eleganten Bewegung aus dem Handgelenk heraus. Dann fuhr sie fort: »Carrie wird auch nicht mehr lange auf dieser Schule bleiben, weil sie ihren Mitschülern viel zu weit voraus ist. Und weißt du was?« Sie stützte sich auf den Tisch und beugte sich zu Mick hinüber. »Er wird ihr eine neue Schreibmaschine kaufen. Das alte Ding macht ja mehr Lärm als eine Kesselfabrik. Aber sie weiß noch nichts davon, also paßt auf, was ihr sagt. Außerdem lernt sie Kurzschrift. Stenografie oder so nennen sie es. Was für ein blöder Name.«

Joe hatte mittlerweile erraten, daß ›er‹ Onkel Stan war, und die Erwähnung von Stenografie ließ ihn zu Mick hinüberschauen. Er wollte schon grinsen, aber etwas in Micks Gesichtsausdruck verriet, daß dies wohl nicht besonders angebracht war.

»Carrie ist ein kluges Mädchen.«

»Das kannst du wohl laut sagen, Mick. Ja, unsere Carrie ist ein kluges Mädchen. Sie wird es noch einmal weit bringen.«

Joe bemerkte, daß die Frau von Carrie sprach, als sei sie ihre Tochter. Vor seinem geistigen Auge stieg ein Bild von ihr auf. Er sah ein Mädchen, das in der Geschäftswelt zu Hause war: Wahrscheinlich würde sie Schuhe mit sechs Zentimeter hohen Absätzen tragen, und sie hätte eine Dauerwelle. Außerdem würde sie nicht nur klug aussehen, sondern auch noch klug reden. Für einen kurzen Moment wünschte er sich, er wäre nicht gekommen. Er wollte diese neue Carrie nicht sehen.

An diesem Morgen, als sie auf dem Weg zu den Carvers gewesen waren, war dieses Bild noch ein anderes gewesen. Er hatte sich Carrie so vorgestellt, wie er sie kennen- und liebengelernt hatte. Und je näher er ihrem neuen Zuhause gekommen war, um so mehr hatte er sie sich wie eine ältere Ausgabe der Carrie vorgestellt, die er vor Jahren das letzte Mal gesehen hatte – damals, an jenem Nachmittag, an dem seine Mutter ihn bewußtlos geschlagen hatte. Auch diese Erinnerung stellte sich genauso intensiv ein wie die an das junge Mädchen. Es war, als ob sich sein Verstand durch all die Jahre arbeitete und dabei Bilder der Vergangenheit zutage förderte ...

Stan Carver war ein untersetzter Mann von mittlerer Größe, der auf seltsame Art und Weise seiner Frau sehr ähnlich war. Beide hatten dasselbe scharfgeschnittene Gesicht. Man konnte jedoch sofort erkennen, daß er kein Freund großer Worte war. Er grüßte Mick wie ein Mitglied der Familie, indem er ihm einfach kurz zunickte und »Hallo« sagte.

Als Mick ihn vorstellte, schüttelte Mr. Carver Joe ganz normal die Hand und sagte: »Schön, dich kennenzulernen. Herzlich willkommen.« Dann ging er hinüber zum Becken am anderen Ende der Küche, um sich die Hände zu waschen. Schließlich kam er zurück, ließ sich auf einen Stuhl nieder, der direkt neben dem Ofen stand, und sah seiner Frau zu, wie sie das Essen auftrug.

Als sie die letzte Schüssel auf den Tisch stellte, ging die Tür auf, und Carrie Smith kam herein.

Joe sprang sofort auf, während Mick sitzen blieb. Das Mädchen, dem sich Joe jetzt gegenübersah, war irgendwie fremdartig und keineswegs so wie in seiner Erinnerung. Sie war auch nicht so angezogen, wie er es sich vorgestellt hatte. Ein schlichter grauer Mantel reichte ihr bis zu den Schenkeln, ihr Hut war aus grauem Filz, und sie trug das Haar offen. Es war schon ein wenig ungewöhnlich, so dachte Joe, ein Mädchen mit offenem Haar zu sehen. Es hatte denselben haselnußbraunen Ton wie ihre Augen. Ihr Gesicht war rund und die Wangen von einem natürlichen Rot, das von keinem Make-up verdeckt wurde. Wenn man sie so sah, konnte man meinen, sie käme direkt vom Land – bis sie zu reden begann.

Als Joe ihre Stimme vernahm, widersprach diese ihrer Kleidung und der Schlichtheit, die durch ihr ungeschminktes Gesicht vermittelt wurde. Ihre Stimme klang frisch, jedes Wort war von einer bestechenden Klarheit. Im Gegensatz zu ihrer Tante und ihrem Onkel, die mit einem leichten nördlichen Akzent sprachen, betonte sie die letzte Silbe eines jeden Wortes. Dies jedoch bemerkte er zunächst nicht. Erst als er später über das Zusammentreffen in der Küche nachdachte, kam es ihm in den Sinn. Nach einem ersten Blick schaute sie an ihm vorbei, so als würde er nicht existieren, und begrüßte Mick: »Hallo. Du hast gar nicht gesagt, daß du kommen würdest. Warum arbeitest du nicht?«

»Ich habe Urlaub. Mein Boß war der Meinung, daß ich mich noch zu Tode arbeiten würde. Und weil er mich nicht verlieren will, sagte er zu mir: ›Mick, nimm dir ein paar Tage frei. Wenn einer Urlaub verdient, dann du.‹«

»Ach, wirklich? Ich kann sehr wohl verstehen,

warum er das sagte.« Sie hing Hut und Mantel auf und ging dann zu ihrer Tante, um sie zur Begrüßung auf die Wange zu küssen. Das gleiche tat sie bei ihrem Onkel, der ihr im Gegenzug leicht auf die Schulter klopfte.

»Hast du noch nicht bemerkt, daß wir Besuch haben?«

Carrie schaute von Mick zu Joe und sagte mit einem leisen Lächeln: »Doch. Aber natürlich.«

»Weißt du denn nicht, wer er ist?«

Als sie sich wieder Mick zuwandte, schaute sie ihn eine Weile stumm an, bevor sie erwiderte: »Natürlich weiß ich, wer er ist. Schließlich hat er sich überhaupt nicht verändert.«

Joe fühlte, wie ihm die Hitze ins Gesicht stieg. Es war jetzt fünf Jahre her, seit sie sich zum letztenmal gesehen hatten. Und daß er sich nicht verändert habe, war alles, was sie zu sagen hatte? Für einen Moment hatte er das Gefühl, wieder in kurzen Hosen herumzulaufen, als sie sich plötzlich umdrehte und zu ihm sagte: »Ich meine damit nur, daß ich dich auch ohne Micks Hinweis erkannt hätte.« Und um ihre vorhergegangene Feststellung zu mildern, ergänzte sie: »Du bist natürlich ein ganzes Stück größer geworden.«

Während Joe sie so anschaute, kam es ihm wirklich so vor, als trüge er noch kurze Hosen. Er wußte nicht, was er auf dies alles erwidern sollte.

Die Situation wurde dadurch gerettet, daß Mrs. Carver rief: »Zu Tisch! Essen ist fertig! Setzt euch hin. Es gibt nichts Schlimmeres als ein kaltes Mittagessen.«

Als Joe sich gerade zum Tisch begeben wollte, fiel ihm auf, daß sich trotz Mrs. Carvers Aufforderung niemand – weder Carrie noch Mick, noch Mrs. Carver selbst — setzte. Erst als Mr. Carver Platz genommen hatte, rückte jeder seinen Stuhl vom Tisch weg und setzte sich.

Mick deutete auf einen geschnitzten, mit Leder bezogenen Stuhl und sagte zu Joe: »Setz dich dorthin. Du bist schließlich heute der Ehrengast. Ich hoffe, du hast eine saubere Hose an.«

Joe ließ sich nieder, nahm schüchtern das Besteck in beide Hände und begann zu essen. Er fühlte sich ein wenig unbehaglich, weil bei Tisch nicht gesprochen wurde. Außerdem war es ihm peinlich, daß er immer noch aß, während die anderen schon fertig waren. Sie warteten auf ihn, und als er fertig war, fragte Mrs. Carver: »Masern mit Sahne oder Milchreis?«

Er schluckte verlegen, dann antwortete er: »Masern mit Sahne.«

So nannte Mary auch immer ihren Brombeerpudding, während seine Mutter Früchteauflauf dazu sagte.

Joe genoß seinen Nachtisch, doch auch dieser wurde schweigsam eingenommen.

Als sie mit dem Mittagessen fertig waren, legte Mr. Carver beide Hände neben seinen Teller und erhob sich langsam. Dann blieb er einen Moment stehen und sagte: »Danket Gott für dieses Essen.« Er verließ ohne ein weiteres Wort die Küche und schloß die Tür hinter sich.

Als Mr. Carver draußen war, wandte sich Mick lachend an Joe. »Du fragst dich sicher, warum er erst jetzt gebetet hat.«

Joe lächelte vorsichtig und nickte.

»Nun, mein Onkel folgt seiner eigenen Erziehung. Weißt du, er kam aus einer Familie mit fünf Brüdern und vier Schwestern. Und wenn er nicht auf seinen Teller aufgepaßt hatte, konnte es passieren, daß eins der Geschwister sich daran labte. Es stimmt wirklich! Sie lachten zwar dabei, aber sie taten es. Deswegen betet Onkel Stan auch nie vor dem Essen. Erst wenn er wirklich etwas gegessen hat, tut er es.«

Als sie alle lachten, blickte Joe zu Tante Alice, die ihm zunickte und sagte: »Doch doch! Es stimmt schon!« Schließlich forderte sie Carrie auf: »Setz den Tee auf. Du mußt dich doch schon bald wieder auf den Weg machen!« Mit diesen Worten ging Tante Alice zusammen mit Mick in die Spülküche.

Joe war nun allein mit Carrie. Er schaute ihr zu, wie sie das heiße Wasser vom Ofen nahm, um es in eine Teekanne zu füllen. Nachdem sie diese zum Tisch gebracht und auf ein Stövchen gestellt hatte, fragte sie: »Wie geht es dir?«

»Sehr gut, danke. Und dir?« Seine Stimme war jetzt genauso ruhig wie die ihre.

»Oh, auch sehr gut. Ich kann mich nicht beklagen.«

Es war, als würden sie sich zum ersten Mal begegnen.

»Ich wollte nicht unhöflich sein, als ich vorhin sagte, du hättest dich nicht verändert.«

»Oh! Ich weiß, ich weiß«, sagte er und grinste sie breit an.

»Ich war nur ein wenig überrascht, dich hier anzutreffen. Jedesmal, wenn ich meine Eltern besuchte, warst du im Internat.«

»Ja. Ich nehme an, daß das mit Absicht geschah.« Joe biß sich auf die Lippen. Eigentlich hatte er das gar nicht sagen wollen. Was war nur in ihn gefahren?

»Ja, das vermute ich auch. Ich besuche meine Eltern sowieso nicht oft. Im Gegensatz zu Vater kommt Mutter nie hierher. Sie und Tante Alice verstehen sich nicht so gut.«

»Aber sie sind doch Schwestern, oder?«

»Aber nein!« Sie schüttelte den Kopf. Dann beugte sie sich zu ihm hinüber und schaute kurz auf die Tür, die in die Spülküche führte. »Sie sind nicht wirklich mein Onkel und meine Tante. Wir nennen sie nur so. Mutter und Tante Alice sind Cousinen zweiten Grades, soweit ich weiß.«

»Oh! Und du bist glücklich hier?«

»Natürlich! Was glaubst du denn? Im Vergleich zu dem Haus meiner Eltern ist das hier das reinste Herrenhaus.«

Es klang, als wollte sie mit dieser Äußerung seinen Onkel und Martin als dessen Nachfolger treffen. Joe hatte oft daran gedacht, daß das Haus von Carries Eltern am besten abgerissen und wieder neu aufgebaut werden sollte. Man hätte es zumindest umbauen müssen. Es gab noch immer keine Toilette im Haus und fließend Wasser.

»Lebst du gerne in der Stadt?« wollte er wissen.

»Aber sicher! Besonders, wenn man ein eigenes Zimmer und eine Arbeitsstelle hat. Was gab es denn schon großartig zu Hause?« Sie schaute ihm jetzt geradewegs in die Augen.

Als Joe nichts darauf erwiderte, sagte sie: »Du konntest dich nicht beklagen. Ich mache dir da keinen Vorwurf! Nicht, daß du das denkst! Aber in deiner Position hattest du schließlich ein angenehmes Zuhause. Ach, was sage ich: Großartig würde es wohl besser treffen. Na ja, eigentlich auch nicht. Aber du weißt, was ich meine.«

»Ja, ja. Ich weiß, was du meinst. Aber ich will dir mal was sagen.« Nun war er es, der sich zu ihr hinüberbeugte und in ernstem Tonfall sagte: »Ein großes Haus, ein eigenes Zimmer und so viel zu essen, daß es fast schon eine Sünde ist, sind nicht das Wichtigste auf der Welt. Du kannst trotzdem sehr unglücklich sein. Außerdem bin ich auch nicht oft zu Hause. Die meiste Zeit verbringe ich im Internat, wo wir zu zwölft in einem Raum schlafen. Da darf niemand allein sein, weil man es nicht erlaubt.«

Carrie senkte den Kopf. »Es tut mir leid. Ich mekkere die ganze Zeit herum, obwohl ich weiß, daß du recht hast.«

Plötzlich zuckten sie zusammen, als Geschirr zersprang und Mrs. Carver mit einer entsetzlich hohen und lauten Stimme rief: »Raus hier! Aber sofort! Rühr mir ja nichts mehr an. Jedesmal, wenn du spülst, geht etwas zu Bruch. Eine schöne Hilfe bist du! Nein, was für eine Katastrophe! Jetzt aber raus hier!«

Mick erschien in der Tür. Er fuhr sich mit beiden Händen durchs Haar und schaute ziemlich betroffen drein, als Carrie ihn mit den Worten begrüßte: »Nicht schon wieder, Mick! Was ist es denn diesmal?«

»Ein Teller und eine Tasse.«

»Himmel! Wenn du so weitermachst, haben wir bald kein Geschirr mehr!«

»Ich kaufe ihr ein neues Service.«

»Darum geht es doch gar nicht. Sie liebt ihr altes Porzellan. Bis zu dem Zeitpunkt, wo du angefangen hast, ihr zu helfen, war es jedenfalls noch komplett.« Sie grinste Mick bis über beide Ohren an, bis er nach der Teekanne griff. »Läßt du wohl die Finger davon! Oder willst du etwa, daß die Kanne auch noch zu Bruch geht?«

Mr. Carver kam wieder zurück in die Küche, als Carrie den Tee einschenkte. Seine Frau folgte ihm auf dem Fuße. Zu Mick sagte er: »Von jetzt ab bleibst du aus der Spülküche, ist das klar?«

»Ja, Onkel.«

Mr. Carver trank von dem heißen Tee, soweit das möglich war, und sagte: »Ich mach' mich dann mal auf den Weg. Bist du fertig, Carrie?«

»Ja, Onkel.«

Als Joe sah, wie sie sich Mantel und Hut anzog, machte sich in ihm ein Gefühl der Enttäuschung breit. Eigentlich hatte er vorgehabt, sie zur Arbeit zu begleiten. Aber es schien, als würden ihr Onkel und sie für gewöhnlich das Haus gemeinsam verlassen.

Carrie stand nun vor ihm und reichte ihm die Hand zum Abschied. »Auf Wiedersehen.« Für einen Moment zögerte er, doch dann ergriff er ihre Rechte. Joe fühlte, wie die Wärme in seinem Arm aufstieg. Es war, als ginge sie direkt von ihrer Hand aus. Doch so schnell er ihr die seine reichte, so schnell zog er sie auch wieder zurück. Und er bemerkte, daß seinem Freund das auch aufgefallen war.

Er blickte ihnen nach, während Mick die beiden zur Tür begleitete, die in die Spülküche führte. Schließlich folgte er ihnen, bis er hinaus auf den Hof sehen konnte, wo Mr. Carver sich umdrehte und »Bis dann!« rief, ein Gruß, der wohl für alle bestimmt war. Plötzlich drehte sich Carrie zu Mick um, der sie bei den Schultern nahm und ihr etwas ins Ohr sagte.

Joe konnte nicht hören, was es war. Er sah nur, wie Mick sich zu ihr hinunterbeugte und sie küßte. Nicht auf die Wange, sondern auf die Lippen. Dann rief Mrs. Carver mit lauter Stimme: »Aus dem Weg, Junge!« Und Joe sprang zur Seite, damit sie an ihm vorbeigehen konnte, wobei sie ein großes Tablett mit schmutzigem Geschirr trug.

3.

3. September 1939

»Mutter! Würdest du bitte einmal zuhören, statt mir hier einen Vortrag zu halten? Sieh dir das einmal an. Man hat gerade den Krieg erklärt, und du zerbrichst dir den Kopf, was du tun wirst, wenn ich mich weiter mit Carrie treffe!«

»Mich interessiert es nicht, ob es Krieg gibt oder nicht.« Ellen Jebeaus Rücken war gebeugt, und sie hielt den Kopf vorgereckt. In diesem Moment sah sie für Joe wie eine Hexe aus. Und wie eine richtige Hexe klang auch das, was sie ihrem Sohn entgegenzischte: »Ich mache mir mehr Sorgen über deinen Werdegang als über den Umstand, daß sich eine Horde dummer Männer umbringen will. Verstehst du denn noch immer nicht, was du mir bedeutest? Du bist alles, was ich habe. Alles, was mir geblieben ist, um meinem Leben einen Sinn zu geben. Und bis jetzt war mein Leben eine einzige Enttäuschung. Nun muß ich auch noch danebenstehen und zusehen, wie du dich einem solchen Abschaum wie . . .«

»Wage es ja nicht, Carrie Abschaum zu nennen!«

»Und du wage es nicht, in solch einem Ton mit

mir zu reden, Kind!« Sie war einen Schritt nach vorne getreten und stand ihm genau gegenüber. »Ich bin deine Mutter. Vom Zeitpunkt deiner Geburt an habe ich praktisch alles für dich getan. Und ich würde eher sterben, als mit ansehen zu müssen, wie du dich an jemanden wegwirfst, der so ist wie sie; denn sie ist Abschaum! Ich wiederhole: Abschaum! Sie wurde doch als ein Stück Dreck geboren! Schau dir ihre Mutter und den Rest dieser Familie an.«

Joe war im Moment nicht in der Lage, etwas darauf zu erwidern. Er betrachtete nur ihr wutverzerrtes Gesicht.

»Und komm mir ja nicht mit Mary und Mick – von wegen gute Beispiele. Mary hat wirklich überhaupt keinen Verstand. Sie ist ein gutes Dienstmädchen, und damit hört es auch schon auf. Mick versucht ständig über sich hinauszuwachsen, wird es aber nie schaffen. Außerdem ist er ein gerissener Hund, man sieht es ihm an der Nasenspitze an. Ich weiß ganz genau, daß er hinter deinen Treffen mit diesem Mädchen steckt. Ohne Zweifel möchte er sie hier ins Haus bekommen.«

Nun trat Joe einen Schritt zurück, wobei er seine Mutter fast barsch von sich gestoßen hätte. »Mach dich nicht lächerlich! Weder du noch ich haben irgendwelche Ansprüche auf Screehaugh, und das weißt du auch ganz genau. Wenn ich heirate, werde ich hier sowieso nicht leben können. Und wenn Martin heiratet, stehst du vor demselben Problem wie seinerzeit mit Onkel Arthur: Entweder begnügst du dich, als Haushälterin hier zu wohnen, oder du gehst.«

Er hatte kaum ausgesprochen, als seine Mutter die Hand an ihren Hals legte und zurücktaumelte.

Dies war die typische Reaktion, der in der Regel ein fast wahnsinniger Wutanfall folgte.

Als sie nach einem Sessel tastete, machte er keine Anstalten, ihr zu helfen, sondern beobachtete nur entsetzt, wie sie sich fallen ließ. Dann beugte sie sich vor, drehte die Augen nach oben und zischte ihn mit einer Stimme an, die nichts von ihrer Bitterkeit verloren hatte: »Geh! Aber ich warne dich: Ich bringe dich eher um, als daß du dieses Mädchen zur Frau nimmst!«

Joe war noch immer sichtlich erschüttert, als er sein Zimmer betrat. Er ging zum Fenster und stützte sich auf das Fensterbrett. Seine Mutter war verrückt, absolut verrückt und komplett wahnsinnig.

»Joe?« Er zuckte zusammen. »Bist du da, Joe?«

Das war Martin. Joe eilte zur Tür. Er wollte nicht, daß Martin in sein Zimmer kam, denn dann würde er wahrscheinlich zusammenbrechen und Sachen sagen, die am besten unausgesprochen blieben.

Sie trafen sich auf der Treppe, und Martin rief: »Hast du es auch schon gehört?«

»Ja. Schrecklich, nicht wahr?«

»Oh, das würde ich so nicht sagen, mein Freund.« Martin legte den Arm um Joes Schultern, und gemeinsam gingen sie die Treppe hinunter. »Komm, laß uns einen heben, bevor es uns in Stücke reißt! Sie werden wohl jeden Moment anfangen.«

»Meinst du wirklich?«

»Aber sicher. Morgen wird hier alles mit Bomben übersät sein. Angeblich soll Tyneside ein strategisch überaus wichtiges Ziel sein. Sie haben sogar schon begonnen, auf die Luftangriffe vorzubereiten. Bald wird es hier zugehen wie in einem Bienenstock. Was willst du haben? Whisky? Sherry?«

»Einen Sherry, bitte.«

Er folgte Martin zur Bar, die in einer Ecke des Vestibüls stand.

»Was ist denn los mit dir? Du wirst doch wohl keine Angst vor dem Krieg haben?«

»Nein, nein.«

»Also, was ist dann los? Hattest du Streit mit deiner Mutter?«

Joe zögerte eine Minute, bevor er sagte: »Ja, so etwas in der Art.«

»Geh einfach darüber hinweg. In ein paar Monaten werden sie dich sowieso einberufen.«

»Meinst du wirklich?«

»Aber sicher. Diese Weihnachten wirst du achtzehn. Harry wußte, was er tat. Er ist jetzt ein fertig ausgebildeter Pilot. Der Glückspilz.« Und als er Joe das Glas reichte, fügte er ganz beiläufig hinzu: »Ich gehe übrigens auch morgen.«

»Was meinst du? Etwa zur Armee?«

»Ja, ich habe schon mit meinen Partnern gesprochen. Sie meinten auch, es sei das einzig Richtige.«

»Ich werde dich vermissen.«

Martins Stimme war jetzt ernst und klang sogar ein wenig traurig. »Wir werden alles und jeden vermissen, aber so ist das nun mal im Leben. Hier, laß uns darauf trinken.« Sie stießen mit ihren Gläsern an. Dann ging Martin hinüber zum Fenster und sagte: »Es ist gut, daß ich mich nicht verlobt habe. In Zeiten wie diesen sollte man nicht heiraten.«

Joe riß erstaunt die Augen auf. »Du . . . du wolltest heiraten?«

»Ja, sicher.«

»Wen denn?« Die Frage klang in seinen Ohren naiv.

»Marion, Marion Crosbie. Du weißt schon, die Nichte der Hallidays. Du kennst sie.«

»Oh, natürlich. Miss Crosbie. Die mit den schwarzen Haaren.«

»Ja.« Martin lachte. »Die mit den rabenschwarzen Haaren. Was für ein Mädchen . . . Marion.«

Plötzlich war Joe dankbar, daß der Krieg ausgebrochen war. Martin meldete sich freiwillig, und dank seiner Prinzipien würde er Marion nicht heiraten. Wieder eine Sache weniger, dessen er sich seiner Mutter wegen Sorgen machen mußte. So bliebe sie noch immer Herrin im Haus. Zumindest für die Dauer des Krieges, der wohl nicht länger als ein oder zwei Jahre dauern würde.

Für die meisten Bewohner Englands hatte der Krieg noch nicht begonnen. Man war der Meinung, er hätte sich im Sand verlaufen. Kein einziger Schuß war bisher gefallen. Vor zwei Wochen hatte man Deutschland den Krieg erklärt, aber bis jetzt hatte es noch keine Flieger- oder Bombenangriffe gegeben. Die Sirenen heulten zwar, doch bewegten sich die Menschen immer halbherziger in die Luftschutzkeller. Die Tage vergingen, und nichts Aufregendes geschah. Das einzige, was die Leute beschäftigte, war ihr Zorn auf Chamberlain. Natürlich gab es verstärkt Stromausfälle, und jeder mußte Gasmasken mit sich führen. Es gab keine Straßenbeleuchtung mehr, und die Autos durften nur noch ohne Licht fahren. Es wurde behauptet, daß zu dieser Zeit mehr Menschen durch Unfälle starben als durch die direkten Einwirkungen des Krieges.

Joe sollte eigentlich in der folgenden Woche wieder das Internat besuchen, doch hatte man das

Gebäude zu einer Notunterkunft umgebaut. Man wollte zwar für die oberen Klassen den Unterricht wieder ansetzen, doch konnten darüber noch Wochen ins Land gehen.

Der Krieg hatte das Haus noch nicht in Mitleidenschaft gezogen – bis zu dem Tag, als eine Frau mit ihrem Auto aus Hexham kam. Sie fragte Ellen, wie viele Kinder sie zur Not aufnehmen könnte. Die Dame kam nicht weiter als bis zur Tür. Ellens Antwort fiel so laut und eindeutig aus, daß man sie im ganzen Haus vernehmen konnte. »Keines!«

»Keines?« fragte die Lady.

»Keines«, erwiderte Ellen.

»Man wird Sie dazu zwingen«, sagte die Frau.

»Dann müßten Sie sich schon mit Sir Martin auseinandersetzen, denn der wollte aus diesem Haus ein Offiziershospital machen.«

»Oh«, sagte die sichtlich beruhigte Frau. »Entschuldigen Sie bitte.«

Die Dame fuhr wieder davon, und Joe, der die ganze Szene beobachtet hatte, ging in die Küche, wo Mary zu Helen sagte: »Ist immer wieder erstaunlich, wie gut sie doch lügen kann.«

»Du glaubst also nicht, daß das stimmt?« fragte Helen.

»Natürlich nicht.« Mary wandte sich an Joe. »Oder haben Sie etwas davon gehört, daß hier Offiziere einquartiert werden sollen, Master Joe?«

»Nein, Mary.«

»Siehst du?« Mary redete jetzt wieder auf ihre Schwester ein. »Ich habe es dir doch gesagt.« Sie zuckte ein wenig zusammen, als sie schließlich bemerkte, an wen sie sich da eben gewandt hatte, und murmelte entschuldigend: »Nun, äh ... ich nehme an, es war nur eine Notlüge. Schließlich will ja keiner, daß hier eine Horde von Kindern alles kaputtmacht, oder?«

»Nein, ich glaube nicht«, erwiderte Joe.

»Sie glauben nicht? Master Joe, ich nehme an, Sie haben noch nie etwas mit Stadtkindern zu tun gehabt. Ich weiß, wovon ich rede. In der Schule werden sie alle verblödet, da können sie nichts dafür. Aber einige von denen sind eine echte Plage. Nein, die wollen wir hier nicht haben. Da hat Ihre Mutter ganz recht. Mögen Sie vielleicht ein Stück Kuchen?«

»Ja, bitte.«

Sie schnitt ein Stück von dem frischgebackenen Kuchen ab und reichte es Joe. »Bald werden sie alles rationieren. Zumindest haben sie es gesagt. Na ja, uns wird es ja nicht so hart treffen. Wir haben immerhin noch unsere Kühe und Schafe und Hühner. Nur die Schweine machen mehr Arbeit als die Pferde. Oder was meinen Sie, Master Joe?«

»Ja, ich nehme es an.« Während er ihr zulächelte, überlegte er, warum die Unterhaltung mit einem Mitglied der Familie Smith immer so geistlos verlief, mit Ausnahme von Mick natürlich. Aber auch er konnte Carrie nicht das Wasser reichen.

»Sie nehmen es an? Nun, ich bin mir sicher. Denn wenn Sie nicht täglich Ihre Butter hätten, wären Sie wohl ziemlich verärgert.«

Er lächelte ihnen noch einmal zu, dann drehte er sich um und ging zur Hintertür hinaus. Da hörte er das Knirschen von Autoreifen auf dem Kies. Er hatte den Hof noch nicht überquert, da war Martin schon aus seinem Auto gesprungen und lief die Treppen zum Haus hinauf.

Joe hielt einen Moment inne. Er wußte, daß Martin ihn gesehen hatte, und doch nahm er keine Notiz von ihm. Irgend etwas stimmte da nicht.

Als Joe ins Haus lief, sah er gerade noch, wie Martin im Arbeitszimmer verschwand. Er wäre auch beinahe hingegangen, wenn nicht seine Mutter in diesem Moment die Treppe hinabgekommen wäre. »Wer war das? Martin?«

»Ja.« Joe nickte. »Er ist in seinem Arbeitszimmer.«

Sie ging hinüber zur Tür. Joe wollte noch sagen: An deiner Stelle würde ich ihn nicht stören. Doch er wußte ganz genau, daß sie sowieso nicht auf ihn hören würde.

Er war einige Schritte hinter ihr, als sie anklopfte. Als niemand antwortete, öffnete sie langsam die Tür und schaute hinein. Martin lehnte mit verschränkten Armen am Kaminsims.

»Darf ich eintreten?« fragte Ellen.

Es dauerte einige Sekunden, bis Martin darauf reagierte. Dann sagte er schließlich: »Sicher, kommt herein.«

Joe folgte seiner Mutter. Martin stand noch immer am Kaminsims und starrte in ihre Richtung, als ob er sie überhaupt nicht wahrnähme. Doch dann sagte er mit tonloser Stimme, die man von ihm, der sonst so jovial sein konnte, überhaupt nicht erwartete: »Sie wollen mich nicht haben.«

Ellen trat einen Schritt vor. »Du meinst, irgend etwas stimmt mit dir nicht?«

»Meine Augen. Farbenblind soll ich sein! So ein Quatsch! Habt ihr so etwas schon einmal gehört? Farbenblind! Ausgerechnet ich, obwohl ich schon von Kindesbeinen an mit Waffen umgehen kann. Farbenblind!«

Joe hörte, wie seine Mutter ohne besonders viel Anteilnahme sagte: »Farben beeinflussen doch nicht das Zielvermögen.«

»Nein, ich weiß. Das sagte ich auch.« Er wandte sich von ihnen ab und ging zum anderen Ende des Zimmers.

»Was haben sie gesagt? Haben sie dir überhaupt etwas angeboten?«

»O ja, sicher!« Er nickte ihr jetzt über die Schulter zu. »Irgendeine Schreibtischarbeit. Dabei habe ich jahrelang nichts anderes gemacht. Ich habe die Nase voll davon. Das habe ich Colonel Ratler – du weißt schon, er kommt aus Bellingham – auch gesagt! Da hat er doch allen Ernstes vorgeschlagen, ich solle zu Hause bleiben und das Land bewirtschaften. Das Land bewirtschaften, verdammt! Ein großer Teil davon wurde in den letzten Jahren noch nicht einmal gepflügt. Mich würde mal interessieren, was ich deren Meinung nach anbauen soll.«

»Hat man sich schon entschieden?« Ellens Stimme war jetzt auffallend leise.

»Nein. Sie sagten, sie würden es mich wissen lassen. Und wahrscheinlich werden sie das erst tun, wenn der Krieg zu Ende ist.«

Plötzlich ließ er sich in den Sessel fallen, und Joe hatte das unbestimmte Gefühl, daß Martin nach Weinen zumute war. Er wollte gerade zu ihm hinübergehen, als seine Mutter sagte: »Ein Unglück kommt selten allein. Ich sage dir wohl besser, daß Harry angerufen hat. Er muß ins Krankenhaus. Nichts Ernstes, nur eine vollständige Untersuchung, wie er meinte.«

Martin sprang aus seinem Sessel auf. »Wann war das?«

»Ungefähr um zehn Uhr heute morgen. Ich habe die Nummer notiert, unter der er zu erreichen ist.«

Martin wollte an ihr vorbeieilen, als er plötzlich stehenblieb und fragte: »Er hat keine Andeutung gemacht, was es sein könnte?«

»Nein, nichts. Er klang sogar recht aufgeräumt. Nur eine Untersuchung, so sagte er zumindest. Vielleicht geht er ja ins Ausland. Sie machen immer Tests, wenn sie jemanden ins Ausland schicken.«

»Ja, das stimmt.« Martin nickte zustimmend und war offensichtlich erleichtert. Er strich Joe übers Haar. »Schicksal. Es ist genau so, wie ich es dir gestern sagte. Nur weil ich an die Front wollte, habe ich meine Heiratspläne verschoben. Aber jetzt hält mich wohl nichts mehr auf, was?« Er reckte sich, und es sah aus, als wollte er sich innerlich sammeln. Dann verließ er das Zimmer.

Joe drehte sich um und sah seine Mutter an. Sie starrte auf die Gestalt, die jetzt die Halle durchquerte und zum Telefon ging. Joe schloß für einen Moment die Augen. Er ahnte, was in seiner Mutter vor sich ging. Sie nahm in jedem Fall ernst, was Martin soeben in einem etwas zynischen Ton gesagt hatte. Und das hieß für sie, daß eine Hochzeit sie dazu zwingen würde, das Haus zu verlassen.

4.

»Also, Tante Ellen, es liegt an dir, ob du gehst oder bleibst. Aber ich werde dein Verhalten Marion gegenüber nicht länger tolerieren. Du hast ihr seit dem ersten Tag in diesem Haus nur zu deutlich gezeigt, daß du sie nicht magst.«

»*Sie* mag *mich* nicht.«

»Nun, dazu hat sie auch jeden Anlaß. Und damit das in deinen Kopf geht, Tante Ellen: Wir sind verlobt und werden heiraten. Weißt du, es ist schon merkwürdig. Aber all die anderen Mädchen, die ich in all den Jahren mit nach Hause brachte, wurden von dir akzeptiert. Und warum? Weil du dachtest, es wäre mir mit ihnen nicht ernst. Doch diesmal ist es anders. Du betrachtest Marion als eine Bedrohung deiner Position. Ich rede jetzt sehr offen mit dir, denn schließlich mußte es ja einmal sein. Oder was denkst du?«

Ellen Jebeau biß die Zähne zusammen und sagte voller Bitterkeit: »Ich weiß nicht, wann der richtige Zeitpunkt gekommen ist, offen über bestimmte Dinge zu sprechen. Ich kann nur sagen, daß du sehr undankbar bist. Dabei habe ich so viel in den vergangenen Jahren für dich getan . . .«

»Du hast viel für mich getan?«

Sie saßen beide im Salon am Kamin, doch Martin sprang nun auf und rief mit erregter Stimme: »Du willst viel für mich getan haben? Nun komm schon, Tante Ellen, benutze doch mal deinen Verstand. Vater hat euch vor zwölf, nein, dreizehn Jahren hier aufgenommen. Er hat es euch nicht nur ermöglicht, in einem bescheidenen Wohlstand zu leben, sondern hat sich auch um die Erziehung deines Sohnes gekümmert. Ich habe dort weitergemacht, wo er aufgehört hat. Und was hast du für mich getan? Jetzt wollen wir doch mal ein paar Dinge klarstellen: Neben der Tatsache, daß du jahrelang die Hausherrin spielen konntest, bekamst du auch noch eine großzügige monatliche Unterstützung. Und wenn ich mich recht erinnere, wollte Vater diese Unterstützung aufstocken. Außerdem hatte er dir noch ein nettes kleines Haus gekauft. Nun, wenn du gehen wirst, kann ich dir nicht versprechen, genauso großzügig zu sein. Ich werde dich weiter unterstützen, aber was das Haus angeht – nein, auf gar keinen Fall! Denn wie du sicherlich weißt, wird es unserer aller Anstrengung einschließlich meines Einkommens bedürfen, genauso weiterzuleben wie bisher. Du kennst schließlich die Bücher ebensogut wie ich. Also rede mir nicht von Undankbarkeit. So, auf mehr möchte ich nicht eingehen, sonst werde ich noch Dinge sagen, die ich nachher bereue. Nur eines noch: Ich werde im April heiraten, egal, ob ich eingezogen werde oder nicht. Diese Entscheidung wäre sicher anders ausgefallen, hätte man mich einberufen. Doch nun werde ich Marion heiraten, und ich hoffe ... nun, wenn ich jemals einen Sohn – oder eine Tochter – haben werde, so wird dieser Besitz auf mein Kind übergehen. Ich habe meinen Titel nie ernst genommen, doch tief in meinem Innern habe ich großen Respekt vor ihm. Ebenso wie vor diesem Haus und den Menschen, die es erbaut haben. Deswegen rate ich dir, Tante Ellen, mach dir mal Gedanken über deine Zukunft.« Er schritt auf und ab, dann drehte er sich wieder um und blickte in ihr erstarrtes Antlitz. »Bei genauerer Betrachtung wäre es wahrscheinlich das beste, du würdest dich sofort um etwas anderes bemühen. Ich persönlich sehe darin die einzige Lösung dieses Problems.« Dann fügte er noch höflich hinzu: »Aber du mußt dich nicht beeilen. Du hast noch Zeit bis April.«

Als Martin gerade das Zimmer verlassen wollte, hörte er in der Halle das Telefon klingeln. Joe war bereits am Apparat, als er abnehmen wollte. »Es ist für dich, Martin. Das Krankenhaus.«

Martin riß ihm den Hörer aus der Hand und sagte: »Ja?« Er hörte zu, was die Stimme am anderen Ende der Leitung sagte, und sein Gesicht wurde immer fahler.

Als er aufgelegt hatte, drehte er sich um und starrte Joe an. »Es ist wegen Harry. Sie sagten, ich solle sofort kommen.«

Joe schaute ihn sorgenvoll an. »Ist es schlimm?«

»Es sieht so aus.« Mit diesen Worten rannte er schon die Treppe hinauf. »Es wird wohl eine längere Fahrt! Sag Mary, sie soll mir etwas zu essen machen. Irgendeine Suppe oder so etwas.«

Joe lief in die Küche und gab Mary gerade die Anweisung, als seine Mutter plötzlich in der Tür stand. »Was ist denn los?«

Joe drehte sich zu ihr um. »Das Krankenhaus hat angerufen. Harry geht es sehr schlecht. Martin soll sofort vorbeikommen.«

Er beobachtete, wie sie wortlos zurück in die Halle ging. Eigentlich hatte er erwartet, daß sie Marys Arbeit überwachte.

Mary stellte bereits den Suppentopf auf den Herd. »Master Joe? Würden Sie bitte die Thermoskanne und den Picknickkorb aus dem untersten Schrank holen?«

Innerhalb weniger Minuten war der Korb halbvoll mit Nahrungsmitteln. Mary füllte bereits die heiße Suppe in die Thermoskanne. Sie schraubte sie gerade zu, als Martin die Küche betrat. »Ist es wirklich so schlimm?« fragte sie.

»Ich weiß es wirklich nicht, Mary. Aber es scheint so.« Er schaute in den Korb. »Oh, man könnte meinen, ich würde für eine Woche verreisen. Ein oder zwei belegte Brote hätten es auch getan. Aber besten Dank.«

Joe hob den Korb vom Tisch und ging zusammen mit Martin über den Hof zur Garage.

Martin setzte sich hinter das Steuer und wollte gerade den Zündschlüssel umdrehen, als Joe sich zu ihm hinunterbeugte und fragte: »Willst du, daß ich mitkomme?«

Martin sah ihn einen Moment wortlos an. Schließlich sagte er mit einem leisen Lächeln: »Das wäre schön, aber besser nicht. Ich glaube, daß deine Mutter dich heute nacht eher braucht. Sie hat eben einiges einstecken müssen. Es tut mir leid, daß es so weit kommen mußte, aber daran kann man wohl nichts ändern.«

Die Botschaft, die sich hinter den Worten verbarg, klang in Joes Ohren unheilvoll. Er richtete sich wieder auf. »Sag Harry, daß ich an ihn denke und hoffe, daß er bald gesund wird.«

»Mach' ich.«

Der Motor heulte noch einmal auf, dann rollte der Wagen langsam aus der Garage. Kurz darauf war er verschwunden, und Martin mit ihm. Joe stand jetzt allein im Hof und bemerkte plötzlich, daß er keinen Mantel trug. Die Kälte kroch langsam durch seinen Pullover und vereinigte sich mit der, die sich in seinem Inneren breitgemacht hatte. Er dachte an Martins Worte, seine Mutter betreffend.

Joe atmete tief die eisige Luft ein und machte sich auf den Weg zur Küche, wo Mary ihn schon erwartete. »Ist er gefahren?«

»Ja, Mary.«

Das war alles, was er zu ihrer Überraschung sagte. Dann ging er durch die Küche direkt in die Halle. Normalerweise unterhielt er sich immer ein paar Minuten mit ihr. Vielmehr hörte er ihr zu. Master Joe war ein guter Zuhörer. Er war wahrscheinlich sogar der einzige in diesen Tagen, der diese Eigenschaft hatte. Jeder schien so sehr in Eile zu sein. Vielleicht lag es am Krieg. Wenn sie nachts im Bett lag, fühlte sie sich oft einsam. Die Dinge im Haus schienen sich zu verändern, man konnte es fühlen. Sie brauchte sich doch nur Mrs. Jebeaus Gesicht anzusehen. Sie war eine merkwürdige Frau, die Komplikationen heraufbeschwor. Und sie war das, was man gemeinhin eine Neurotikerin nannte, dachte Mary. Ja, dachte sie, das ist das richtige Wort: Neurotikerin. Somit erklärt sich auch ihre Nervosität und ihr Temperament.

Joe hatte zu diesem Zeitpunkt ganz ähnliche Gedanken, nur daß er sie auf eine etwas andere Art ausdrückte. Er wußte, daß seine Mutter wieder einen ihrer Anfälle bekommen würde und daß er derjenige war, der am meisten darunter zu leiden hatte. Eigentlich hätte er sich in den letzten Monaten daran gewöhnen müssen. Sie traten seit dem Zeitpunkt, an dem Marion Crosbies Liaison mit Martin offenkundig wurde, mit beständiger Regelmäßigkeit auf. Er mußte von ihr in Gegenwart seiner Mutter als Miss Crosbie reden, um nicht noch ihre Wut zu schüren. Als wäre er ein Kind von fünf Jahren, wies sie ihn zurecht: »Sei nicht so persönlich. Das heißt Miss Crosbie. Und nenne sie auf keinen Fall anders!«

Joe lief so leise wie möglich auf Zehenspitzen die Treppe hinauf und dann die Galerie entlang. Joe zweifelte nicht daran, daß seine Mutter in ihrem

Schlafzimmer war. Sie würde ihn heraufkommen hören, nur um kurz darauf in sein Zimmer zu stürmen. Und dann müßte er sich wieder die Vorwürfe anhören, die im Grunde genommen Martin galten. Er wußte genau, daß er sich diese Tirade nicht ohne Widerspruch würde anhören können.

Schließlich kam ihm in den Sinn, die Tür zu verschließen. Es gab da einen Riegel, den man vorschieben konnte. Doch dann stellte er sich vor, wie sie im Flur stand und auf die Tür einhämmerte. Sie hätte bestimmt keine Skrupel, das ganze Haus aufzuwecken, zumal sie wußte, daß Mary im Moment die einzige Anwesende war.

Joe zog sich seinen Morgenmantel an, setzte sich in einen Sessel und wartete. Eine Viertelstunde verstrich, doch seine Mutter ließ sich nicht blicken. Er wußte, daß sie nebenan war, denn er hatte sie gehört.

Eine halbe Stunde später zog er den Morgenmantel wieder aus und entschloß sich hinunterzugehen. Er war verwirrt, weil er ihre neue Taktik nicht verstand. Warum ließ sie ihn in Ruhe?

Martin kehrte am folgenden Morgen zurück. Harry war in der Nacht an den Folgen einer Lungenentzündung gestorben, die er sich nach einer Nierenoperation zugezogen hatte.

Martin hatte sich verändert. Er war nun ein Mann, der seine Jugend weit hinter sich gelassen hatte. Als er Joe und seiner Mutter die Einzelheiten berichtete, war er darauf bedacht, Abstand zwischen sich und den beiden zu halten. Dicke Tränen rollten über seine Wangen, und Joe spürte die große Einsamkeit, die seinen Vetter umfangen hatte. Sie glich der seinen. Er umarmte Martin, und als er sich wieder von ihm löste, waren beider Gesichter tränennaß.

5.

»Wo ist deine Gasmaske?«

»In ihrem Behälter.«

»Du bringst dich damit noch mal in große Schwierigkeiten.« Carrie nickte entschieden, als sie Joe diesen Vorwurf machte.

»Das ist nichts im Gegensatz zu den Schwierigkeiten, in denen ich bald stecken werde.«

»Was soll das heißen?«

»Sie sagen, daß ich sie jederzeit bekommen könnte – meine Einberufung.«

»Ach, das meinst du.«

Sie hielten inne und sahen einander an. Plötzlich machte Carrie einen Satz zur Seite, denn ein Bus raste vorbei und spritzte einiges von dem Wasser auf, das sich an der Bordsteinkante in großen Pfützen gesammelt hatte. Sie klopfte ihren Mantel ab und sagte: »Man könnte meinen, sie machten das mit Absicht.« Als Joe ihr helfen wollte, wehrte sie ab. »Du machst es nur noch schlimmer. Aber ist ja jetzt auch egal. Du warst gerade bei deiner Einberufung.« Sie gingen weiter.

»Ja, ich sagte . . .«

»Willst du denn gehen?« unterbrach sie ihn.

»Ja und nein. Kommt ganz darauf an, wohin sie mich schicken.« Er hielt wieder inne und zog sie auf einmal in eine Ladenpassage. Dann blickte er ihr fest in die Augen und sagte: »Wenn ich dich nicht zurücklassen müßte, würde ich mich darüber freuen. Und ich dachte, du wärst stolz auf mich . . .«

»O Joe!« Sie wich seinem Blick aus. »Fang bitte nicht schon wieder damit an. Du weißt doch, wo das enden wird.«

»Warum denn?«

»Jetzt überleg doch mal.« Für einen Moment kniff sie die Lippen zusammen. »Du fragst immer wieder dasselbe, und wir haben das schon so oft durchdiskutiert: Schuster, bleib bei deinen Leisten.«

»Aber das ist doch ausgemachter Blödsinn. Schau mal, wir haben Krieg. Alles ist im Umbruch. Und außerdem: Wovon redest du überhaupt? Der reiche Mann in seinem Schloß? Wenn Martin nächsten Monat heiratet, muß sie gehen – Mutter, meine ich. Sie hat zwar nichts mehr gesagt, aber sie weiß es ganz genau. Auch wenn Martin es sich anders überlegen sollte, Marion kann sie nicht ausstehen. So wie meine Mutter sie behandelt, kann ich es ihr noch nicht einmal übelnehmen. Auf der anderen Seite kann ich auch Mutters Standpunkt verstehen, zumindest diesen einen. Schließlich hat sie sich in den letzten Jahren nicht als Haushälterin, sondern als Hausherrin betrachtet. Das wird ihr fehlen.«

»Dir auch?«

Die Frage war sehr direkt, und er mußte einen Moment überlegen. »Du meinst das Haus? Ja, ehrlich gesagt schon. Es ist ein schönes Haus, auch die Umgebung gefällt mir. Und ich werde . . . nun, ich werde Martin vermissen. Wir waren immer schon . . . sehr eng miteinander befreundet. Vor allen Dingen seit Harrys Tod. Aber ich bin auch froh, wenn er heiratet. Dann wird Martin wirklich jemanden ganz für sich haben.«

»Und du freust dich darauf, daß er heiratet?«

»Aber natürlich! Wieso fragst du?«

»Ach, nur so. Sie könnten immerhin Kinder haben.«

»Na, das hoffe ich aber.«

»Und dich stört das nicht?«

»Nein, warum auch? Ach, ich verstehe, worauf du hinauswillst.«

»Ist das ein Wunder? Du bist schließlich der Nächste in der Erbfolge. Aber was ist, wenn Martin keine Kinder hat? Oder wenn er im Krieg fällt, und du überlebst? Was dann – Sir Joseph Bartholomew Jebeau?«

»Himmel, Carrie!« Joe wandte sich von ihr ab und vergrub seine Hände in den Manteltaschen. Er klang seinem Vetter sehr ähnlich, als er sagte: »Was wäre, wenn! Genausogut –«

Er zögerte, und Carrie sprach den Satz zu Ende. »Genausogut könnte mich deine Mutter mit offenen Armen aufnehmen. Und trotzdem, der Titel ist wahrscheinlicher als die Hoffnung, daß deine Mutter mich jemals als vollwertigen Menschen betrachten wird. Wenn sie von unseren Treffen wüßte, hätte sie doch schon der Schlag getroffen. Stimmt es, oder stimmt es nicht? Du mußt doch immer wieder eine Notlüge erfinden, wenn du mich treffen willst! Manchmal sehe ich dich wochenlang nicht.«

»Das ist nicht meine Schuld.« Joe blickte sie an, wurde aber beinahe von jemandem angerempelt, der das Geschäft verließ. Also nahm er wieder ihren Arm und zog sie auf den Bürgersteig. »Was meinst du denn, wie ich mich fühle, wenn ich dich nicht sehen kann und du mit diesem John Bennett oder diesem Sweetman tanzen gehst?«

»Was soll ich denn deiner Meinung nach tun? Zu Hause sitzen und auf dich warten? Und paß gefälligst auf, wohin du mich zerrst, Joe. Bitte. Ich arbeite nämlich hier, falls du dich erinnerst.«

Sie blieben vor den Stufen des Bürohauses stehen. Joe schaute sie versonnen an. »Ich werde dich wahrscheinlich wochenlang nicht sehen. Ich weiß nicht, was in der nächsten Zeit noch alles geschehen wird. Deswegen muß ich es dir jetzt sagen, Carrie. Ich überlege schon eine ganze Weile, wie ich es dir sagen soll, aber ich . . . ich liebe dich, Carrie. Es hat wohl nie eine Zeit gegeben, in der ich nicht so empfand. Liebst du mich?«

Sie schaute zu Boden, und der Verkehrslärm machte es fast unmöglich, ihre Worte zu verstehen. »Was nützt es, jemanden zu lieben, den man . . . nie für sich haben kann.«

»Aber wir können doch zusammensein, du kannst es auch. Mir ist es egal, was meine Mutter oder sonstwer denkt. Ich würde dich auf der Stelle heiraten, wenn du es wolltest. Willst . . . willst du, Carrie?«

Sie schaute jetzt auf und sah ihn an. Und was sie sah, war ein Junge. Derselbe Junge, den sie gekannt hatte, als sie noch bei ihren Eltern lebte. Sie sah nicht den neunzehnjährigen jungen Mann, denn er sah nicht wie neunzehn aus. Sein Bartwuchs war spärlich, sein Gesicht bleich, sein Mund kindlich. Und dazu seine grauen Augen, die so verletzlich schauten. Sie sah den Jungen, der Gedichte schrieb, und sie liebte ihn. Doch sie liebte den Jungen, nicht den Mann.

Sie dachte an ihre Brüder. Alle schienen sie schon mit sechzehn die Männer gewesen zu sein, die sie dann auch später wurden, besonders Mick. Mick war ihr immer wie ein Mann erschienen, soweit sie sich zurückerinnern konnte. Mick, ja, der war jemand. Und er verstand Joe. Er hatte ihr einmal seinen Charakter so erklärt: »Er schwebt auf einer Wolke, nur seine Zehenspitzen berühren den Boden.« Sie erinnerte sich, wie er über diese Bemerkung nicht boshaft, sondern verständnisvoll gelacht hatte. Er mochte Joe, mochte ihn sogar sehr. Auf der anderen Seite fühlte er sich seinetwegen schuldig, weil er sich immer in seinen Schatten stellte.

Carrie sagte sich, daß sie nie mit jemandem ihr Leben verbringen könnte, der nur mit seinen Zehenspitzen den Boden berührte. Sie brauchte jemanden, der ihr das Gefühl von Geborgenheit und Sicherheit vermitteln konnte. Sie wußte ganz genau, daß sie nur aufgrund der Unstetigkeit ihres eigenen Zuhauses bei Tante Alice und Onkel Stan aufwuchs. Natürlich lag der Grund für diese Unsicherheit hauptsächlich am mangelnden Geld. Was es bei Joe war, konnte sie nicht mit Bestimmtheit sagen. Doch Micks Beschreibung traf genau den Punkt. Trotzdem war Joe ein netter Junge. Sie mochte ihn sehr. Vielleicht liebte sie ihn auch. Aber auf der anderen Seite: Wie konnte sie zwei Männer lieben, die so verschieden waren? Sie wußte, daß es darauf keine Antwort gab.

»Es tut mir leid, Joe, aber ich muß jetzt gehen.« Sie streckte die Hand aus, als wollte sie ihn abwehren. »Ich bin sowieso schon spät dran.«

»Ich bin dir also egal? Du magst mich noch nicht einmal?«

»Red doch keinen Unsinn.« Sie trat auf ihn zu. »Du weißt genau, daß ich dich gut leiden kann.

Ich ... ich bin nur noch nicht dazu bereit, deinen Wunsch zu erfüllen.« Sie wußte, daß sie log. Und sie log weiter, als sie sagte: »Ich möchte mich noch nicht ... so früh binden. Es ist doch alles so unsicher, jetzt, wo der Krieg ausgebrochen ist. Aber ... ich mag dich. Ich mag dich wirklich, Joe. Versuch doch endlich zu verstehen!«

»Aber du liebst mich nicht.« Seine Stimme klang niedergeschlagen.

»Oh, warum mußt du immer wieder davon anfangen? Also, ich muß jetzt wirklich los. Bis dann.« Sie ging zwei Schritte zurück. Dann drehte sie sich um und lief auf das Bürogebäude zu.

Joe blieb regungslos stehen. Das Gewicht seines Herzens ließ ihn fast im Bürgersteig versinken. Er mußte sich dazu zwingen, seine Beine in Bewegung zu setzen. Was sollte er nur ohne sie machen? Er würde nie eine andere lieben können, niemals! Als in einer Ecke seines Verstandes die Worte »kindliche Verliebtheit« aufleuchteten, schrie alles in ihm »Nein!« auf. Seine Gefühle ihr gegenüber waren keine kindliche Verliebtheit. Seine tiefe Liebe zu ihr hatte doch schon in all den Jahren in ihm geschlummert.

Er sollte Martin erst um vier Uhr treffen und mußte somit die verbliebene Zeit totschlagen. So lief er durch die Straßen der Stadt. Und als er ein zweites Mal an dem Gebäude vorbeilief, in dem Carrie arbeitete, wußte er, was er zu tun hatte. Sobald er im Hause war, mußte er mit seiner Mutter sprechen, um endlich reinen Tisch zu machen. Wenn er sie davon überzeugen konnte, daß nichts und niemand auf der Welt ihn von seiner Liebe zu Carrie abbringen konnte, würde das Carrie letztendlich davon überzeugen, daß seine Liebe auch für sie beide reichte.

Doch er hatte nur noch sehr wenig Zeit. Jeden Tag konnte seine Einberufung kommen. Er mußte sich beeilen.

Während der Rückfahrt war Joe so still, daß Martin ihn fragte: »Was ist los mit dir?«

»Nichts.«

Martin nickte nur und sagte einfach: »Carrie?«

Es dauerte fast eine Minute, bevor Joe antwortete: »Ja, Carrie.«

»Nun, besser, es findet jetzt ein Ende als nie. Du wirst nur Scherereien haben, wenn du in diese Familie einheiratest. Oh, ich weiß, ich weiß.« Martin hob abwehrend die Hand. »Sie ist wirklich ein nettes Mädchen. Zumindest, soweit ich sie kenne. Sie ist die einzig Vernünftige in der Familie, vielleicht mit Ausnahme von Mick. Und natürlich dem alten Dick. Mit ihm kann man Pferde stehlen. Doch wenn du Carrie heiratest, heiratest du sie alle ... Erwidert sie denn deine Gefühle?«

Als Joe nicht sofort darauf antwortete, seufzte Martin nur. »Es gibt so viele Frauen auf der Welt, mein Freund. Und die Richtige für dich ist auf jeden Fall dabei. Das ist sicher. Eines Tages wirst du ihr begegnen. Du schaust ihr in die Augen, und du wirst es wissen. Genauso ist es mir ergangen. Irgendwas in deinem Inneren macht ›Klick‹. Und sooft du dir auch sagst, daß sie nicht dein Typ ist – daß du keine Blondinen oder Rothaarigen, sondern nur Brünette magst – es nützt alles nichts. Wenn du einmal in den Köder gebissen hast, verschluckst du ihn auch, mitsamt Leine, Haken und Rute.« Er lachte aus vollem Herzen, und Joe wußte, daß er dabei an seine zukünftige Frau dachte. Doch seine Worte konnten ihn nicht beruhigen.

Joe hatte das Gefühl, daß seine Mutter schon auf ihn gewartet hatte, denn sie rief ihn zu sich, kaum daß er das Haus betreten hatte. »Komm bitte gleich nach oben.« Ihre Stimme klang ruhig und gefaßt.

Er drehte sich um und schaute zu Martin hinüber, der gerade seinen Mantel aufhing. Er zog die Augenbrauen hoch und zwinkerte Joe aufmunternd zu. »Auf in den Kampf, mein Freund.«

Als Joe die Galerie erreichte, stand seine Mutter bereits am anderen Ende des Korridors. Doch anstatt in ihr oder sein Zimmer zu gehen, schritt sie die Stufen zum Dachboden hinauf.

Jetzt war es an Joe, die Augenbrauen zu heben. Was zum Teufel wollte sie dort oben von ihm?

Doch kaum hatte ihm seine Mutter bedeutet, er solle ins alte Schulzimmer gehen, war ihm klar, was der Grund dafür war. Sie schloß die Tür hinter ihm, drehte sich um und schaute ihn mit einem Gesichtsausdruck an, der keinen Zweifel mehr daran ließ, was jetzt kommen würde.

»Du kommst dir wohl sehr klug vor, was?« schrie sie ihn an. »Du verlogenes, hinterhältiges Stück! Und all das nur, um die kleine Schlampe zu treffen. Damit ist jetzt Schluß, hörst du? Wenn du es wagst, sie noch einmal wiederzusehen, werde ich hinübergehen und . . .«

»Halt den Mund!«

Sprachlos starrte sie ihn an. Schweißperlen hatten sich auf ihrer Oberlippe gebildet, und sie wurde blaß. Doch während sie ihm zuhörte, stieg Zornesglut in ihre Wangen.

»Du wirst mir nicht mehr sagen, was ich tun und lassen soll. Jetzt entscheide ich selbst, was für mich gut ist. Ich habe genug von deiner ständigen Bevormundung. Hast du mich verstanden? – Ich habe gefragt, ob du mich verstanden hast?!« Er trat jetzt näher an sie heran. »Wenn ich Carrie sehen will, dann werde ich sie auch sehen! Ganz egal, was du oder sonst jemand sagen wird. Hast du gehört?«

Sie starrte ihn aus zusammengekniffenen Augen an. Ihre Wut hatte sich ins Unermeßliche gesteigert. »Ja, ich habe dich gehört. Aber jetzt wirst du mir zuhören. Ich bin deine Mutter, und ich verbiete dir, in solch einem Ton mit mir zu sprechen. Was ich dir jetzt zu sagen habe, wird dir sicher nicht gefallen. Du bist doch gar nicht in der Lage, eine Frau zu versorgen. Selbst ein . . . ein . . .« sie suchte krampfhaft nach den richtigen Worten, »ein Kaninchen würde in deiner Obhut verhungern. Du warst all die Jahre im Internat, bist noch zur Schule gegangen. Was hast du denn bis jetzt erreicht? Nichts! Das einzige, was du tun kannst, ist kritzeln. Und was ist das Ergebnis deiner Kritzeleien? Mittelmäßiges Zeug, dumme Reimereien. Was würde denn aus dir werden, wenn es mich nicht gäbe? Hast du dich das schon einmal gefragt? Du bist jetzt achtzehn und weißt noch nicht einmal, was aus dir werden soll. Zur Universität willst du, vielleicht noch mehr Zeit vergeuden!«

Ihre Stimme überschlug sich fast, als sie nun hinzufügte: »Und du wagst es, mir zu sagen, ich solle den Mund halten?! Ich habe mein ganzes Leben dir geopfert. Seit deiner Geburt hatte ich nur ein Ziel vor Augen: aus deinem Leben das Beste zu machen. Und jetzt soll ich mit ansehen, wie du dich dieser

Schlampe an den Hals wirfst, obwohl du Anspruch auf den Titel hast . . .«

»Was?!« Die Wut, die in ihm aufgestiegen war, wich nun einem Gefühl der Überraschung. »Was sagst du da? Anspruch auf den Titel haben? Du bist wirklich verrückt! Ich habe genausowenig Anspruch darauf wie dieses Kaninchen, das ich angeblich nicht versorgen könnte. Martin und Marion werden Kinder haben. Und ich hoffe, es werden viele . . . Anspruch auf den Titel haben, also wirklich!«

Während er sie anstarrte, kam ihm in den Sinn, daß Carrie etwas Ähnliches gesagt hatte.

»Sei kein Narr.« Ellen biß sich auf die Unterlippe, als ob sie mittlerweile ihre Worte bereute. Dann sagte sie: »Nicht jede Frau kann Kinder bekommen. Und auf mich macht Marion den Eindruck, als würde sie zu diesen Frauen gehören. Außerdem habe ich das Gefühl . . .«, sie holte tief Luft, »nein, ich weiß genau, daß wir hierher zurückkehren werden, obwohl man uns so schmählich vertreibt, denn dies hier ist unser Zuhause. Wenn . . . wenn es hier rechtmäßig zuginge, wäre ich schon längst die Herrin von Screehaugh. Vielleicht weißt du es schon, aber ich war jahrelang die Geliebte deines Onkels. Er hätte mich geheiratet. O ja, das hätte er.« Sie nickte zustimmend. »Aber ein Mann darf die Frau seines Bruders nicht heiraten. Was für eine Ironie des Schicksals. Ich . . . ich habe das Gefühl, als hätte man mich beraubt, bestohlen, um mein rechtmäßiges Eigentum gebracht. Aber so wird es nicht weitergehen. Nein, so nicht. Und ich verspreche dir, wir werden hierher zurückkehren. Tief in meinem Innern weiß ich, daß wir das tun werden. Und ich weiß es genau.« Wie zur Bestätigung klopfte sie sich auf die Brust.

Als sie geendet hatte, wich das Gefühl des Befremdens ihr gegenüber einem tiefen Mitleid. In diesem Moment wurde Joe klar, wie groß die Enttäuschung sein mußte, die sich in all den Jahren in ihr aufgestaut hatte. Er erkannte, daß sie nun in einer ähnlichen Situation war wie damals, denn durch Martins Heirat blieb ihr jetzt wieder keine Wahl.

Wenn sie doch nur seine Liebe zu Carrie akzeptieren könnte, würde er zu ihr gehen und seinen Arm um sie legen, um sie zu trösten. Doch er wußte genau, daß sie Carrie immer ablehnen würde. Aber hatte auf der anderen Seite Carrie ihn nicht auch abgelehnt? Was hielt ihn also davon ab, zu seiner Mutter zu gehen und ihr zu sagen, sie solle sich keine Sorgen machen? Was immer es auch war, es glich einer Mauer, die zwischen ihnen stand. Er war ehrlich genug, sich einzugestehen, daß er es war, der Stein auf Stein setzte, damit er sie aus seinem Leben fernhalten konnte . . . für immer.

Ellen lehnte sich gegen die Tür, den Kopf gesenkt, die Augen geschlossen. Auf einmal wirkte sie sehr alt. Sie war erst sechsundvierzig, hatte ein Gesicht, das noch keine Falten aufwies, und ihr Haar war noch immer so golden wie in ihrer Jugend. Und trotzdem sah er eine alte Frau. Mitleid begann ihn wieder zu erfüllen, bis sie auf einmal die Augen öffnete und mit fester Stimme sagte: »Versprich mir, daß du sie nicht wiedersehen wirst.«

Er wollte ihr sagen, daß das nicht in Frage käme. Doch statt dessen erwiderte er zu seiner eigenen Überraschung: »Ich werde mich freiwillig melden.«

»Du tust was?«

»Mich freiwillig melden.«

Sie hob langsam den Kopf und wollte etwas entgegnen. Doch alles, was sie zustande brachte, war ein heiseres Murmeln: »Du wirst deine Einberufung doch sowieso bekommen. Also warum ... Bitte.« Sie richtete sich auf und streckte die Hand nach ihm aus. »Bitte, Joe. Geh nicht, bevor du nicht wirklich mußt. Verlaß mich bitte nicht, bevor alles vorüber ist. Ich meine unseren Umzug. Wie soll ich nur ohne dich ...«

Er wandte sich von ihr ab und schüttelte den Kopf. »Es ... es tut mir leid. Aber ich kann nicht anders.«

Joe wartete auf einen weiteren Wutausbruch oder eine sonstige Reaktion. Doch als sie stumm blieb, drehte er sich langsam um und schaute sie über die Schulter hinweg an. Sie blickte in seine Richtung, doch schien es, als würde sie ihn gar nicht wahrnehmen. Der merkwürdige Ausdruck in ihrem Gesicht ließ ihn ganz herumfahren. Er wollte etwas sagen. Nicht, um ihr die wahren Gründe seiner Entscheidung mitzuteilen. Er wollte sie nur nicht so sehr verletzen. Doch Ellen öffnete nur leise die Tür und ging hinaus.

Daß sie so ruhig das Zimmer verließ, machte ihm mehr Sorgen, als hätte sie einen ihrer üblichen Wutanfälle gehabt. Er strich sich über die Stirn, und wieder kamen ihm ihre Worte in den Sinn: »Du kannst ja noch nicht einmal ein Kaninchen versorgen!« Immer wieder ging ihm dieser Satz durch den Kopf, denn er wußte, daß sie im Grunde genommen recht hatte. Daß er noch nicht dazu bereit war, sich Gedanken über seine Zukunft zu machen, war selbst für ihn offensichtlich. Und daß er keine Verantwortung dafür übernehmen wollte, war auch der Grund dafür, warum er sich freiwillig meldete.

Warum war das Leben nur so hart?

6.

In der Nacht war ein heftiger Sturm aufgekommen, der laut an den Fensterläden zerrte. Das Schweigen, das beim Abendessen herrschte, wurde durch diese Geräusche nur noch verstärkt.

Sie waren gerade mit dem Essen fertig, als Martin das Wort ergriff. Er blickte zu Joe hinüber. Und als ob seine Gedanken ein fahrender Zug waren, auf den er jetzt aufsprang, sagte er: »Ich frage mich, ob dieses Diebespack den Schneid hat, heute nacht noch einmal auf Beutezug zu gehen.«

»Ich glaube, das wäre für sie zu riskant. Jedenfalls werden sie nicht dreimal in einer Woche das Glück herausfordern«, entgegnete Joe.

»Dieses Gesindel hat den Nerv, sich alles unter den Nagel zu reißen, was es nur bekommen kann. Aber eines ist sicher: Diesmal wird sie ein Empfangskomitee erwarten, ganz bestimmt!«

»Wer ist heute nacht an der Reihe?«

»Paxstone. Ich habe ihm gesagt, er solle ohne Vorwarnung schießen und sie zur Hölle schicken. Wenn diese Teufel Hühnern den Hals umdrehen und Schafen die Kehle durchschneiden können, dürften sie bestimmt nichts gegen eine Ladung Schrot haben, oder?«

Martin schaute Joe an, als erwarte er eine Antwort, und nach einem Moment des Zögerns sagte

Joe: »Er würde doch nicht wirklich auf sie schießen, oder?«

»Aber sicher doch! Was denkst du denn? Er wird auf ihre Beine zielen.« Mit einer unwirschen Bewegung fuhr er mit der Hand durch die Luft. »Sieh mich nicht so entsetzt an. Hier wird schon keiner ermordet.«

»Und wenn sie auch Gewehre haben?«

»Das glaube ich nicht. Allerdings sollte man auf alles gefaßt sein. Wer weiß, was denen zuzutrauen ist.«

Ellen Jebeau erhob sich, und die anderen standen ebenfalls auf. Zu Martin gewandt, sagte sie: »Wenn es hier weiter nichts zu tun gibt, ginge ich jetzt gerne zu Bett. Mary wird noch bis acht Uhr auf sein.«

»Aber natürlich.« Martin rückte seinen Stuhl an den Tisch und beobachtete, wie sie zur Tür ging. Doch bevor sie sie öffnen konnte, betrat Mary das Zimmer.

Mary blickte zuerst Ellen und dann Martin an, bevor sie sagte: »Es . . . es ist wegen meinem Vater, Sir. Er sagt, daß Bernard sich das Handgelenk gebrochen hat, und da Danny heute seinen freien Tag hat, hat er versucht, Bill zu erreichen. Bill Paxstone ist aber zu seiner Mutter nach Consett gefahren. Jetzt läßt mein Vater fragen, was er tun soll, Sir.«

»Oh . . .« Martin biß sich auf die Unterlippe. Dann sagte er: »Er soll sich keine Sorgen machen. Ich gehe selbst.«

Als sich die Tür hinter Mary und Ellen schloß, setzte sich Martin wieder an den Tisch. »Verdammter Mist! Wir brauchen heute wirklich zwei Mann da draußen. Aber ich kann von ihnen auch nicht mehr verlangen, als sie eh schon tun. Wenn jetzt einer ausfällt, hat es keinen Sinn. Auch der Schnee wird die Diebe nicht davon abhalten, heute nacht noch einmal zu kommen.«

»Dann komme ich mit, Martin!«

»Nein, Joe. Schlag dir das aus dem Kopf. Willst du mir deine Mutter auf den Hals hetzen?« Martin blickte ihn mit einem säuerlichen Grinsen an.

»Sie braucht es doch gar nicht zu erfahren. Bis dahin ist sie schon längst eingeschlafen.«

»Und wenn es eine Keilerei gibt, und du wirst dabei verletzt? Schließlich haben wir keine Ahnung, ob die Diebe Waffen haben. Wir wissen nur, daß sie bis jetzt keine benutzt haben.«

Joe mußte lachen. »Vielleicht bekomme ich dann etwas Übung. Bald wird es nämlich auch für mich ernst. Es ist nur eine Frage der Zeit.«

»Oh.« Martin sah ihn überrascht an. »Ich nehme wohl an, daß das noch eine Weile dauern wird. Schließlich werden die zwanziger Jahrgänge noch nicht aufgerufen. Willst du denn gehen?«

»O ja, natürlich!« Er senkte den Kopf. »Ich habe vor, mich freiwillig zu melden.«

»Wirklich? Aber wieso hast du denn nie was davon gesagt? – Oh, du meinst, ich könnte mich aufregen! Das ist mal wieder typisch Joe. Nein, ich habe es mittlerweile überwunden. Weiß deine Mutter es schon?«

»Ja . . . ich habe es ihr heute abend gesagt.«

»Ich glaube, ich brauche wohl nicht zu fragen, wie sie es aufgenommen hat.«

»Nein.«

»Es wird hart für dich werden, Joe. Ich meine das Leben in der Armee. Du gehst doch zur Armee, oder?«

»Nein, zur Air Force. Ich hatte zunächst an etwas gedacht, das mit der Fliegerei zu tun hat.«

»Ah, damit haben sie dich also gekriegt. Na ja, du mußt wissen, was du tust.« Dann schwieg er einen Moment.

»Deine Mutter wird sehr einsam sein, das weißt du doch, oder?«

»Ja, das weiß ich.«

»Ich bin mir nicht sicher, ob du es schon bemerkt hast, aber deine Mutter und ich mögen uns nicht besonders. Bei Harry war das etwas anderes. Mit ihm kam sie ganz gut zurecht. Aber wer tat das auch nicht? Mit mir ist sie jedoch nie so recht warm geworden. Ich weiß also nicht, ob sie es dir gesagt hat . . . Na ja, um ehrlich zu sein, habe ich ihr den Marschbefehl gegeben.«

»Ja, ich glaube, das mußtest du auch.«

»Aber sie hat es dir nicht gesagt?«

»Nein, ich habe es erraten . . . Ich wußte, daß so etwas passieren würde. Zumindest nach allem, was du mir vor einiger Zeit erzählt hast.«

»Sie bekommt eine angemessene Unterstützung. Außerdem suchen sie im Moment Frauen für jede Art von Arbeit. Sie . . . sie braucht auch nicht allein zu bleiben. Na ja, du weißt, wie ich das meine. Trotzdem wird sie dieses Haus vermissen. Vor allen Dingen aber wird sie dich vermissen. So ist das nun mal im Leben. Sie sollte wissen, daß die Pfade, die man zu beschreiten hat, manchmal sehr steinig sein können.« Er seufzte laut. »Wie spät ist es eigentlich?« Er drehte sich um und schaute auf die Uhr. »Viertel nach acht. Ich werde mich dann mal umziehen und einen kleinen Schluck zur Stärkung nehmen. Heute nacht wird es draußen nämlich verdammt kalt sein.

Hör dir nur diesen Wind an! Es wird noch schlimmer.«

Er stand langsam auf und legte lächelnd einen Arm um Joes Schultern. »Und was wirst du jetzt machen?«

»Ich weiß es noch nicht.«

»Ein wenig früh, um schon zu Bett zu gehen. Die Zimmer sind eiskalt. Im Salon hingegen ist es schön warm. Setz dich ein wenig an den Kamin.«

Sie gingen gemeinsam in die Halle. Dann schaute Joe zu, wie Martin, immer zwei Stufen auf einmal nehmend, nach oben lief. Er wünschte sich, wie Martin zu sein, wenn auch nur zum Teil, denn er hatte das Gefühl, daß Martin etwas fehlte.

»Du könntest noch nicht einmal ein Kaninchen versorgen.«

Vielleicht lag es daran, daß er dazu neigte, zu viel nachzudenken, anstatt die Probleme direkt anzupacken. Oder fehlte ihm ganz einfach nur das Durchsetzungsvermögen? Vielleicht war er wirklich noch zu sehr ein Kind. Nein, nein! Sein ganzer Körper wehrte sich gegen diese Überlegungen. Er war ein Mann. Tief in seinem Inneren war er ein Mann: Er wollte Carrie, und er allein wußte, wie sehr er sie wollte. Da war nichts von dieser angeblichen Verliebtheit. Er wollte sie berühren, er wollte sie sehen. Schließlich riß Joe sich zusammen und sagte laut: »O Gott, hör auf damit!«

Der Salon wurde durch das Feuer im Kamin spärlich beleuchtet. Es brannte lodernd und hüllte die Ecken des Zimmers in dunkle Schatten. Joe setzte sich auf die chintzbezogene Couch neben dem Kamin, lehnte seinen Kopf zurück und sah sich um. Er ließ seinen Blick von einem Möbelstück zum anderen gleiten: die Louis-Quinze-Couch zwischen den hohen Fenstern; das französische Kabinett in der gegenüberliegenden Ecke; die eisenbeschlagene Truhe aus dem sechzehnten Jahrhundert, die an der Wand stand; die gestapelten Holzscheite daneben. Es war ein schöner Raum. Und es war sein Heim. Das einzige, an das er sich erinnern konnte. Er würde es vermissen. Merkwürdigerweise wurde ihm bewußt, daß er dieses Haus mindestens ebenso vermissen würde wie seine Mutter. Er wußte auch, daß er nie in der Lage sein würde, ein Haus wie dieses zu besitzen.

»Du könntest noch nicht mal ein Kaninchen versorgen.«

7.

»Wenn heute nacht der Mond scheint, werden wir wohl keine Besucher antreffen. Und wie es ausschaut, macht er gerade Anstalten, sich von seiner besten Seite zu zeigen.«

Martin schaute zum dunklen Himmel hinauf, wo er einige große graue Wolken ausmachen konnte. »Ich glaube nicht, daß die Nacht bei diesem Wind so sternklar bleiben wird. Riechst du auch den Schnee, der in der Luft liegt? Herr im Himmel, es wird immer kälter. – Ich muß dir noch mal sagen, daß ich es höchst anständig von dir finde, mich zu begleiten, Dick. Ich habe mich, ehrlich gesagt, nicht auf heute nacht gefreut. Es wäre eine ziemlich einsame Angelegenheit geworden. Noch heute abend habe ich zu Joe gesagt, daß wir unbedingt jeweils zwei Männer bräuchten, die Wache schieben. Abgesehen von der Gesellschaft ist es einfach sicherer. Schließlich wissen wir überhaupt nicht, mit wie vielen Dieben wir es zu tun haben.«

»Sie haben recht, Sir. Dasselbe habe ich mir auch gesagt. Aber wir haben im Moment genug zu tun ... Nun, viel mehr könnten wir beim besten Willen nicht machen.«

»Ist schon in Ordnung, Dick.« Martin lehnte sein Gewehr gegen die Hecke, hinter der sie sich versteckt hatten, und zog aus seiner Manteltasche einen Flachmann. Er schraubte den Verschluß ab, goß ein wenig von der Flüssigkeit in den Deckel und reichte ihn Dick. »Hier, gegen die Kälte.«

»Besten Dank, Sir.« Dick reichte ihm den Verschluß nicht sofort wieder zurück, sondern säuberte zuerst mit einem sauberen Taschentuch, das er aus der Brusttasche seines dicken Mantels hervorholte, den Rand.

Ein netter Kerl, dieser Dick. Merkwürdig, daß er Vater zweier solch mißratener Töchter sein mußte. Aber schließlich hatte er auch eine mißratene Frau geheiratet. Alles Gute in seiner Familie kam von seiner Seite. Es war eine nette Geste, den Verschluß wieder sauberzumachen. Dick war wirklich ein patenter Kerl.

»Ssst! Was war das?«

Sie sahen beide vorsichtig in die Richtung des kleines Waldes, aus der das Geräusch gekommen war. Aber nun war wieder alles still, bis auf den Wind, der durch die Bäume fegte.

»Vielleicht war es nur ein Ast, der heruntergefallen ist, Sir.«

»Ja, vielleicht.«

»Master Joe ist nicht zufällig hier draußen, Sir?«

»Nein. Er spielte Klavier, als ich ging.«

»Master Joe ist wirklich ein netter Junge.«

»Ja, das ist er in der Tat. Ich frage mich nur, wie er bei der Air Force zurechtkommen wird.«

»Es ist schon erstaunlich, wie die Armee die Menschen verändert. Als würde sie ihren wahren Kern zum Vorschein bringen. Unser Mick sagt immer, daß in Master Joe mehr steckt, als man auf den ersten Blick vermutet.«

»Das stimmt allerdings«, murmelte Martin. Er schaute vorsichtig über die Hecke, wo er die Hühnerställe und die dunklen Schatten der Schafe ausmachen konnte.

Plötzlich kam ihm eine Idee. Er ließ sich wieder nieder und flüsterte hastig: »Sie könnten natürlich auch durch das andere Tor kommen und sich einen Weg zum rückwärtigen Teil der Hühnerställe suchen. Er ist nur mit Brettern verschlagen.«

»Daran habe ich auch schon gedacht. Deswegen haben wir heute nachmittag Seile in Fußhöhe gespannt. Wenn jemand darüber stolpert, klingelt eine Glocke. Sie wissen schon, die alte Kuhglocke, die im Schuppen hing. Wir haben sie heute nachmittag aufgehängt.«

»Sehr gut, Dick. Eine hervorragende Idee. Also gibt es nur einen Weg zu den Hühnerställen, und der führt geradewegs hier vorbei.«

»Richtig, Sir.«

»Nun, wenn die Diebe kommen sollten, werden wir sie auch erwischen. Übrigens möchte ich wissen, warum wir uns so ungemütlich hinkauern, wenn wir uns ebensogut in den Schatten der Fichte stellen könnten. Von dort haben wir auch eine bessere Übersicht. Egal, wie viele es sein werden, wir werden sie auf jeden Fall zuerst herankommen lassen, damit wir sie erkennen können. Sollten sie aber anfangen zu laufen, werden wir schießen. Natürlich nur auf die Beine. Verstanden?«

»O ja. Verstanden, Sir.«

Sie schlichen jetzt die Hecke entlang zu dem Baum, doch behielten sie die gebückte Haltung bei. Plötzlich lenkte wieder etwas Martins Aufmerksamkeit auf das Wäldchen. Doch diesmal war es kein Geräusch, sondern ein seltsames Gefühl, eine dunkle Vorahnung. Aber es war zu spät, etwas dagegen zu unternehmen, denn als Martin sich aufrichtete, um zur Anhöhe zu laufen, traf ihn eine Kugel in die Brust. Ihm schien es, als würde sich sein Körper auflösen und in alle Richtungen davonfliegen. Er wußte mit einemmal, daß er den Tod vor Augen hatte.

Als er in Dicks zitternde Arme fiel, gab er keinen Laut von sich. Selbst in dem Moment, als der Stallbursche Martin zu Boden gleiten ließ, schaute Dick in die Richtung, aus der der Schuß gekommen war. Es war nur eine Frage von Sekunden, bevor er sich wieder hätte aufrichten, das Gewehr anlegen und abdrücken können. Doch dazu sollte es nicht mehr kommen, denn auch Dick spürte plötzlich jene Explosion in seiner Brust. Er fiel zu Boden, das Gewehr fest umklammert. Und als er starb, hörte er eine Stimme rufen: »Um Gottes willen!«

Es war halb zehn, als er den Ofenschirm vor die ersterbende Glut stellte und den Salon verließ.

Das Licht in der Halle war noch an, Martin würde es später löschen. Im Haus war es nun sehr still. Joe blieb einen Moment stehen und blickte sich um. Es war merkwürdig, aber er stellte sich vor, daß dieses Haus, in dem nur er und seine Mutter waren, sich vom Erdboden gelöst hatte und schwerelos in der Luft trieb. Es waren die Überreste seiner kindlichen Phantasie, eine Erinnerung an ein Kinderbuch, welche jetzt aber überaus lebendig war. Wieder verspürte er das unangenehme Gefühl, das er bei der Vorstellung hatte, dieses Haus für immer zu verlassen ... Dann machte sich, nicht plötzlich, sondern mit beängstigender Langsamkeit, ein anderes seltsames Gefühl in ihm breit. Sein Magen begann zu zittern, als ob sich die Eingeweide in seinem Körper selbständig gemacht hätten. Sein Verstand sagte nicht: »Es ist dumm, sich deswegen Sorgen zu machen«, denn er wußte plötzlich, daß diese Beklemmung nichts mit dem Haus zu tun hatte. Auf einmal hatte er das Gefühl, als wäre er nicht allein in der Halle. Langsam schaute er sich um, die Augen ängstlich aufgerissen. Er spürte, wie ihn Panik erfaßte, als wäre das Haus tatsächlich dem Erdboden entschwebt. Nein, es war sogar noch schlimmer: Da war jemand in seiner Nähe. Hatten die Diebe fliehen können und sich jetzt im Haus versteckt? Nein, eigentlich war es nicht jemand, der hier war. Es war *etwas!*

Er fühlte plötzlich Schmerz und Trauer, die so groß war, daß er sie kaum ertragen konnte. Plötzlich rannte er los, flog beinahe die Stufen hinauf. Oben angekommen, konnte er gerade noch sehen, wie seine Mutter in ihrem Zimmer verschwand. Joe hatte den Eindruck, daß sie noch vollständig angekleidet war, doch er sagte sich, es mußte eine Täuschung sein. Schließlich war der Flur nicht erleuchtet. Er wollte hinüber zu seinem Zimmer, aber als er an dem Zimmer seiner Mutter vorbeiging, hielt er inne und klopfte an. Es war nicht so, daß er sie sehen wollte, sondern er brauchte unbedingt Gesellschaft. Er wollte mit jemandem sprechen und auch die Stimme eines anderen hören.

Ellen reagierte zunächst nicht. Schließlich sagte sie: »Warte . . . warte einen Moment.« Ihre Stimme klang weit weg, aber er wartete, und aus dem Moment wurde eine volle Minute. Schließlich öffnete er langsam die Tür.

Ellen lag in ihrem Bett. Als Joe auf sie zuging, fielen ihm sofort einige merkwürdige Dinge auf. Ihr Wollhut lag auf dem Sessel. Normalerweise war sie eine ordentliche, fast schon pedantische Frau. Alles hat seinen Platz, das war immer ihr Motto. Außerdem lugten ihre Stiefel unter dem Bett hervor. Was ihn dabei erstaunte, war der Umstand, daß sie da gar nicht hingehörten. Außerdem waren sie noch naß.

Er ging langsam zu ihrem Bett hinüber und sagte: »Ist . . . ist alles in Ordnung?« Er sah, wie die Bettdecke ein wenig verrutschte und den Blick auf die Kleidung freigab, die sie immer noch trug. »Ja. Ich . . . ich habe geschlafen.«

Diese Antwort hatte Joe nicht erwartet. Er beugte sich zu ihr hinab und fragte: »Du hast *was?!*«

Sie wiederholte nicht, was sie zuvor gesagt hatte. »Bitte . . . bitte geh. Ich muß . . . ich muß mich ausruhen.«

Joe starrte sie an. Er dachte an das merkwürdige Gefühl, das er in der Halle gehabt hatte . . . Hatte er Halluzinationen? Nein, auf gar keinen Fall. Er schüttelte den Kopf. Daß er seine Mutter vor ein paar Minuten im Flur gesehen hatte, war keine Illusion.

Plötzlich faßte er nach der Bettdecke und wollte sie wegziehen, doch Ellen klammerte sich an ihr fest. Einen Moment lang starrten sie sich schweigend an. Dann ergriff er die Bettdecke an seiner Seite und warf sie hoch. Zu seinem Erstaunen fiel sein Blick auf ihren grauen Mantel.

Und plötzlich war dieses merkwürdige Gefühl wieder da. Doch diesmal wußte er, was es war: die pure Angst.

Als sie die Bettdecke wieder ergriff und sich mit ihr zudeckte, stammelte sie nur: »Mir war kalt. Ich schlafe oft . . . in meinem Mantel, wenn mir kalt ist.«

Voller Entsetzen wich Joe vor ihr zurück und tastete nach der Tür. Schließlich drehte er sich um und rannte los. Nicht in sein Zimmer, sondern die Galerie entlang, die Treppe hinunter und durch die Halle zur Vordertür. Dann hielt er inne. Er drückte seine Wange gegen das schwarze Holz der Tür. Sein Atem ging schwer und heftig wie bei jemandem, der nur knapp dem Tod entronnen war. Eine Minute später machte er die Tür auf und ging auf die Terrasse. Die Nacht war hell, denn der Mond schaute immer wieder zwischen den Wolken hervor und brachte die schneebedeckte Landschaft zum Vorschein, die sich jenseits der geräumigen Auffahrt erstreckte. Er holte tief Luft. Dann beschloß er, Martin zu suchen. Er mußte unbedingt mit ihm sprechen . . . Vielleicht wurde er wahnsinnig.

Aber wurde er das wirklich? Nein, nein. Er hatte es mit eigenen Augen gesehen. Er hatte die Decke zurückgeschlagen und seine Mutter in ihrem nassen Mantel da liegen sehen. Was versteckte sie vor ihm? Wo war sie gewesen? Er mußte Martin finden, mußte jetzt mit jemandem sprechen. Vielleicht war

Martin bei den Hühnerställen. Joe lief weiter, nahm die Abkürzung durch den Garten auf den kleinen Wald zu, wobei er ständig rief: »Martin! Martin!«

Schließlich fand er ihn – und Mr. Smith. Martin lag auf dem Rücken, die Knie angewinkelt. Der Mond beschien sein Gesicht, und es sah aus, als starrte er zum Himmel hinauf. Mr. Smith lag an seiner Seite. Joe versuchte sich den beiden zu nähern, doch rutschte er auf dem Schnee aus. Als er dabei mit seiner Hand Dicks Kinn berührte und dabei die klebrige Flüssigkeit an seinen Fingern bemerkte, sprang er wie von der Tarantel gestochen auf.

»O Gott! O Gott!« schrie er laut auf, als er zurücktaumelte und auf Martin blickte, der genau vor ihm lag. Er blieb wie angewurzelt stehen, bis eine Stimme in ihm rief: Hol Hilfe! Dann lief er los, die Anhöhe hinauf und wie ein gehetztes Tier zum Haus zurück. »Bernard! Mr. Swann! Danny! Hilfe! Hilfe! Mary!«

Als er den Hof erreichte, hielt Danny Waggett ihn fest. »Man hat sie erschossen!« schrie Joe. »Man hat sie erschossen. Martin und Mr. Smith, man hat sie erschossen! Drüben bei der Hecke!«

Um zwei Uhr in der Nacht verabreichte der Arzt ihm ein Beruhigungsmittel, woraufhin Joe in einen tiefen Schlaf fiel. Doch als er erwachte, sprach er mit niemandem. Nicht einmal mit der Polizei.

8.

Daß Krieg herrschte, war allen bewußt. Doch in der Umgebung von Screehaugh wurde diese Tatsache noch für einige Zeit verdrängt. Bis zum Tag der Beisetzung suchten die Polizei und freiwillige Helfer den ganzen Umkreis nach der Tatwaffe ab. Weder Sir Martin Jebeaus Gewehr noch das seines Stallburschen Richard Smith waren abgefeuert worden. Beide Waffen hatte man direkt neben den Leichen gefunden. Der aufgewirbelte Schnee am Tatort erschwerte die Untersuchung zusätzlich.

Der Verdacht fiel sofort auf einen ortsansässigen Mann und dessen Sohn. Doch beide hatten ein stichhaltiges Alibi. Der Vater lag wegen einer Operation am Hüftknochen im Krankenhaus, und sein Sohn war drei Tage zuvor eingezogen worden. Der zweite Verdächtige war ein Bewohner Consetts. Doch in der fraglichen Nacht war seine Frau mit ihrem ersten Kind niedergekommen. Der Doktor und die Hebamme beschworen, daß der Mann das Haus nicht verlassen hatte.

Schließlich war sich die Polizei sicher, eine heiße Spur zu verfolgen. Sie hatte, nachdem ein anonymer Hinweis eingegangen war, einen Metzger vernommen, der sich dem Anrufer zufolge darauf spezialisiert hatte, gestohlenes Vieh zu schlachten. Zwei Tage verbrachte die Polizei damit, ihn zu überreden, seine Lieferanten zu verraten. Als man ihn schließlich soweit hatte, nannte er den Namen eines jungen Mannes, der weit entfernt in Prudhoe wohnte. Er war allgemein unter dem Namen »Billy der Dachs« bekannt.

Billy der Dachs hatte weitaus mehr Schwierigkeiten, seine Unschuld zu beweisen. Er gab nicht nur zu, ein Hühnerdieb zu sein, sondern auch, Screehaugh ein- oder zweimal heimgesucht zu haben, aber nur wegen der Hühner. Er schwor, daß er sich nie an Schafen vergriff und daß er in der fraglichen Nacht bis elf Uhr in Newcastle gewesen war.

Es bedurfte noch einiger Überredungskunst, um herauszubekommen, wo er gerade zu besagter Zeit in Newcastle gewesen war. Zunächst behauptete er, durch die Kneipen gezogen zu sein. Doch als er merkte, daß die Polizei sich damit nicht zufriedengab, entschied er sich für das kleinere Übel und gab ihnen die Adresse einer Frau, bei der er die Nacht verbracht hatte.

Was geschah, als seine Frau von seinem amourösen Abenteuer mit der Gattin eines Soldaten hörte, wurde nicht bekannt. Schließlich herrschte Krieg, und solche Familienangelegenheiten stießen auf kein großes Interesse. Die Polizei nahm die Suche nach den Wilderern wieder auf, was äußerst schwierig war, denn Wilderei und Viehdiebstahl waren in diesen Zeiten nichts Ungewöhnliches.

Während der fünf Tage zwischen dem grausamen Ereignis und der Beerdigung sahen sich Joe und Ellen Jebeau weder an, noch sprachen sie ein Wort miteinander. Es gab keine regelmäßigen Mahlzeiten mehr. Alle Mitglieder der Familie Smith trauerten, und Mary und Helen taten nur das Notwendigste. Sie weinten viel, und Jessie Smith, die jetzt wieder öfter in der Küche zu sehen war, brach jedesmal in Tränen aus, wenn Joe in der Nähe war.

»Jetzt müssen wir ohne unseren Hausherrn leben«, klagte sie immer.

»Oh, Mutter. Sei doch endlich still!« erwiderte Mary dann jedesmal.

Es war verständlich, daß Joe – der von nun an Sir genannt wurde, was einigen Leuten schwerfiel – immer noch unter Schock stand. Er lief im Haus wie ein Schlafwandler umher und starrte zuweilen gedankenverloren vor sich hin.

Auch Mrs. Jebeau schien unter Schock zu stehen. Wie Mary der Polizei immer wieder beteuerte, hatte sie in der Mordnacht große Mühe gehabt, sie zu wecken. Als sie dann endlich zu sich kam, konnte sie einfach nicht fassen, was geschehen war. Sie konnte sogar eine Zeitlang nicht sprechen, und man mußte ihr in die Kleider helfen.

Doch wenn niemand zuhörte, sagte Mary zu Mick, daß es doch seltsam war, wie diese Frau immer wieder auf die Füße fiel. Sie stand kurz vor dem Rauswurf, da starb Mr. Arthur. Jetzt sollte sie wieder weichen, um Mr. Martins Zukünftigen Platz zu machen, als ihr erneut das Schicksal zu Hilfe gekommen war.

Und die arme Miss Crosbie! Auch sie hatte es hart getroffen.

Mary erzählte Mick, wie sie die Nachricht aufgenommen hatte. Sie hatte die Hände vors Gesicht geschlagen und bitterlich geweint. Ihr Vater und ihre Mutter mußten ihr die Treppe hinunter und in den Wagen helfen. Das Haus schien irgendwie verhext zu sein. Und Mary wollte wissen, ob Mick auch der Ansicht war, daß Master Joe über all das noch den Verstand verlieren würde?

Genau das Gefühl hatte Joe. Doch auf der anderen Seite dachte er immer wieder: Bald hat sich die ganze Aufregung gelegt, und dann kannst du es ihr sagen. Wenn du das erst mal geschafft hast, bist du frei.

Er hatte noch immer dieses taube Gefühl, und das war schon beängstigend. Joe konnte für Martin und Mr. Smith keine Trauer empfinden. Er wußte, daß er des Nachts, wenn er allein in seinem Zimmer lag, eigentlich weinen müßte. Aber er konnte es einfach nicht. Es war wirklich seltsam, denn er hatte früher schon über Kleinigkeiten in Tränen ausbrechen können. Wie zum Beispiel damals, als er den Fuchs in der Falle gefunden hatte, eine Pfote zertrümmert, und seine Augen hatten ihn angefleht, ihn freizulassen. Joe hatte zu große Angst gehabt und war auch zu entsetzt gewesen, als daß er näher herangegangen wäre. In jener Nacht hatte er über seine Feigheit geweint. Dann war da auch noch diese Schlägerei in Hexham gewesen. Es war in einer engen Seitenstraße passiert, und nur wenige hatten danebengestanden und zugesehen. Ein junger Mann hatte einen wesentlich älteren vom Boden hochgezerrt und ihn mit der einen Hand gegen die Hausmauer gedrückt. Mit der freien Hand hatte er dann so lange auf den Alten eingeschlagen, bis seine Faust ganz blutig war. Schließlich hatte einer der Umstehenden gesagt: »Ich weiß, daß er es verdient hat, aber genug ist genug. Immerhin ist es sein Vater.« Woraufhin sein Nebenmann ihm zur Antwort gab: »Ja, du sagst es. Es ist sein Vater. Aber auf der anderen Seite war das Mädchen seine eigene Frau.«

Joe hatte noch lange über diese Nacht nachgedacht, weil er ihren Sinn nicht entschlüsseln konnte. Es war nicht nur der traurige Gesichtsausdruck des Vaters, der ihm immer wieder in den Sinn kam. Es war auch die Tatsache, daß der alte Mann keine Anstalten machte, sich zu wehren. Und das hatte ihn damals so erschüttert, daß er in Tränen ausgebrochen war.

Aber nun erlebte er einen schweren Schicksalsschlag: Ein Mensch, den er geliebt hatte – ja, wirklich geliebt hatte –, war ermordet worden, und er war nicht in der Lage, um diesen Menschen zu trauern ...

Er vergoß auch bei der Beerdigung keine Tränen. Es waren viele Trauergäste gekommen. Sie kamen zu Pferde, mit dem Auto, mit dem Fahrrad, sogar mit dem Traktor. Die meisten gingen zu Fuß hinter dem Sarg her. Nur die engsten Freunde folgten ihm in den Droschken.

Joe saß in der ersten Kutsche zwischen Martins Geschäftspartnern: Mr. Alex Beecham, dem eigentlichen Chef der Firma, und Mr. James Holden, dem jüngeren Teilhaber.

Diejenigen, die um Richard Smith trauerten, waren alle zu Fuß. Der Leichenwagen, in dem sein Sarg lag, folgte direkt dem von Martin.

Joe hatte darauf bestanden, obwohl Mr. Beecham der Meinung war, es würde sich nicht schicken.

Es war ein kalter Tag. Ab und zu fiel Schnee, und die Leute waren bis zu den Augen vermummt. Doch Joe nahm die Kälte nicht wahr. Wenn man innerlich taub war, machte einem die Temperatur nicht mehr viel aus. Auf dem Friedhof erst bemerkte er, daß Mick Smith die ganze Zeit neben ihm ging, doch reagierte er nicht auf seine Anwesenheit.

Später, als die Zeremonie vorbei war und er wieder in der Droschke saß, sagte Mr. Beecham zu ihm: »Wenn es Ihnen nichts ausmacht, würden wir gerne sofort nach Newcastle weiterfahren.« Dann fügte er nach einer kurzen Pause hinzu: »Sir Joseph.«

Es war das erste Mal, daß etwas den Schleier der inneren Erstarrung durchdrang. Am liebsten hätte er laut aufgeschrien: Nennen Sie mich nicht so, ich bin kein »Sir«. Das war ich nie und werde es auch nie sein. Den »Sir« haben wir gerade zu Grabe getragen.

»Ist mit Ihnen alles in Ordnung?«

»Ja, ja«, erwiderte Joe schnell. »Sie sagten, Sie wollten direkt nach Newcastle weiterfahren.«

»Wir würden gerne vor Einbruch der Dunkelheit dasein. Ohne Beleuchtung könnten die Straßen sehr gefährlich sein. Außerdem scheint sich das Wetter zu verschlechtern.«

»Ja.« Nach einer langen Pause meinte Joe: »Ich würde gerne mit Ihnen noch über . . . über geschäftliche Dinge sprechen.«

»Ja, natürlich. Jederzeit.«

»Morgen?«

Mr. Beecham hob erstaunt die Augenbrauen. »Wenn Sie es wünschen, morgen. Um elf Uhr?«

»Einverstanden.« Joes Antwort fiel knapp aus, und Mr. Beecham schaute den jungen Mann an, der ihm beim letzten Besuch vor einigen Monaten noch wie ein Schuljunge vorgekommen war, für sein Alter ungewöhnlich unreif. Doch nun saß ein Mann vor ihm, in dessen Gesicht sich kein Zeichen von jener Unselbständigkeit zeigte. Es schien, als wäre er über Nacht um Jahre gealtert. Seine Augen hatten einen merkwürdigen Ausdruck. Selbst wenn sie auf einen bestimmten Punkt gerichtet waren, so schweifte der Blick doch in die Ferne. Die ganze Tragödie hatte ihn sicherlich schwer getroffen. Doktor Nesbitt hatte vermutet, daß der Schock eine zeitweilige Bewußtseinstrübung verursacht hatte. Bis zu diesem Moment hatte Mr. Beecham dieser Diagnose zugestimmt, doch plötzlich schien sein Gegenüber genau zu wissen, was er wollte. Schon merkwürdig, wie er auf die Anrede »Sir Joseph« reagiert hatte. Als ob er an den Titel nicht gewöhnt war. Aber vielleicht war er auch der erste gewesen, der ihn so betitelt hatte. Es hatte ihn ohnehin Überwindung gekostet. Hier war ein Mann, der durch eine Kette unglücklicher Todesfälle zu einem ländlichen Besitz kam, der, obwohl relativ klein, so doch von einem mehr als bescheidenen Wert war. Das Schicksal hatte zuerst Arthur und dann Martin übel mitgespielt. Beide hatten Schwierigkeiten, den Besitz beisammenzuhalten. Die Kosten waren ihnen regelrecht über den Kopf gewachsen. Dieser junge Mann, der nun vor ihm saß, würde all diese Schwierigkeiten nicht haben, denn Martin hatte erst im vergangenen Jahr zwei hohe Lebensversicherungen abgeschlossen. Er fragte sich, ob sich dieser junge Mann seines relativen Wohlstandes bewußt war. Nun, morgen würde er es sein.

Ginge es nach Recht und Gesetz, so hätten er und James heute das Testament verlesen müssen, und zwar im Hause des Verstorbenen. Doch Sir Joseph hatte ihnen gestern mitgeteilt, daß er dies nicht wollte. Vielmehr würde er ihnen den genauen Ort und Zeitpunkt noch rechtzeitig mitteilen. Einstweilen wollte er mit der Angelegenheit nicht belästigt werden. Nun, jetzt hatte er ihnen den Zeitpunkt mitgeteilt. Und Mr. Beecham war sehr gespannt, wie er auf das Testament reagieren würde.

»So, das wär's.« Er legte den letzten Bogen Papier auf den Stapel, der schon vor ihnen lag, und schaute wieder zu Joe hinüber, der ihm gegenübersaß. »Ich sehe keinen Grund, weshalb Sie diese Erbschaft nicht antreten könnten. Die Versicherungsgesellschaft wird, den Vereinbarungen gemäß, die Policen einlösen. Sie waren eine glückliche Investition.« Er hüstelte und fuhr dann fort: »Die Versicherungssumme wird Sie zwar nicht vollkommen unabhängig machen, doch dürften sich nun die drängendsten Sorgen, das Haus und das Anwesen betreffend, in Wohlgefallen auflösen. Und auf Dauer werden Sie weniger Personal haben, da die Altersgrenze für die Einberufung erhöht wird. Sie haben zwei Angestellte unter vierzig Jahren, oder täusche ich mich da?«

»Ja . . . ja.« Joe lehnte sich in seinem Stuhl zurück. Dabei blickte er Mr. Beecham und James Holden an und sagte: »Ich habe nicht die Absicht, nach dem heutigen Tag in diesem Haus zu wohnen. Ich habe mich freiwillig bei der Air Force gemeldet, und sollte ich den Krieg überleben, so werde ich nicht nach Screehaugh zurückkehren. Trotzdem würde ich die Verwaltung des Besitzes gerne Ihnen übertragen. Sie werden sicherlich die nötigen Leute anstellen und entlohnen, damit das Anwesen nicht verfällt und . . .«

»Aber . . .« Mr. Beecham sah Joe ungläubig an und meinte: »Und Ihre Mutter?«

Joe stand auf und schaute den beiden Männern geradewegs ins Gesicht, als er sagte: »Meine Mutter kann so lange in dem Haus wohnen, wie sie will. Doch was die finanzielle Seite angeht, so möchte ich die Verantwortung in Ihren Händen wissen. Sie stellen Mary Smith als Haushälterin ein, und sie wird Ihnen alle Rechnungen zukommen lassen.«

Er beobachtete, wie beide Männer aufstanden, wobei James Holden sich seinem Partner zuwandte und flüsterte: »Mrs. Jebeaus Unterstützung?«

Mr. Beecham nickte und fragte: »Sollen wir die Unterstützung weiter an Ihre Mutter zahlen?«

»Nein.«

»Nein?!«

»Ich sagte nein! Es steht ihr frei, unter diesen Bedingungen im Haus zu leben oder fortzugehen. Das ist allein ihre Entscheidung.«

Einen Moment herrschte Schweigen, während sich Mr. Beecham und James Holden erstaunt ansahen. Schließlich sagte Joe: »Ich kann aber auch jemand anderen beauftragen, sich um diese Angelegenheit zu kümmern.«

Mr. Beecham hatte Mühe, ruhig zu erwidern: »Wir haben immer für Screehaugh gearbeitet und würden uns freuen, dies auch in Zukunft zu tun. Trotzdem – erlauben Sie mir bitte die Bemerkung – finde ich Ihre Anweisungen einigermaßen ungewöhnlich.«

Erneut trat Stille ein. Doch als Mr. Beecham den jungen Mann genauer betrachtete, erinnerte er sich daran, daß Martin einst andeutete, seine Tante hielte ihren Sohn an der kurzen Leine. Er ging in seinen Erinnerungen noch weiter zurück und entsann sich, daß Arthur sie sogar einmal als rasende Furie beschrieben hatte. Vielleicht handelte der junge Mann richtig. Trotzdem waren die Maßnahmen ungewöhnlich hart und hatten einen bitteren Beigeschmack von Rache.

»Besten Dank. Ich wünsche Ihnen noch einen

guten Tag. Übrigens, wenn Sie mir schreiben, wären Sie bitte so freundlich und würden den Titel nicht erwähnen. Tatsache ist, daß ich darauf ganz verzichten möchte.«

Die beiden Herren erwiderten nichts darauf, und sie hielten auch weder die Tür auf, noch wünschten sie einen guten Tag.

Als Joe das Haus verließ, herrschte draußen heftiges Schneetreiben. Die Tatsache, daß er den Kragen hochgeschlagen hatte, wies darauf hin, daß sich seine innere Taubheit langsam legte. Und doch war er sich dessen nicht bewußt.

Er war gerade auf dem Weg zum Bahnhof, als er einen Moment innehielt und an einem Gebäude hochblickte. Im Geiste konnte er Carrie sehen, die die Stufen hinauflief. Und er erinnerte sich wieder an ihre Worte: »Warum mußt du immer wieder davon anfangen?« Er wußte, daß sie mit »davon« seine Liebe zu ihr meinte.

Wie lange war das jetzt her? Tage oder Jahre? Hatte er je einen Menschen geliebt? Ja, Martin und Harry und Onkel Arthur. Es schien, als würde er sie noch mehr lieben, seit sie tot waren. Aber nein. Er hatte sie auch geliebt, als sie noch lebten. Doch nun gab es niemanden mehr, den er lieben konnte. Und das war gut so, denn Liebe zerstörte alles. Sie machte aus den Menschen Teufel und Dämonen. Schon bald würde er sich einem stellen. Natürlich – was sie tat, geschah sicherlich aus Liebe.

Merkwürdigerweise hatte er jetzt keine Angst mehr vor ihr. Wenn man voller Haß und Schmerz war, blieb für die Angst kein Platz.

»Wo ist sie?« fragte er Mary.

»In ihrem Zimmer, Master Joe.«

Es war offensichtlich, daß Mary Schwierigkeiten hatte, ihn mit »Sir« anzureden. Er sah einfach nicht wie ein Sir aus. In ihren Augen paßte der Titel auch nicht zu ihm. Er war zu jung. Und doch mußte sie zugeben, daß er sich in den letzten Tagen sehr verändert hatte. O ja, das hatte er wirklich. Und zwar in mehr als nur einer Hinsicht. Sie mochte sich noch nicht eingestehen, daß sie ein wenig Ehrfurcht vor ihm verspürte. Selbst bei Master Martin oder seinem Vater hatte sie diese Scheu nicht gehabt, denn auf ihre Art waren beide frei und ungezwungen gewesen.

Joe lief die Treppe hinauf und ließ Mary in der Halle stehen. Er ging sofort zum Zimmer seiner Mutter. Er klopfte nicht an, doch zögerte er einen Moment, bevor er eintrat.

Sie saß an einem Tisch am Fenster, den sie als Sekretär nutzte, und wirbelte heftig herum, als Joe das Zimmer betrat. Trotzdem machte sie keine Anstalten, sich zu erheben. Auch Joe rührte sich nicht vom Fleck. Als er schließlich doch auf sie zukam, stellte er sich ans Fenster, wohl darauf bedacht, ihr nicht zu nahe zu kommen.

Wieder schauten sie einander schweigend an. Dann sagte Joe langsam: »Ich habe mit Beecham und Holden gesprochen. Wir haben uns auf einen Modus geeinigt, wie der Nachlaß verwaltet werden soll. Du kannst gehen oder bleiben, Mutter. Es steht dir frei. Doch du wirst hier nicht mehr das Sagen haben. Weder im Haus, noch was die Ländereien betrifft. Kost und Logis sind frei, doch mehr Privilegien wirst du nicht haben, niemals. Hast du mich verstanden?«

Ellen rang nach Fassung und blickte ihn ungläubig an. »Nein! Nein! Das kannst du nicht machen!« stammelte sie schließlich.

»Ich habe es bereits getan. Wirst du bleiben?« Er neigte sich zu ihr hinunter. »Du wirst jede Menge Gesellschaft haben. Drei tote Männer und eine tote Frau.«

Er sah ihr fest in die Augen. »Du hast das Auto manipuliert, nicht wahr? Ich meine Vanessa Southalls Wagen. Du hattest nicht damit gerechnet, daß Onkel Arthur mit ihr fahren würde. Und dann wollte Martin heiraten.« Obwohl seine Stimme nur ein Flüstern war, wirkten die Worte wie scharfe Messer. »Du konntest einfach den Gedanken nicht ertragen, daß dieses junge nette Mädchen Herrin im Hause werden würde. Du hast dir immer eingeredet, das sei mein Platz, nur für mich bestimmt.«

»Aber das war es doch auch!« Ihre Lippen formten die Worte, die wie ein Hauch waren.

»Du dachtest, er wäre allein. Daß Dick so gewissenhaft war und ihn in dieser Nacht begleitete, damit hast du nicht gerechnet.«

Er streckte die Hand nach ihr aus, berührte sie aber nicht. »Fall jetzt nur nicht in Ohnmacht. Das wird dir nicht helfen, denn du wirst dir auf jeden Fall auch noch den Rest anhören müssen. – Wo hast du das Gewehr versteckt? Los, wo hast du es hingetan? Ich kenne jede Waffe im Haus. Ich habe Martin immer geholfen, sie zu reinigen. Aber die Polizei hat nie danach gefragt, ob eine fehlt, denn die Dame des Hauses lag in ihrem Bett und schlief fest. Es gab hier nur das Dienstmädchen und mich. Sie hätten sogar mich verdächtigen können, wenn sie nicht die Fußspuren der beiden Diebe gefunden hätten. Denn die hatten ihre Beute schon mitgenommen. Vielleicht flüchteten sie auch, als sie die Schüsse hörten. Aber das werden wir nie erfahren, nicht wahr, Mutter?« Sein Gesicht war wutverzerrt. »Ich könnte dich umbringen! Ich hätte wirklich große Lust, dich zu erwürgen. Doch das würde nur beweisen, daß ich deinen Wahnsinn geerbt habe. Und ich will nicht, daß sich auch nur ein einziger Charakterzug von dir in mir zeigt. Niemals, hörst du? Niemals!« schrie er außer sich. Dann senkte er die Stimme wieder. »Selbst dein Geruch widert mich an. Du stinkst nach Tod!« Er richtete sich mühsam auf und trat zurück.

Es schien, als wäre sie erst jetzt in der Lage, wieder Luft holen zu können. Sie blickte ihn weinerlich an und sagte: »Ich ... ich habe es nicht getan. Du bist derjenige, der wahnsinnig ist. Du kannst mich doch nicht so zurücklassen, ohne alles ... ohne meine Unterstützung!«

»Die wird dir gestrichen. Du kennst die Bedingungen: Kost und Logis stehen dir zu. Sonst nichts. Und eines sage ich dir: Solltest du jemals versuchen, mit mir in Kontakt zu treten oder Beecham und Holden nach meinem Aufenthaltsort zu fragen, dann schwöre ich zu Gott ...« Er hob jetzt in einer dramatischen Geste die Hand und hielt einen Moment inne, bevor er fortfuhr: »Schau, ich beschwöre es sogar. Ich schwöre vor Gott, daß ich dich als das entlarve, was du bist: eine vierfache Mörderin.« Er trat zwei Schritte zurück und sah sie lange an. Dann sagte er: »Dies wird das letzte Mal sein, daß ich dir freiwillig ins Antlitz sehe.«

»Joe! Joe!« Ihre Stimme überschlug sich fast. Sie flehte ihn an, als er das Zimmer verlassen wollte: »Komm ... komm zurück. Nur eine Minute. O Joe, Joe!«

Er umfaßte die Türklinke und sagte: »Ja, ich werde eines Tages wiederkommen – wenn du von uns gegangen bist. Ich werde noch herausbekommen, wo du das Gewehr versteckt hast. Dies hier . . .« Mit einer Handbewegung wies er um sich, als wollte er hinzufügen: Dies hier wird dein Grab . . ., doch er hielt inne, denn er merkte plötzlich, wie Übelkeit in ihm aufstieg.

Er taumelte hinaus auf den Flur und lehnte sich für einen Augenblick gegen das Geländer der Galerie. Er hatte das Gefühl, sich übergeben zu müssen. Sie war wahnsinnig. Seine Mutter war wahnsinnig, obwohl sie so normal aussah. Und er war ihr Sohn. Er war der Sohn einer wahnsinnigen Frau. Was in ihr war, war auch in ihm. Nein! Nein! Er rannte die Treppe hinunter.

Ohne in der Halle innezuhalten, um sich einen Mantel überzuziehen, riß er die Tür auf und rannte hinaus. Als er die Auffahrt hinunterlief, sah Mick Smith ihn. Mick setzte langsam einen Fuß vor den anderen und hatte seine Proviantttasche und die Gasmaske geschultert. Er war gerade auf dem Weg nach Newcastle, doch als er Joe über den Rasen laufen sah, der sich neben der Auffahrt erstreckte, blieb er einen Moment stehen. Dann entschloß er sich, ihm zu folgen. Er hielt Joe so lange im Auge, bis dieser hinter den Bäumen verschwand. Als er ebenfalls das Wäldchen erreichte, konnte er ihn nirgendwo ausmachen, obwohl weder die Bäume noch das Unterholz besonders dicht waren.

Mick wollte gerade wieder zurückgehen, als er eine Gestalt bemerkte, die am Boden kauerte. Er lehnte den Proviantsack mitsamt Gasmaske an einen Baumstamm und ging zu Joe hinüber.

Schließlich kniete er sich neben ihn und legte eine Hand auf seine Schulter. Erschrocken wirbelte Joe herum.

»Was ist denn los mit dir?«

»O Mick, Mick!« Es war wie ein qualvoller Schrei. Er senkte den Kopf und versuchte das Schluchzen zu unterdrücken, indem er in die Fingerknöchel seiner Hand biß. Als er die Tränen nicht länger zurückhalten konnte, erschütterte es seinen ganzen Körper.

Mick legte einen Arm um ihn und wiegte ihn wie ein kleines Kind. »Gut so. Laß es nur raus. Es wird alles wieder gut. Was geschehen ist, ist geschehen. Keiner kann sie wieder zurückbringen.«

Wie lange er so an Mick gelehnt dasaß, wußte Joe nicht zu sagen. Er wußte nur, daß zwischen all den Tränen und dem Schluchzen eine Stimme in ihm immer wieder rief: Sie hat deinen Vater umgebracht, Mick.

»Es tut mir leid«, war jedoch alles, was er hervorbrachte, als ob er sich für seine Tränen entschuldigen müßte.

»Aber es braucht dir doch nicht leid zu tun. Im Gegenteil! Es ist das Beste, was dir passieren konnte. Wahrscheinlich würde es dir sogar leid tun, wenn du nicht geweint hättest. Mein Gott, ich hatte schon Angst, du würdest verrückt werden. Ich wollte schon die ganze Zeit mit dir reden, aber du hast niemanden an dich herangelassen ... Wie dem auch sei, was wirst du denn jetzt machen?«

Joe setzte sich aufrecht hin, lehnte sich gegen einen Baumstamm und fuhr sich über das Gesicht. »Ich ... ich werde schon heute gehen. Ich habe mich freiwillig gemeldet.«

»Oh.« Mick schüttelte den Kopf. »Und wo?«

Joe betrachtete Micks blauen Mantel und sagte: »Genau wie du. Bei der Royal Air Force.«

»Als Pilot?«

»Nein, als Funker.«

»Es wird nicht leicht werden, denk dran.«

»Ich werd's überleben.«

»Ja, sicher wirst du das.« Mick nickte beruhigt. Er blickte auf seine Uhr. »Komm, steh auf. Ich muß gleich los. Mein Zug geht um vier Uhr in der Früh.«

Joe kam wieder auf die Beine, obwohl er noch immer einen mitgenommenen Eindruck machte. Er wartete, bis Mick seinen Rucksack geschultert hatte. Dann gingen sie gemeinsam durch das Wäldchen, bis sie die Auffahrt erreichten.

Dort angekommen, reichte Mick ihm die Hand. »Laß es dir gutgehen. Vielleicht war es wirklich das Beste, daß du dich freiwillig gemeldet hast. Du wirst unter Leuten sein, und wer weiß, vielleicht treffen wir uns ja auch. Mach's . . . mach's gut, Joe.«

»Auf Wiedersehen, Mick. Und danke, nicht nur für das gerade eben, sondern überhaupt für alles.«

Mick schaute ihn noch einen Moment schweigend an, dann sagte auch er: »Auf Wiedersehen.«

Als Joe das Haus betrat, wußte er, daß er sich vom letzten Abschnitt seiner Jugend verabschiedet hatte. Es war seltsam, aber er hatte das Gefühl, als hätten die vergossenen Tränen ihn mit einem Mal erwachsen werden lassen und – was ihm noch wichtiger war – jede Beziehung zu der Frau im Nebenzimmer abgebrochen. Er hatte das Gefühl, als würde er ein fremdes Land betreten, dessen Sprache er nicht beherrschte.

TEIL DREI

Maggie

1.

Sie stand an der Seite der Bühne und lehnte sich gegen einen Pfosten, der die hölzernen Rahmen verschiedener Kulissen stützte. Sie war nicht größer als ein Meter sechzig, und vor allen Dingen war sie dick. Zu dem Marie-Lloyd-Kostüm, das sie trug, gehörten Schnürstiefel, eine Federboa und ein schwarzer, mit Blumen bestückter Strohhut. Sie ähnelte einem Kind, das den Erwachsenen nur spielte. Von ihrem Platz aus konnte sie die ganze Bühne überblicken, auf der drei Männer in Frauenkleidern damit beschäftigt waren, ihre Beine zum Takt der Musik in die Luft zu werfen. Allerdings hatten sie damit ihre Schwierigkeiten.

»Wenn die Idioten nicht bald da runterkommen, werden sie noch ausgebuht. Fünfhundert Rekruten, unter denen wir auswählen konnten, und das ist alles, was sie zustande bringen. Gott sei für die ENSA* gedankt. Oder was meinst du, Lemon?«

Maggie LeMan zuckte mit den Schultern. »Ist aber trotzdem ganz lustig.«

»Die sind nicht da draußen, um sich selbst eine

* Entertainment National Service Association – eine Art Unterhaltungstruppe für die britischen Soldaten.

Freude zu machen.« Der Mann beugte sich jetzt zu ihr hinunter und flüsterte ihr ins Ohr: »Bist du müde, Lemon?«

Als sie sich zu ihm umdrehte, umspielte ein Lächeln ihren Mund. »Nein, Sergeant, überhaupt nicht. Ich bin heute morgen erst um halb sieben aufgestanden und hatte sogar Gelegenheit, mich seither zweimal hinzusetzen. Irgendwann muß der Mensch ja schließlich auch mal essen. Und wie spät ist es jetzt?« Sie schaute zu der messingbeschlagenen Uhr hinüber, die in die gegenüberliegende Ziegelwand eingelassen war. »Erst halb neun.«

Wie zur Antwort stieß er sie in die Seite, daß sie beinahe über den Vogelkäfig fiel, der zu ihren Füßen auf dem Boden stand. Er fing sie mit der anderen Hand auf und lachte ihr ins Gesicht. »Sei doch nicht immer gleich so zynisch. Wenn deine Figur so scharf wäre wie dein Mundwerk, wärst du schon längst in Hollywood.« Plötzlich biß er sich auf die Unterlippe. »Oh! Das ... das habe ich nicht so gemeint. Was ich damit sagen wollte, war ... Verdammt! Jedesmal, wenn ich den Mund aufmache, kommt nur Blödsinn heraus.«

Sie winkte müde ab. »Laß mal gut sein, Sergeant. Wenn ich mich bei all den Anspielungen auf meine Figur jedesmal aufregen würde, wäre ich bestimmt inzwischen an Herzversagen gestorben.«

Der Sergeant schwieg einen kurzen Moment. Dann trieb er die Taktlosigkeit unbewußt noch einen Schritt weiter. »Ich sag's ja immer. Es ist eine Schande, bei der Stimme, die du hast. Du solltest mit einer dieser großen Big Bands auftreten. Wenn man all die Stümperinnen mit deinem Können vergleicht ... Lemon, ist dir eigentlich schon jemals in den Sinn gekommen, dich bei einem dieser NAAFI*-Konzerte zu bewerben? Ich hörte, daß die auch in Übersee auftreten, genau wie die ENSA. Aber nach allem, was wir hier gesehen haben, würde ich dir nicht empfehlen, diesem Verein beizutreten.«

Maggie LeMan richtete ihre Aufmerksamkeit wieder auf das Bühnengeschehen, wo sich die Tänzer gerade verneigten und spärlichen Beifall ernteten. Schließlich hob sie den Vogelkäfig auf. »Was soll ich denn bei einem Konzert? Ich würde Madley ja noch nicht einmal dann verlassen, wenn sie mir einen eigenen Wohnwagen anbieten würden. Welcher vernünftig denkende Mensch würde schon von hier wegwollen, Sergeant? Ein besseres Zuhause kann man sich doch gar nicht vorstellen.«

Er stieß ihr wieder den Ellbogen in die Seite und lachte kehlig. »Die würden dich doch hier sowieso nicht gehen lassen, Lemon. – Jetzt schau sich bitte mal einer diese Vollidioten an! Die gehen doch tatsächlich wieder auf die Bühne, um eine Zugabe zu bringen. Warum hat denn niemand Erbarmen mit ihnen und wirft eine Handgranate auf die Bühne?«

Als die drei Männer die Bühne verließen, mußten auch sie lachen. Sie grinsten breit mit ihren grellgeschminkten Lippen, und ständig waren sie damit beschäftigt, ihre falschen Busen in die richtige Position zu rücken.

Der Sergeant stieß einen tiefen Seufzer aus, woraufhin Maggie lakonisch feststellte: »Wenn man keine gute Meinung von sich hat, wird sie auch

* Navy Army Air Force Institute – Institution zur Truppenbetreuung. Dazu gehört auch z.B. ein Supermarkt für die britischen Soldaten und die Organisation von Konzerten u. ä.

sonst keiner haben. Sagst du mich jetzt an, oder soll ich sofort auf die Bühne?«

»Okay, Lemon. Zeigen wir es diesen Idioten.«

Der Sergeant stellte sich in die Mitte der Bühne und begann mit der Ansage. »Ihr dürft dreimal raten, wer kommen wird.« Daraufhin wurden Überlegungen laut. Als sich das Durcheinander im Publikum wieder etwas gelegt hatte, rief er: »Miss Maggie LeMan, unsere einzigartige Lemon.«

Er wies in ihre Richtung und verließ die Bühne. Kurz darauf erklangen die ersten Klaviertöne. Maggie machte noch ein paar Lockerungsübungen, leckte sich über die Lippen, kreiste mit ihren Schultern und beugte sich mehrmals nach vorne. Schließlich wartete sie, bis das Vorspiel beendet war und sie ihren Einsatz hatte. Dann ging sie auf die Bühne. Nun, von gehen konnte eigentlich nicht die Rede sein, denn ihre Rolle sah vor, daß sie eine Betrunkene zu spielen hatte. Trotzdem verfehlte dies nicht seine Wirkung. Als sie in die Mitte der Bühne getaumelt war, empfing sie ein ohrenbetäubender Applaus. Sie konnte in dem Lärm zwar kaum noch hören, was man ihr zurief, doch ein paar Wortfetzen schnappte sie auf.

»Komm schon, Lemon! Zeig uns, was du kannst! He, Zitronenröllchen!«

Sie ließ das Publikum zappeln. Der Pianist spielte nun leiser. Es klang fast so, als würde er überhaupt nicht mehr spielen. Sie blickte sich in dem zum Bersten gefüllten Zuschauerraum um. Vorne in der ersten Reihe saßen Captain Peasmarsh und seine Kommandanten. In den dahinterliegenden Reihen folgten die niederen Dienstgrade, bis sich die Masse in einem blauen Meer verlor.

Maggie behielt ihre taumelnde Bewegung bei, grinste die Menge scheinbar betrunken an und wartete, bis die nötige Stille eingetreten war. Dann begann sie zu singen. Ihre klare und reine Stimme schwang sich bis unter die Decke des Theaters hinauf. Als sie schließlich die ersten Zeilen von »Dies und das« sang, stimmte keiner der Zuschauer mit ein, sondern sie hörten einfach nur zu. Und es gab einige, die dachten, es käme schon einem Sakrileg gleich, daß solch eine engelsgleiche Stimme dieses profane Lied sang:

»Sauerkraut und Leberwurst, morgen kommt die Tante,
Bringt 'n Sack voll Leberwurst für die Musikanten.
Tam tam tam tam, tütelütelü,
Tam tam tam tam, tütelütelü,
Bringt 'n Sack voll Leberwurst für die Musikanten.«

Als die letzte Note verklungen war, brach ein ohrenbetäubender Applaus los. Ihr Abgang von der Bühne wurde von einem lauten »Zugabe! Zugabe! Zugabe!« begleitet.

Der Sergeant und ein junges Mädchen warteten schon auf sie, um ihr aus den Kleidern zu helfen. Als sie sich das schwarze Haar kämmte, zog ihr das Mädchen den Rock zurecht und steckte ihr die Bluse hinein. »Danke, Peggy. Eines sag' ich dir . . .« Sie sah jetzt zum Sergeant hinüber und warf ihm einen wütenden Blick zu. »Das war das letzte Mal, daß ich dieses Lied gesungen habe. Ich hasse es. Und ich hasse diese Aufmachung.«

»Das kann ich gut verstehen.« Peggy nickte verständnisvoll. »Ich möchte auch nicht mit dir tauschen. Aber du singst dieses Lied nun mal nicht zu deinem Vergnügen, sondern für die da draußen. Hör sie dir doch an.«

Als Maggie wieder auf die Bühne ging, hatte sie das Gefühl, in ein Meer lächelnder Gesichter zu sehen. Das Publikum verlangte einstimmig nach dem Lied »Müde kehrt ein Wandersmann . . .« Der Pianist schlug den ersten Akkord an, und im Zuschauerraum wurde es mucksmäuschenstill. Als sie die erste Strophe dieses Liedes anstimmte, wurde sie ernst. Sie sang es mit solcher Hingabe, so schön und klar und so anrührend, daß sie sich vor den Augen der Männer scheinbar verwandelte: Sie war nicht mehr Lemon, die immer für einen Spaß zu haben war. Ihre Stimme riß die Fassade der Gleichgültigkeit, Härte und Gefühllosigkeit nieder, die sich die Männer wohl notwendigerweise in Kriegszeiten zulegten.

»Müde kehrt ein Wandersmann zurück
nach der Heimat, seiner Liebe Glück.
Doch er geht in Liebchens Haus,
kauft ihr den schönsten Blumenstrauß.
Und die Gärtnersfrau, so hold und bleich,
geht mit ihm zum Blumenbeet sogleich.
Und bei jeder Blume, die sie bricht,
rollen Tränen ihr vom Angesicht.
Warum weinst du, schöne Gärtnersfrau?
Weinst du um der Veilchen Dunkelblau
oder um die Rose, die da bricht?
Nein, ach nein, um diese wein' ich nicht.
Ach, ich wein' um den Geliebten mein,
der gezogen in die Welt hinein,
dem ich ewig Treu versprochen hab'

und als Gärtnersfrau gebrochen hab'.
Warum fällt dein Blick auf meinen Ring,
den ich einst aus Lieb' von dir empfing?
Warum warst du untreu vor der Zeit?
Warum brachst du den geschwor'nen Eid?
Liebe hast du nie für mich gehegt,
Blumen hast du nur dafür gepflegt.
Darum gib mir, schöne Gärtnersfrau,
diesen Blumenstrauß voll Tränentau.
Mit dem Blumenstrauße in der Hand
will ich ziehen nun von Land zu Land,
bis der Tod die müden Augen bricht.
Lebewohl, vergiß den Wand'rer nicht!«

Wie immer, wenn sie dieses Lied sang, waren ihre Augen tränenfeucht, und als sie endete, erklang der Beifall nicht sofort. Einen Augenblick herrschte betroffenes Schweigen, und als der Applaus schließlich aufbrandete, war er ohrenbetäubend. Sie nahm ihn dankbar, aber ohne ein Lächeln in tiefen Verbeugungen entgegen.

Als Maggie die Bühne verließ, hörte man wieder die Aufforderung nach einer Zugabe. Der Sergeant, der sich hinter den Kulissen aufhielt, fragte sie: »Was meinst du, schaffst du noch eine?«

Doch sie schüttelte nur müde den Kopf. »Nein, heute nicht, Sergeant.«

»Macht nichts. Die haben sowieso schon mehr bekommen, als ihnen zustand.« Er klopfte ihr anerkennend auf die Schulter. »Das war wirklich ein Ding. Du hast den Dreh raus.« Dann ging er auf die Bühne, um die nächste Darbietung anzusagen.

»Lust auf einen Drink?«

»Danke, Peggy. Ich bin total fertig. Ich glaube, ich

gehe ins Bett. Ich habe für heute genug von all dem.«

»Ach, jetzt stell dich nicht so an. Heute ist wieder ein neuer Schub gekommen. Ungefähr fünfzig Mann Verstärkung. Ich möchte sehen, ob ich unter denen nicht endlich meinen Traummann finde.«

Maggie mußte unwillkürlich lachen. »Also, wenn du ihn nicht unter den fünfhundert findest, die bereits hier sind, wirst du bei den neuen noch weniger Erfolg haben.«

»Oh, in meinem Herzen ist immer Hoffnung«, erwiderte Peggy und klopfte sich dabei auf die Brust. »Betty und Rona sind schon zu ihnen rüber. Aber du kennst ja Rona . . .« Peggy spitzte die Lippen und hob ihr Gesicht empor. »Ihr wird bestimmt die ganze Männerwelt zu Füßen liegen. Wer kann ihr denn schon widerstehen, hm? Einmal schüchtern mit den Augen geklimpert und so tun, als sei man die Unschuld vom Lande, schon kommen sie angerannt wie die Schafe, die zur Schlachtbank sollen. Und dann fängt Rona an, die Schafe zu sortieren. Bevor sie auch nur irgendeiner dieser verlorenen Seelen anrühren wird, hat sie seine Herkunft in Erfahrung gebracht. Hast du schon mal eine wie sie kennengelernt? Zu mir sagte sie immer, sie will sich noch mal so richtig austoben, bevor der Krieg sie einholt.«

»Wieso auch nicht? So wie sie aussieht, kann sie sich die Männer wirklich aussuchen.«

»Ach, sie hat überhaupt kein Hirn.«

»Immerhin genug, um zu wissen, was sie eigentlich will.«

»Dann laß uns sehen, wen sie heute wieder alles abschleppt. Das ist das, was mich wirklich aufregt:

Wir sorgen für unsere Helden, aber was mit ihnen anfangen, das dürfen wir nicht. Komm, beeil dich. Es fängt gleich an zu regnen.«

Die beiden kämpften sich einen Weg durch die Massen, die jetzt durch die Eingangstüren ins Freie strömten. Sie liefen zurück zur NAAFI und zogen sich gerade im leeren Aufenthaltsraum die nassen Mäntel aus, als der diensthabende Offizier hereinstürmte und rief: »Was habe ich doch für ein unverschämtes Glück! Hört mal, Betty hat sich den Knöchel verstaucht, und drinnen ist die Hölle los. Ich bräuchte eine Hilfe.«

Sie schauten einander an, bevor sie wie aus einem Munde »Ja« sagten.

»Ich denke, eine von euch beiden wird wohl reichen.«

Maggie schaute ihn müde lächelnd an. »Entweder beide oder keine.«

Sie gingen sofort in die Küche, zogen Kittel und Hauben an und halfen dem hochgewachsenen Mädchen, das mit einer immer länger werdenden Schlange zurechtkommen mußte.

Nach einer Weile zischte Peggy leise: »Und? Den Märchenprinzen schon entdeckt?«

Doch Rona Stevens schüttelte nur den Kopf und sagte: »Nein. Die sehen alle aus, als wären sie verheiratet.«

»Woher willst du das wissen?« Peggy Ryan bediente gerade einen Piloten. »Das sind zwei Tee, zwei Teilchen und einmal Zigarettenpapier . . . vier Pence . . . zehn Pence. Danke schön!«

Rona entgegnete mit ernster, getragener Stimme: »Oh, man sieht es in ihren Augen. Sie haben irgendwie etwas Gehetztes an sich. Als ob sie etwas suchen würden. Na ja, wie Tiere eben, die aus einem Käfig ausgebrochen sind.«

Maggie und Peggy plapperten jetzt in gespielter Entrüstung durcheinander.

Rona bemerkte mit ernster Stimme: »Ihr habt mich gefragt.«

Und Peggy äffte sie ein wenig nach, als sie sagte: »Ja, wir haben gefragt, und du hast genau wie immer geantwortet.«

Maggie musterte den Unteroffizier auf der anderen Seite der Theke. »Tut mir leid, wir haben keine belegten Brote mehr, nur noch Teilchen.«

»Ist schon in Ordnung. Oh, übrigens: Das war eine gute Show heute abend, Lemon. Du wirst immer besser.«

Maggie lächelte ihn an und nickte ihm zu, als eine aufgekratzte Stimme aus der Schlange rief: »Ja, hast dich ja heute richtig in die höheren Stimmlagen der Sangeskunst verirrt. Hoffentlich ist die Milch nicht sauer geworden, Lemon.«

Ein anderer lachte dazu und sagte lapidar: »Für den blöden Witz sollte man dich eigentlich strafversetzen.«

Der Angesprochene erwiderte: »Ich wollte sie doch nur auf den Arm nehmen. Lemon weiß, wie ich das meine, nicht wahr?«

Maggie schaute regungslos in das Gesicht, das ihr jetzt dreist entgegengrinste. Als sie eine Tasse Tee über die Theke schob, schaute sie ihn noch immer an. »Hast du vielleicht was gesagt?«

»Ich sagte nur, ich wollte dich ein bißchen auf den Arm nehmen.«

»Corporal . . .« Ihre Stimme war schneidend und hätte jedem Lehrer gut zu Gesicht gestanden. »Ich bin weiß Gott ein humorvoller Mensch. Aber eines kann ich mir beim besten Willen nicht vorstellen, daß du mich auf den Arm nimmst. Dafür bist du viel zu schmächtig. Also wag es besser nicht, mir zu nahe zu kommen.«

Im vorderen Teil der Reihe brach brüllendes Gelächter aus. Der Unteroffizier, dem sie gerade den Tee hinübergeschoben hatte, sagte voller Anerkennung: »Eins zu null für Sie. Die lernen es wohl nie, was?«

Maggie gab darauf keine Antwort, aber sie dachte: Nein, sie lernen es nie. Waren die Menschen freundlich, so blieben sie es auch. Waren es Egoisten, Schwätzer oder engstirnige Idioten, so änderte sich auch das nie. Menschen blieben meist, was sie waren. Und in der Regel waren sie blind, auch die netteren. Sie schauten nie über ihren Tellerrand hinaus.

Obwohl Maggie noch Tee und Teilchen ausgab, fühlte sie sich auf einmal unendlich einsam. Für sie war diese Einsamkeit ein riesiger Abgrund, der sich vor ihren Füßen auftat. Von Zeit zu Zeit mußte sie sich sehr zusammenreißen, um nicht in ihn hineinzustürzen.

Es war schon makaber, wenn der Mann, den sie eben so kühl abgewiesen hatte, der einzige in den vergangenen fünfzehn Monaten gewesen sein sollte, der sie als Frau sah. Sie hatte die Übersicht darüber verloren, wie oft sie sich schon seiner Zudringlichkeiten erwehren mußte. Er berührte sie an ihren Schultern und tastete sich dann zu den Hüften vor, wann immer er ihr begegnete. Offene Ablehnung schien ihn nicht zu beeindrucken. Unglücklicherweise war er auch nicht viel größer als sie. Er hatte eine stämmige Figur, obwohl sein Kopf recht schmal war. Im Grunde genommen sah er ja gar nicht so schlecht aus. Mit einem etwas ansprechenderen Charakter wäre sie für seine Aufmerksamkeiten in gewisser Weise dankbar gewesen. Doch auf der anderen Seite hätte er mit einem solchen Vorzug sicher schon längst ein ganz gewöhnliches Mädchen gehabt. Dieses »ganz gewöhnlich« war für sie keine Herabsetzung. Sie beneidete diese Mädchen und ihre Liebschaften, auch wenn sie nur vorübergehender Natur waren. Aber sie wußte, daß es ihr schon verdammt dreckig gehen mußte, wenn sie auf die Gesellschaft eines Corporal Billings angewiesen wäre.

»Du bist zu hart zu ihm.«

Sie warf Peggy einen vernichtenden Blick zu. »Armer Kerl. Dann geh und tröste ihn. Er gehört dir.«

Als sie gerade einem weiteren Soldaten einen Tee geben wollte, stieß Peggy aus Versehen Maggies Arm an, und das heiße Getränk ergoß sich über die Theke.

»Oh, das tut mir leid. Ich hole Ihnen einen neuen.«

»Ist schon in Ordnung.«

»Nein, nein. Moment.« Sie nahm die leere Tasse und reichte ihm statt dessen eine volle. Sie lächelte ihn an und sagte nochmals: »Es tut mir leid.«

Doch er erwiderte ihr Lächeln nicht, was sie dazu veranlaßte, ihn sich näher zu betrachten.

Er war groß, fast ein Meter achtzig, hatte dunkles Haar und graue Augen. Er war jung, obwohl sein Gesicht diesen Eindruck Lügen strafte. Nicht, daß es von Falten gezeichnet gewesen wäre. Das Alter spiegelte sich in seinen Augen wider. Sie blickte ihn nur für eine Sekunde an, doch hätte sie denselben Eindruck auch bei längerer Betrachtung gewonnen.

Er sagte nichts mehr, sondern folgte seinen Kameraden an einen Tisch. Sie folgte ihm mit den Blicken.

»Was für ein Tölpel! Er muß wohl einer von den Neuen sein. Ich habe ihn noch nie hier gesehen.«

»Es war nicht seine Schuld. Du hast mich angestoßen.«

»Ich?!« fragte Peggy scheinbar erstaunt.

»Ja, du.«

»Na, wenn Sie das behaupten, Ma'am.« Beide mußten lachen.

Nachdem der größte Ansturm vorüber war, holte Maggie tief Luft und wandte sich an den diensthabenden Offizier. »Wenn Sie uns nicht mehr brauchen, würden wir gerne gehen.«

»Sicher. Besten Dank, Maggie. Und auch dir, Peggy.«

Bevor sie die Theke verließen, schaute Maggie noch einmal zu dem Mann hinüber. Er hatte nur vier Worte gesprochen, aber die klangen irgendwie anders ... netter als das, was sie sonst zu hören bekam. Sie reagierte auf Stimmen sehr sensibel.

Als sie im Aufenthaltsraum waren, setzte sich Maggie eine Minute hin, während Peggy im Waschraum war. Sie stützte ihre Ellbogen auf den Tisch und dachte nach. Eine gute Stimme war alles, was sie besaß. Sie hatte sie von ihrer Mutter geerbt. Genaugenommen war es das einzige, was sie geerbt hatte. Ihre Mutter hatte eine wunderbare Stimme gehabt – egal, ob sie sang oder sprach. Sie konnte sich noch daran erinnern, wie sie als Kind einfach nur dagesessen und ihr zugehört hatte. Selbst wenn ihre Mutter mit ihr geschimpft hatte, hatte sie ihr gerne zugehört. Stimmen waren ehrlicher als Augen. Augen konnten lügen, aber Stimmen ...

Ihre Mutter hatte immer gesagt: »Schau mich nicht so an, Kind. Sag etwas.«

»Was soll ich sagen, Mutter?«

»Alles. Alles, von dem man den Eindruck gewinnen könnte, du wärst in der Lage zu denken. Verstehst du mich, Kind? Du mußt einfach denken können. Die Natur hat dich nicht gerade verschwenderisch ausgestattet, also bleibt dir nichts anderes übrig, als deinen Verstand zu benutzen. Du verstehst mich doch, oder?«

»Ja, Mutter.«

»Schalte dein Hirn ein, du bist schließlich nicht dumm. Du kannst sehr berechnend sein – zu berechnend sogar. Ich habe das schon bemerkt. Deswegen regt sich Vater auch immer über dich auf. Verstehst du?«

»Ja, Mutter.«

»Du bist jetzt neun Jahre alt, und wir werden dich auf eine gute Schule schicken. Präge dir alles gut ein, was man dir beibringen wird. Verstehst du?«

»Ja, Mutter.«

»Ich mußte deinen Vater davon überzeugen, daß das für dich das Beste ist. Es war nicht gerade einfach, und es wird auch nicht billig sein. Die Geschäfte gehen im Moment nicht so gut. Die Menschen wollen keine guten Möbel mehr. Selbst die großen Kaufhäuser sind im Ausverkauf. Denen geht es genauso schlecht wie den Arbeitern. Die Nachfrage nach Antiquitäten ist auch gesunken. Also kannst du dir vorstellen, was für ein Opfer dein

Vater für dich bringt, wenn er dich in diese Schule schickt. Ich habe der Direktorin außerdem gesagt, daß du auch noch Gesangsunterricht nehmen wirst. Du hast eine gute Stimme, obwohl ich nicht weiß, ob du sie jemals brauchen wirst. Oh . . . geh jetzt in dein Zimmer, Kind . . .«

Sie war nie auf einer dieser teuren Schulen gewesen. Ihre Mutter starb bei einem Zugunglück, und ihr Vater sagte ihr – ohne sie eines Blickes zu würdigen, denn er sah sie selten an –, daß sie wieder auf ihre alte Schule gehen würde. Mit vierzehn verließ sie sie. Es war in demselben Jahr, in dem ihr Vater wieder heiratete. Vielleicht konnte er es nicht ertragen, mit ihr alleine unter einem Dach zu wohnen, obwohl sie sich nur selten sahen. Und seit ihre Mutter gestorben war, hatten sie nie wieder gemeinsam gegessen.

Die neue Stiefmutter konnte für sie keine Zuneigung empfinden. Sie war eine schlichte Person, für die nicht gerade viel sprach. Vielleicht mit Ausnahme eines gewissen Geschäftssinnes, denn sie kannte sich in Antiquitäten und deren Verkauf aus.

Maggie half ihrer Stiefmutter regelmäßig im Haushalt. Und trotzdem schaffte sie es, sich immer rarer zu machen.

Eigentlich hatte Vaters Heirat keinen Einfluß auf ihr Leben gehabt. Sie aß allein, und wenn sie hörte, daß ihr Vater nach Hause kam, ging sie hinauf in ihr Zimmer.

Sie war siebzehn, als sich ihr Leben von Grund auf änderte.

Da traf sie zum ersten Mal ihre Tante, die sie einlud, die Ferien bei ihr zu verbringen. Sie wußte, daß ihr Vater zwei Schwestern hatte, mit denen er allerdings keinen besonderen Kontakt pflegte. Die beiden Frauen seien gewöhnliche Menschen, das hatte ihr jedenfalls Mutter einmal erzählt. Maggie hatte erst später bemerkt, daß ihr Vater ebenfalls gewöhnlich war, doch konnte er sich gut verstellen. Als er ihre Mutter geheiratet hatte – sie kam aus der Mittelschicht –, änderte er sein Verhalten so, daß es dem ihren glich.

Auch wenn seine Schwestern einfache Leute waren, so war die eine durch ein florierendes Geschäft verhältnismäßig wohlhabend geworden. Als sie starb, hinterließ sie kein Testament, und da ihre einzigen Verwandten ihre Schwester und ihr Bruder waren, ging das Erbe zu gleichen Teilen auf sie über.

Tante Elizabeth lebte auf dem Land in der Nähe von Hereford, und da sie selbst nie über Birmingham hinausgekommen war, schien es Maggie, als besuche sie ein fremdes Land.

Sie wollte vierzehn Tage bleiben. Am Ende dieser zwei Wochen schrieb sie ihrem Vater, daß sie nicht mehr nach Hause kommen würde. Er hatte ihr auf diesen Brief nie geantwortet. Selbst heute wußte sie nicht, ob er noch lebte oder bereits tot war. Aber es war ihr auch egal.

In ihrem Elternhaus hatte sie nie erfahren, was Liebe und Zärtlichkeit waren, bis sie Tante Lizzie kennenlernte. Und sie wußte, daß niemand auf der Welt sie jemals wieder so würde lieben können. Und umgekehrt war es genauso. Dieses Gefühl bewahrheitete sich bis heute, wobei dies allerdings eher einem Mangel an Gelegenheiten zuzuschreiben war. Ihre körperliche Fülle war nicht der einzige Grund, auch nicht, daß sie so klein war oder so unscheinbar. Es war die Kombination aller drei Dinge.

»Was ist denn mit dir los, Maggie? Bist du müde? Oder geht es dir nicht gut? Du schwitzt ja so!«

Sie kramte ein Taschentuch hervor und wischte sich über die Augen.

»Du weinst ja?!« Peggys Stimme war nur ein Flüstern. »Was ist denn los?«

»Weinen? Ich und weinen? So ein Unsinn. Komm, laß uns verschwinden.«

Sie waren gerade um die Ecke des Gebäudes gebogen, als sie plötzlich mit zwei Soldaten der Air Force zusammenstießen. Sofort machten sie ihre Taschenlampen an, und einer der beiden sagte mit übertriebener Höflichkeit: »Tut mir leid, die Damen. Tut mir aufrichtig leid.« Maggie leuchtete mit ihrer Taschenlampe kurz in das Gesicht des anderen Mannes. Er sagte nichts, trat nur beiseite. Dann gingen er und sein Begleiter weiter, während sie und Peggy den Weg in die andere Richtung fortsetzten.

»Was meinst du, wie es sein wird, Joe?«

»Das ist schwer zu sagen. Schließlich sind wir keine Rekruten mehr.«

»Ja, wir sind jetzt selbst Ausbilder. Irgendwie kann ich es noch gar nicht glauben: Leonard Forbister, leitender Funkausbilder . . . Ich hätte nie gedacht, daß ich diesen Tag noch erleben würde. Und alles nur, weil ich einmal sagte, ich spiele gern mit dem Radio herum. Dabei habe ich mich schon als Bordschütze gesehen. Ich bekomme immer noch wacklige Knie, wenn ich diese Typen sehe.«

»Dazu besteht überhaupt kein Grund. Du bist in deinem Metier besser als die meisten.«

»Ja, aber auch nur, weil du mir am Anfang bei der Theorie so geholfen hast.«

»Da hat der Blinde den Blinden geführt, Len. Ich weiß selbst nicht, wie ich es geschafft habe. Besonders gut war ich in der Schule jedenfalls nie.«

»Ach, hör doch auf, Joe. Weißt du was? Es gibt da etwas, über das ich mir bis heute den Kopf zerbreche. Ich ... ich hoffe, du bist mir nicht böse, wenn ich das sage, aber ich hatte gedacht, du meldest dich für einen Offizierslehrgang. Hatten sie dich nicht in Cranwell vor den Ausschuß zitiert? Du hast nie gesagt, warum. Ich kann mir nicht vorstellen, daß du abgelehnt hast.«

»Ich hatte absolut keine Lust, Len.«

»Ich will ja nicht weiter in dich dringen, Joe. Aber wir sind jetzt schon so lange zusammen. Genaugenommen neun Monate. Und trotzdem weiß ich von dir nur das, was du mir am ersten Tag erzählt hast. Na ja, bis auf die Tatsache, daß du wohl aus dem tiefsten Northumberland kommst. Hingegen weißt du alles von mir: Geboren in der Bigley Road, Grays in Essex; sechsundzwanzig Jahre alt; Name der Ehefrau Alice ... die übrigens sagt, wenn sie dich vor mir getroffen hätte, wäre sie nicht mit mir verheiratet. Dabei hat sie dich nur aus der Entfernung gesehen.« Er stieß seinen Kameraden leicht in die Seite.

»Du kannst dich wirklich glücklich schätzen, daß du eine Frau und eine Mutter hast, die sich leiden können. Mal ganz abgesehen davon, daß sie beide in dich vernarrt sind«, erwiderte Joe.

»Na ja, eigentlich hast du ja recht. Ich vermisse sie auch, besonders Alice. Sie ist ein echter Prachtkerl ... Wo wir übrigens gerade davon sprechen: Was glaubst du, wie sich eine Frau fühlt, die recht klein und dick und außerdem wie ein Bauerntrampel ist. Du weißt schon, die Kleine, die wir beinahe über den Haufen gerannt haben. Sie war auch auf der Bühne. Muß ja ziemlich hart für sie sein, wenn sie all die anderen Mädchen sieht.«

»Sie hat eine schöne Stimme.«

»Zugegeben, aber das wird sie im Leben auch nicht weit bringen, nicht bei ihrem Aussehen.«

»Ich weiß nicht. Du hast nicht auf ihr Aussehen geachtet, als du ihr eben zugehört hast. Genau wie die anderen auch. Sie scheint sehr bekannt zu sein.«

»Bestimmt. Jeder, über den man als Neuling hier Witze machen kann, ist schnell bei allen bekannt. Was hältst du eigentlich von unserem Oberst?« wollte Leonard wissen.

»Macht einen netten Eindruck. Morgen werden wir wohl mehr wissen.«

»Er trinkt.« Len schlug den Kragen seines Mantels hoch.

»Ich hoffe, die haben den Ofen in Gang gebracht. Obwohl ich nicht glaube, daß das viel Zweck hat. Wenn zwanzig Mann in einem Schlafsaal sind, ist die Luft bestimmt zum Schneiden. Wo müssen wir überhaupt hin? Nummer acht?«

»Ja. Ich glaube, es ist der nächste Block.«

Sie gingen auf eine der Wellblechbaracken zu, als Len innehielt und zu Joe sagte: »Jetzt hast du mir aber noch immer nicht auf meine Frage geantwortet. Ich weiß ja nicht einmal, ob du eine Mutter oder einen Vater hast. Vielleicht bist du ja in einem Labor zusammengerührt worden. Ich habe übrigens gelesen, daß nach dem Krieg so ein großer Frauenüberschuß sein wird, daß man sich überlegt, sie künstlich zu befruchten. Stimmt wirklich. Kannst du mir glauben!«

Joe ging zur Tür der Baracke, wobei Len wie gewöhnlich nicht von seiner Seite wich. Er fragte sich, was es für einen Sinn gehabt hätte, ihm zu sagen: Ja, ich habe eine Mutter, und sie lebt jetzt alleine in einem großen Haus in Northumberland.

Lens Neugier wäre damit bestimmt nicht gestillt gewesen. Und hätte er dann noch mehr erzählt, so wäre sein Kamerad bestimmt schon nach kurzer Zeit zu dem Schluß gekommen, Joe müsse verrückt sein. Len hätte ihm nicht geglaubt.

Es gab immer noch Momente, in denen Joe das taube Gefühl verspürte, das sich trotz der vielen Menschen um ihn herum in ihm breitmachte. Manchmal dachte er sogar, daß dieses Gefühl eines Tages die Oberhand gewinnen und er sich in Stillschweigen flüchten würde. Und seltsamerweise machte ihm diese Aussicht nicht so viel Angst wie das tägliche Leben.

2.

»Hör zu, Joe. Ich frage dich jetzt zum letzten Mal. Warum kommst du nicht mit zu mir nach Hause, wenn es auch nur darum geht, Alice davon zu überzeugen, daß wir beide noch zusammen in einer Einheit sind. Sie schöpft schon langsam Verdacht und denkt, ich hätte etwas mit einer gewissen Josephine. Du weißt, es ist kein Palast, aber es ist mein Zuhause, und sie würde sich freuen, dich willkommen zu heißen. Genau wie meine Mutter. Außerdem ist sie eine verdammt gute Köchin.«

»Ich bin sicher, daß sie das ist. Aber ich bin mir auch sicher, daß deine Frau mich bestimmt nicht sehen will. Dein Urlaub ist schließlich kurz genug. Was sind denn schon achtundvierzig Stunden, zumal die Zugfahrt so lange dauert? Es ist wirklich nett von dir gemeint, Len. Aber du brauchst dir um mich keine Sorgen zu machen. Ich komm' schon zurecht.«

»Das glaub' ich eben nicht! Was willst du denn schon großartig hier machen? Mit dem Rad durch die Berge fahren oder etwa die ganze Zeit im Casino hocken?« Len setzte sich auf die Bettkante und flüsterte: »Ich will dir wirklich nicht auf die Nerven gehen, aber ich . . . ich muß einfach wieder davon anfangen. Hast du denn gar kein Mädchen? Du bist schließlich nicht in einem Heim aufgewachsen, dazu ist deine Erziehung und deine Bildung einfach zu gut. Gibt es wirklich keinen, den du gerne wiedersehen möchtest?«

Joe lächelte Len nachsichtig an, der sich selbst als seinen Freund bezeichnete. Normalerweise wäre Leonard Forbister nicht die Sorte Mensch gewesen, dessen Nähe er suchen würde. Es lag nicht daran, daß er einige Jahre älter als Joe war oder daß er, wie Mick, ein einfacher Arbeiter war. Joe hatte sich mit Mick immer gut verstanden und mochte seine Gesellschaft. Aber Len war nicht Mick: Er hatte nicht die geistige Tiefe. Er war ein ehrlicher, geradliniger Mensch, Vater von zwei Kindern und mit einer bezaubernden Frau verheiratet, so sagte er zumindest. Aber das war auch schon alles. Nichts, was Len an sich hatte, paßte in irgendeiner Art und Weise zu Joe. Und doch hatte er ihn mit der Zeit liebgewonnen, er vermißte ihn sogar, wenn er einmal nicht da war. Dann hatte er das Gefühl, daß die Langeweile dieses Lagers ihn erdrücken würde und er sich seinen anderen Kameraden anschließen müßte, die mit dem Bus ins benachbarte Hereford fuhren. Dort schaute man sich im einzigen Kino des Ortes einen Film an, nur um den Nachmittag herumzubekommen. Sonntags, wenn das Wetter es zuließ, fuhr Joe immer mit dem Rad in die Berge. Auf diesen Ausflügen hatte er jedoch nie das Glück, wie einige seiner Kameraden bei einem Bauern eingeladen zu werden. In der Regel, so lauteten zumindest die Gerüchte, basierten diese Besuche auf einer Einladung zum Tee, die schließlich bei Speck, Eiern und Kartoffeln endete. Joe hatte auch keine Lust, seine Freizeit in der benachbarten Marmeladenfabrik zu verbringen. Er war nun mal nicht darauf angewiesen, zusätzliches Geld zu verdienen.

Natürlich, es gab gegen die Einsamkeit ein einfaches Mittel. Er brauchte doch nur zu einem der Mädchen zu sagen: »Hast du heute abend schon was vor?«, und schon wäre er nicht mehr allein. Da war dieses hochgewachsene Mädchen von der NAAFI. Sie sah ganz gut aus, doch hatte er seine Zweifel, ob er ihre Stimme einen ganzen Abend ertragen könnte. Sie tat ihm in den Ohren weh, wenn sie ihn über die Theke hinweg ansprach. Wenn sie die Stimme der kleinen Dicken gehabt hätte – die, über die sich jeder lustig machte –, dann hätte er sie wahrscheinlich schon längst gefragt. Doch was wäre das Ergebnis gewesen? Was würde sie von jemandem halten, der keinen Annäherungsversuch unternehmen würde? Denn dafür mußte man seiner Meinung nach etwas für den anderen empfinden. Und er fühlte nichts, zumindest nichts, was sich im weitesten Sinne als Gefühl der Zuneigung interpretieren ließ. Joe hatte Zweifel, ob er überhaupt jemals wieder lieben könnte. Er war innerlich wie tot, nur sein Verstand arbeitete großartig.

Manchmal war es für ihn schwer vorstellbar, daß er in diesem Lager schon achtzehn Monate verbracht hatte. Er sah Menschen kommen und gehen. Ganze Einheiten, die hier ausgebildet wurden und mit glänzenden Augen als anerkannte Bordfunker ihr Flugtraining absolvierten, um dann an die Front zu gehen. Doch ab und zu fand der Krieg auch hier im Lager statt, und keiner der Beteiligten war mehr in der Lage, davon zu berichten. Ein Überlebender der Luftschlacht um England war mit einigen angehenden Funkern zu einem Trainingsflug aufgebrochen. Len hatte diesen Mann als einen Süchtigen beschrieben, der den Kampf, das Risiko und die Gefahr suchte. Er mußte den Rekruten natürlich zeigen, was alles in ihm steckte. Also vollführte er solch waghalsige Manöver, daß es zu einem Strömungsabriß an den Tragflächen kam und die Maschine abschmierte. Mit etwas Glück hatten er und seine Rekruten noch rechtzeitig mit einem Fallschirm aussteigen können. Doch erst am Tag zuvor hatte einer seiner Kameraden nicht so viel Glück gehabt. Als im Lager die Neuigkeit von dem Unfall die Runde machte, bemerkte Joe, daß er doch noch Gefühle hatte.

Len hatte den Eindruck, daß Joe von all dem ziemlich mitgenommen war, was ihn schließlich dazu veranlaßte, etwas zu tun, was er eigentlich nicht wieder tun wollte. Nämlich noch einmal nachzuhaken und ihn zu sich nach Hause einzuladen.

Len hatte sich inzwischen neben Joe auf das Bett

gesetzt. »Du mußt doch jemanden haben, zu dem du gehen kannst.« Und nach einer Pause fuhr er fort: »Manchmal habe ich das Gefühl, daß dich etwas sehr bedrückt. Wenn es dir hilft . . . Ich bin ein guter Zuhörer. Ich rede zwar auch ziemlich viel . . .« – bei dieser Bemerkung mußte er grinsen – ». . . doch wenn es darauf ankommt, kann ich auch mal meinen Mund halten.«

Joe drehte sich um und blickte in das freundliche Gesicht. »Ich habe wirklich keine Familie, Len. Die einzige Verwandte, die ich noch habe . . . nun, wir sind uns fremd geworden.«

Len fragte ungläubig: »Keine Freunde? Keine Bekannten oder Verwandten?«

»Doch, natürlich. Aber die sind in alle Winde verstreut.«

»Sind sie auch bei der Armee?«

»Ja, hauptsächlich bei der Marine.« Da waren sie gut aufgehoben. Schließlich wußte man in diesen Zeiten nie, wann Kriegsschiffe den Heimathafen anliefen.

»Haben denn deine Freunde keine Familie oder . . .« Len schüttelte den Kopf. »Ich weiß, ich weiß. Ich fange schon wieder an, dich zu nerven. Aber ich mache mir ernsthaft Sorgen um dich.«

»Dazu besteht überhaupt kein Anlaß. Wenn es dich glücklich macht, kann ich ja ein paar Frauen von der WAAF* ausführen. Aber natürlich nur die höheren Dienstgrade.« Er mußte lachen. Dann imitierte er die Stimme und den Tonfall eines Vorgesetzten, den niemand leiden konnte, schlug die Hacken zusammen und rief: »Corporal Joseph Bar-

* Women's Auxiliary Air Force – weibliche Fliegerhilfscorps

tholomew Jebeau beim Verführen höherer weiblicher Dienstgrade erwischt, Sir!«

»Was haben Sie zu Ihrer Entschuldigung vorzubringen, Jebeau?«

»Es war ein unwiderstehlicher Drang, Sir. Ich konnte mich nicht länger beherrschen.«

»Gut so! Gut so!« Len stieß ihn lachend in die Seite. »Du könntest es bis zur ITMA* bringen. Laß Colonel Chinstrap . . . Aber ich kann mir vorstellen, daß du niemals zur ITMA gehen würdest. Vielleicht liegt dir die Expertenkommission eher. Du weißt schon, wo die ganzen Strategen sitzen.«

»Zur Expertenkommission?« Joe sah Len in gespielter Verachtung an. »Wo würdest du mich denn hinschicken? Nach Joads? Oder Huxleys?«

»Oh, so klug sind die nicht. Die lesen nur viel.«

»Ja, und sie lesen schon seit Jahren unheimlich viel.« Joe schüttelte den Kopf. »Los, pack endlich deine Sachen, und dann sieh zu, daß du verschwindest. Schöne Grüße an Alice.« Er schnitt Len zum Abschied noch eine Grimasse. »Und sag ihr, daß es mich gibt. Eines Tages wird sie mich schon noch kennenlernen.«

»Das wird sie mir sowieso nicht glauben.« Len stand auf und begann zu packen. »Und paß du nur mit deinen Bergen auf.«

»Mach' ich.«

Joe schritt den Gang zwischen den Betten entlang, wo einige Leute sich beeilten, dem Lager für einige Stunden zu entkommen. Mit Ausnahme zweier weiterer Soldaten waren alle in dieser

* IT'S THAT MAN AGAIN – Radiosendung des britischen Rundfunks während des 2. Weltkriegs.

Baracke verheiratet. Als ihm das in den Sinn kam, fiel ihm auf, wie merkwürdig alles war. Zwei von ihnen würde man wahrscheinlich versetzen, während die fünf, die er seit Cranwell kannte und deren Betten am anderen Ende der Unterkunft standen, immer noch da waren. Jack Bisley, Sam Temple, Amos Bernstein, Angus McBride und natürlich Len. Selbst Officer Gilbert, der einige Wochen vor ihnen eingetroffen war, befand sich noch immer im Lager. Manchmal wünschte er sich, daß man auch ihn versetzte, damit er mal eine andere Umgebung kennenlernte. Es war wirklich nicht wegen der Männer oder wegen seiner Aufgabe als Ausbilder für die praktische und theoretische Unterweisung im Bereich der Nachrichtenkommunikation. Es war vielmehr die Monotonie der Umgebung, die ihm langsam auf die Nerven ging.

Er schlug einen Seitenweg ein, um zur NAAFI zu gelangen. Es waren nicht viele Menschen in dem Gebäude, so daß sich nicht die übliche Schlange vor der Theke gebildet hatte. Das kleine untersetzte Mädchen bediente auch an diesem Tag. Er war froh, daß ihre hochgewachsene Kollegin im Moment nicht da war.

»Eine Tasse Tee, bitte.«

Sie goß ihm eine Tasse ein, und als sie sie ihm über die Theke schob, gab er ihr einen Penny. Dann sagte sie: »Ihnen muß der Krieg Spaß machen.«

»Was?« Joe blickte sie an, als habe er nicht richtig verstanden. Er hatte sie zwar gehört, doch entging ihm der Sinn ihrer Worte.

Also wiederholte sie: »Ich sagte, Ihnen muß der Krieg Spaß machen.«

»Wie kommen Sie denn darauf?«

»Nun, es scheint nicht, als würden Sie wie Ihre Kameraden auf allen Hochzeiten tanzen. Man könnte fast meinen, Sie hätten sich in das Lager verliebt.«

Er mußte unwillkürlich lächeln. »Ja, Sie haben recht. Ich habe mich in das Lager verliebt.«

»Aha. Wußte ich es doch.« Sie nahm einen Lappen und wischte die Theke. »Sie machen nämlich immer so einen glücklichen Eindruck.«

Er schloß seinen Mund und fuhr sich mit der Zunge über die Zähne. Sie zog ihn auf. Und sie teilte das aus, was sie normalerweise einstecken mußte. Sie war sehr schnell von Begriff, doch ihn hatte sie bisher noch nicht zum Narren gehalten.

»Man könnte fast meinen, Sie liebten den Trubel und die großen Schlafsäle. Wohl ein Heimkind?«

»Ja.« Sein Gesicht zeigte einen ernsten Ausdruck. »Genaugenommen ein waschechtes Findelkind.«

»Ein was, bitte?« Sie beugte sich über die Theke und tat, als hätte sie nicht richtig verstanden, woraufhin er langsam und betont »Find-del-kind« sagte. »Sie kennen doch wohl Findelkinder?«

»Oh.« Sie nickte. »O ja. Ein Findelkind. Seltsam, denn ich habe dasselbe Schicksal wie Sie. Nur dachte ich immer, man würde Findelkind mit ›W‹ schreiben.«

Plötzlich mußten beide lachen, und Joe sah sie zum ersten Mal richtig an. Was ihm direkt auffiel, waren ihre schönen, regelmäßigen Zähne. All ihre Vorzüge spielten sich in ihrem Mund ab: die Zähne, die Stimme, die Schlagfertigkeit. Außerdem bemerkte er, daß sie leicht verändert aussah: Ja, sie hatte eine Dauerwelle. Die Mütze hatte sie schräg aufgesetzt, so daß es recht pfiffig aussah.

Einen Moment lang fragte sich Joe, was wohl in ihr vorging, wenn sie so gehänselt wurde. Die Kameraden waren zu den anderen Mädchen von der NAAFI wesentlich netter. Sicher, sie trieben auch ihre Scherze mit ihnen, aber nicht so wie bei ihr. Und plötzlich wußte er es: Sie war wie ein Sonnenstrahl in all der Monotonie. Maggie LeMan war der Hofnarr des Lagers. Früher suchte man sich Hofnarren, die eine körperliche Deformation hatten. Bucklige waren sehr beliebt. Aber Maggie war nicht deformiert, und einen Buckel hatte sie erst recht nicht. Sie war nur ein wenig unförmig. Es war eine Schande, daß sie als Zielscheibe für dumme Scherze diente. Aber es schien, als würde es ihr nicht allzuviel ausmachen, als würde sie es sogar regelrecht genießen.

Zu seiner Überraschung beugte sie sich über die Theke und flüsterte ihm zu: »Dornröschen hat übrigens um drei Uhr Feierabend.« Sie wies mit dem Kopf auf die Tür hinter ihr.

Im ersten Moment war er verdutzt. Dann bemerkte er, daß er ihr wohl so leid tat, daß sie ihm ein Mädchen besorgen wollte.

Er beugte sich ebenfalls über den Tresen und flüsterte: »Ich glaube, wir lassen Dornröschen besser schlafen.«

Sie schaute ihn ungläubig an. Dann lachte sie kurz auf und sagte: »Wohl nicht Ihr Typ, was?«

»Nicht ganz. Ist mir zu dünn.« Es war ein verstecktes Kompliment, das Beste, was ihm im Moment einfiel. Dann nickte er ihr ernst zu, nahm die Tasse Tee und ging zu einem leeren Tisch.

Es dauerte nicht lange, bis er seinen Tee ausgetrunken hatte. Als er die leere Tasse wieder auf die

Theke stellte, bemerkte er, daß sie nicht mehr da war. Jemand anderes hatte ihren Platz eingenommen.

Schließlich ging Joe hinaus. Hinter der rauhen Schale verbirgt sich wirklich eine freundliche Seele, dachte er. Sie war ebenso nachdenklich wie Mary Smith, aber bei weitem intelligenter. O ja, Maggie war wirklich nicht auf den Kopf gefallen.

Er verließ den Abschnitt seiner Einheit auf der provisorischen Straße, die durch das Lager führte. Dann radelte er an der Flugwarte und der zweiten Einheit vorbei. Sie machten einen verlassenen Eindruck, mit Ausnahme von einigen Kameraden, die zwischen den Unterkünften für das weibliche Personal der NAAFI herumlungerten.

Als Joe das nur drei Meilen vom Lager entfernte Tyberton erreichte, war er bereits sehr verschwitzt. Die Sonne brannte erbarmungslos von einem strahlend blauen Himmel. Es war schon Ende August, und doch war es in den letzten Tagen so heiß wie im Hochsommer gewesen. Als er schließlich Blakemere erreichte, das zwei Meilen hinter Tyberton lag, überlegte er kurz, ob er nicht eine andere Richtung einschlagen sollte, um hinunter zum Fluß zu fahren. Doch dann fiel ihm ein, daß dort wohl bei diesem Wetter sehr viel los sein würde. Meist waren es Jugendliche, die dort schwammen oder sich unbedingt den Hals brechen wollten, denn einige von ihnen stürzten sich von einem Seil, das sie an einem Ast befestigt hatten, in die Fluten. Und das war überaus gefährlich. Der Wye war an dieser Stelle voller Felsen, die man ab einem bestimmten Wasserstand nicht mehr erkennen konnte. Während der kurzen Zeit, die Joe nun hier war, hatten schon erschreckend viele Jugendliche ihre Tollkühnheit mit dem Leben bezahlt.

Plötzlich mußte er wieder an den jungen Harrington denken. Er war ein Rekrut aus seiner Klasse gewesen, ein überaus aufgeweckter Bursche.

Joe wußte nun mit Bestimmtheit, daß aus ihm nie ein guter Pilot geworden wäre. Zwar sagten die Bestimmungen aus, daß die Funkausbilder eine gewisse Flugpraxis haben mußten, und trotzdem war er immer froh, wenn die Maschine wieder festen Boden unter den Rädern hatte. Er war nicht der einzige Ausbilder, der so empfand: Auch Jack Bisley, Sam Temple und Amos Bernstein hatten zugegeben, daß sie das Fliegen haßten. Nur Angus McBride und Len freuten sich jedesmal darauf, als wäre es ein halbtägiger Schulausflug.

Erst im letzten Jahr war Joe klargeworden, daß es zwischen ihm und den anderen keinen Unterschied gab. Nur die Last der eigenen Vergangenheit war bei keinem seiner Kameraden so groß. Tagsüber konnte er die Erinnerung verdrängen, doch nachts verfolgte sie ihn. Wie oft war er aufgewacht und hatte schweißgebadet die imaginäre Waffe in der Hand gehalten, mit der er seine Mutter im Traum umgebracht hatte.

An diesem Morgen hatte er zunächst geplant, in die Berge zu fahren, die das Golden Valley umsäumten. Als er jedoch vollkommen verschwitzt Blakemere hinter sich gelassen hatte, glitzerte ihm ein Bach so verführerisch entgegen, daß er nicht mehr in der Lage war, in die Pedale zu treten. Joe hatte ihn zuvor nicht bemerkt, da eine Hecke den Blick auf ihn versperrt hatte. Doch nun floß er offen am Wegesrand entlang, bis er sich nach einigen hundert Metern wieder hinter Bäumen verlor.

Joe ließ sein Rad ins Gras fallen und ging zum Bachufer hinunter. Dort kniete er sich nieder und schöpfte mit der hohlen Hand überraschend kühles Wasser, mit dem er sich das Gesicht benetzte. Er trocknete sein Gesicht nicht sofort ab, sondern schaute in den Bach, wie das Licht der Sommersonne mit ihm spielte und Kiesel auf dem Grund scheinbar in Sterne verwandelte. Eine wohltuende innere Ruhe erfaßte ihn. Dies war einer der seltenen Momente, in denen er zu einem Gedicht inspiriert wurde. Seit Martins Tod hatte Joe nichts Poetisches mehr zu Papier gebracht. Er hatte auch bezweifelt, daß er dies jemals wieder tun würde. Doch im Moment wünschte er sich, etwas zum Schreiben dabeizuhaben.

Während Joe in das Spiel von Sonne und Wasser vertieft war, vernahm er plötzlich ein Geräusch. Er richtete sich auf und drehte sich langsam um. Die Sonne schien ihm ins Gesicht, und so konnte er nur die Umrisse einer Gestalt ausmachen. Es war eine kleingewachsene Frau, die einen großen Hut auf dem Kopf trug.

Als er nach seinem Taschentuch griff, um sich die letzten Tropfen aus dem Gesicht zu wischen, sagte sie: »Ich an Ihrer Stelle würde das Wasser nicht trinken. Der Bach fließt direkt durch eine Kuhweide gleich hinter der Hecke.«

Joe sah voller Verwunderung auf das Mädchen, das an der Uferböschung stand. Er hatte ihre Stimme erkannt und beschattete nun seine Augen. Sie trug ein schwarz-blaues Kleid und einen Strohhut, den sie weit zurückgeschoben hatte.

»Oh, hallo.« Seine Stimme klang verlegen, als ob sie ihn bei etwas Verbotenem erwischt hätte.

Schließlich ging er zu ihr und sagte lächelnd: »Ich habe Sie gar nicht in Zivil erkannt. Die Uniform macht eben doch etwas aus . . .«

»Teilweise.«

Joe wußte nicht, was er erwidern sollte. Es war, als würde sie sich ständig herabsetzen müssen.

»Ich habe Sie hier noch nie gesehen«, sagte Maggie.

»Ich bin auch noch nie hier gewesen. Ich wollte in die Berge, um dann über Peterchurch wieder zurückzukommen.«

»Die Idee ist gar nicht schlecht, aber ich glaube, Sie haben sich für diese Tour den falschen Tag ausgesucht.«

»Ja, das ist mir auch schon aufgefallen.« Dann blickte er sich um und fragte: »Machen Sie einen Spaziergang?«

»So könnte man es auch nennen. Eigentlich bin ich auf der Suche nach unserem Hund Simon. Er hat sich mal wieder losgerissen und ist auf Kaninchenjagd gegangen.«

»Ein Labrador mit hellem Fell?«

»Ja, das ist er. Haben Sie ihn gesehen?«

»Als ich aus Blackmere herausfuhr, ist mir einer entgegengekommen.«

»Das muß er wohl gewesen sein. Na ja, ich brauche mir keine Sorgen um ihn zu machen. Er wird wiederkommen. Schließlich hat er eine weibliche Bekanntschaft, die zu Hause auf ihn wartet.«

»Leben Sie etwa hier?« fragte Joe überrascht.

»Ja, da drüben.« Maggie wies mit dem Finger in die Ferne.

»Das wußte ich ja gar nicht.«

»Woher auch?« erwiderte sie lachend.

Ja, woher auch. Es war eine dumme Bemerkung gewesen, und er spürte, daß er errötete. In Gesellschaft von Frauen oder Mädchen war ihm immer äußerst unwohl zumute. In seinem Leben hatte es bisher nur Mary gegeben, bei der er sich wohl gefühlt hatte. Doch er dachte nicht mehr oft an sie. Nur an den langen Wochenenden, wenn er dienstfrei hatte. Ansonsten war er immer zu starl beschäftigt.

»Haben Sie etwas gesagt?«

»Ich fragte, ob ich Sie zu einer Tasse Tee einladen kann.«

Für den Bruchteil einer Sekunde zögerte er. »Nun . . . ja. Danke schön.« An einer Einladung zum Tee war nichts Kompromittierendes. Angehörige der Royal Air Force wurden in diesem Gebiet schließlich häufig zu Familien eingeladen.

Maggie ging vor, während er hinter ihr das Fahrrad schob. »Wohnt Ihre Familie hier?« fragte er.

»Eine Tante. Sie hat hier ein kleines Haus.«

Joe mußte unwillkürlich an die Hütte denken, in der die Smiths lebten. Doch einige Minuten später stellte er fest, daß das Haus, zu dem sie ihn führte, nichts mit dem des Personals in Screehaugh gemeinsam hatte, denn es war solide aus Stein gebaut. Das Gebäude war mit Rankpflanzen zugewuchert. Der etwas nachlässig gemähte Rasen reichte bis an die Stufen vor dem Eingang. Er wurde auf der einen Seite von einem langgezogenen Blumenbeet, auf der anderen von einer Gartenlaube begrenzt, hinter der sich ein Geräteschuppen befand.

Die Haustür war unverschlossen.

Joe blieb an der Schwelle stehen, während Maggie in den Flur trat und »Hallo! Wo bist du?« rief.

Die Stimme, die antwortete, klang ganz anders als Maggies. Es schwang aber dieselbe Energie in ihr mit. »Was denkst du denn, wo ich bin? Am Nordpol?«

Maggie drehte sich zu Joe um und bat ihn lächelnd herein. Er betrat einen erstaunlich großen Flur für ein Haus wie dieses. Ihm fiel sofort der Steinfußboden und die penible Sauberkeit auf.

»Wir haben Besuch.«

Joe rührte sich nicht von der Stelle. Maggie steckte ihren Kopf durch eine Tür, die rechts von ihnen war. Sie drehte sich lachend zu Joe um, als die Stimme fragte: »Männlich oder weiblich?«

»Männlich.«

»Na, Gott sei Dank. Ich habe schon seit über einer Woche keinen Mann mehr zu Gesicht bekommen.«

Maggie bedeutete Joe, ihr zu folgen. Zögernd betrat er eine sonnendurchflutete Küche. Eine ältere Frau war gerade damit beschäftigt, verschiedene Zutaten in eine Schüssel zu rühren. Als sie ihn sah, hielt sie sofort inne und schaute ihn mit großen Augen an. Dann sagte sie zu Maggie: »Na, wunderbar! Und ich hatte schon gedacht, du wolltest mich auf den Arm nehmen und hättest Simon zurückgebracht.«

»Er wird auch für dich bellen, wenn du ihn ganz lieb darum bittest.« Sie blickte zu Joe auf, der lächelnd erwiderte: »Ich folge immer der Stimme meines Herrchens.«

»Darf ich vorstellen: Tante Elizabeth. Man kennt sie auch unter dem Namen Mrs. Robson. Tante Lizzie, das ist Corporal Jebeau.«

»Es freut mich, Sie kennenzulernen, Corporal.«

Er schüttelte die Hand der Frau, die in allem das genaue Gegenteil ihrer Nichte zu sein schien. Sie hatte nicht nur eine rauhe Stimme, sondern war auch sehr dünn, um nicht zu sagen dürr.

»Wie geht es Ihnen?«

»Danke der Nachfrage. Ich wette, Sie könnten eine Tasse Tee vertragen. Ich habe ein frischgebakkenes Brot im Ofen stehen. Wenn ich gewußt hätte, daß wir heute Besuch bekommen . . . Sie sehen ein bißchen erschöpft aus. Na ja, jetzt setzt euch erst einmal, am besten gleich ins Wohnzimmer. Genau . . .« Sie scheuchte sie aus der Küche. »Setzt euch am besten gleich ins Wohnzimmer.«

Joe mußte lächeln. Ihm gefiel ihre resolute, aber freundliche Art, und für einen Moment hatte er das Gefühl, heimgekehrt zu sein.

Maggie zupfte ihn leicht am Ärmel. »Hören Sie einfach nicht auf sie. Setzen Sie sich doch.« Sie rückte ihm einen Stuhl zurecht. »Wenn Sie nämlich ein typischer Wohnzimmer-Besuch sind, gibt es nicht viel zu essen.«

Er zögerte einen Moment und überlegte, was er tun sollte. Dann sah er wieder zu der Frau hinüber, die am Küchentisch stand und ihn anlächelte. Er setzte sich also auf den Stuhl und lauschte die nächsten zehn Minuten den Neckereien der beiden. Sie waren sehr schlagfertig, denn während der ganzen Zeit ging es pausenlos hin und her. Gleichzeitig kümmerten sie sich um alle möglichen Dinge: Die Frau am Tisch rührte weiter ihren Kuchenteig, während Maggie ständig hin und her lief, um alles Nötige für den Nachmittagstee zu holen. In ihrem blauen Kleid wirkte sie ganz anders als in Uniform.

Sie hatte etwas von einem Schulmädchen an sich und bewegte sich trotz ihrer Statur so leichtfüßig wie eine Tänzerin.

Trotz der unterschiedlichen Gesichtszüge von Tante und Nichte fiel ihm eine gewisse Ähnlichkeit der beiden auf. Die Frau am Tisch mußte einmal sehr hübsch gewesen sein. Das war etwas, was man von Maggie beim besten Willen nicht behaupten konnte. Und trotzdem: Beide hatten die gleichen Augen. Und es schien, als würden kleine Lichter in ihnen funkeln.

Plötzlich fragte sich Joe, was einen Menschen eigentlich zu einer Schönheit machte. Die Gleichmäßigkeit der Gesichtszüge? Er wußte es nicht. Es kam ihm im Moment wie eine Schande vor, daß ein Mädchen wie Maggie mit all ihrem Verstand und ihrem Talent in einem Körper gefangen war, der keine Reize hatte.

»Wo kommen Sie denn her?« fragte Tante Lizzie.

»Bitte?«

»Das muß wohl an der Hitze liegen, daß Sie mir hier fast einschlafen. Beeil dich mit dem Tee, Maggie! – Ich habe gefragt, wo Sie herkommen?«

»Northumberland.«

»Oh, ich kenne Northumberland und die Gegend dort. Mein erster Mann hat seine Kindheit da verbracht. Ich war dreimal verheiratet. – Das hätten Sie jetzt nicht erwartet, was? Es ist auch schwer zu erklären. Und das Merkwürdige ist: Es waren alles Waisen. Komisch, nicht? Alles Waisen. Mein erster Mann kam aus Hebburn. Ziemlich muffiger Ort, dieses Hebburn. Ich war oft in Northumberland. In Hexham, um genau zu sein. Haben Sie dort in der Nähe gewohnt?«

Er mußte schwer schlucken, bevor er antworten konnte. »Nicht weit davon. Oben ... oben in den Bergen.«

»Sind Ihre Eltern Bauern?«

»So was in der Art.«

»Was heißt hier so was in der Art? Sind sie es, oder sind sie es nicht?«

»Na ja, so im kleinen, wissen Sie? Hühner und Schweine und so.«

»Oh, Kleinbauern also?«

»Ja, ja. Kleinbauern.«

»Wie sieht's aus? Bist du soweit?« Sie blickte zu Maggie hinüber. »Ja, fertig. Was halten Sie davon, wenn wir den Tee draußen im Schatten trinken? Ich finde es hier drin ziemlich heiß.«

»Kann ich das nehmen?« Joe nahm Maggie das Tablett aus der Hand.

Sie nahm statt dessen zwei Teller vom Tisch und sagte: »Kommen Sie mit. Ich kann mir ihr Geplapper bald nicht mehr mit anhören.«

Sie gingen wieder durch den Flur hinaus in den Garten. Dann folgte er ihr zu einem groben Holztisch, der im Schatten der Bäume stand.

Als Maggie die Sachen vom Tablett auf den Tisch stellte, sagte sie: »Ich weiß, was Sie denken. Sie halten uns für ziemlich übergeschnappt.«

»O nein! Überhaupt nicht.«

»Sie brauchen gar nicht so höflich zu sein. Eigentlich möchte ich Ihnen sogar nahelegen ...« – sie stützte sich jetzt auf den Tisch und schaute ihn direkt an – » ... überhaupt nicht höflich zu sein. Stellen Sie sich einfach vor, Sie wären hier zu Hause und bräuchten nicht mehr in diese Irrenanstalt zurück. Das mache ich auch immer, wenn ich hier bin. Finden Sie nicht auch, daß das Truppenlager die reinste Irrenanstalt ist?«

Sie blickte ihn mit einem verschmitzten Lächeln an, und er lächelte ebenso verschmitzt zurück. »Ja, das ist es wirklich.«

Maggie setzte sich und goß den Tee ein. »Eigentlich glaube ich ja nicht, daß es für Sie als Ausbilder so schlimm ist. Doch bei der NAAFI, inmitten all des Lärms . . .« – sie sah ihm fest in die Augen und betonte jedes Wort – ». . . und den Sticheleien und Hänseleien . . . Manchmal habe ich das Gefühl, ich wäre tot und in der Hölle gelandet. So stelle ich mir jedenfalls die Hölle vor. Immer und immer wieder dieselben blöden Witze.«

Als sie ihm seine Tasse reichte, fuhr sie etwas entspannter fort: »Nicht, daß ich etwas gegen Witze hätte. Aber es sollte sich doch im Rahmen halten. Wenn ich hier bei Tante Lizzie bin, haben wir uns auch oft in der Wolle. Aber eben nicht immer!«

Er sah sie überrascht an. Es war, als würde sie ähnliches durchleiden wie er.

»Ah, das ist schon viel besser.« Maggies Tante kam über die Wiese auf die beiden zu. Sie trug keine Schürze mehr, und der leichte Stoff ihres Sommerkleides umspielte ihre dünnen Beine. »Ich glaube, es kommt Wind auf. Den können wir auch gut gebrauchen. Würde mich nicht wundern, wenn heute nacht ein Gewitter aufziehen würde.« Sie setzte sich. »Jetzt langt aber zu, Kinder. Es ist genug da. Nicht, daß sie mir irgendwas . . .« – sie suchte nach dem richtigen Wort – ». . . organisiert. Da sei der Teufel vor!« Sie deutete auf Maggie. »Sie könnte es zwar, aber sie tut es nicht. Maggie war schon immer viel zu gutmütig und ehrlich. Ich weiß, daß ein paar

Ihrer Kameraden bei den Bauern der Umgebung kräftig abräumen. Eier und Butter und so etwas. Es gibt hier viele Familien, die tatsächlich genug zu essen haben. Doch das alles hier ist nicht gestohlen worden.«

»Nun hör doch auf, Tante.«

»Ich sage doch nur die Wahrheit. Da unten wird geklaut, daß es nur so kracht. Den Lärm müßte man eigentlich bis London hören.«

»Und die Butter fürs Brot und den Kuchen? Die ist doch bestimmt nicht vom Himmel gefallen!« Maggie deutete auf den gedeckten Tisch.

Tante Lizzie legte den Kopf schief und sah sie mit einem diebischen Lächeln an. »Ich habe eine Liaison mit einem Offizier der Air Force. Er kommt von Donalds Farm.« Sie strich sich mit einer übertriebenen Geste eine imaginäre Strähne aus der Stirn, als Maggie und Joe laut loslachten.

»Sie meinen wohl, ich hätte schon alles hinter mir, was?«

»Ich kann mir nicht vorstellen, daß Sie überhaupt etwas hinter sich haben, Mrs. Robson.«

»Das will ich aber auch meinen. Früher war ich mal eine richtige Schönheit. Die Männer lagen mir zu Füßen, ich brauchte nur noch zuzugreifen. Was ich dann auch schließlich tat. Oh . . .« Sie schloß verzückt die Augen. »Ich wünschte, ich könnte die Zeit noch einmal zurückdrehen.« Sie wurde ernst. »Und trotzdem würde ich alles genauso wieder machen. Mein Leben war wirklich wunderschön, und es hat sich gelohnt.«

Während der Stille, die nun eintrat, ergriff ein überaus merkwürdiges Gefühl Besitz von Joe. Am liebsten hätte er über den Tisch hinweg ihre Hand ergriffen. Nicht Maggies, sondern die der alten Dame, die ihren sechzigsten Geburtstag sicher schon hinter sich hatte. Dann veränderte sich plötzlich ihr Gesicht vor seinem geistigen Auge, und seine Mutter saß vor ihm. Er erschrak so sehr, daß er den Inhalt seiner Tasse verschüttete.

»Oh! Das tut mir leid!« Mit einem verlegenen Lachen sagte er: »Ich bin solch zivilisierte Gesellschaft einfach nicht mehr gewohnt.«

»Nun, wir sind überhaupt nicht zivilisiert. Also tun Sie einfach so, als wäre nichts passiert. Maggie, holst du bitte noch etwas heißes Wasser?«

Maggie war noch nicht ganz im Haus verschwunden, als Mrs. Robson ihn fragte: »Sind Sie verheiratet?«

»Nein.«

»Geschwister?«

»Nein . . . Einzelkind.«

»Leben Ihre Eltern noch?«

Er hielt einen Moment inne. Dann sagte er: »Nein, beide . . . tot.«

Die alte Dame sah ihn eindringlich an und schüttelte den Kopf. »Ist doch wirklich seltsam, daß ich immer wieder Waisen begegne. Kennen Sie Maggie schon lange?«

Was bezweckte sie mit dieser Frage? Joe wußte es nicht und geriet bei der Antwort leicht ins Stocken. »Wir . . . Na ja, eigentlich noch nicht so lange. Ich sehe sie oft bei der NAAFI. Das erste Mal habe ich sie auf der Bühne singen hören. Sie hat eine schöne Stimme.«

»Ja, die hat sie. Eigentlich müßte sie mehr Erfolg haben.«

»Ja, das denke ich auch.«

»Sie ist wirklich ein helles Mädchen, müssen Sie wissen. Sie kann nicht nur singen, sondern auch Klavier spielen und ein wenig komponieren.«

»Wirklich?«

»Ja.« Und dann fügte sie wie beiläufig hinzu: »Wie ich so von einigen Leuten höre, wird sie im Lager ganz schön zur Minna gemacht. Na ja, sie ist nun mal so, wie sie ist. Aber sollte ich jemals Zeuge von solchen Hänseleien sein, so werde ich den Betreffenden eigenhändig skalpieren.«

Obwohl sie den letzten Satz sehr nachdrücklich gesagt hatte, klang die Drohung etwas merkwürdig. Beinahe hätte Joe gelacht. Glücklicherweise beherrschte er sich, denn sie fuhr fort: »Es gibt wohl keinen, der so gerne lacht wie ich. Aber sobald Gehässigkeit ins Spiel kommt, werde ich fuchsteufelswild. Maggie war schon immer klein und dick. Man kann auch darüber streiten, ob sie eine Schönheit ist. Aber ihr Gesicht hat was. Manchmal, wenn ich sie mir so ansehe, denke ich im stillen: Sie hat eine faszinierende Ausstrahlung, die schwer zu beschreiben ist. Jedenfalls ist sie mehr wert als tausend von diesen sogenannten Schönheiten. Das ist sie wirklich.«

Ein betretenes Gefühl machte sich jetzt in Joe breit.

Plötzlich flüsterte Mrs. Robson: »Achtung, da kommt sie. Sagen Sie ihr aber bitte nicht, worüber wir gesprochen haben.« Dann drehte sie sich um und rief Maggie unbekümmert zu: »Hat ja ganz schön lange gedauert. Womit hast du das Wasser denn heiß gemacht? Mit einer Kerze?«

»Nein, mit meiner Taschenlampe.«

»Dachte ich's mir doch. Sie essen ja gar nichts!«

Sie schob Joe den Teller mit dem Kuchen hinüber. Er nahm sich ein Stück und sagte höflich: »Ich habe schon zwei gehabt. Er schmeckt außerordentlich gut.«

»Ich backe nichts, von dem man das nicht behaupten könnte. Und sollten Sie öfters hier vorbeikommen, werden Sie feststellen, daß ich eine überaus zurückhaltende Frau bin, die Eigenlob haßt.«

Als er in ihr Lachen einfiel, stieg Unbehagen in ihm auf. Er fragte sich, was sie sich bei den »regelmäßigen Besuchen« dachte. Er würde wahrscheinlich in Teufels Küche kommen, sollte sein Besuch bei Lemon die Runde machen. Von allen Mädchen im Lager war sie diejenige, mit der man nun beim besten Willen nicht ausging.

Als der Nachmittagstee beendet war, brachte Maggie aus der Gartenlaube zwei Liegestühle. Sie stellte sie auf und sagte zu Joe: »Machen Sie es sich bequem. Ich werde meiner Tante beim Spülen helfen. Doch bevor ich gehe, will ich noch eines klarstellen.« Sie blickte ihn jetzt ernst an. »Du brauchst dir keine Gedanken zu machen, daß du da irgendein Feuer entfacht hast. Ich habe jedenfalls in der Hinsicht keine Ambitionen. Wie meine Tante sagen würde, ich bin ein vernünftiges Mädchen. Außerdem würde ich den Vorschlag machen, wir fahren nicht gemeinsam ins Lager zurück. Also setzen Sie sich am besten hin und ruhen sich aus. Sie sind zwar sehr höflich, aber auch schrecklich nervös.«

Er wurde schlagartig über und über rot. Nur mühsam stammelte er: »Ähm, nun. Also . . . bitte . . .«

»Wir wissen doch beide, wie es im Lager zugeht, nicht wahr? Also lassen wir es dabei. Und lockern

Sie endlich Ihre Krawatte und öffnen Sie den obersten Knopf, sonst bekommen Sie noch einen Hitzschlag.«

Joe stand jetzt auf und sah ihr nach, bis sie im Haus verschwand. Sie war so offen und ehrlich ... er konnte es kaum glauben. Was er allerdings noch weniger glauben konnte, war, daß er sich dabei ertappte, sie wirklich zu mögen. Ach, Unsinn! Man konnte ja gar nicht anders, als sie zu mögen. Und trotzdem wünschte er sich, er wäre stark genug zu vergessen, daß sie ein kleines dickes Mädchen war, das außer ihrer Stimme nichts Besonderes hatte.

Joe setzte sich in den Liegestuhl, öffnete seinen Kragen und legte sich zurück. Er blickte hinauf in die Baumkrone der alten Eiche. Für einen Moment stellte er sich vor, er wäre in einer anderen Welt – einer einfachen, unkomplizierten Welt, in der es keinen Platz für Kriege gab oder für eine Frau, die allein in einem Haus in Northumberland saß und die außer der Vergangenheit keine Gesellschaft hatte. Ja, selbst daß es keine Carrie Smith gab, sondern nur dieses abgeschiedene Haus mit seinem abgeschiedenen Garten und diesen beiden ungleichen und doch einander so ähnlichen Frauen. Sie waren so verständnisvoll, zeigten viel Rücksicht, nicht nur sich selbst, sondern auch ihm gegenüber. Langsam neigte sich sein Kopf zur Seite, und er fiel in einen tiefen Schlaf.

Joe war schon wach, noch bevor er die Augen öffnete. Er fühlte sich so entspannt wie schon lange nicht mehr. Eigentlich konnte er sich nicht daran erinnern, jemals so ausgeruht gewesen zu sein. Plötzlich verspürte er ein Ziehen in seinen Beinen, das immer stärker wurde. Er hatte einen Krampf in den Beinen, und der Schmerz war fast unerträglich.

Schnell setzte sich Joe aufrecht hin und begann heftig seine Oberschenkel zu reiben. Plötzlich bemerkte er, wie lang die Schatten geworden waren. Er griff nach seiner Krawatte, die auf dem Tisch lag. Merkwürdig, er konnte sich gar nicht daran erinnern, sie dorthin gelegt zu haben. Mühsam erhob er sich, schlug den Kragen seines Hemdes hoch und band sich die Krawatte um, wobei er zum Haus hinübersah.

Joe wollte gerade zur Hintertür gehen, als Mrs. Robson auf ihn zukam. »Aha, also doch noch wach geworden. Mein Gott, Sie haben ja wie ein Toter geschlafen. Fühlen Sie sich besser?«

»Ich fühle mich hervorragend, aber es tut mir leid. Ich ... ich wollte eigentlich nicht einschlafen. Es muß wohl an der Hitze gelegen haben. Wie spät ist es denn?« Er blickte auf seine Armbanduhr und erschrak. »Verdammt, schon zehn nach sieben! Es tut mir wirklich leid. Ich hoffe, ich habe Ihnen keine Umstände gemacht. Sie wollten doch bestimmt noch weg!«

»Aber nein, keineswegs. Ich gehe nur selten am Wochenende in die Stadt. Ich fahre eigentlich sowieso nur nach Hereford, wenn es unbedingt sein muß. Maggie geht meistens für uns einkaufen. Ein Glück, daß sie hier in der Nähe stationiert ist. Übrigens, das Bad ist im Flur, erste Tür links.«

»Danke schön.« Er lächelte sie an und ging dann ins Haus.

Fünf Minuten später, als er wieder herauskam, saß sie mit dem Rücken an einen Baum gelehnt. Er ging zu ihr hinüber und bedankte sich für ihre Gastfreundschaft. »Ich weiß wirklich nicht, wie ich Ihnen dafür danken soll. Es war, um es einmal poetisch auszudrücken, wie eine Oase in der Wüste.«

»Nun, wenn es Ihnen so gefallen hat, dann können Sie so oft kommen, wie Sie möchten.«

»Danke, Mrs. Robson. Ich werde Sie vielleicht beim Wort nehmen.«

»Das will ich aber hoffen. Wie ich schon sagte, ich bin nicht oft fort. Wenn man weit weg von zu Hause ist, dann hilft es schon, wenn man weiß, wo man vorbeischauen kann. Nicht, daß irgend etwas dem eigenen Zuhause gleichkommen kann.«

Sein Gesicht war jetzt ernst. Und in einem fast schon steifen, ja harten Ton sagte er: »Es kommt ganz darauf an, was man sein Zuhause nennt.«

Sie antwortete ihm nicht sofort. Vielmehr sah sie ihn eingehend und nachdenklich an. »Ja, vermutlich haben Sie recht . . . Nein, Sie haben ganz bestimmt recht! Wahrhaftig, es kommt ganz darauf an, was für ein Zuhause man zurückgelassen hat. Ich bin mir sicher, daß es unter Ihnen ein paar Jungs gibt, die froh sind, vom Elternhaus wegzukommen. Für sie ist der Krieg ein Geschenk des Himmels. Wie auch immer.« Sie stand auf. »Ich glaube, es wird Zeit, daß Sie zurückfahren. Aber vergessen Sie nicht, daß Sie hier jederzeit willkommen sind.«

Joe deutete zum Haus hinüber. »Ist Maggie fertig?«

»Schon lange. Sie ist bereits vor einer halben Stunde gefahren.«

»Was sagen Sie da, Mrs. Robson?«

Mrs. Robson ging zum Gartentor voraus und sagte in normalem Plauderton: »Maggie wollte Sie nicht stören. Sie haben so tief geschlafen.«

Plötzlich erinnerte Joe sich an das, was Maggie ihm in aller Offenheit gesagt hatte. Und neben dem Gefühl der Erleichterung schämte er sich auch ein wenig.

»Auf Wiedersehen, Mrs. Robson.«

»Auf Wiedersehen, junger Mann.«

Ihre Stimme klang traurig, als sie ihn verabschiedete, und er wußte, daß sie ihn beobachtete, als er davonfuhr.

Verlegenheit stieg in ihm auf, als er am Montag zum Mittagessen in die Kantine ging und sich vorstellte, wie er zu Maggie »Hallo« sagen und sie den Gruß erwidern würde.

Doch diesmal stand die vorlaute Bedienung hinter der Theke. »Tee oder Kaffee? Eigentlich brauchen Sie nicht zu wählen, schmeckt eh alles gleich.«

Joe starrte sie einen Moment an, dann sagte er: »Tee bitte.«

Als er sich umdrehte, kam Rona auf ihn zu. Sie war gerade mit dem Servieren fertig und zwinkerte ihm zu. »Na, ein nettes Wochenende gehabt?«

Im ersten Moment vermutete er, daß diese Bemerkung zweideutig gemeint war. Doch dann fiel ihm ein, daß Rona ihre Montagsgespräche immer mit diesem Satz einleitete. Also antwortete er in aufgeräumtem Ton: »Sehr nett, außerordentlich nett sogar.«

»Na, da haben Sie ja richtig Glück gehabt.«

»Platz da!« Er beobachtete, wie Maggie Rona mit ihrer Hüfte beiseite schob. »Draußen steht eine Horde durstiger Araber. Kümmere dich doch bitte um sie.«

Zum ersten Mal seit einer Ewigkeit verspürte er Lust, nicht nur einfach zu lachen, sondern laut loszuprusten, wie er es immer mit Martin und Harry gemacht hatte, wenn einer einen Witz gerissen hatte. Gleichzeitig stellte er fest, daß es hinter der Theke so etwas wie eine Rangordnung gab, an deren Spitze Maggie stand.

An diesem Morgen hatte er seit langer Zeit mal wieder im Bett gelegen und sich überlegt, was er an diesem Tag alles tun wollte. Auch wenn es nicht der Glanz der alten Tage war, so hatte Joe doch das Gefühl, er würde ganz langsam aus seiner Erstarrung erwachen. Er hatte dieses Gefühl seit dem vergangenen Tag, und es war überaus angenehm.

»Danke, Maggie.« Er nahm den Tee, legte einen Penny auf die Theke und lächelte sie an. Dann setzte er sich an einen freien Tisch.

Als einige Minuten später der größte Ansturm vorüber war, drehte sich Rona zu Maggie um und fragte: »Seit wann spricht der dich denn mit Maggie an? Der macht doch sonst seinen Mund nicht auf.«

»Oh.« Maggie nahm einen Lappen und wischte die Theke ab. Sie legte den Kopf schief, biß sich auf die Unterlippe und tat so, als wüßte sie es nicht genau. »Laß mich einmal nachdenken. Ich glaube, seit unserer Hochzeit.«

Betty Allsop, die das Gespräch mit angehört hatte, brach in schallendes Gelächter aus, doch Maggie ließ sich nicht davon beeindrucken. Sie wischte weiter über die Theke.

»Den Tag möchte ich erleben«, sagte Rona. »Das wird ein Fest. Selbst wenn du jemanden wie Billings heiraten würdest.«

Maggie mußte sich jetzt beherrschen, nicht einfach den Lappen zu nehmen und ihn in dieses bezaubernde Gesicht zu schleudern. Auf der anderen Seite wußte sie, daß sie diese Antwort provoziert hatte. Sie holte tief Luft, und trotzdem hatte sie große Mühe, nicht die Fassung zu verlieren.

3.

Wie Mrs. Robson zu sagen pflegte: Die Menschen nahmen den Krieg so hin wie ihr eigenes Leben. Sie hatten sich mit ihm arrangiert, lebten mit ihm und akzeptierten alle Folgen. Doch warum mußten sie die Züge beschlagnahmen, die von Cornwall die Blumen brachten? Es gab doch nichts Erfreulicheres an trüben Tagen als ein Blume. Sie wollten Transportkapazitäten sparen, das behauptete jedenfalls die Regierung. Das war aber nur ein Tropfen auf den heißen Stein, genau wie die Feriensonderzüge. Aber für die Rennpferde waren die Züge als Transportmittel noch immer gut genug. Aber wer ging schon zu Pferderennen? Und dann diese Einkommenssteuer. Wer aber auf die irrsinnige Idee gekommen war, daß alle sich in Umlauf befindlichen Landkarten verbrannt werden mußten, wußte sie nicht. Ihr kam der Einfall nur absurd vor. Als ob die Deutschen bei einer Landung nicht wüßten, wohin sie gehen müßten. Männer! Es waren Frauen, die sie dort oben ganz dringend brauchten, damit der gesunde Menschenverstand nicht vollkommen vor die Hunde ging.

Neben Churchill gab es nur einen Mann, von dem Mrs. Robson etwas hielt, und das war Sir Arthur Harris. Er schickte wenigstens die Bomber gleich tausendfach hinüber, um ihnen die Hölle heiß zu machen. Die Deutschen sollten einen Eindruck davon bekommen, wie es damals bei der Luftschlacht um England gewesen war, bei der sie Kirchen und Kathedralen in Schutt und Asche gelegt hatten.

Durch seine Tätigkeit als Funker hörte Joe in seiner freien Zeit nur selten Radio. Er kannte all die Nachrichten, die der Radiosprecher in der Regel immer im selben geschäftsmäßigen Ton verlas. Die Erfolge des Gegners wurden immer als unbedeutend dargestellt. Doch Joe wußte es besser. Tobruk war im Juni in die Hände der Achsenmächte gefallen, und Mussolini marschierte in Libyen ein. Namen wie Rommel, Auchinleck und El Alamein klangen in seinen Ohren ebenso vertraut wie Smith, Jones und Robinson. Trotzdem hatte Joe das Gefühl, daß man ihn dazu zwang, sich ein Spiel von der Seitenlinie aus anzusehen, das ihn überhaupt nicht interessierte. Er wußte, daß er nicht als einziger dieses Gefühl hatte. Beherrschte es auch nicht das ganze Lager, so doch zumindest seine Einheit.

Dieser Teil des Landes schien überhaupt nicht im Kriegszustand zu sein. Nur die Munitionsfabrik in Hereford deutete auf die Auseinandersetzungen hin. Die Menschen gingen ihrer Arbeit wie gewöhnlich nach. Es gab keinen Fliegeralarm, kein Hetzen in die Bunker, und die Feuerwehr mußte auch nicht ausrücken. Natürlich waren die meisten froh, ausgerechnet hier stationiert zu sein. Die Vorstellung, versetzt zu werden, kam einem Alptraum gleich. So hatten also die meisten seiner Kameraden das Gefühl, in diesem Krieg nur Zuschauer zu sein.

Ihm selbst hätte es nichts ausgemacht, versetzt zu

werden. Im Gegenteil! Er würde es sogar begrüßen, denn allmählich tauchte ein weiteres Problem in seinem Leben auf.

Seit jenem Tag im August, als er zum ersten Mal das Haus von Mrs. Robson betreten hatte, war er mindestens schon ein dutzendmal dort zu Besuch gewesen. Inzwischen waren zehn Wochen vergangen, und in all der Zeit war er nur ein einziges Mal mit Maggie zusammen ins Lager zurückgefahren. Aber da war es bereits dunkel gewesen, und keiner hatte sie bemerkt. Es war nicht die Reaktion seiner Kameraden, die ihm Sorgen machte. Es war Mrs. Robson. Er mochte sie. Sie stand mit beiden Beinen fest auf der Erde und hatte die Fähigkeit, ihn ein wenig aus der Reserve locken zu können. Doch sie schien eine fixe Idee zu haben, was ihn und Maggie betraf. Und das war geradezu lächerlich.

Maggie selbst, das wußte er, hatte Verständnis für seine Situation. Sie war sehr vernünftig. Aber ihre Tante war anscheinend der Meinung, er wäre eine gute Partie für Maggie. Deswegen pries sie ihm immer mehr Maggies Qualitäten an.

Joe war sich ihrer Vorzüge durchaus bewußt. Sie war ein ganz besonderer Mensch, und es war eine Schande, daß ihr Geist und ihre Persönlichkeit in diesem unförmigen Körper gefangen waren. In der vergangenen Woche hatte sie nach einem ihrer Auftritte einigen Air-Force-Piloten am Nachbartisch zugehört, wie sie über sie sprachen.

»Ihre Größe ist vollkommen egal. In Hollywood würde man sie auf eine dieser Schönheitsfarmen schicken, sie auf Diät setzen und dann auf Vordermann bringen. Und was käme dabei heraus? Wahrscheinlich eine Sensation. Man würde sie sicher ›Die

Kleine Nachtigall‹ nennen«, hatte einer von ihnen behauptet.

Dann hatten sie alle gelacht. Ein anderer hatte erwidert: »So falsch liegst du da gar nicht.«

»Nein, das weiß ich. So eine Stimme wie die ihre hört man nicht alle Tage. Außerdem hat sie was auf dem Kasten. Hier im Lager gibt's niemanden, der mit der Zunge schneller ist als unsere Lemon.«

»Wieso führst du sie dann nicht einmal aus?« Daraufhin war wieder Gelächter zu hören.

Und nun fragte ihre Tante Joe auf umständliche Art, warum er nicht einmal mit ihr ausginge!

»Die Ehe ist eine merkwürdige Angelegenheit, Joe. Ich weiß, wovon ich rede, schließlich habe ich drei Ehen hinter mir. Aber laß dir eines gesagt sein. Das Aussehen spielt dabei die geringste Rolle. Auf lange Sicht zählt nur das, was sich hinter der äußeren Hülle verbirgt. Ich habe meinen ersten Mann nur wegen seines Aussehens geheiratet. Und, bei Gott, habe ich nicht genug dafür zahlen müssen? Ohne seine Firma hätte ich ihn wahrscheinlich innerhalb eines Monats verlassen. Oh, ich bin da ehrlich.« Sie saß auf einem Stuhl neben dem Kamin und nickte ihm ernst zu. »Ich hatte auf seinen Besitz immerhin einen gewissen Anspruch. Schließlich war ich diejenige gewesen, die sein Geschäft innerhalb von fünf Jahren aus dem Nichts aufgebaut hat. Er war nicht besonders clever, mußt du wissen. Na ja, er starb sehr jung. Aber da ist noch etwas, worüber du dir im klaren sein mußt: Die Ehe ist ein Geschäft. Wenn der erste Reiz verflogen ist, kann es sehr schwer sein, mit einem Partner zusammenzuleben. Besonders wenn du mit ihm zusammenarbeitest, wie ich es mit meinem Mann tat. Mein zweiter

Mann war nicht übel. Der hatte wenigstens Geschäftssinn. Als ich ihn heiratete, kauften wir dieses Haus, damit wir die Wochenenden hier verbringen konnten. Doch mein dritter Mann war der beste von allen. Er sah aus wie ein gerupftes Huhn und war spindeldürr. Aber er war der netteste, hingebungsvollste Mann, den man sich als Frau nur wünschen konnte. Doch das Leben spielt dir manchmal übel mit. Die meiste Zeit habe ich mit Männern verbracht, die entweder ein einziger Fehler oder nicht Fisch noch Fleisch waren. Dann traf ich endlich den Richtigen, und schon klopfte das Schicksal nach vier Jahren an die Tür. Mehr Zeit hatten wir nicht füreinander. Doch wenn ich jetzt zurückblicke, muß ich sagen, daß diese vier Jahre eine Entschädigung für all die vergeudeten Jahre zuvor waren. Nicht zu vergessen die, die noch kommen werden . . . Maggie ist ein feines Mädchen. So eines findest du unter tausend nicht.«

»Das weiß ich, Mrs. Robson. Aber wir sind einfach nur gute Freunde.«

»Ja, ja.« Sie stand auf, ging zu dem Korb, der neben dem Kamin stand, nahm ein Holzscheit und warf es ins Feuer. Als sie sich die Hände abgeklopft hatte, fuhr sie fort: »Das hat sie mir auch gesagt. Du bist sicher der Meinung, daß mich das nichts angeht, aber es wird mehr daraus werden. Und dann wird es dir schlechtgehen. Bei Gott, das wird es!«

Was sollte er darauf sagen? Er saß mit gefalteten Händen da und schaute zu Boden.

Plötzlich stand sie vor ihm und sagte entschuldigend: »Ich bin zu weit gegangen, Joe. Es tut mir leid. Aber ich mache mir Sorgen um Maggie. Sie ist wie eine Tochter für mich. Die Tochter, die ich nie hatte.

Manchmal liege ich in der Nacht wach und frage mich, was soll nur aus ihr werden, wenn ich einmal nicht mehr da bin? Denn wie die Männer nun einmal sind, werden sie sie nur des Geldes wegen heiraten. Maggie wird alles bekommen, was ich habe. Und das ist nicht gerade wenig.«

Joe blickte auf. »Ich glaube nicht, daß Sie sich deswegen Sorgen machen müßten. So schnell legt man Maggie nicht herein. Sie kann die Menschen gut durchschauen.«

»Ja, Joe. Das weiß ich. Es gibt wohl niemanden, der vernünftiger ist als sie. Aber sie ist nicht nur vernünftig, sie ist vor allen Dingen eine Frau, die Bedürfnisse und Träume hat. Sie weiß genau, daß sie, wenn sie allein bleibt, daran zugrunde gehen wird. Es ist wirklich ein Trost, wenn es da jemanden gibt, mit dem man zusammen frühstücken kann – auch wenn man sich ab und zu mit ihm streitet.«

»Mrs. Robson?«

»Ja, mein Junge?« Sie setzte sich wieder hin, streckte ein Bein aus und massierte es leicht. Joe hielt einen Moment inne, als er erkannte, daß ihr das Rheuma wieder zu schaffen machte. Dann sagte er ruhig, aber bestimmt: »Ich glaube nicht, daß ich jemals heiraten werde. Genaugenommen bin ich mir dessen absolut sicher.«

Ihr Kopf schnellte hoch. »Warum?«

»Ich habe meine Gründe.«

»Hat es was mit deiner Verfassung zu tun?«

»O nein.« Er mußte bei dieser Frage unwillkürlich lachen. »Nein, nicht das, was Sie jetzt denken.«

»Dafür kannst du doch dankbar sein. Was gibt es denn sonst für schwerwiegende Gründe, die gegen eine Ehe sprechen würden?«

»Es ... es ist eine sehr ernste Familienangelegenheit.«

»Irgendeine Krankheit?«

War seine Mutter krank gewesen? Ja, in gewisser Weise war sie verrückt. Und so antwortete er: »Man könnte es so ausdrücken.«

»Körperlich oder geistig?«

Sie ließ einfach nicht locker. Er schluckte schwer, dann sagte er: »Geistig.«

»Oh.« Sie sahen einander im trüben Licht der Lampe an, dann seufzte sie tief auf. »Na ja, es muß doch nicht vererbbar sein. Es kann erst nach Generationen durchschlagen.«

Als er darauf nichts erwiderte, sagte sie: »Es tut mir leid.«

»Mir auch.«

»Das erklärt allerdings einiges. Danke, daß du so offen zu mir warst. Aber im Grunde genommen ändert das nichts an dem, worüber wir eben sprachen. – Maggie, meine ich. Dafür kann ich dich jetzt besser verstehen. Ich hatte eigentlich nie den Eindruck, daß du ein Mensch bist, der falsche Versprechungen macht und andere Leute hinters Licht führt. Nochmals danke, daß du mir dein Vertrauen geschenkt hast. Jetzt, wo wir das geklärt haben, sollte ich dir aber noch etwas zu essen machen, bevor du wieder zurück ins Lager gehst.«

»Nein, nein!« Er sprang mit einem Satz auf. »Sie bringen mich heute bestimmt nicht mehr dazu, noch mehr zu essen. Ich bin wirklich satt. Setzen Sie sich am besten hin, ich mache uns etwas zu trinken, und dann werde ich gehen.«

»Du wirst doch nicht die Medizin für Maggie vergessen? Sie hat schon seit zwei Wochen diesen schlimmen Husten. Es müßte doch langsam besser werden.«

Joe ging in die Küche, in der er sich inzwischen gut auskannte, und machte zwei Tassen Kakao. Er atmete tief durch, denn das Gespräch hatte ihn viel Kraft gekostet. Kaum hatte er das Wohnzimmer wieder betreten, fragte Lizzie ihn: »Weiß Maggie davon?«

Er schüttelte den Kopf.

»Hast du etwas dagegen, wenn ich es ihr sage?«

Joe dachte einen Moment nach. Dann sagte er: »Nein, überhaupt nicht.«

Als er ihr den Kakao reichte, blickte sie zu ihm auf. »Nur noch drei Wochen bis Weihnachten. Wirst du über die Feiertage frei haben?«

»Das kann ich erst sagen, wenn der Dienstplan aushängt.«

»Möchtest du gerne mit uns essen, wenn du frei hast?«

»Ich würde es um nichts in der Welt missen wollen.«

»Sehr gut.« Sie hob ihre Tasse. »Auf ein fröhliches Weihnachtsfest.«

Als er mit ihr anstieß, sagte er lächelnd: »Auf ein fröhliches Weihnachtsfest.«

4.

»An deiner Stelle würde ich etwas gegen den Husten tun, Maggie. Du schleppst ihn jetzt schon seit Wochen mit dir herum. Warum meldest du dich nicht einfach krank?«

»Was? Um mich im Regen in eine Schlange zu

stellen und mir eine beidseitige Lungenentzündung zu holen?«

»Immerhin greift er deine Stimme an. Wenn die alte Schachtel merkt, wie schlimm dein Husten ist, wird sie dir bestimmt einen Termin geben, vorausgesetzt, du bittest sie darum.«

»Ja, und dann wird sie mir die Leviten lesen.«

»Komm, so schlimm ist sie auch nicht«, erwiderte Peggy.

»Das hat auch niemand behauptet. Im Vergleich zu den meisten von der WAAF ist sie wie eine Mutter Oberin.«

»Gehst du heute wieder zu deiner Tante?«

»Natürlich.«

»Es regnet aber in Strömen.«

»Das habe ich auch schon bemerkt.«

»Sie wird dich heute sicher nicht erwarten.«

»Sie erwartet mich immer. Wohin gehst du?« wollte Maggie wissen.

»Ich habe eine Verabredung.«

»Mit diesem Temple?«

»Ja, mit diesem Temple.«

»Was kann dabei schon Gutes herauskommen?«

»Immerhin habe ich für ein paar Stunden etwas Abwechslung.«

»Seine Frau könnte an diesem Wochenende sicher auch etwas Abwechslung gebrauchen.«

»O Maggie.« Peggy Ryan schüttelte ungeduldig den Kopf. »Das verstehst du einfach nicht.«

Maggie drehte sich langsam zu ihr um und starrte sie einen Moment an. »Vermutlich fühle ich nicht wie andere Menschen, weil ich nicht wie andere Menschen bin.«

»Du verdrehst wieder einmal alles, Maggie. Es ist

nur . . . Ich habe den Eindruck, daß du niemanden brauchst und ganz gut alleine klarkommst. Wir alle . . .«

»Was sagst du da?«

»Es tut mir leid, Maggie. Ja, ich weiß, das war dumm von mir. Natürlich fühlst du dich einsam. Aber . . . ich habe das Gefühl, daß du damit ganz gut zurechtkommst. Bei mir ist das was anderes. Ich brauche meinen Spaß, sonst platze ich.«

»Da gebe ich dir recht. Da gebe ich dir vollkommen recht.«

»Jetzt sei nicht gleich wieder so sarkastisch.« Peggy zog sich den Mantel über und griff nach dem Regencape, das über dem Fußende des Bettes hing. »Ich geh' dann mal. Und wenn du nur einen Funken Verstand hast, bleibst du besser hier. Bis dann.«

»Bis dann.«

Das verstehst du einfach nicht. Und ob sie verstand, sie verstand es sogar nur zu gut. Auch wenn sie dick und unförmig war, so hatte sie doch Gefühle und Träume. Des Nachts träumte sie oft, daß sie an der Uferböschung eines kleinen Baches stand und einen jungen Mann beobachtete, der sich über das Wasser beugte. Jedesmal lief sie zu ihm hinunter, und doch entfernte sie sich dabei immer mehr von ihm. Der Mann drehte sich nicht einmal zu ihr um. Der Traum war natürlich symbolisch zu sehen, das wußte sie. Joe mochte sie, aber er mochte sie nicht genug, um zu ihr zu stehen und sich offen zu ihrer Freundschaft zu bekennen.

Was erwartete sie da eigentlich von ihm? Es gab wohl keinen Mann, der offen zugeben würde, sich mit ihr zu treffen. Joe war da keine Ausnahme.

Er war ein gutaussehender Kerl, der jedes Mädchen haben könnte, wenn er nur wollte. Doch im Lager galt er als zurückhaltender und verschlossener Typ. Würde er sich nun offen zu ihrer Freundschaft bekennen, wäre das Gerede sicher groß. Schließlich wäre das die Sensation: Die kleine, dicke Lemon hatte es endlich geschafft, sich einen Mann zu angeln. »Dick und Doof« würden sie sie nennen. Sie konnte sich ausmalen, wie die anderen über sie lästern würden.

Oh, sie erkannte sehr wohl die mißliche Lage, in der sie steckte. Schließlich war sie dafür verantwortlich. Aber für sie hatte das Leben nun einen Sinn. Sie zählte die Stunden bis zum Wochenende. Ihr Herz begann stets zu rasen, wenn sie ihr Rad durch das Gartentor schob. Immer hatte sie eine blöde Bemerkung parat, wenn sie ihn dann sah, und eine ebenso blöde, wenn er noch nicht da war. Und wenn er sich vierzehn Tage nicht mehr sehen ließ, dann wurde sie immer stiller. So still, daß Tante Lizzie wieder von ihren zwei ersten Männern zu erzählen begann, um sie zum Lachen zu bringen. Und Maggie lachte dann tatsächlich. Sie wußte nicht, woher sie die Kraft dazu nahm. Vielleicht bezog sie sie aus dem schmerzvollen Schweigen und der Einsicht, daß sie sich selbst mit ihren Träumen betrog, denn was konnte schon aus dieser Beziehung werden? Sicher nicht mehr als eine Affäre wie all die anderen auch.

Joe war bereits da, als sie eintrat, und half ihr zuerst aus dem Regencape und dann aus dem Mantel, während Tante Lizzie sie mit den Worten zurechtwies: »Mit deiner Erkältung wärst du besser nicht gekommen.«

»Was hätte ich denn sonst machen sollen? Auf der Bettkante sitzen und Däumchen drehen?« Sie lächelte Joe an, und er erwiderte ihr Lächeln.

»Sei nicht so vorlaut und komm endlich herein. Vergiß nicht, Schuhe und Strümpfe auszuziehen.«

»Was tust du denn da in den Tee?«

»Trink ihn und bedank dich.«

»Wie bist du denn an den Whisky gekommen?«

»Das errätst du nie.«

Einige Minuten später saß Maggie vor einem prasselnden Feuer. Während sie still an ihrem Tee nippte, blickte sie Joe an, der ihr gegenübersaß. Hemdsärmelig und ohne Krawatte wirkte er so sehr wie ein Mitglied der Familie, daß es weh tat.

»Deine Tante hat recht. Du bist verrückt, bei dem Wetter hierherzukommen.«

Eigentlich wollte sie sagen: Du hast mich also nicht erwartet? Doch statt dessen entgegnete sie: »Dann muß ich genauso verrückt sein wie du.«

»Das ist etwas anderes.«

Ja, er kam aus einem anderen Grund als sie. Sie wollte ihn sehen und ihre Tante besuchen, während ihn nur eines hierhertrieb: Dieses Haus war ein Unterschlupf für ihn, wohin er sich vor all der Monotonie und Langeweile im Lager flüchten konnte. Obwohl das nicht fair ihm gegenüber war. Tante Lizzie und er mochten sich sehr gern. Tatsächlich war er zu ihrer Tante offener als zu sonst irgend jemandem – sie selbst eingeschlossen.

»Und wie war die Woche?« Sie stellte diese Frage, als hätte sie ihn seit Tagen nicht mehr gesehen. Aber im Lager sprachen sie auch nicht viel miteinander.

»Oh, ein wenig hektisch. Wir haben neue Ausrüstungsgegenstände bekommen, können aber nicht alles davon gebrauchen.«

»Warum?«

»Ach, das ist ziemlich kompliziert.« Er schüttelte den Kopf. »Es ist amerikanisches Material. Übertragungsempfänger und Empfangsverstärker. Da sie aber auf Frequenzmodulationsbasis arbeiten, können wir sie nicht benutzen, da unsere auf Amplitudenmodulation ausgerichtet sind.«

»Ach wirklich?« Sie mußten beide lachen.

»Ich weiß nicht, wie ich es anders erklären sollte. Tatsache ist auf jeden Fall, daß wir mit den kleinen blinkenden Apparaten nicht fertig werden. Sie schicken uns einen aus Cranwell herüber, einen schlauen Burschen, um uns Hinterwäldlern zu zeigen, wie man einen Knopf umdreht.«

»Ja, in der Armee bekommst du wirklich etwas geboten. Franzosen, Australier, Kanadier, Polen ... man braucht eigentlich gar nicht mehr zu verreisen. Hast du übrigens von den beiden Kanadiern gehört, die letzte Nacht beinahe eine Schlägerei angefangen hätten?«

»Nein. Erzähl!«

»Sie sprachen über die Offensive im letzten August, wo so viele Kanadier getötet oder gefangengenommen wurden. Sie behaupteten, man hätte sie nicht genügend unterstützt, und zogen über Montgomery her. Wie dem auch sei, ein paar von ihnen hatten sich schließlich in der Wolle. Doch dann tauchte die Militärpolizei auf der Bildfläche auf. Ich vermute, daß heute morgen wohl einige Soldaten heftige Kopfschmerzen hatten.«

»Davon habe ich überhaupt nichts gehört. Waren welche von unserer Einheit dabei?«

»Soweit ich weiß, ja. Ein paar der Wachhabenden waren auch mit dabei.«

»Oh, das tut mir aber leid.«

»Ja, das glaube ich dir aufs Wort. Ich kann sie aber auch verstehen. Einmal habe ich mitbekommen, wie sie sich letzte Woche fürchterlich über euch aufgeregt haben, weil ihr immer noch eure Ausbildungsstunden habt, während sie nichts anderes tun, als Wache zu schieben. Ich habe ihnen vorgeschlagen, sie sollten zu einem Streik aufrufen.«

Wieder mußten sie beide lachen. Joe sah Maggie bewundernd an. Man konnte sich mit ihr wirklich gut über die Geschehnisse im Lager unterhalten.

Maggie starrte wie hypnotisiert ins Feuer. Kam es ihm nur so vor, oder war ihr Gesicht wirklich schmaler geworden? Vielleicht lag es aber auch nur am Licht; das Spiel des Feuers ließ vieles anders erscheinen. Wieder hatte er den Eindruck, ein kleines Mädchen in ihr zu sehen.

»Joe.«

Als Maggie die Stimme aus der Küche hörte, lachte sie und sagte zu Joe: »Deine Mutter ruft.« Erstaunt beobachtete sie, wie sein Gesicht blaß wurde. Es schien, als hätte das Wort ›Mutter‹ eine bis zum Reißen angespannte Saite in ihm angeschlagen. Sie vermutete, daß es mit dem zu tun haben mußte, was ihr Tante Lizzie über seine Mutter erzählt hatte. Ihr wäre es egal, so dachte sie bitter, wenn selbst seine ganze Familie dem Wahnsinn verfallen wäre, solange sie nur sagen könnte, er gehöre zu ihr.

Einige Minuten später kam er aus der Küche zurück, in den Händen ein Paar Hausschuhe. Er grinste Maggie an, als er sie ihr reichte. »Ich soll dir etwas von deiner Tante ausrichten: Du scheinst wohl dein Unglück geradezu herauszufordern. Kein vernünftiger Mensch läuft mit so einer Erkältung barfuß herum.«

Sie lachte leise und beugte sich im Sessel vor, um die Hausschuhe in Empfang zu nehmen. Doch plötzlich – sie wußte gar nicht, wie ihr geschah – kniete er sich nieder, nahm einen ihrer nackten Füße und zog ihr erst den linken, dann den rechten Schuh an.

Ihre Blicke begegneten sich. Für Sekunden sahen sie einander sprachlos an, doch beiden kam es wie eine Ewigkeit vor.

Erst als Maggie wieder leise lachte, löste sich die Spannung zwischen ihnen. »Das ist das erste Mal, daß man mir die Hausschuhe anzieht. Seit meinem zweiten Lebensjahr mußte ich das immer alleine tun. Ich glaube, ich bin vorher ständig barfuß herumgelaufen.«

Joe hatte sich gerade in seinen Sessel gesetzt, als Lizzie erneut nach ihm rief. Er stand auf, doch diesmal meinte Maggie: »Heute läßt sie dich aber laufen. Wieso bleibst du eigentlich nicht gleich in der Küche?«

Als er das Wohnzimmer wenig später wieder betrat, trug er ein beladenes Tablett. Lizzie folgte ihm mit der Teekanne in der Hand und sagte: »Ah, das ist nett von dir. Untersteh dich, dich wieder hinzusetzen! Deck lieber den Tisch!«

Sie nahmen den Nachmittagstee in lauter, ausgelassener Stimmung ein. Lizzie gab wieder einmal Anekdoten aus ihrem Leben zum besten, und daß Krieg herrschte, geriet darüber völlig in Vergessenheit.

Joe war gerade damit beschäftigt, das schmutzige Geschirr zusammenzustellen, als Lizzie zu ihm sagte: »Komm, laß nur. Ich glaube, ich werde noch ein wenig Klavier spielen. Maggie hat sich nämlich ein neues Lied ausgedacht. Ich habe die Melodie für die Strophen fertig, aber irgendwie paßt sie noch nicht so ganz zum Refrain. Du kannst es ja noch einmal überarbeiten, nicht wahr?« wandte sie sich an Maggie.

Joe blickte die beiden Frauen überrascht an. »Du schreibst Lieder?« fragte er Maggie erstaunt. Doch dann fiel ihm ein, daß Lizzie dies einmal erwähnt hatte.

»Sie ist ein wahres Genie«, erwiderte Lizzie und lächelte Maggie an.

»Stimmt gar nicht.« Maggie schüttelte den Kopf. »Laß dir bloß keinen Bären aufbinden. Sie ist viel besser als ich.«

»Jetzt schau uns doch nicht so überrascht an! Ich sage dir, ich habe elf Jahre hart gearbeitet, um einigermaßen Klavier spielen zu können. Aber Maggie ist mindestens genausogut wie ich. Und sie hat nur wenige Jahre Unterricht gehabt.«

»Unsinn!« Maggie sah ihn an und schüttelte den Kopf.

»Ich kann überhaupt nicht komponieren. Ich schreibe mir nur ein paar Noten auf, aber das kann schließlich jeder.«

»Ja, jeder kann das.« Lizzie setzte sich hinter das Klavier, streckte ihre Finger und ließ sie über die Tasten gleiten. Dann stimmte sie eine Melodie an.

Joe blickte wieder von Maggie, die am Kamin saß, zu Lizzie hinüber. Dann sagte er leise: »Es ist eine wunderbare Melodie. Wie geht der Text?«

Maggie antwortete nicht, doch Lizzie hörte mit dem Spielen auf, legte sich ein Blatt Papier zurecht, das oben auf dem Klavier lag, und sang mit rauchiger tiefer Stimme:

»Geh nicht fort, geh nicht fort,
geh nicht fort von mir.
Denn mein Herz,
so schwer von Schmerz,
es gehört nur dir.
In all den Jahren,
die wir beisammen waren,
war dein Blick mein größtes Glück.
Doch nun sind wir alt,
und das Grab wartet kalt,
drum Liebling, bleib bei mir.«

Als sie schließlich den Refrain sang, bemerkte Joe, wie angespannt er war. Maggie schaute jetzt abwesend ins Feuer. Sie hatte die Füße angezogen und umfaßte mit den Armen ihre Knie. Er hatte den Eindruck, als würde sie sich selbst festhalten müssen oder große Schmerzen erleiden. Sie hatte ein Lied über eine alternde Frau geschrieben, die ihren Mann verloren hatte. Wie konnte sie dieses Gefühl nachvollziehen? Er wollte zu ihr hinübergehen, seinen Arm um sie legen und ihr sagen: Es wird alles wieder gut. Mach dir keine Sorgen.

Aber Maggie war keine alte Frau, die ihren Mann verloren hatte, sondern ein junges Mädchen, das noch gar keinen Mann hatte.

»Hübsch, nicht wahr? Ich hoffe, es hat dir gefallen.« Lizzie drehte sich auf dem Klavierhocker um und blickte Joe an.

»Und ob. Ich finde, so etwas sollte man veröffentlichen.«

»Das sage ich auch immer. Genau das sind meine Worte, doch sie hört ja nicht auf mich.« Lizzie stand auf und wollte gerade zum Kamin gehen, als es sehr kräftig an der Hintertür klopfte. Gleichzeitig zuckte Maggie so zusammen, daß sie aufrecht in ihrem Sessel saß.

Joe sprang auf und sagte: »Ich geh' zur Tür.«

»Ach, mach dir keine Mühe«, sagte Lizzie und winkte ab. »Ich weiß schon, wer das ist. Aber warum klopft er an die Hintertür? Es ist Donald. Normalerweise schaut er immer samstags vorbei. Wie heißt es doch so schön: Man sollte immer Freunde auf dem Land haben.«

Als Lizzie das Zimmer verlassen hatte, nahm Joe sich einen niedrigen Hocker und setzte sich zu Maggie an den Kamin. Er schaute sie einen Moment an und sagte: »Du bist wirklich überaus begabt.«

»O ja! Und wie!«

Er lächelte sie einen Moment an und rückte dann ein wenig näher. »Nein, das meine ich im Ernst. Wir sind doch Freunde, oder? Also kann ich dir das auch sagen: Du hast mehr, viel mehr in deinem Kopf, als die meisten Leute auch nur ahnen. Ich denke, du solltest etwas daraus machen. Besonders, was die Musik betrifft.«

Doch Maggie antwortete nur ernst: »Wie ich schon sagte: Ich kann nicht gut komponieren. Und bei den Liedern ist es dasselbe. Ich bekomme die Reime einfach nicht hin.«

»Na ja . . .« Er grinste sie breit an. »Da haben wir ja wenigstens etwas gemeinsam, denn mir geht es genauso.«

»Wirklich?« Sie lächelte. »Was meinst du damit?«

»Nun ja, ich . . . ich schreibe Gedichte.«

»Kommen Sie rein, kommen Sie rein.«

Fast gleichzeitig rissen sie die Köpfe herum und starrten zur Tür. Doch ihr Erstaunen war nichts im Vergleich zu dem des Mannes, der nun im Zimmer stand.

Bill Regan war einer von Joes Ausbildern. Er war der einzige Mann im Lager, den wirklich niemand ausstehen konnte. Mit den anderen konnte man wenigstens einigermaßen gut auskommen. Aber Bill Regan war ein streitsüchtiger Mensch und hatte immer etwas an seinen Schülern auszusetzen. Er hatte keine Freunde und war sich dessen auch bewußt.

Joe hatte sich langsam auf seinem Schemel herumgedreht, als der Mann schließlich das Zimmer betrat, und Lizzie erklärte: »Der junge Mann braucht etwas Werkzeug. Die Kette an seinem Fahrrad ist abgesprungen. Also, ich sage ja immer: Wer ein Fahrrad hat, sollte auch immer Werkzeug dabeihaben. Aber setzen Sie sich erst einmal. Sie mögen doch bestimmt eine Tasse Tee. Ich mache Ihnen welchen. Kommen Sie, setzen Sie sich.« Sie wies auf den Sessel, in dem Joe zuvor gesessen hatte, dann verschwand sie in der Küche.

Weder Joe noch Maggie hatten sich bis jetzt gerührt. Erst als Bill Regan sich gesetzt hatte und drei Worte sagte, die Bände sprachen, sprang Joe auf. »Ja genau. Sieh einer an! Und? Was gedenken Sie jetzt zu tun?«

»Jetzt tun?« Regan spitzte die Lippen und legte den Kopf zur Seite. »Gar nichts werde ich tun. Geht mich doch nichts an, was ihr zwei miteinander habt.

Ich wußte nur nicht, daß ihr so ein Herz und eine Seele seid.«

»Wir sind nicht ein Herz und eine Seele, wie Sie es so schön nennen«, erwiderte Maggie aufgebracht. »Joe kennt meine Tante schon sehr lange, länger als mich. Also besucht er sie ab und zu. Ich kann daran nichts Schlimmes finden.«

»Ich ja auch nicht. Reg dich nur nicht so auf, Lemon.«

Grinsend wandte er sich an Joe. »Mann, bist du ein Glückspilz. Jemanden zu kennen, der in so einem hübschen Häuschen wohnt . . .« Dabei stellte er fest, daß Joe weder Jacke noch Krawatte trug.

Als ob Joe sich dessen erst jetzt bewußt wurde, ging er hinaus in den Flur und zog sich Krawatte, Jacke und Mantel an. Dann ging er wieder ins Wohnzimmer zurück und sagte: »Sie brauchten doch Werkzeug, oder?«

»Oh . . . Ja, ja.« Regan stand umständlich auf. Doch bevor er das Zimmer verließ, sagte er noch: »Schön, daß du auch ein wenig Spaß hast, Lemon.«

Als sie an der Küche vorbeikamen, sagte Lizzie: »Und was ist mit Ihrem Tee?«

Doch bevor Regan antworten konnte, sagte Joe: »Er muß leider wieder zurück, Mrs. Robson.«

»Oh, ich verstehe. Na ja, dann trinke ich den Tee eben selbst.«

Im Schuppen holte Joe das Werkzeug aus seiner Tasche und gab es Regan. Er leuchtete ihm so lange mit der Taschenlampe, bis die Kette wieder fest saß. Keiner der beiden hatte ein Wort gesagt, doch als Regan sich gerade auf sein Fahrrad schwingen wollte, meinte Joe: »Machen Sie nur keine großartige Sache daraus, Bill.«

»Was sollte ich denn schon groß daraus machen? Es ist doch alles in Ordnung.« Joe hörte den Spott in seiner Stimme und hatte auf einmal den unbändigen Wunsch zuzuschlagen. »Du und Lemon, ihr seid schließlich nur Freunde, nicht wahr? Da ist doch nichts dabei.«

Joe schnaubte ihn wütend an: »Was wollen Sie damit sagen?«

»Na ja, sie ist schließlich nicht jedermanns Sache. Und bei den hübschen Mädchen im Lager hatte ich gedacht . . . du weißt schon, was ich meine. Ich brauche da ja nicht ins Detail zu gehen. Aber schließlich ist es deine Sache. Jeder hat da so seinen eigenen Geschmack.«

»Jetzt hören Sie mir mal gut zu . . .«

»Setz dich nur nicht aufs hohe Roß.« Regan schob sein Fahrrad jetzt zum Tor. »Ich sag' dir nur eins . . .« Seine Stimme klang plötzlich sehr steif. »Wenn du dich nicht schämen würdest, mit ihr zusammenzusein, wieso dann diese Heimlichtuerei? Ich meine, man hat euch beide noch nie zusammen im Camp gesehen.«

Joe war einen Moment sprachlos. Dann zischte er: »Ich habe meine Gründe. Genau wie sie.«

»Nun, wenn ihr euch doch so gut versteht, ist ja alles in Ordnung.« Er machte das Licht an seinem Fahrrad an und fuhr los. Doch dann drehte er sich noch einmal um und rief: »Ich hätte die Tasse Tee gerne getrunken. Aber sag ihr trotzdem besten Dank.«

Joe stand im dunklen Hof, die Augen geschlossen, und fuhr sich mit der Hand über die Stirn. Er wußte, was jetzt passieren würde. Schließlich mußte er ja jeden Tag mit ansehen, was Maggie durchmachte. Wie würde sie es auffassen? Er ging wieder langsam zurück ins Haus. Wahrscheinlich würde sie darüber lachen. Schließlich kannte sie Sticheleien zur Genüge.

Doch wie würde er damit fertig werden? Er wußte es nicht.

»Ist er weg?« wollte Lizzie wissen.

Joe nickte. »Ja, er ist weg.«

»Das ging aber schnell.«

»Er mußte zurück ins Lager.«

»Ach so. Nimmst du das bitte mit ins Wohnzimmer? Ich komme gleich nach.«

Nachdem er das Tablett auf den Tisch gestellt hatte, drehte er sich zu Maggie um.

»Das war's dann wohl. Morgen werde ich wahrscheinlich Spießruten laufen müssen. Ich bin ja daran gewöhnt, aber was ist mit dir?«

Er zwang sich zu einem Lächeln. »Laß sie doch denken, was sie wollen. Wir wissen schließlich, wie wir zueinander stehen, oder?«

Sie schaute ihm lange und tief in die Augen, bevor sie endlich sagte: »Ja, wir wissen, wie wir zueinander stehen.« Dann fügte sie mit leiser Stimme hinzu: »Darf ich dir einen guten Rat geben?«

Er lächelte noch immer, erwiderte aber nichts darauf.

»Vergiß es! Lach drüber, lach über mich . . .«

»Das werde ich nicht tun.« Das Lächeln war jetzt aus seinem Gesicht gewichen. »Wir sind Freunde, und dazu stehe ich.«

Sie sah ihn an und wandte sich dann ab, wobei sie leise erwiderte: »Danke, Joe. Danke.«

5.

»Warum hast du es für dich behalten? Du hättest es mir doch sagen können. Ich dachte, wir wären Freunde!«

»O Len . . .« Joe schüttelte den Kopf. »Wir haben uns zufällig kennengelernt, und daraus ist eine Freundschaft geworden. Wir konnten uns denken, wie die Reaktion im Lager sein würde.«

»Wenn du die Karten sofort auf den Tisch gelegt hättest, wäre es nicht so schlimm geworden. Die haben ihr bei der NAAFI ja fast bei lebendigem Leibe die Haut abgezogen.«

»Mir gegenüber hat bis jetzt noch keiner eine dumme Bemerkung fallengelassen.«

»Das mag zwar sein, aber trotzdem hat dein Ansehen ganz schön gelitten. Man kann das alles nicht so ernst nehmen, aber was hast du denn erwartet? Du scheinst wohl nicht zu verstehen, daß Lemon so etwas wie ein Maskottchen der NAAFI ist. Und wie auch immer sie aussieht, sie ist beliebt, und das nicht nur, weil sie singen kann. Dann kommst du daher, verstehst dich mit ihr wohl ganz gut, bist aber nicht in der Lage, dies in der Öffentlichkeit zuzugeben. Das sind nicht meine Worte, sondern die der anderen. Wenn du die Sache ganz normal angegangen wärst, hätte man wohl eine Zeitlang die üblichen Witze gerissen. Aber sieh dir doch an, was jetzt hier passiert.«

»Jetzt hör mir mal gut zu!« fuhr Joe Len an. »Ich möchte wissen, wen das verdammt noch mal etwas angeht?«

Normalerweise hätte Len über den Wutausbruch gelacht, denn es war das erste Mal, daß er Joe fluchen hörte. Doch ihm war nicht nach lachen zumute, denn dafür war die Situation viel zu ernst. Er mochte Joe, fühlte sich sogar in gewisser Weise für ihn verantwortlich, denn Joe trug irgend etwas mit sich herum, das ihn schwer belastete. So gesehen wäre er, Len, sicher auch der erste gewesen, der ihm zu einer Freundin gratuliert hätte, auch wenn es Lemon war. Aber es beunruhigte ihn, wie die Leute in der eigenen Einheit darauf reagierten. Sam Temple und Amos Bernstein hatten in der vergangenen Nacht nur über dieses eine Thema gesprochen. Eigentlich hätte schon längst Gras über die Sache wachsen müssen. Schließlich lag das Ganze schon eine Woche zurück. Die Kameraden behaupteten, es wäre alles zu heimlich geschehen. Wenn Joe sich schon ihretwegen schämte, so hätte er nichts mit Maggie anfangen sollen. Früher oder später hätte man es sowieso herausgefunden. Dann hatten sie sich dem Urteil der anderen angeschlossen: Joe wäre ein merkwürdiger, stiller Kerl. Und das dachte Len inzwischen auch. Irgend etwas war merkwürdig an Joe. Er war ein junger, gutaussehender Kerl, zudem auch noch gebildet. Wieso hatte er sich dann aber nicht für einen Offizierslehrgang beworben?

»Ich mußte es dir einfach sagen, weil ich mich ein wenig . . . hintergangen fühlte. Als Regan, dieses Großmaul, groß und breit erzählte, wie ihr beide es euch vor dem Kaminfeuer bequem gemacht hattet, da habe ich mir schon meinen Teil denken müssen. Schließlich hast du dich ja den ganzen Nachmittag nicht blicken lassen, obwohl wir uns verabredet hatten. Du hättest mir doch die Wahrheit sagen können, warum du nie Zeit hattest, mit zu mir nach Hause zu kommen.«

»Len. Len, es ...« – Joe verlangsamte seinen Schritt – » ... es hat doch erst Ende September angefangen. Ich war mit dem Rad unterwegs. Es war heiß, und ich habe an einem Bach eine Rast eingelegt. Plötzlich stand Maggie an der Wegböschung. Sie hatte mich schon die ganze Zeit beobachtet und fragte mich schließlich, ob ich nicht mit ihr eine Tasse Tee bei ihrer Tante trinken wollte, die ganz in der Nähe wohnte. Was hätte ich denn sagen sollen? So fing es jedenfalls an. Ich habe ihre Tante dann regelmäßig besucht. Maggie war meistens gar nicht dabei, weil sie Dienst hatte. Ihre Tante ist wirklich ein lieber, netter Mensch. Und sie ist jemand, mit dem ich reden kann. Und was Maggie und mich angeht: Nun ja, sie hat Verständnis für die ganze Situation. Es hat nie etwas zwischen uns gegeben. Glaub mir, Len. Überhaupt nichts.«

»Da hast du dir ja einen hübschen Schlamassel eingebrockt. Na, egal. Übrigens wartet dieser schlaue Kerl aus Cranwell auf uns. Du weißt schon, der mit den Funkgeräten. Komm, wir beeilen uns besser, sonst wird der Sergeant noch sauer.«

Wenige Zeit später betraten sie den Unterrichtsraum, in dem schon einige Air-Force-Angehörige auf ihre Dienstanweisungen warteten. Sie gingen an den Bänken vorbei, wo schon jeder ein Funkgerät vor sich aufgebaut hatte, und hielten auf die Tür am anderen Ende des Raumes zu. Sie führte in einen weiteren Unterrichtsraum, in dem sich an diesem Tag ausnahmsweise alle zwanzig Ausbilder, deren vorgesetzte Sergeants und der diensthabende Offizier aufhielten. Auch die Flight-Sergeants waren anwesend.

Der diensthabende Offizier stand abseits und

sprach mit einem der Sergeants, als Joe und Len sich einen Platz suchten. Mittlerweile war es schon so voll, daß sie nur am äußersten Rand des Halbkreises zwei freie Plätze fanden. Der Flight-Sergeant drehte sich langsam um und schaute das Publikum an, vor dem er sprechen sollte. Plötzlich kam es Joe vor, als würde ihn der Blitz treffen, und er konnte nur murmeln: »Mick!«

Seine Stimme war so leise, daß er sie selbst kaum hören konnte. Sie erreichte Mick auch nur als Flüstern. Aber er drehte sich sofort in die Richtung, aus der er es hörte. »Joe!« Er wandte sich sofort an den diensthabenden Offizier, der neben ihm stand, und sagte: »Entschuldigung, Sir. Ein ... ein alter Freund.«

Der Offizier lächelte und sagte: »Schön, wenn man alte Freunde trifft. Aber hat das nicht Zeit bis später?«

»Sicher, Sir.«

Len beugte sich zu Joe hinüber und flüsterte: »Kennt ihr euch?«

Und Joe flüsterte zurück: »Ja, sehr gut sogar.«

In der folgenden halben Stunde hörte sich Joe, genau wie die anderen, Micks Ausführungen über die Vorteile der Frequenzmodulation gegenüber der Amplitudenmodulation an. Die ganze Zeit über durchströmte ihn ein Glücksgefühl wie schon lange nicht mehr. Wenn es jemanden aus seinem alten Leben gab, den er wiedersehen wollte, dann war es Mick Smith. Mick, der auf alles immer eine Antwort wußte und mit beiden Beinen fest im Leben stand.

Es dauerte noch eine ganze Weile, bis Joe und Mick sich endlich unterhalten konnten. Mick wurde das Offizierskasino und seine vorübergehende Unterkunft gezeigt. Sie standen im eisigen Wind vor den Baracken und hielten sich fest bei den Händen.

Alles, was Mick hervorbringen konnte, war: »Ich fasse es nicht. Ich kann es einfach nicht fassen.« Dann fügte er hinzu: »Obwohl ich immer wieder nach dir Ausschau gehalten habe, warst du der letzte Mensch, den ich hier erwartet habe. Erinnerst du dich noch, als wir uns das letzte Mal trafen und du mir sagtest, du würdest zur Air Force gehen? Niemand von uns wußte, wohin es dich verschlagen hatte.« Das Lächeln verschwand aus Micks Gesicht. »Fährst du nicht mehr nach Hause?«

»Nein, ich fahre nicht nach Hause.« Joe schüttelte immer wieder ungläubig den Kopf. »Du glaubst gar nicht, wie sehr ich mich freue, dich wiederzusehen.«

»Das beruht auf Gegenseitigkeit, mein Freund. Hast du heute nachmittag schon etwas vor?«

»Nicht, daß ich wüßte.« Für einen Moment hatte Joe vergessen, daß er eigentlich Lizzie besuchen wollte. Maggie würde ihn auch erwarten, da sie ebenfalls frei hatte. Aber würde sie es wirklich tun? Wenn er nicht käme, dann wäre das für sie der Beweis, daß er sich hatte abschrecken lassen.

Joe wurde aus seinen Gedanken gerissen, als Mick sagte: »Du wirst nie erraten, wer hier nach Hereford gezogen ist.«

»Jemand aus deiner Familie?«

»Jemand aus meiner Familie: Janet.«

»Janet? Nein!«

»Doch. Das ist aber eine komplizierte Geschichte. Sie hat einen Seemann aus Portsmouth geheiratet, dessen Mutter in Hereford lebte. Also zog sie nach der Hochzeit zu ihr. Das war vor zwei Jahren. Na ja, ihre Schwiegermutter starb letzten August, also geht sie Ende des Jahres wieder nach Portsmouth zurück, um in Regs Nähe zu sein, wenn er nach langer Fahrt wieder heimische Gewässer ansteuert. Ich wollte sie heute nachmittag besuchen. Weißt du was? Komm doch einfach mit! Oder hast du heute etwas vor?« Er gab Joe einen Klaps auf die Schulter.

»Nein, eigentlich nicht. Zumindest nichts, was man nicht verschieben könnte.« Joes Stimme klang nun aufgeräumt. »Wann wolltest du denn los?«

»Ich richte mich da ganz nach dir. In einer halben Stunde? Man hat mir gesagt, daß um halb drei ein Bus fährt.«

»Dann treffen wir uns also an der Bushaltestelle. O Mick . . .« Er legte den Arm um seine Schultern. »Wie bin ich froh, dich zu sehen!« Sie schauten einander einen kurzen Moment verlegen an, dann eilte Joe hinüber zur NAAFI . . .

»Danke, daß du mir Bescheid sagst.« Maggie lächelte ihn über die Theke hinweg an. »Tante Lizzie wird es zwar leid tun, aber ich kann ja zum Ausgleich mit ihr eine Runde Rommé spielen.«

Joe lächelte. »Sag ihr, daß sie in jedem Fall zum Weihnachtsessen mit mir rechnen muß. Ich werde extra einige Tage vorher anfangen zu hungern.«

»Mach' ich. Der Kerl, mit dem du dich triffst, ist ein alter Freund von dir?«

»Ja, ja.« Er nickte heftig. »Wir sind beide zusammen aufgewachsen. Mick gehörte zum Personal.« Plötzlich biß er sich auf die Unterlippe, als ob er schon zuviel gesagt hätte.

»Wird er hier bleiben?«

»Nein. Man hat ihn uns extra aus Cranwell

geschickt, damit uns endlich einer die neue Funkanlage erklärt.«

»Oh ... Ich würde ihn gerne einmal kennenlernen.«

Joe überlegte kurz. Dann sagte er: »Das wirst du bestimmt.«

»Was meinst du, ob er eine Einladung zum Weihnachtsessen ausschlagen würde?«

»Na ja, ich denke schon. Seine Schwester wohnt in Hereford. Deswegen vermute ich, daß er schon da eingeladen ist.«

»Ja, dann viel Spaß noch.«

»Bis dann.«

»Ja, bis dann.«

Maggie sah ihm nach, wie er die Kantine verließ. Und mit jedem Schritt, den er machte, wurden ihre Beine immer schwerer. Es sah so aus, als meinte es das Schicksal gut mit ihm. Immerhin hatte es ihn in der Gestalt eines alten Freundes davor bewahrt, mit ihr zusammen das Lager zu verlassen. Wer war nur dieser Freund, dessen Anwesenheit ihn so glücklich machte? Er war noch nie zuvor so glücklich gewesen. Joe hatte zwar ab und zu einmal gelächelt, auch ein paarmal gelacht. Aber das war neu.

»Wohin geht er denn?« fragte Peggy, die neben ihr das Wechselgeld zählte. »Will er sich drücken?«

»Nein.« Maggie drehte sich wütend zu ihr um, während ihre Stimme einen bedrohlichen Unterton annahm. »Er hat einen Freund von zu Hause getroffen und fährt jetzt mit ihm nach Hereford.«

»Ist ja schon gut, ist ja schon gut. Ich habe nur gedacht ...«

»Fang besser mit dem Denken gar nicht erst an. Und wenn du es trotzdem nicht lassen kannst, behalt es lieber für dich.« Sie zog Peggy zu sich heran. »Mir hat die vergangene Woche vollkommen gereicht. Jetzt bring du nicht das Faß zum Überlaufen!«

»Es tut mir leid, Maggie. Du kennst mich doch. Ich war immer auf deiner Seite. Mir tut es nur weh, mit ansehen zu müssen, wie du dir falsche Hoffnungen machst.«

»Ich gehe jetzt. Mach's gut«, erwiderte Maggie kühl.

»Schönes Wochenende.«

Falsche Hoffnungen. Peggy hatte recht, und früher oder später mußte auch sie sich eingestehen, daß ihre sogenannte Freundschaft gar keine gewesen war.

6.

Janets neues Zuhause in Hereford war ein Reihenhaus. Es hatte ein großes Wohnzimmer, ein ebenso großes Eßzimmer, eine Küche, eine Spülküche und einen langgestreckten Garten an der Rückseite. Im oberen Stockwerk gab es drei Schlafzimmer, einen Ankleideraum und ein Bad. Janet Morgan, wie sie jetzt hieß, führte Joe voller Stolz herum. Dazu hatte sie allen Anlaß, denn das Haus war bezahlt und gehörte ihrem Mann. Und wie sie Joe gerade erzählte, würde sie es für einen hübschen Batzen Geld ab Januar vermieten.

Er war schon über eine Stunde in dem Haus, und bis jetzt hatte sie ohne Unterlaß gesprochen. Eigentlich wollte Joe in aller Ruhe mit Mick reden.

Im Bus war es ihm schwergefallen, und hier im

Haus war es schier unmöglich, da Janet alle Ereignisse, die seit ihrem Einzug in dieses Haus vorgefallen waren, lang und breit erzählte.

Wäre Joe ihr auf der Straße begegnet, hätte er sie bestimmt nicht erkannt. Früher war sie eine Schönheit gewesen, doch jetzt wirkte sie verlebt und schlampig. Ja, genau das war das passende Wort: schlampig. Das blonde Haar hatte sie mit einer Brennschere ungeschickt in eine Lockenform gezwungen, und ihre Augen und ihr Mund waren dick geschminkt.

»Magst du Hereford?« fragte sie ihn jetzt, und bevor er ihr antworten konnte, fuhr sie fort: »Also ich hasse es. Man ist hier lebendig begraben. Die wissen hier ja noch nicht einmal, daß wir Krieg haben! Letztes Jahr hätten die mal im Norden sein müssen, als ich meine Mutter besuchte. Oder in Portsmouth. Und so verdammt hochnäsig sind sie hier. Die nebenan führt sich auf, als würde ihr die ganze Stadt gehören. Dabei wohnt sie nur zur Miete. Man stelle sich das einmal vor. Sie hat sich nie mit Regs Mutter verstanden. Na ja, und mit mir natürlich auch nicht. Auf der anderen Seite . . .« Sie drückte ihre Zigarette aus und zog die Lippen mit dem Lippenstift nach. »Man mußte schon eine Heilige sein, um Regs Mutter ertragen zu können. Ich verstehe selbst nicht, wie ich es so lange mit ihr ausgehalten habe. Wahrscheinlich weil ich wußte, daß sie es nicht mehr lange machen würde. Also konnte ich gute Miene zum bösen Spiel machen. Am Schluß hat es sich bezahlt gemacht. Aber du ißt ja gar nichts?!« Sie schob ihm den Teller zu. »Keine Angst, ich habe genug da. Ich komme schon durch. Verhungern werde ich nicht. Es gibt hier einen kleinen Schwarzmarkt, keine drei Straßen weiter. Ich bringe euch da nachher mal hin. Ich sag' euch, da kriegt man alles.« Plötzlich hielt sie inne und schaute ihren Bruder an. »Was ist denn mit dir los? Hat es dir die Sprache verschlagen?«

»Nein, Janet. Aber ich hatte bis jetzt noch keine Gelegenheit, etwas zu sagen.«

»Ach, du . . .« Sie schlug jetzt in gespielter Entrüstung nach seinem Arm. »Du hast früher immer gesagt, ich würde mal an meiner eigenen Zunge ersticken. Das waren noch Zeiten damals, im alten Haus. Ach was! Von wegen Haus, das war ein Schweinestall.« Sie blickte zu Joe hinüber. »Das war wirklich schäbig von deiner Familie, uns so zu behandeln. Aber nach dem Krieg wird sich einiges ändern. Dann werdet ihr niemanden mehr wie die Sklaven für euch schuften lassen.«

»Halt den Mund, Janet! Joe hatte damit nichts zu tun.«

»Nein? Aber vielleicht bald, wenn er zurückkehrt. Man sagt, daß es deiner Mutter gar nicht gutgeht.«

Joe blickte sie überrascht an.

»Na ja, seit sie diesen Schlaganfall hatte.«

»Schlaganfall?« Seine Lippen formten lautlos dieses Wort.

Doch Janet fuhr fort: »Das wußtest du nicht? Dann fährst du an den Wochenenden gar nicht nach Hause? Ich weiß wirklich nicht, wie Mary das alles schafft. Ich habe ihr gesagt, daß sie verrückt ist. Genau das habe ich ihr ins Gesicht gesagt, als ich das letzte Mal da war. Das ganze Haus ist total heruntergekommen. Die Armee wollte es schon in Beschlag nehmen, aber da haben sich die Verwalter gegen gewehrt. Schließlich war da noch deine Mutter, aber die kann sich bis auf die rechte Hand nicht mehr rühren. Aber reden kann sie noch. Trotzdem hat man einige Offiziere eine Zeitlang dort untergebracht.«

Joe wurde übel. Er schob den Stuhl zurück und sagte: »Ent ... entschuldigt bitte.« Dann rannte er die Treppe hinauf zur Toilette.

Sie hatte einen Schlaganfall, sie konnte nur noch reden und eine Hand bewegen. Warum fühlte er kein Mitleid? Warum aber konnte er andererseits nicht sagen, daß dies die Strafe für ihre Sünden war, und es dabei belassen? Wieso kämpfte er noch immer gegen sie? Warum haßte er sie so?

Weil sie drei Männer und eine Frau, eine junge, hübsche Frau, ermordet hat.

Aber sie war gelähmt. Und er hatte sie an dieses Haus gefesselt. Im Grunde genommen hatte er sie an die Leichen gekettet – aus lauter Rache.

Aber wer war er, daß er Gott spielen durfte?

Niemand sollte Gott spielen dürfen. Er mußte etwas tun, aber was?

Als er sich über das Waschbecken beugte und sich den Mund ausspülte, überkam ihn ein merkwürdiges Gefühl, das er nur zu gut kannte. Eine Taubheit, die er schon lange zuvor gespürt hatte und in die er versunken war, als er die Leichen von Martin und Dick Smith gefunden hatte. Er wollte dieses Gefühl nicht verdrängen, denn so spürte er wenigstens nicht den Schmerz, sondern nur das dumpfe Bewußtsein seiner eigenen Existenz. Doch das war auch alles, was ihn von einem Toten unterschied.

»Alles in Ordnung?« Mick stand vor der Badezimmertür.

Schließlich öffnete Joe sie und murmelte: »Ja, ich denke schon ...«

»Du wußtest nicht ... daß deine Mutter einen Schlaganfall hatte?«

Joe schüttelte den Kopf und flüsterte: »Nein.«

»Warum bist du nie zurückgegangen?«

»Es ... es gibt Gründe dafür, glaub mir, Mick«, stammelte Joe.

»Sind sie schwerwiegend genug, um deine Mutter allein zu lassen, auch wenn sie stirbt?«

»Ja.« Joe nickte. »Schwerwiegend genug.«

»Nun ...« Mick drehte sich um und hielt sich am Treppengeländer fest. »Du mußt es wissen. Aber wenn wir schon einmal dabei sind, sage ich dir besser gleich, daß das ganze Haus langsam, aber sicher in sich zusammenfällt. Mary tut, was sie kann, um es in Ordnung zu halten. Sie putzt, kocht und kümmert sich um deine Mutter. Mehr kann sie beim besten Willen nicht tun. Draußen steht das Gras so hoch, daß kein Durchkommen mehr ist. Danny tut sein Bestes, aber er kann nicht für zwölf arbeiten. Und ich sage dir noch etwas: Ich habe Mary zu überzeugen versucht, das Haus zu verlassen, damit sich die Verwalter endlich alleine darum kümmern. Ich habe gesagt, sie soll deine Mutter in ein Heim stekken. Aber sie will nicht. Sie sagte, ihr Gewissen könne das nicht zulassen.«

»Was ist mit euch beiden da oben? Worüber redet ihr? Über Carrie? Ich habe ganz vergessen, ihm das zu erzählen.«

Als Carries Name fiel, sagte Mick, ohne Joe dabei anzusehen: »Sie wird Weihnachten wahrscheinlich hiersein.« Und mit diesen Worten ging er die Treppe hinunter.

Als sie wieder im Wohnzimmer waren, sagte Janet: »Sie ist sich nicht sicher, aber wenn alles so läuft, wie sie sich das vorstellt, ist sie Heiligabend hier.«

Joe blickte zu Mick hinüber, der sich den Schürhaken genommen hatte und im Kaminfeuer herumstocherte. »Sie ist bei der ATS in Grantham stationiert.«

»Wirklich?« Joe versuchte seiner Stimme einen gewöhnlichen Klang zu geben. Schließlich sagte er noch einmal: »Wirklich?«

Und Janet äffte ihn nach. »Ja, wirklich. Ja, wirklich.« Dann sprach sie wieder mit ihrer natürlichen Stimme. »Und da ist wahrscheinlich noch etwas, was du wohl nicht weißt: Sie wurde für den Offizierslehrgang vorgeschlagen. Was sagst du nun? Sie hatte Schreibstubendienst. Und darin war sie wohl so gut, daß wir sehr wahrscheinlich bald einen Offizier in der Familie haben werden, nicht wahr?« Sie schaute dabei Mick an. »Das ist doch kaum zu glauben. Unsere Carrie!«

»Natürlich, ich kann mir das gut vorstellen.«

»Aber sicher doch. Du wußtest schon immer, daß aus Carrie mal was wird. Entschuldige die dumme Frage.« Sie schnitt eine Grimasse, während sie zu Joe sagte: »Sie war schon immer sein Liebling. Bin nur mal gespannt, wie es ist, wenn er sie mit Ma'am anreden muß.«

»Sei doch nicht so dumm, Janet«, meinte Mick nur.

»Sei doch nicht so dumm? Wer ist denn hier dumm? Ich auf jeden Fall nicht. Ich habe eine gute Partie gemacht. Oder was meinst du, Joe?«

Er schaute sie einen Moment überrascht an. Joe

wußte nicht genau, was es war, aber er hatte etwas aus ihrer Bemerkung über Mick herausgehört, das er einfach nicht einordnen konnte. Schließlich sagte er: »Du hast ein schönes Haus. Wieso solltest du also nicht nach dem Krieg mit deinem Mann eine glückliche Zeit verbringen?«

»Ja, ist das denn zu glauben? Ich habe überhaupt nicht die Absicht, nach dem Krieg hier wohnen zu bleiben. Was meinst du, wie hoch dann die Immobilienpreise sein werden? Wir werden das Loch natürlich verkaufen . . .«

Die nächsten zwei Stunden verbrachte Joe damit, ihrem Gerede zuzuhören. Aber um sechs Uhr abends sagte sie auf einmal: »Ich bin mal gerade weg. Um die Ecke haben wir einen Weinladen. Die Besitzerin ist immer sehr nett zu mir. Ich kaufe nur schnell was ein, falls Reg doch noch zu Weihnachten vorbeischneien sollte. Falls nicht, war es auch kein herausgeschmissenes Geld. Mein Schrank ist schon gut bestückt, aber ein paar Flaschen mehr können nicht schaden. Unter der Woche reicht das Zeug zwar aus, aber für Weihnachten sollte man schon etwas mehr im Haus haben. Oder was meint ihr?«

Keiner der beiden erwiderte etwas darauf. Erst als sie hörten, daß die Haustür ins Schloß fiel, atmete Mick erleichtert auf und ließ sich in den Sessel fallen. »Armer Reg.«

»Ja, armer Reg«, sagte auch Joe.

»Sie findet nie ein Ende. Aber so war sie schon immer. Eigentlich dürfte ich so etwas ja nicht sagen, aber sie ist wirklich nicht besonders nett. Zu Hause war sie es immer, die genau wußte, wie man am besten Ärger verursacht.«

»Wie geht es Carrie?« Den ganzen Nachmittag wollte Joe das schon fragen.

»Oh, ihr geht es gut. Der Job gefällt ihr.«

»Siehst du sie oft?«

Mick machte ein unschlüssiges Gesicht. »Es kommt ganz darauf an, was du unter oft verstehst. Cranwell ist nicht weit von Grantham entfernt. Siebzehn Meilen. Wenn wir beide am selben Tag frei haben, gehen wir zusammen ins Kino oder unternehmen etwas anderes.«

»Sie ist nicht verheiratet?«

»Verheiratet? Nein, nein.«

Er hatte dies gesagt, als würde Carrie nicht im Traum an eine Hochzeit denken, so daß Joe fragte: »Wieso sagst du das so? Sie war und ist schließlich sicher noch ein hübsches Mädchen.«

»Ach, ich weiß nicht.« Mick nickte behäbig, als würde er nachdenken. »Irgendwie ist sie nicht der Typ für eine Ehe. Sie ist sehr ernst, weißt du? Aber du kennst sie ja selbst und weißt, wie sie ist.«

»Ich habe sie eigentlich immer als . . . na ja, als unbekümmertes Mädchen in Erinnerung gehabt.«

»Du hast wirklich gedacht, sie sei unbekümmert?« Mick sah ihn überrascht an. »Komisch, so habe ich sie nie gesehen. Auf mich machte sie immer einen sehr ernsten Eindruck. Besonders in der letzten Zeit. Wann hast du sie das letzte Mal gesehen? War das nicht vor drei Jahren?«

Das Gefühl der Taubheit war mit einemmal vollkommen verschwunden. Joe erinnerte sich lebhaft an das letzte Mal, als er Carrie gesehen hatte. Es war an dem Tag gewesen, als zwei Schüsse sein Leben zerstört hatten. »Ja, ich glaube vor drei Jahren.«

»Und seither ist eine Menge geschehen, das hast

du ja selbst schon bemerkt. Du hast dich auch sehr verändert. Als ich dich das letzte Mal sah, warst du noch ein junger Bursche.«

Joe erinnerte sich. Es war die Nacht gewesen, in der Mick ihn in seine Arme genommen hatte.

»Du bist jetzt erwachsen. Man sieht es dir an, nicht nur an deiner Größe oder deiner Statur. Du siehst auf gar keinen Fall wie zwanzig aus.«

»Einundzwanzig am Heiligen Abend, bitte.«

»O ja« – Mick mußte lachen –, »einundzwanzig am Heiligen Abend. Ich würde dich nicht für so jung halten. Leg noch fünf Jahre drauf, dann stimmt's. Dabei weiß ich noch nicht einmal, ob man das jetzt als Kompliment auffassen sollte oder nicht.« Nun mußten sie beide lachen.

Nach einem Moment des Schweigens fragte Joe schließlich: »Wie lange wird sie bleiben?«

»Carrie?« Mick sprach den Namen so aus, als würde er zum ersten Mal an diesem Abend fallen.

»Ja, Carrie.«

»Oh, sie wird wahrscheinlich Heiligabend kommen und, wenn sie Glück hat, bis zum zweiten Weihnachtstag bleiben. Wir hoffen es zumindest.«

»Wirst du auch über die Feiertage hiersein?«

»Ich denke, bis zur ersten Januarwoche.«

»Oh, schön! Fährt Carrie eigentlich oft nach Hause, ich meine, in den Norden?«

»Nein, eigentlich nicht sehr oft. Aber hör mal . . .« Er setzte sich auf die Sesselkante und sagte: »Ich wollte mit dir noch über diese Frequenzsache reden. Wenn Janet erst wieder zurück ist, werden wir nicht mehr viel Zeit dazu haben, auch nicht im Lager. Die ganze Sache funktioniert so . . .«

Damit wurde das Thema Carrie abrupt beendet,

und als Janet schließlich mit vier Flaschen Bier und einer Flasche Scotch zurückkehrte, hatte Joe keine Gelegenheit mehr, es erneut anzuschneiden.

Janet bestand darauf, daß die Flaschen sofort geöffnet wurden. Zwei sehr große Whiskys und drei Bier später kam Joe zu der Erkenntnis, daß es im Leben mehr Menschen geben konnte, die man haßte, als solche, die man mochte. Und die Person, die er im Moment am meisten ablehnte, war Janet Smith.

Sie saß neben ihm auf dem Sofa, einen Arm um seine Schultern gelegt, und rutschte dabei ständig näher, wobei ihre Brust ihn bei jeder Bewegung streifte. Janet roch nach abgestandenem Schweiß und billigem Parfüm. All das, die offensichtliche Zudringlichkeit und der widerliche Gestank, formten in seinem Kopf nur ein Wort: Hure. Sie war eine Hure. Er erinnerte sich daran, wie Martin vor Jahren einmal gesagt hatte, der größte Teil der Smith-Familie bestünde aus Huren.

Er fragte sich, warum Mick ihr nicht sagte, sie solle sich benehmen. Doch Mick hatte bereits drei Gläser Whisky und vier Bier getrunken. Obwohl er nicht betrunken war, saß er zusammengesunken in seinem Sessel und träumte vor sich hin.

In seiner Verzweiflung sprang Joe auf und versuchte Janets Umarmung dadurch zu entkommen, indem er plötzlich sagte: »Um Himmels willen, Mick! Hast du schon gesehen, wie spät es ist? Wenn wir den letzten Bus verpassen, bekommen wir einen Heidenärger.«

Mick schaute sich um, als wäre er gerade aus tiefer Trance erwacht.

»Wann fährt er denn los?«

»Um zehn Uhr.«

»Um zehn Uhr? Das ist aber ganz schön früh.«

»Nicht für die Gegend hier.«

Wahrscheinlich fuhren in den nächsten Stunden noch einige Busse, unter ihnen bestimmt auch welche, die sie direkt zu ihrem Stützpunkt bringen würden, doch Joe konnte keine Minute mehr den Anblick, den Geruch und das Geschwätz dieser Frau ertragen.

Sie redete noch immer auf ihn ein, als sie schon auf der Straße standen. »Denk an Heiligabend, Joe. Gute Nacht, Mick. Und gute Nacht . . . Sir Joe.« Ihr lautes Gelächter folgte ihnen.

Den Heiligen Abend in ihrer Gesellschaft verbringen? Nicht, wenn es nach ihm ging. Auf der anderen Seite war er an diesem Abend immer unruhiger geworden, eine Anspannung, die sich aus einem alten Wunsch nährte: Er mußte Carrie wiedersehen, denn im Augenblick kam sie ihm wie eine Lebensretterin vor. Sein alkoholumnebeltes Gehirn sagte ihm, daß die Liebe zwischen Carrie und ihm die Lösung all seiner Probleme wäre.

Als er in den Bus stieg, lag die Zukunft wie ein leuchtender Weg vor ihm, und das erste Mal, seit er im Lager war, stimmte er in das Lied mit ein:

»Sag mir gut' Nacht, Sergeant-Major,
decke mich liebevoll zu.
Wir lieben dich doch, Sergeant-Major,
ohne dich gibt's keine Ruh.
Weck uns am Morgen
und nimm uns die Sorgen
und bring uns den Tee ans Bett.

Denn Sergeant-Major,
und nur Sergeant-Major,
ist zu uns immer so nett.«

Doch als sie aus dem Bus gestiegen waren und er Mick gerade eine gute Nacht wünschen wollte, erinnerte er sich plötzlich wieder an Janets Worte zum Abschied: »Gute Nacht, Sir Joe.«

Er legte seine Hand auf Micks Schulter. »Sag mal, das mit dem ›Sir‹ wirst du doch nicht weitererzählen? Sag das bitte auch Janet, ja? Sie soll nicht wieder damit anfangen.«

»Mach dir keine Sorgen, ich werde nichts sagen. Genau wie Janet. Ich werde es ihr ausrichten. Obwohl ich den Grund dafür nicht so ganz verstehe.«

»Ich mag's einfach nicht.«

»Du solltest Offizier werden. Im Ernst, du solltest Offizier werden.«

»Ich will kein verdammter Offizier werden.«

Sie fielen sich lachend in die Arme und verharrten so für einen Moment. Dann lösten sie sich voneinander und gingen in ihre Unterkünfte, wobei sie sich noch einmal eine gute Nacht wünschten.

7.

Joe saß wie auf heißen Kohlen, bis er endlich wußte, ob er Heiligabend oder den ersten Weihnachtsfeiertag frei haben würde. Hätte er die Feiertage über Dienst gehabt, so wäre dies nicht so dramatisch gewesen. Maggie und Mrs. Robson hätten sicherlich Verständnis dafür. Aber die Vorstellung, Carrie am

Heiligen Abend nicht zu sehen, machte ihn nervös und mißlaunig.

Es stellte sich heraus, daß sein Dienst am Heiligabend um fünf Uhr nachmittags beendet war und er wie auch Maggie achtundvierzig Stunden frei hatten.

»Tante Lizzie backt schon wie wild. Ich weiß gar nicht, woher sie die ganzen Zutaten hat. Man könnte fast meinen, es gäbe keinen Krieg. Also, iß heute abend nicht zuviel und laß das Frühstück weg.« Und dann fügte Maggie noch hinzu: »Du freust dich sicher, einen alten Freund getroffen zu haben.«

»Ja, Mick wird noch bis Neujahr hier bleiben. Ihr werdet euch also sicher noch kennenlernen.«

»Ja, gerne.« Sie blickte ihm fest in die Augen. »Ich freue mich schon auf morgen.«

Er nickte ihr lächelnd zu. Jedoch verfluchte er sich gleichzeitig dafür, daß er zu feige war, den Abend bei Mrs. Robson abzusagen, weil er ihn lieber mit Carrie verbringen wollte. Vielleicht könnte er ja bei einem Spaziergang mit ihr wieder da anknüpfen, wo sie sich damals getrennt hatten. Nein, nicht da, wo sie sich getrennt hatten, sondern wo sie noch jung, wirklich jung gewesen waren. Carrie hatte ihm einmal gesagt, daß sie ihn liebte, ohne daß er den Mut gehabt hätte, dieses Geständnis zu erwidern. Daran würde er sie erinnern. Bei dem Gedanken daran mußte er lächeln.

Als Maggie das bemerkte, sagte sie: »Es wird bestimmt ein wunderschönes Weihnachtsfest. Ich habe mich nämlich dazu entschlossen, von heute nachmittag zwei Uhr, wenn ich fertig bin, bis zum zweiten Weihnachtsfeiertag keine Nachrichten mehr zu hören. Sag mal, stimmt es eigentlich?« Sie beugte sich über die Theke und fragte leise: »Ich habe gehört, du hast gestern einen über den Durst getrunken und im Bus unanständige Lieder gesungen?«

Das Lächeln verschwand aus seinem Gesicht, und er erwiderte pikiert: »Hier kann man aber auch nichts machen, ohne daß es am nächsten Tag in der Zeitung steht.«

»Na ja, da ihr anscheinend die einzigen gewesen seid, die blau waren, müßt ihr ziemlich aufgefallen sein. Hattest du denn heute morgen einen dicken Kopf?«

»Nein.«

»Dann hast du ja noch mal Glück gehabt. Muß gutes Zeug gewesen sein. Für morgen kann ich dir dasselbe nicht versprechen. Wie Tante Lizzie immer zu sagen pflegt: ›Es wird getrunken, was auf den Tisch kommt.‹ Ich glaube aber schon, daß sie ein paar gute Flaschen zurückgelegt hat.«

»Wunderbar.« Joe zwang sich zu einem Lächeln. »Wann soll ich denn morgen kommen?«

»Wann es dir paßt. Je früher, desto besser.«

»In Ordnung. Also dann bis morgen.«

»Bis morgen.« Sie sah ihm nach. Er war so geistreich, so ehrlich, so nett, daß es ihr fast das Herz zerriß. Aber schließlich würden sie sich morgen sehen, sie hatten den ganzen Tag Zeit. Doch plötzlich stand sie wieder auf dem Boden der Tatsachen. Was für ein Unterschied würde Weihnachten schon machen? Es würde nur ihre Qualen verlängern. Wenn man ihn versetzen würde oder der Krieg morgen zu Ende wäre, dann war die Romanze ebenso zu Ende, das wußte sie. Je eher sie aufhören würde, sich etwas vorzumachen, desto besser war es für sie.

»Mach dir keine Sorgen, Lemon. Der kommt wieder.«

Maggie wirbelte herum und funkelte den Mann böse an, der an der Theke lehnte und zu ihr sagte: »Und schau mich nicht so wild an. Ich hab' doch gar nichts gesagt.« Er beugte sich zu ihr hinüber. »Eigentlich gehöre ich nämlich zu denen, die ganz froh sind, daß du endlich jemanden gefunden hast. Im Vergleich zu den ersten Wochen, in denen er hier war, ist er ja ganz schön aufgetaut. Vorher war er schweigsam wie eine Auster.«

»Na, das war ja wohl noch nie dein Problem, Ritchie.«

»Nein, da hast du recht. Aber weißt du, wen es wirklich hart getroffen hat? Billings.« Ritchie schaute verstohlen über seine Schulter, bevor er fortfuhr: »Der war ja auch hinter dir her. Ist er sogar immer noch. Das mit Joe war ein richtiger Schlag für ihn. Mensch, hast du ein Glück. Erst ganz allein, dann zwei auf einmal.«

Maggie hielt die Tasse Tee in der Hand, die sie ihm eigentlich reichen wollte. Statt dessen aber sagte sie: »Wenn du noch ein Wort in deiner herablassenden und gönnerhaften Art von dir läßt, hast du mit Sicherheit das Zeug hier im Gesicht.«

»O Lemon, ich wollte doch nur . . .«

»Ich weiß, was du mir sagen wolltest. Hier ist dein Tee. Und wenn du auch nur einen Funken Verstand hast, bist du jetzt still.«

»Du bist ja ein richtiger kleiner Wirbelwind, Lemon.« Mit einem süffisanten Lächeln nahm er die Tasse und schob ihr einen Penny hinüber.

Als er sich umwandte, sah Maggie, wie zwei Air-Force-Angehörige sie anlächelten. Sie grinste angewidert zurück, drehte sich um und ging ins Hinterzimmer, wo sie zu Bett Allsop sagte: »Löst du mich mal bitte für eine Minute ab, Bett?«

»Geht's dir nicht gut?«

»Nein, mir ist ein wenig schwindelig ... und schwarz vor den Augen.«

»Schwindelig? Schwarz vor den Augen?« Bett kniff ihr in den Arm und fügte mit einem vielsagenden Lächeln hinzu: »Jetzt sag nur nicht, daß du schwanger bist. Das wäre wirklich ein Ding.«

Maggie sah Bett zu, wie sie sich den Kittel anzog und die Haube aufsetzte. Das Lächeln dieser Frau, die so selbstgefällig zur Tür ging, schien ihr den Rest zu geben.

Maggie ging zur Spüle und stützte sich auf den Rand. Sie senkte den Kopf, und als sie all das schmutzige Geschirr sah, überkam sie der überwältigende Wunsch, jedes einzelne Teil zu nehmen und an die Wand zu schmeißen.

Selbst jetzt, wo alle wußten, daß sie und Joe sich gut verstanden, konnte man ihr nicht die Illusion lassen, daß er vielleicht einmal mit ihr schlafen würde. Selbst Billings, diesem Widerling, traute man wohl so etwas nicht zu.

Als sie sich umdrehte, betrachtete sie sich in dem fleckigen Spiegel, der an der Stirnseite der Spülküche hing, und schlug mit einem tiefen Stöhnen die Hände vors Gesicht.

8.

Es war gerade drei Uhr nachmittags, als Mick in das Wachhäuschen stürmte, in dem Joe seinen Dienst versah. Er nahm ihn beiseite und flüsterte ihm zu: »Carrie ... Ich habe gerade mit ihr telefoniert. Sie wird wohl vor zehn Uhr heute abend nicht kommen.«

Joe blickte ihn überrascht an, entgegnete aber nichts.

»Du kannst gerne kommen, wenn du willst ...« Mick grinste spitzbübisch. »Aber ich habe das Gefühl, daß dir Janets Gesellschaft nicht so sehr behagt. Kannst du denn das Essen morgen absagen?«

»Nein.« Joe schüttelte den Kopf. »Nein, das kann ich nicht.«

»Wirst du dann wenigstens zum Tee kommen?«

Joe überlegte einen Moment. Es wäre nicht fair gewesen, mit Maggie und Lizzie zu essen und dann einfach zu gehen, wo sie doch erwarteten, daß er den Tag mit ihnen verbrachte.

Plötzlich sagte Mick vollkommen überraschend: »Wenn es wegen deiner Freundin ist, dann bring sie doch einfach mit!«

»Sie ist nicht meine Freundin«, erwiderte Joe scharf. Er sah zu dem Sergeant am anderen Ende des Zimmers hinüber, der offensichtlich in seine Schreibarbeit vertieft war. Dann antwortete er recht kleinlaut: »Aber sie war sehr nett zu mir, sie und ihre Tante. Und da fühle ich mich eben verpflichtet.«

»Na und? Dann erfüllst du deine Verpflichtung, indem du sie mitbringst. Janet hat sowieso gesagt, daß morgen abend das Haus voll sein würde. Also wird es auf einen Gast mehr oder weniger nicht ankommen.«

Joe kaute auf seiner Unterlippe herum, überlegte einen Moment und sagte schließlich: »Lassen wir das jetzt. Wenn ich kommen kann, werde ich kommen. Wann muß Carrie wieder weg?«

»Wie ich bereits sagte: am Morgen des zweiten Feiertags.«

»Auch wenn sie erst heute nacht kommen kann?«

»Das waren ihre Worte. Sie hat am Telefon nach dir gefragt und meinte, sie . . . sie würde sich schon auf dich freuen.«

Mick erwiderte Joes Blick nur für einen kurzen Moment, dann sagte er: »Ich muß jetzt los, sonst verpasse ich den Bus. Ich hoffe, wir sehen uns dann morgen. Und wenn nicht, wünsche ich dir ein frohes Weihnachtsfest und herzlichen Glückwunsch zum Geburtstag. Mein Gott, einundzwanzig. Eigentlich ein Grund zum Feiern. Also, bis dann.«

Joe verharrte zunächst auf seinem Stuhl. Dann ging er hinüber zum Fenster und beobachtete, wie Mick die Straße hinunterlief. Ein merkwürdiger Gedanke kam ihm in den Sinn. Obwohl Mick »Wir sehen uns dann morgen« gesagt hatte, war Joe sich nicht ganz sicher, ob es Mick wirklich so recht war, daß er kam. Mick wußte, was er für Carrie empfand. Sie hatte es ihm bestimmt erzählt. War da vielleicht noch jemand anderes, und Mick wollte ihm einfach nur nicht weh tun? Vielleicht.

Joe ging wieder zurück an seinen Platz. Der Sergeant schrieb noch immer. Er war kein besonders redseliger Mensch, eigentlich sogar recht langweilig und trübe. Aber das war Joe nur recht, schließlich war er selbst auch nicht besonders redselig. Doch im

Moment sah eigentlich fast alles trübe aus: das Wetter, die verdammte Baracke, das ganze Lager, sein Leben. Ja, besonders sein Leben. Was sollte er nur heute abend tun?

Es war halb sieben, als Joe die beiden Pakete in den Fahrradkorb legte und losfuhr. Die Nacht war sternenklar und die Luft beißend kalt. Für einen Moment dachte er an die Winter in Northumberland, die so kalt waren, daß sich die Lungen weigerten, die eisige Luft einzuatmen. Plötzlich hatte er die Halle von Screehaugh wieder vor Augen, und er sah, wie der Weihnachtsschmuck im Schein des Kaminfeuers golden funkelte. Er fühlte sich wieder wie ein kleiner Junge, der voller Aufregung auf all die Geschenke am Morgen des ersten Weihnachtstages wartete. Aber er hatte immer so sehr gehofft, daß Martin und Harry sich ebenfalls über seine Geschenke freuen würden. Die Reaktion seiner Mutter oder Onkel Arthurs war ihm egal gewesen, nur seine Vettern sollten über seine Geschenke immer in laute Jubelrufe ausbrechen.

In der Kurve kurz vor dem Haus blieb Joe noch einmal stehen und sah in die Nacht hinaus. In der Ferne konnte er die Strahlen eines Flakscheinwerfers erkennen. Selbst in dieser Nacht würde es dort Bombenangriffe und Tote geben. Die Menschen in diesem Landstrich hatten wirklich Glück.

Als Joe sein Fahrrad wieder bestieg, fragte er sich, wie sie ihn begrüßen würden. Schließlich erwarteten sie ihn erst einen Tag später.

Die Begrüßung fiel natürlich herzlich aus. Man redete aufgeregt durcheinander, und Lizzie umarmte ihn sogar. »Frohe Weihnachten, mein Junge.

Du glaubst gar nicht, wie ich mich freue, dich zu sehen. Was ist denn los? Ich dachte, du würdest erst morgen früh kommen?«

Maggie half ihm aus dem Mantel. »Ja, genau. Ist irgend etwas schiefgelaufen? Ich denke, du wolltest nach Hereford?«

»Ich . . . ich habe es mir anders überlegt.«

»Wirklich?«

»Siehst du doch, oder?«

Maggie blickte ihn mißtrauisch an. Für einen Moment verschwand ihr Lächeln. »Ja, ich sehe es.« Dann drehte sie sich um und ging ins Wohnzimmer.

»Oh, das ist wirklich nett.« Joe schaute sich um. Der Rauchfang und die Bilder waren mit Stechpalmenzweigen geschmückt, und in der Ecke stand ein künstlicher Weihnachtsbaum mit Lametta, bunten Glaskugeln und einem Rauschgoldengel als Spitze. Ein Feuer prasselte im Kamin, und die Lampe auf dem kleinen Beistelltisch strahlte ein warmes Licht aus.

Tante Lizzie kam geschäftig ins Zimmer und rief: »Nun zieh dir schon die Jacke aus und leg die Füße hoch. Das ist wirklich eine angenehme Überraschung. Endlich mal wieder ein richtiges Weihnachtsfest mit einem Mann im Haus. Wie lange hast du frei?«

»Achtundvierzig Stunden.«

»Wenn das so aussieht, brauchst du ja gar nicht zurück ins Lager zu fahren. Du kannst gerne hier auf dem Sofa schlafen.«

»Kommt überhaupt nicht in Frage. Ich kann Ihnen unmöglich die Mühe machen.«

»Ach, Unsinn! Du tust, was ich dir sage. Du bist

schließlich nur ein Mann, und ich habe weiß Gott genug Erfahrung, um zu wissen, wie man Männer anpackt.«

»Ich habe heute Geburtstag. Ich werde einundzwanzig.«

Warum zum Teufel hatte er das gesagt? Es gab überhaupt keinen Grund, ihnen das zu erzählen. Nun, eigentlich schon. Er wollte, daß sie es wußten, und ihm war das wichtig. Plötzlich kam ihm der Gedanke, sie könnten ihm um den Hals fallen und ihn küssen.

Doch Lizzie ergriff einfach nur seine Hand und schüttelte sie. »Herzlichen Glückwunsch, Junge. Herzlichen Glückwunsch. Also, das ist ja nun wirklich eine Überraschung. Wer hat schon am Heiligen Abend Geburtstag? Und dann auch noch den einundzwanzigsten. Das müssen wir sofort begießen.«

Joe zog seine Krawatte aus und reichte sie Maggie. Für einen Moment berührten sich ihre Finger, dann ergriff auch sie seine Hand und sagte: »Einundzwanzig. Da hast du mich aber ganz schön zum Narren gehalten. Ich habe dich auf mindestens sechsundzwanzig geschätzt. Um Gottes willen, jetzt sieh mich nicht so entgeistert an. Das war ein Kompliment.«

»Sechsundzwanzig? Wovon redest du denn da, Mädchen? Er sieht immer noch wie ein junger Bursche aus. Ein wenig ernst und verschlossen für sein Alter, aber trotzdem. Einundzwanzig. Ist das nicht wunderbar? Geh und hol die Flasche, Maggie. Wir hatten noch nie eine bessere Gelegenheit als diese, um sie zu öffnen.«

Ein merkwürdiges Gefühl überkam Joe: Seine Brust fühlte sich an, als würde eine zentnerschwere

Last auf ihr ruhen, und seine Kehle war wie zugeschnürt. Verzweifelt sagte er zu sich selbst: Um Himmels willen, fang jetzt nur nicht an zu weinen. Trotzdem wäre es eine große Erleichterung für ihn gewesen, hätte er sich einfach hinsetzen und sein Gesicht in beiden Händen vergraben können. Maggie und Lizzie waren so freundlich, so gut zu ihm. Und wieder fühlte er sich in die Zeit zurückversetzt, als er noch mit all den anderen in Screehaugh lebte.

»Setz dich.« Lizzie hatte sich auf das Sofa gesetzt und blickte ihn lächelnd an. Dann sagte sie ernst: »Bevor sie wiederkommt, möchte ich dir noch eines sagen: Danke, daß du gekommen bist. Ich glaube, für Maggie ist deine Anwesenheit das größte Weihnachtsgeschenk. Ich habe sie seit Jahren nicht mehr so glücklich gesehen.«

Als sie ihre Hand auf die seine legte, durchbohrte ihn ein quälendes Schuldgefühl. Es kam ihm vor, als würde er sie benutzen, alle beide. Vor allem aber Maggie.

Doch nach ein paar Gläsern Brandy und Wein hatte sich das Schuldgefühl in nichts aufgelöst und dem Wunsch Platz gemacht, Weihnachtslieder zu singen, was er auch schließlich tat. Er stellte sich neben das Klavier und sang mit einer Stimme, die Milch zum Gerinnen gebracht hätte, denn er war überhaupt nicht musikalisch veranlagt. Trotzdem stimmte er mit Maggie eine Reihe von Liedern an, angefangen von »Stille Nacht, heilige Nacht« bis hin zu »Come All Ye Faithful . . .«

Es wurde ein wunderschöner Abend, darin waren sich alle einig. Und als schließlich sein Bett auf dem Sofa hergerichtet war und er ihnen eine gute Nacht gewünscht hatte, saß er noch einige Zeit vor der verlöschenden Glut. Er war sich bewußt, daß er mit seinem überglücklichen Lächeln ein merkwürdiges Bild abgeben mußte, doch er wünschte sich, immer so zufrieden sein zu können.

Joe erinnerte sich nicht mehr daran, daß er sich ausgezogen oder gar hingelegt hatte. Er wußte auch nicht, was ihn geweckt hatte. Aber als er langsam die Augen öffnete, sah er im Licht der ersterbenden Glut Maggie.

Um den Schleier von seinen Augen zu wischen, blinzelte er ein paarmal. Für einen Moment hatte er keine Ahnung, wo er war. Im Halbschlaf hielt er die Gestalt in ihrem blauen Kleid zunächst für ein Kind.

Als Maggie jedoch auf ihn zukam, schloß er sofort die Lider und atmete in gleichmäßigen Zügen, um tiefen Schlaf vorzutäuschen. Er hörte zwar nicht, wie sie näher kam, doch er spürte, daß sie sich über ihn beugte und auf ihn herabsah. Es fiel ihm schwer, die Augen nicht zu öffnen. Doch plötzlich zuckte er innerlich zusammen, als er ihren Atem auf seinem Gesicht spürte und sie ihm einen sanften Kuß gab. In diesem Moment wünschte er nichts sehnlicher, als sie in seine Arme zu nehmen, um sie trösten zu können und selbst getröstet zu werden. Er hätte es vielleicht auch getan, wäre ihm nicht im selben Moment Carrie in den Sinn gekommen, die wahrscheinlich keine achtzehn Kilometer von ihm entfernt schlief und die er schon bald sehen würde.

Joe merkte nicht, wie Maggie hinausging. Er hörte nur am leisen Quietschen der Tür, daß er wieder allein war. Und so drehte er sich auf die Seite und seufzte tief.

9.

Der 25. Dezember war ein sonniger und trockener Tag. Die meiste Zeit hatte Joe damit verbracht, Feuerholz zu hacken und es hinter dem Haus aufzuschichten. Das Essen war überaus delikat, doch schien die gute Laune bei Tisch ein wenig gezwungen zu sein.

Um halb zwei, nachdem sie mit dem Abwasch fertig waren, setzten sie sich an den Kamin. Als Lizzie schließlich eingenickt war, blickte Maggie Joe an und flüsterte ihm zu: »Hör mal, wenn du deine Freunde besuchen willst, macht mir ... uns das nichts aus.«

»Wieso sollte ich ...« Er starrte sie überrascht an. Doch dann hörte er sich selbst sagen: »Willst du mitkommen?«

Nur mit Mühe konnte er einen Seufzer der Erleichterung unterdrücken, als sie in aller Bestimmtheit erwiderte: »Nein, nein. Auf gar keinen Fall. Ich kenne doch niemanden von ihnen. Ich werde mir gemütlich eine Tasse Tee machen und ...«

»Was ist mit ihr?« Er deutete auf Tante Lizzie.

»Oh, ich denke, das wird sie verstehen. Sie freut sich ja schon, daß du überhaupt gekommen bist.«

Joe sah ihr nach, wie sie auf Zehenspitzen das Zimmer verließ. Eigentlich fühlte er sich überhaupt nicht wohl bei dem Gedanken, nach all der Mühe, die sie sich seinetwegen gemacht hatten, einfach so zu gehen. Auf der anderen Seite war das Verlangen, Carrie zu sehen, zu groß und übermächtig.

Plötzlich zuckte er zusammen, als er eine Stimme hörte. Tante Lizzie saß noch immer zusammengesunken in ihrem Sessel und hatte die Augen geschlossen. Trotzdem schien sie nicht zu schlafen. »Nimm sie mit, Joe. Bitte. Sie hat etwas Abwechslung nötig.« Etwas leiser fügte sie noch hinzu: »Du schuldest ihr das.«

Gott, was für eine Situation. Er wurde über und über rot und kam sich vor, als hätte man ihn auf frischer Tat ertappt. Joe schaute zu Lizzie hinüber und betrachtete sie plötzlich wie seine Mutter, die auch immer nur das Beste für ihre Anvertrauten wollte. Natürlich bestand zwischen der alten Frau und seiner Mutter ein gewaltiger Unterschied, denn Lizzie tat es aus Selbstlosigkeit.

Zögernd stand er auf und blickte noch einen Moment auf die Gestalt, die scheinbar ruhig schlafend in ihrem Sessel saß. Dann verließ er das Zimmer, ging in die Küche, wo Maggie gerade das Tablett vom Tisch nehmen wollte, und sagte mit fester Stimme: »Ich gehe nur, wenn du mitkommst.«

Maggie blickte überrascht auf. Schließlich sagte sie leise: »Nein, du willst mich bestimmt nicht dabeihaben. Es sind deine alten Freunde . . .«

»Red keinen Unsinn. Es sind überhaupt keine Freunde von mir da mit Ausnahme von Mick und seiner Schwester Janet.« Er lachte kurz auf. »Sie ist die Gastgeberin, und ich . . . na ja, ich kann sie nicht ausstehen. Wenn du sie erst einmal gesehen hast, wirst du schon verstehen, warum. Also, geh und zieh dich an.« Es klang fast wie ein Befehl, doch Maggie starrte ihn nur reglos an. »Wenn du nicht mitkommst, werde ich auch nicht gehen. Das sagte ich bereits.«

Schließlich wandte sie den Blick von ihm ab und

nahm das Tablett wieder auf. »Ich muß erst meiner Tante Bescheid sagen.«

»Gib schon her.« Er riß ihr beinahe das Tablett aus der Hand. »Das mach' ich schon. Zieh du dich lieber um.« Als wären sie schon seit Jahren verheiratet, fügte er noch hinzu: »Und beeil dich, ja?«

Als Joe das Wohnzimmer wieder betrat, saß Tante Lizzie aufrecht in ihrem Sessel. Keiner von beiden sprach ein Wort. Selbst als er ihr die Tasse Tee reichte, schwieg sie. Erst fünfzehn Minuten später, als Maggie in der Tür stand, sagte sie: »Ah, das ist schon viel besser. Du hast mir in diesem Kleid schon immer gut gefallen.«

Joe schwieg voller Verwunderung. Ihm kam es vor, als hätte sich das häßliche kleine Entlein in einen Schwan verwandelt.

Maggie sah zwar immer noch nicht wie eine Schönheit aus, aber es überraschte ihn doch, wie adrett sie nun wirkte. Schließlich kannte er sie nur in der Uniform der NAAFI, die wirklich nicht besonders vorteilhaft war. Maggie sah in dem Overall immer wie ein Kartoffelsack aus, der in der Mitte zusammengeschnürt war. Nun aber schien sie nicht mehr so dick zu sein. Es kam ihm auch so vor, als wäre sie um einige Zentimeter gewachsen. Doch lag dies vielleicht nur am Kleid, das aus einem rosigen Cordsamt mit grauen Streifen war. Es reichte ihr hinab bis zu den Waden, hatte lange Ärmel und einen fast quadratischen Ausschnitt, der den oberen Teil ihrer Brust freiließ und mit dem vom Wetter und der Erkältung rötlich gefärbten Gesicht kontrastiert hätte, wäre es nicht geschminkt gewesen. Das braune Haar hatte sie zurückgekämmt, das nahm dem Kopf etwas von seiner runden Form.

Lächelnd sagte Joe: »Ein wunderhübsches Kleid.«

Sie erwiderte nichts, nur Lizzie erklärte: »Schön, daß du es mal wieder trägst.« Sie sah zu Joe hinüber. »Weißt du, sie hat nämlich in den letzten Monaten beinahe zwanzig Pfund abgenommen!«

»Oh, Tante Lizzie!« Maggie ging hinüber zur Garderobe, und als Joe ihr in den Mantel half, bemerkte er, daß der Mantel genau zu dem Kleid paßte. Er war grau und mit einem rosafarbenen Stoff gefüttert.

»Wenn sie so weitermacht, könnte sie es innerhalb eines halben Jahres auf gut dreiundsechzig Kilo bringen.«

»Würdest du bitte endlich still sein, Tante Lizzie?«

»Warum sollte ich? Schließlich ist es mein Haus, wir haben Weihnachten, und wenn dir das alles nicht paßt, kannst du ja verschwinden, und zwar schnell. Und wehe, ihr wagt es, sturzbetrunken nach Hause zu kommen!« sagte sie mit erhobenem Zeigefinger. »Ich werde euch nicht reinlassen, da könnt ihr sicher sein!« Dann wandte sie sich an Joe. »Mußt du nicht morgen wieder im Lager sein?«

»Nein, erst übermorgen.«

»Dann werde ich dir das Sofa noch einmal herrichten. Jetzt seht aber zu, daß ihr fortkommt. Und viel Spaß.«

»Du bist sicher, daß dir nichts fehlen wird?«

Lizzie schaute ihre Nichte lächelnd an. »Hast du jemals erlebt, daß mir etwas fehlt? Ich kann nämlich auf mich selbst aufpassen, weißt du?«

Lachend verabschiedeten sich Maggie und Joe.

Als sie Hereford erreichten, begann es langsam dunkel zu werden. Die Stadt wirkte wie ausgestorben. Die meisten Bewohner feierten wohl mit ihren

Familien das Weihnachtsfest. Die feierliche Stille wurde erst unterbrochen, als sie Janets Haus erreichten. Joe klopfte gerade an die Tür, als er Janets schneidende Stimme und ihr brüllendes Gelächter hörte.

Es war Mick, der ihnen öffnete und sie für einen Moment erstaunt ansah. Schließlich grinste er sie breit an und reichte ihnen die Hand. »Frohe Weihnachten, Joe. Und frohe Weihnachten auch Ihnen, Miss . . .«

Sie hatten inzwischen den Flur betreten, und Joe sagte: »Das ist Miss LeMan . . . Maggie.«

»Schön, dich kennenzulernen, Maggie. Frohe Weihnachten.«

»Das wünsche ich ebenfalls . . .«

»Mick. Ich heiße Mick. Komm, gib mir deinen Mantel.« Er drehte sich um und rief: »Janet! Janet!« Dann grinste er Joe an. »Sie hört mal wieder nur sich selbst reden. Ist es denn zu glauben?« Er rollte mit den Augen. »Janet ist in einer phantastischen Stimmung. Aber du kennst sie ja.«

Ja, Joe kannte Janet. Er hoffte, daß Maggie sie und ihr Mundwerk nicht zu abstoßend fand. Doch dann erinnerte er sich daran, daß Maggie sehr gut mit den unterschiedlichsten Menschen umgehen konnte. In der Hinsicht hatte sie große Erfahrung.

»Oh, hallo zusammen! Frohe Weihnachten, Joe.« Er fand sich plötzlich in Janets Armen wieder und wurde von ihrem alkoholgeschwängerten Atem eingehüllt, als sie ihn küßte. Am liebsten hätte er sie von sich gestoßen.

Dann trat sie zurück, machte einen Knicks und sagte: »Willkommen, Sir.«

»Hör auf und besinn dich auf deine gute Erziehung. Das ist Maggie, eine Freundin von Joe«, erwiderte Mick hastig.

»Oh!« Janet trat einen Schritt zurück und musterte Maggie von Kopf bis Fuß, bis sie ihr schließlich die Hand reichte und murmelte: »Schön, dich kennenzulernen.« Auch während sie mit Joe sprach, wandte sie den Blick nicht von ihr ab. »Nebenan ist jemand, der dich sehen möchte.«

Zum zweiten Mal an diesem Tag lief sein Gesicht rot an, nur wurde es diesmal von heftigem Herzklopfen begleitet.

»Komm mit!« Janet wirbelte herum und ergriff Maggies Arm. »Ich zeige dir, wo du deine Sachen hinlegen kannst.«

Endlich stand Joe Carrie von Angesicht zu Angesicht gegenüber. Sie waren zwar nicht allein im Zimmer, doch solange Maggie nicht dabei war, spielte das keine Rolle. Ihre Anwesenheit wäre ihm peinlich gewesen. Bestimmt hätte er nicht die richtigen Worte für Carrie gefunden. Nachdem man ihm alle Anwesenden vorgestellt hatte, standen sie neben dem Sofa und schauten einander nur an.

Carrie war noch schöner, als er sie in Erinnerung hatte. Auch war sie schlanker geworden. Sie hatte sich in all den Jahren sehr verändert, nur ihre Stimme war die gleiche, als sie sagte: »Hallo, Joe.«

Es entstand eine lange Pause, bevor er antworten konnte: »Hallo, Carrie. Wie geht es dir?«

»Gut. Und dir?«

»Sehr gut, wirklich, sehr gut.« Wieder herrschte Schweigen zwischen ihnen, das den ganzen Raum zu erfüllen schien.

Doch dann gesellte sich Janet zu ihnen und fragte mit schriller Stimme: »Na, ihr zwei? Feiert ihr großes

Wiedersehen? Übrigens: Billy, Polly – das ist Joe, Sir Joe. Wir sind zusammen aufgewachsen. Na, da seid ihr überrascht. Wir haben sogar im Sandkasten zusammen gespielt, nicht wahr, Joe?« Sie drückte ihn heftig an ihre Seite. Dann deutete sie auf Maggie, die neben Mick stand: »Und das ist seine Freundin. Na, wenn das mal kein Durcheinander gibt!«

»Komm und setz dich. Möchtest du etwas trinken?« Mick führte Maggie zu einem freien Sessel, der neben dem Fenster stand.

»Nein, danke.«

»Vielleicht einen kleinen Sherry?«

»Na gut, aber nur einen kleinen.«

»Schön!«

Für einen Moment war Maggie allein. Sie ließ ihren Blick über die illustre Gesellschaft schweifen und hielt bei dem jungen Mädchen inne, das neben Joe saß. So war das also. Es stand ihm geradezu ins Gesicht geschrieben, wie verliebt er in sie war. Sie hatte aber auch alles, was eine Schönheit ausmachte: Haare, Augen, Mund, Haut, Figur . . . alles war perfekt. Wenn Maggie nicht schon geahnt hätte, daß es da jemanden in seinem Leben gab, so hätte sie es spätestens in diesem Augenblick erfahren.

»So, bitte schön.« Mick reichte ihr ein Glas.

»Danke.«

»Jetzt bin ich schon eine Weile im Lager, und doch sind wir uns noch nie begegnet.«

Sie lächelte ihn an. »Nun, das liegt vielleicht daran, daß ich mich nur um die niederen Dienstgrade kümmere.«

»Bist du gern in Madley?«

»Na ja, eigentlich schon. Seit Beginn des Krieges hatte ich unglaubliches Glück. Mein Zuhause ist ganz in der Nähe. Und die Gegend hier ist auch ganz hübsch.«

»Ja, das ist sie wirklich. Ich mag das Land auch lieber als die Stadt.«

»Ja?«

»Ich nehme an, Joe hat dir erzählt, daß wir für seine Familie gearbeitet haben.«

»Nein. Davon hat er mir überhaupt nichts erzählt. Aber was sein Vorleben angeht, ist er sowieso ein wenig schweigsam.«

Mick rückte näher an sie heran und flüsterte kaum hörbar: »Soll das heißen, daß du nicht weißt, wer er ist? Ich meine, wer er wirklich ist?«

»Nein! Sollte ich das? Oder ist es ein Geheimnis?«

»Anscheinend schon. Er möchte auf jeden Fall, daß es eins bleibt. Aber ich hatte gedacht, ihr kennt euch so gut, daß er es . . . nun, daß er es dir gesagt hat.«

»Was gesagt hat?«

»Daß . . . daß er ein Baronet ist. Ich glaube, das ist sein Titel. Eigentlich heißt er Sir Joseph Jebeau.«

Sie sah ihn mit einer Mischung aus Unglauben und Überraschung an. Dann drehte sie sich langsam um und schaute zu dem Sofa hinüber, auf dem er und das Mädchen noch vor einigen Minuten gesessen hatten. Doch sie waren nicht mehr da. Maggie hatte gar nicht gesehen, wie sie das Zimmer verlassen hatten.

Ungläubig wandte sie sich wieder an Mick. »Joe ist adelig?«

»Ja, aber bitte erwähne es nie, wenn er dir noch nichts gesagt hat. Und um Himmels willen: Sag nichts im Lager davon!«

»Aber wenn das der Fall ist, sollte er ... sollte er ein Corporal sein!«

»So will er es aber.«

»Gibt es dafür noch einen anderen Grund?«

»Ja, so könnte man sagen. Weißt du, er wollte den Titel nie haben. Und doch hat er ihn durch eine Reihe von Todesfällen geerbt. Sein Vater ist im Ausland gestorben, und als er fünf war, sind seine Mutter und er zu seinem Onkel gezogen, Sir Arthur Jebeau. Er starb bei einem Autounfall. Aber er hatte zwei Söhne, Martin und Harry. Harry war nicht weit über zwanzig, als er starb. Kurz darauf wurden Martin ... und mein Vater von Viehdieben erschossen. So kam Joe zu diesem Titel. Es hat ihn fast wahnsinnig gemacht. Nicht der Titel, sondern der Verlust all derer, denen er nahestand. Und was das Merkwürdigste ist: Sein Onkel und später auch sein Cousin standen kurz vor der Hochzeit, als sie starben.«

»Das erklärt natürlich einiges.«

Sie hatte diese Worte eigentlich mehr zu sich selbst gesprochen.

Doch Mick fragte: »Was erklärt das eigentlich, Maggie?«

Sie schüttelte den Kopf, bevor sie sagte: »Seine Schweigsamkeit, seine Traurigkeit. Es ist, als würde eine tiefe Trauer in ihm nagen.«

»Das ist dir also auch schon aufgefallen. Er war immer ein sehr sensibler Junge, schon solange ich ihn kenne. Und obwohl er zur Herrschaft gehörte, waren wir immer ... nun, nicht gerade wie Brüder, aber doch sehr enge Freunde.«

»Und ... und deine Schwester?« Sie sah ihn fest an. »War da was zwischen ihnen?«

»Nun ...« Er wiegte den Kopf langsam hin und her. »Sie mochten sich sehr, als sie noch klein waren. Aber dann wurde Carrie zu meinem Onkel und meiner Tante geschickt, um bei ihnen zu leben. Aber da war sie noch ein Kind.«

»Und was ist jetzt?« Sie wußte, wie die Antwort ausfallen mußte. Jeder, der Augen im Kopf hatte, mußte es wissen.

»Nein. Nun, nein ...«, stammelte er. »Ich meine ... na ja ... also, ich würde sagen, da ist nichts. Schließlich hat der Krieg beide sehr verändert. Aber ist das nicht jedem von uns so ergangen?« Er lächelte.

»Kommt schon. Nehmt euch eine Tasse Tee und laßt das Fest endlich beginnen!« Janet stand in der Tür, und als die Gesellschaft sich anschickte, der Aufforderung zu folgen, sagte Mick zu Maggie: »Nimm einfach keine Notiz von Janet. Sie ist nur ein bißchen überdreht.«

Schon wenig später stellte sich heraus, daß dies nicht übertrieben war. Es gab Momente, da überkam Joe eine solch unbändige Lust, sie zu erwürgen, daß er alle Kraft aufbringen mußte, sich zusammenzureißen. Janet hatte die ganze Zeit über nur zwei Dinge im Sinn: Das erste war, Spiele zu organisieren, deren Zweck es war, so viel Gelegenheit zum Küssen und zum Umarmen zu bieten wie nur möglich. Dazu gehörte auch eines, bei der ein Luftballon von einem zum anderen gelangen mußte, ohne ihn dabei mit den Händen zu berühren. Janet stand natürlich direkt neben Joe. Und jeder Körperkontakt mit ihr erzeugte bei Joe einen immer größer werdenden Widerwillen, der schon fast an Übelkeit grenzte.

Ihr zweites Ziel war, ihn und Carrie voneinander zu trennen . . .

Es war neun Uhr, als sich Maggie ans Klavier setzte und einen Schlager nach dem anderen spielte, wobei sie von den Gästen, die sich mittlerweile um sie versammelt hatten, begleitet wurde. Erst jetzt fand Joe Gelegenheit, sich zu Carrie, die an der Tür stand, durchzukämpfen. Er ergriff ihre Hand und zog sie ins Eßzimmer, wo er die Tür hinter sich schloß. Dann schaute er ihr tief in die Augen und sagte: »Hallo, Carrie.«

Doch sie schüttelte nur lächelnd den Kopf und sagte: »O Joe. Du wirst dich wohl nie ändern.«

»Glaubst du das wirklich?«

»Nein.« Sie sah ihn ernst an. »Du hast dich sogar sehr verändert. Du . . . du wirkst älter. Aber wir beide haben uns verändert, und ich glaube, es liegt am Krieg. Doch was viel wichtiger ist . . . als Dad starb, ist etwas mit mir geschehen. Ich habe seither das Leben mit anderen Augen gesehen. Mein ganzes Denken hat sich verändert. Es ist . . . tiefer geworden, wenn man es so nennen kann.«

»Darf ich dich etwas fragen?«

»Alles, was du willst.«

»Erinnerst du dich noch an das, worüber wir gesprochen haben, als wir uns das letzte Mal trafen?« Nach kurzem Zögern sagte sie: »Ja, Joe. Daran erinnere ich mich.«

»Dann weißt du ja, was ich für dich empfinde. Daran hat sich auch nichts geändert. Ich . . .«

Sie ergriff seine Hände und sagte mit beschwörender Stimme: »Bitte, Joe! Es wird sich nichts . . . ich meine, es kann nichts Gutes daraus erwachsen, weil . . .«

Als sie innehielt, fragte er mit matter Stimme: »Warum? Hast du jemand anderen gefunden?«

»O nein! Nein!« Sie mußte lächeln. »Das ist es wirklich nicht.«

»Dann sag mir, warum! Warum nicht ich?«

Sie ließ seine Hände los und ging langsam zum Feuer. Eine Weile schaute sie in die Glut, dann sagte sie schließlich: »Wenn ich es dir erzähle, würdest du mir nicht glauben und . . .«

»Dann versuch es doch einfach!« Er stand jetzt hinter ihr. »Wenn es keinen anderen gibt und du mich nicht mehr magst . . .«

Sie wirbelte herum und sah ihn an. »Dich nicht mögen, Joe? Es gibt wohl keinen, der dich nicht mag. Wenn ich jemand anderen lieben könnte, dann wärst du es.«

»Was meinst du mit ›jemand anderen‹?«

Sie ergriff wieder seine Hände und drückte sie fest. »Versprich mir, daß du versuchen wirst zu verstehen, was ich dir jetzt sage! Versprich es!«

»Ich verspreche es . . .«

Plötzlich stand Janet in der Tür.

»Was zum Teufel macht ihr hier drinnen? Falls ihr es vergessen haben solltet, ein Zimmer weiter findet eine Party statt. Wir wollten gerade Versteck spielen. Was ist denn los mit dir, Carrie? Komm jetzt.« Janet schubste Joe beiseite, ergriff den Arm ihrer Schwester und zog sie aus dem Zimmer.

Es war bisher noch nicht vielen Menschen gelungen, Joe so wütend zu machen. Mit geballten Fäusten stand er da. Oh, diese Frau! Wenn er sich nicht zusammenriß, würde er ihr noch Sachen sagen, die ihm später leid täten. Er konnte noch immer ihre Stimme aus all den Geräuschen und dem Gelächter aus dem Wohnzimmer heraushören. Wahrscheinlich erklärte sie gerade das Spiel und würde jeden Moment zurückkommen, um auch ihn zu holen. O nein! Nein, das würde er im Moment auf keinen Fall ertragen.

Micks Bett stand in dem Ankleideraum am Ende des Korridors, oben im ersten Stock. Die Gäste hatten dort ihre Mäntel abgelegt. Er rannte, zwei Stufen auf einmal nehmend, die Treppe hinauf, und als er gerade oben angekommen war, strömte die ganze Partygesellschaft in den Flur hinaus.

»Das ist nicht fair! Er muß anfangen!« hörte er Janet rufen.

Als Joe schließlich in dem Ankleidezimmer stand, lehnte er sich schwer atmend gegen die Tür. Erst dann tastete er nach dem Lichtschalter. Das Zimmer war äußerst sparsam eingerichtet. Ein Bett, ein großer Wandschrank und ein kleiner Schminktisch waren die einzigen Möbel. Da er keinen Stuhl entdecken konnte, schob er die Mäntel beiseite und setzte sich an das Fußende des Bettes. Er lauschte dem Getümmel, das jetzt unten im Flur herrschte, und hoffte, daß niemand auf die Idee kommen würde, sich in diesem Zimmer zu verstecken. Mit Ausnahme vielleicht von Carrie – oder Maggie.

Als die Tür plötzlich aufgerissen wurde, zuckte er heftig zusammen und sprang wie von der Tarantel gestochen auf. Er starrte Janet an, die mit dem Rükken an der geschlossenen Tür lehnte. Für den Fall, daß ihr jemand folgen würde, schob sie mit einer schnellen Bewegung den Riegel vor.

»Na, sieh mal einer an!« Sie machte zwei Schritte auf ihn zu, und es schien Joe, als sei sie in der Zwischenzeit ein wenig nüchterner geworden, denn sie sagte mit erstaunlich klarer und fester Stimme: »Ich ... ich wollte mit dir einmal ein paar Worte wechseln, Joe. Ganz privat. Aber bis jetzt hatte ich ja keine Gelegenheit dazu. Setz dich.« Sie streckte ihre Hand aus, um ihn auf das Bett zu stoßen, doch er wich ihr im letzten Moment aus. »Stell dich doch nicht so an. Besser den Spatz in der Hand als die Taube auf dem Dach. Ich weiß, ich bin ein bißchen laut, aber glaub mir, das ist alles nur Schau. Ich bin verdammt einsam, genau wie du. Einsame Menschen erkennen einander immer. Verstehst du, was ich damit sagen will?«

»Ja, nur zu gut. Laß mich in Ruhe!«

Sie kniff die Lippen zusammen und schaute ihn finster an. Er wollte gerade an ihr vorbei, als ihr Arm hervorschnellte und sie ihn festhielt. »Nicht in diesem Ton, Freundchen. Du hast zwar vielleicht einen Titel, aber du bist keinen Deut besser als jeder andere auch. Deine Mutter, die ist wirklich schlimm. Du und sie, ihr beide habt den gnädigen Herrn und Master Martin unter die Erde gebracht. Sie hatten Stil und Klasse, im Gegensatz zu euch. Himmel, ich wollte mich mit dir einlassen. Sieh mich nicht so hochnäsig an! Deine Mutter war auch nur eine bessere Hure. Jeder wußte doch Bescheid, was sie und den gnädigen Herrn anging.«

»Dann seid ihr ja schon zu zweit.«

»Du mieser Dreckskerl!« Sie holte mit der Hand aus, doch Joe machte im letzten Moment einen Schritt nach hinten. »Du wagst es, mich eine Hure zu nennen? Nenn lieber deine Herzallerliebste so. Obwohl ... diese Bezeichnung trifft es bei ihr noch nicht einmal. Du bist doch ein blinder Idiot. Weißt du das? Das warst du, und das wirst du immer bleiben. Carrie, unsere liebe Carrie, war schon immer eine miese, dreckige kranke Schlampe!«

»Halt den Mund!« Während er sie anschrie, begannen seine Gedanken sich selbständig zu machen. Was meinte sie mit kranker Schlampe?

Und dann erzählte sie es ihm. Ihre Stimme war nur noch ein Kreischen, als sie die Tür aufriß und rief: »Los, frag sie! Und frag auch gleich unseren sauberen Mick! Frag sie! Mal sehen, was sie dir erzählen werden.«

Sie stand jetzt im Flur. Eine Schlafzimmertür wurde geöffnet, und mehrere Gäste erschienen. Jemand hatte das Licht eingeschaltet, so daß jeder sah, wer da so schrie. Mittlerweile war Joe an Janet vorbeigeeilt und stand am Treppenabsatz. Sie fuchtelte noch immer wie wild mit den Armen herum, und ihre Stimme überschlug sich fast, als sie schrie: »Los, frag sie doch! Das Gesicht möchte ich sehen! Die treiben es doch schon miteinander, seit sie Kinder waren! Carrie hat mit ihrem Bruder geschlafen, bis sie neun war, dann hat mein Vater sie weggeschafft! Aber das hat sie nicht daran gehindert, es miteinander zu treiben!«

Erst jetzt bemerkte Joe, daß Maggie neben ihm stand und ihn am Arm hielt.

»Er hat mich eine Hure genannt, doch das war noch geschmeichelt zu dem, was sie in Wirklichkeit ist! Und Mick ist auch nicht besser. Los, sagt es ihm! Sagt ihm die Wahrheit!«

»O Gott! O Gott!« Joe hörte die geflüsterten Worte der anderen wie durch einen dichten Nebel. Und doch dachte er genau dasselbe. Leise murmelte er: »O Gott!« Und dann beobachtete er, wie Mick zu Janet ging, sie bei der Schulter faßte und in eines der

Schlafzimmer zog. Maggie nahm ihn an der Hand und führte ihn die Treppe hinunter. Plötzlich entdeckte er Carrie. Jede Farbe war aus ihrem Gesicht gewichen. Obwohl es ihr gelang, den Mund zu öffnen, brachte sie keinen Ton hervor.

Als er schließlich die letzte Stufe genommen hatte, schob er Maggie von sich weg. Er hatte das Gefühl, ersticken zu müssen. Hastig öffnete er die Eingangstür und rannte hinaus in die dunkle Nacht.

Doch schon nach wenigen Schritten blieb er stehen und holte tief Luft. Dann blickte er zum Himmel hinauf. Hunderte von Sternen funkelten ihn an, und ihm kamen wieder Carries Worte in den Sinn: »Versprich mir, daß du versuchen wirst, mich zu verstehen. Versprichst du mir das?«

Sie ... sie hatte wirklich erwartet, daß er verstehen würde, was ... was zwischen ihr und ihrem Bruder war ...

Nein! Nein! Sein Verstand weigerte sich, überhaupt zu begreifen, daß so etwas möglich war. In diesem Augenblick bemerkte er, daß eine Gestalt auf ihn zukam. Es war der Mann, der ihm einst erklärt hatte: »Du darfst niemals sagen, daß du einen Mann liebst.« Und es war so gemeint, als wäre das etwas Unanständiges. Doch was Mick getan hatte ...

»Joe! Joe, hör mir zu!«

Da stand er nun vor ihm, der Junge, der ihm einst das Angeln beigebracht hatte, der mit ihm durch die Berge gewandert war, dessen Worte in seinen Ohren immer so erwachsen, so weise geklungen hatten ...

»Joe, es war nicht so, wie du denkst.«

Was dachte er denn? Hatte er je in seinem Leben einen klaren Gedanken fassen können? Sein ganzer Verstand schwebte doch die ganze Zeit, losgelöst von seinem Kopf, einen halben Meter über ihm. Das hatte Harry zumindest immer gesagt: »Ich sehe wieder deine Gedanken, wie sie einen halben Meter über deinem Kopf kreisen.«

Joe hatte von allen nur das Beste gedacht. Niemand war wirklich schlecht, zumindest bis zu jenem Tag, als er erfuhr, daß seine Mutter vier Menschen ermordet hatte. Aber trotzdem, Mord war wenigstens noch sauber im Vergleich zu dem ... was dieser Mann seiner Schwester angetan hatte, dem Mädchen, dem Joe einst gesagt hatte, er würde es lieben, und das dieses Geständnis erwiderte – dieser Mann hatte etwas getan, das nicht sauber, sondern absolut verdorben war.

»Joe, du hast alles falsch verstanden. Es stimmt, ich liebe Carrie und sie mich, aber ...«

»Faß mich nicht an!«

Joe trat zwei Schritte zurück und versuchte, Micks Gesicht in der Dunkelheit zu erkennen. Doch es war unmöglich. Ständig erschienen unterschiedliche Bilder vor seinem geistigen Auge. Eines davon zeigte Carrie, wie sie sagte: »Dad wird mich zu Tante Alice schicken, damit ich da wohne.« Ein anderes zeigte Tante Alices Küche, wo Mick seine Schwester zum Abschied küßte – nicht auf die Wange, sondern auf den Mund.

Jetzt verstand Joe auch, warum Mick den Hof verlassen hatte, um in der Stadt zu leben. So war er in Carries Nähe. Und hatte Carrie ihm nicht einst gesagt: »Es gibt niemanden, der so wie Mick ist. Ich liebe Mick.«

»So versteh doch, Joe. So etwas ist nie passiert ... Das schwöre ich.«

Das hatte Carrie auch gesagt. »So versteh doch, Joe.« Plötzlich erfüllte ihn solche Wut, daß er selbst nicht einmal bemerkte, wie schnell er nach Micks Kehle griff. Der Angriff war so heftig, daß sie beide zu Boden und auf die Steinumrandung stürzten, die den Gemüsegarten umgab. Als sie sich überschlugen, gelang es Mick, sich von Joes Umklammerung zu befreien. Heftig nach Luft schnappend, versuchte er, den unkontrollierten Schlägen zu entweichen. Selbst als sie beide mühsam zum Stehen kamen, schlug Joe ihn mit der Faust brutal ins Gesicht.

Mick wehrte sich noch immer nicht, doch schrie er nun: »Joe! Um Himmels willen, hör mir doch, verdammt noch mal, endlich zu!«

Als sie schließlich von mehreren Gästen auseinandergerissen wurden, schlug Joe wild um sich. Doch dann traf er einen Mann am Kopf, und dieser schlug so heftig zurück, daß Joe benommen zurücktaumelte. Er machte einen weiteren Angriffsversuch, doch schlug ihn jemand mit solcher Wucht in den Bauch, daß er rücklings zu Boden fiel, sich den Kopf an der Einfriedung aufschlug und benommen liegenblieb. Schließlich gingen die meisten wieder ins Haus zurück.

Nachdem man ihm wieder auf die Füße geholfen hatte, war Joe noch immer nicht in der Lage, gerade zu stehen. Vielmehr taumelte er wie ein Betrunkener und konnte nur undeutlich Maggies Stimme erkennen. »Passen Sie bitte auf ihn auf? Ich gehe unsere Sachen holen.«

Und ein Mann sagte: »In Ordnung. Aber in dem

Zustand wird er kaum mit dem Rad fahren können.«

»Ja. Sie haben recht.«

Als Maggie ins Haus lief, hörte sie aus dem Eßzimmer Janets tränenerstickte Stimme, die ständig irgendwelche Entschuldigungen von sich gab. Als sie die Treppe hinaufging, fiel ihr auf einmal wieder Mick ein.

Sie hatte gerade die letzte Stufe genommen, als sie beinahe mit Carrie zusammenstieß, die zwei saubere Handtücher geholt hatte. Einen Moment lang sahen sie sich an, und es schien fast so, als wollte Carrie etwas sagen. Doch dann überlegte sie es sich anders und lief die Treppe hinunter. Maggie rannte zuerst in Janets Schlafzimmer und holte ihren Hut und ihren Mantel. Dann lief sie wieder auf den Flur hinaus und riß alle Türen auf, bis sie schließlich im Ankleidezimmer Joes Mantel und seine Mütze fand. Dann hastete sie wieder die Treppe hinunter.

Unten angekommen, traf sie auf zwei Frauen, die anscheinend gerade gehen wollten.

»Eine beschämende Angelegenheit.«

Und die andere sagte: »Ich hätte niemals herkommen dürfen. George hatte mich vor ihr gewarnt ... Und dann auch noch so etwas in der Familie. Wirklich. Wer hätte das gedacht?«

Ja, wer hätte das gedacht? Maggie lief um das Haus herum in den Garten. Der Mann paßte noch immer auf Joe auf, der sich inzwischen an einen Baumstamm gelehnt hatte. »Miss, er ist wirklich nicht in der Lage, mit dem Rad zu fahren. Das schafft er nie!«

»Ist ... ist schon in Ordnung«, stammelte Joe. »Mir geht es gut.«

»Hier, zieh dir den Mantel an.«

Joe schlüpfte mit ihrer Hilfe in den Mantel und knöpfte ihn zu. Als Maggie ihm die Mütze aufsetzte, bemerkte sie, daß sie klebrige Finger hatte. Er blutete. Sie drehte sich zu dem Mann um.

»Wohnen Sie hier in der Stadt?« Und als er dies bejahte, fragte sie: »Kennen Sie jemanden, der einen Wagen hat und uns nach Madley bringen könnte?«

»Oh, das wird heute nacht schwierig. Hinter dem Bahnhof ist die Werkstatt vom alten Foster. Der fährt eigentlich fast jeden Tag ins Lager. Aber heute nacht werden Sie gehörig drauflegen müssen. Sie könnten es ja dort mal versuchen. Wissen Sie, wo der Bahnhof ist?«

»Ja, ich weiß, wo der Bahnhof ist, und ich weiß auch, wo die Werkstatt ist. Besten Dank.«

»Schöner Schlamassel zu Weihnachten.«

»Ja«, sagte sie leise. »Ein schöner Schlamassel.« Sie drehte sich zu Joe um. »Kannst du laufen?«

»Mir geht's gut«, erwiderte er stöhnend.

Kurz darauf schob sie die zwei Fahrräder hinaus auf die Straße, und als Joes Beine einzuknicken drohten, sagte sie: »Halt dich am Lenker fest!« Dem Mann rief sie noch zu: »Besten Dank für Ihre spontane Hilfe.«

»Ich wünschte, ich könnte mehr für Sie tun.«

Als die Straße schließlich in die Hauptstraße mündete, blieb Maggie stehen und sah Joe prüfend an. »Bist du sicher, daß du es schaffst?«

»Mir geht es gut.« Es schien, als kennte er nur noch diese Worte.

Mr. Foster hatte eine Party und somit nicht das geringste Verlangen, in dieser Nacht noch wegzufahren. »Sie müssen verrückt sein, Miss. Glauben

Sie im Ernst, daß ich heute noch das Haus verlasse? Außerdem bin ich kein Taxiunternehmen.«

»Das ... das weiß ich.« Mit einem bettelnden Tonfall fuhr sie fort: »Aber mein Freund ... hatte einen Unfall. Mit den Fahrrädern kommen wir nie nach Hause. Es soll sich auch für Sie lohnen. Ich werde das Doppelte oder Dreifache von dem bezahlen, was Sie normalerweise verlangen.«

Er trat einen Schritt vor und zog die Tür hinter sich zu. »Diese verdammte Verdunkelung. Also gut, für sechs Pfund würde ich es mir überlegen. Wohin wollen Sie?«

»Bramble Cottage. Ungefähr fünf Meilen von Madley entfernt. In einer Stunde wären Sie wieder zurück.«

Er schaute Joe noch einmal prüfend an, der jetzt über dem Lenkrad lehnte. »Und er ist wirklich nicht betrunken?«

»Nein, nein. Er hat keinen Alkohol angerührt.«

»Was für ein Unfall war es denn?«

»Nun ja, er wollte jemandem bei einer Prügelei helfen. Dabei ist er hingefallen und hat sich den Kopf aufgeschlagen.«

»Ha! Geschieht ihm nur recht. Jeder, der sich in eine Schlägerei einmischt, verdient es nicht anders. Kümmer dich nur um deine eigenen Sachen, das sage ich immer. Na ja, warten Sie eine Minute, ich hole nur schnell den Wagen.«

Während Mr. Foster zurück ins Haus ging, beugte sie sich zu Joe hinunter. »Es kommt alles in Ordnung. Bald sind wir zu Hause.«

Mr. Foster und Maggie halfen Joe aus dem Wagen und trugen ihn an einer bestürzten Lizzie vorbei ins

Wohnzimmer, wo sie ihn auf das Sofa legten. Nachdem Maggie ihre Tante um sechs Pfund gebeten hatte, bezahlte sie den Mann, bedankte sich bei ihm und schloß die Tür.

Dann riß sie sich Hut und Mantel vom Leib und eilte zurück ins Wohnzimmer, wo ihre Tante sie mit den Worten begrüßte: »Was um Himmels willen ist passiert?«

»Das erzähle ich dir später. Erst müssen wir Joe ausziehen und uns um seine Kopfverletzung kümmern. Sie blutet noch immer, und ich weiß nicht, wo er sich noch verletzt hat.«

»Aber was ist denn passiert?«

»Um Gottes willen, frag mich nicht jetzt. Laß ihn mich erst einmal ausziehen. Ihm geht's sehr schlecht.«

Joe protestierte mit keinem Wort, als man ihn seiner Kleider entledigte. Er registrierte kaum, was überhaupt geschah. Er war ganz wirr im Kopf und konnte nur Bruchstücke der Unterhaltung aufschnappen.

»Soll ich ihm einen Whisky einschenken?«

»Nein, ich glaube nicht, daß das eine gute Idee wäre. Vielleicht hat er eine Gehirnerschütterung. Und sieh dir diese Platzwunde an! Sie ist mindestens fünf Zentimeter lang. Wir müssen ihm ringsum das Haar schneiden.«

»Die Rippen! Der ganze Brustkorb verfärbt sich schon. Mein Gott, wie mag er erst morgen früh aussehen? Und seine Schienbeine! Als ob man ihn unablässig getreten hätte. Was war das überhaupt für eine Prügelei? Wie viele waren es denn?«

»Psst! Sei bitte für einen Moment still.«

»Um was ging es denn?«

»Kann ich dir noch nicht sagen.«

»Das ist ja eine schöne Bescherung.«

»Ja«, erwiderte Maggie. »Allerdings.«

Wie ein Blitz fuhr ihm der Schmerz durch den Körper. Als sie ihn auf die Seite drehen wollten, schrie er auf und stöhnte: »Nein, nicht! Mein Arm!«

»Schon gut, Joe. Schon gut.« Maggie versuchte ihn zu beruhigen. »Kannst du dich wieder auf den Rücken legen?«

Mit Mühe und Not schaffte er es, sich ein wenig aufzurichten. Dabei bemerkte er, daß er fast nackt war.

»Schieb ihm das unter die Schulter, Tante Lizzie.«

Als er sich wieder fallen ließ, atmete er erleichtert auf. Er blickte in die Gesichter, die sich über ihn beugten, und murmelte: »Es tut mir leid.«

»Was soll dir leid tun? Red doch keinen Unsinn«, sagte Lizzie mit brüsker Stimme.

»Daß ich so viel Ärger verursache.«

»Hör auf mit diesem Quatsch und bleib lieber still liegen. Ich hole nur schnell eine Wärmflasche für die Füße.«

Als Lizzie das Zimmer verlassen hatte, sah er Maggie an und sagte zerknirscht: »Wirklich, es tut mir leid.«

»Sei still und bleib einfach liegen.«

»Ich habe wahnsinnige Kopfschmerzen.«

»Kein Wunder, du hast auch eine hübsche Platzwunde am Kopf. Ich habe dir ein Pflaster draufgetan, aber da muß sich schnellstens jemand drum kümmern.«

»Was . . . was ist mit meinem Arm?«

»Ich weiß es nicht. Wo tut es denn weh?«

»In der Schulter. Ich kann sie kaum bewegen.«

Maggie legte eine Hand auf seinen Arm und sagte leise: »Sie ist wahrscheinlich ausgekugelt. Aber wenn dem wirklich so wäre, hätte dir Mr. Foster nicht beim Aussteigen helfen können, und ich hätte dich auch nicht stützen können. Egal, morgen wird sich erst einmal ein Arzt darum kümmern.«

»Nein, nein!« Er schüttelte den Kopf. »Ich . . . ich muß doch wieder ins Lager.«

»Schon gut, schon gut«, sagte sie beruhigend. »Wir sehen morgen weiter.«

Lizzie kam mit einer Wärmflasche, einer Tasse Tee und drei Aspirin zurück. Sie brachten ihn für die Nacht in eine angenehmere Lage. Und als er endlich die Augen schloß, um sich auszuruhen oder vielleicht sogar zu schlafen, bedeutete Lizzie ihrer Nichte, sie möge ihr in die Küche folgen.

»Würdest du mir jetzt bitte erklären, was passiert ist?« Lizzie schloß leise die Tür hinter sich.

Bevor Maggie antwortete, ließ sie sich auf einen Stuhl fallen, schaute zu Boden und atmete tief durch. »Er hat sich mit seinem sogenannten Freund geprügelt. Er heißt Mick Smith. Der Grund, warum Joe unbedingt auf diese Party wollte, war die Schwester dieses Kerls. Sie heißt Carrie.« Sie sah jetzt wieder auf, wich aber dem Blick ihrer Tante aus. »Er liebt sie, und, soweit ich das verstanden habe, das schon seit ihrer Kindheit. Sie sind zusammen aufgewachsen, die Kinder der Smith-Familie und er. Da gibt es noch eine Schwester. Sie heißt Janet und ist ein Miststück erster Güte. Alles, aber auch wirklich alles an ihr ist billig. Man könnte sie wohl ohne Gewissensbisse eine Schlampe nennen. Joe muß sie wohl irgendwie auf dem falschen Fuß erwischt haben, als er einen Annäherungsversuch ihrerseits abblockte. Auf jeden Fall fing sie an, aus dem Nähkästchen zu plaudern ...« Sie biß sich auf die Unterlippe und schaute wieder zu Boden.

»Was hat sie erzählt?« fragte Lizzie.

»Sie behauptete, daß ihr Bruder und ihre Schwester, diese Carrie und Joes Freund, etwas miteinander hätten. Es muß wohl schon seit Jahren, wenn nicht sogar seit ihrer Kindheit so gehen.«

»Was soll das heißen: Sie hätten etwas miteinander?« Lizzie schaute ihre Nichte durchdringend an. »Meinst du etwa ...«

»Ja, das meine ich. Der Schock war auch für Joe zuviel. Er lief hinaus, und dieser Mick Smith folgte ihm. Es muß eine heftige Auseinandersetzung gegeben haben, denn als ich draußen ankam, wälzten sie sich schon am Boden, und ein paar der Gäste versuchten sie voneinander zu trennen. Aber es war nicht Mick gewesen, der Joe so verdroschen hat, sondern einer der anderen. Joe lief fast Amok, und als er dabei diesen Mann traf, schlug der natürlich zurück.«

»Na ja ...« Lizzie ließ sich seufzend auf den anderen Stuhl nieder. »Armer Joe. Aber so was passiert. Es wäre zumindest nichts Neues ...«

Maggie sah ihre Tante mißtrauisch an, denn sie wirkte seltsam erleichtert. Sie hatte fast den Eindruck, als käme Lizzie das alles nicht ungelegen, denn sie fuhr fort: »Das sollte ihn auf jeden Fall wieder auf den Boden der Tatsachen zurückbringen. Ich wußte, daß ihn irgend etwas belastete, aber nun ist es wohl vorüber.«

»Nicht ganz, Tante Lizzie.«

»Was sagst du da?«

»Ich sagte, nicht ganz. Denn was ich noch erfahren habe, dürfte selbst dich überraschen. Unser Corporal Joe Jebeau ist kein einfacher Corporal, sondern heißt eigentlich Sir Joseph Jebeau.«

In der Stille, die darauf folgte, hätte man eine Stecknadel fallen hören. Dann fragte Lizzie ungläubig: »Wie bitte?«

»Du hast doch gehört, was ich gesagt habe: Sir Joseph Jebeau. Er ist adelig.«

Lizzie betrachtete Maggie eingehend. Doch bevor sie etwas sagen konnte, fuhr Maggie fort: »Und sag jetzt nur nicht, ich würde Witze machen oder dich auf den Arm nehmen wollen. Er ist ein Sir, und die Smiths waren die Angestellten der Familie, zumindest bis zu dem Zeitpunkt, als sein Cousin starb. Er wurde erschossen, wahrscheinlich kurz vor Kriegsausbruch, und mit ihm der Vater der Geschwister, der wohl so etwas wie ein Aufseher oder Stallbursche war. Ich weiß es nicht genau. Es gab noch jemanden, der Anspruch auf den Titel hatte, doch auch er starb sehr jung. Außerdem ist Joes Onkel bei einem Autounfall ums Leben gekommen.«

»Lieber Gott!« Lizzie war erschüttert. Sie blickte auf die Wohnzimmertür und sagte: »Dann hat er also niemanden mehr?«

»O doch. Mick Smith hat mir von Joes Mutter erzählt. Sie muß ihn auf dieses Anwesen in Northumberland gebracht haben, nachdem ihr Ehemann gestorben war. Er sprach nicht gerne über dieses Thema, doch soweit ich ihn verstanden habe, muß sie noch leben, sehr wahrscheinlich auf diesem Landsitz. Mick Smiths älteste Schwester kümmert sich um sie.«

»Seine Mutter lebt, und Joe besucht sie gar nicht?

Er kümmert sich noch nicht einmal um das Haus? Irgend etwas stimmt da nicht.«

»Ja, das würde ich auch sagen. Aber das ist schließlich nicht unsere Angelegenheit.«

»Das würde ich nicht unbedingt sagen . . .«

»Tante Lizzie . . .« Maggie schaute ihre Tante streng an. »Hör auf, dir Hoffnungen zu machen, und hör vor allen Dingen auf, Pläne zu schmieden. Wenn er es geschafft hat, aus Zuneigung und Freundschaft über den Schatten seiner dunklen Vergangenheit zu springen, wird ihn jetzt wahrscheinlich nicht einmal mehr Liebe dazu bringen. Kannst du mir folgen, Tante Lizzie?«

Lizzie sah zu ihr auf und sagte: »Ich habe gehört, was du gesagt hast, aber folgen kann ich dir beim besten Willen nicht.«

10.

Len Forbister beugte sich über die Theke und sagte im Flüsterton: »Man kümmert sich um ihn, gerade noch rechtzeitig. Mein Gott, man müßte in diesem lausigen Lager wohl erst sterben, bevor sie dir einen Arzt schicken.«

»Was ist mit ihm?« Maggie war blaß geworden.

»Also, soweit ich es mitbekommen habe, hat er eine Gehirnerschütterung, eine ausgekugelte Schulter und ein paar Rippenbrüche. Wie er es geschafft hat, in diesem Zustand hierher ins Lager mit dem Rad zu fahren, ist mir ein Rätsel. Ich wußte ja nicht, daß etwas mit ihm nicht stimmte, bis ich ihn heute morgen nicht wach bekam. Mein Gott, habe ich mich erschrocken. Schließlich habe ich den diensthabenden Offizier geholt, und zusammen haben wir Joe zur Krankenstation gebracht. Er erzählte uns nur, er sei vom Rad gefallen. Also, das muß schon ein ganz besonderer Sturz gewesen sein, wenn du mich fragst.

Aber das Merkwürdigste kommt noch: Als ich nämlich zu diesem Sergeant Smith ging, der Joe ja wohl schon seit seiner Kindheit kennen soll, und ihm davon erzählte, starrte er mich nur an. Mit einem Auge wohlgemerkt, denn das andere ist so geschwollen, daß er damit überhaupt nichts mehr sehen kann. Auch seine Unterlippe ist aufgeplatzt. Jack Bisley hat ihn deswegen ein bißchen hochgenommen. Daraufhin schaute der Sergeant ihn an, als wollte er ihn umbringen. Zu mir war er recht freundlich. Er versicherte mir, daß es ihm leid täte. Aber das war auch schon alles. Dann drehte er sich einfach um und ging wieder seiner Arbeit nach.

Hör mal, Lemon, du weißt doch hier mehr als jeder andere darüber. Bernstein hat mir erzählt, daß Joe mit ihm am Heiligen Abend das Lager verlassen hat, um zu dir zu fahren. Doch soweit ich weiß, wollte Joe doch eigentlich mit Sergeant Smith auf so etwas wie ein Familienfest gehen. Joe hat zwar nichts davon erzählt – na, du kennst ihn ja, eine Auster ist im Gegensatz zu ihm geschwätzig –, aber ich habe mir so etwas in der Art gedacht, und es ergab auch einen Sinn. Schließlich kennen Joe und der Sergeant sich schon seit Jahren!«

Maggie konnte sich vor einer Antwort drücken, denn im selben Moment beschwerten sich einige Leute am anderen Ende der Theke, warum es denn nicht weiterginge. Da nur noch Peggy an diesem Tag Dienst hatte, sie aber bei den Tischen bediente, konnte Maggie sich für eine Weile von Len loseisen.

Doch als sie wieder zurückkam, stand er immer noch mit seiner Tasse Tee in der Hand da. Also sagte sie nur knapp: »Es ist genau, wie Joe sagte: Er ist vom Fahrrad gestürzt.«

»Oh, Lemon.«

»Oh, Corporal!« äffte sie ihn nach.

Lachend erwiderte Len: »In Ordnung, es ist ja auch deine Sache. Übrigens, weißt du was?« Als Maggie keine Antwort gab, flüsterte er: »Ich hätte nichts dagegen, mich mal mit dir in eine stille Ecke zu verdrücken.«

Mit einem süffisanten Lächeln verließ er die Theke, drehte sich aber sofort wieder um, als Maggie nach ihm rief.

»Corporal?«

»Ja?«

»Sagen Sie mir Bescheid, wenn es ihm bessergeht. Und erkundigen Sie sich mal, ob ich ihn besuchen kann.«

»Wird gemacht.« Er nickte ihr freundlich zu.

In den ersten drei Tagen schlief Joe außerordentlich viel. Sein Verstand war noch immer umnebelt, und jedesmal, wenn er versuchte, klar zu denken, wurden seine Kopfschmerzen stärker. In gewisser Weise war er froh, von dem geschäftigen Treiben im Lager und der Arbeit verschont zu bleiben. O ja, besonders die Unterrichtsstunden fehlten ihm überhaupt nicht.

»Ich bin vom Rad gefallen.« Diese Entschuldigung klang selbst in seinen Ohren ziemlich geistlos. Es waren außerdem die einzigen Worte, die er in all den Tagen gesprochen hatte. Er haßte es zu sprechen, denn sprechen hieß denken. Und das war jetzt wirklich das letzte, was er wollte.

Doch nach dem dritten Tag konnte er seine Gedanken nicht mehr so gut verdrängen. Immer wieder trieben Bilder wie Treibgut an die Oberfläche seines Verstandes. Jedesmal, wenn er die Augen schloß, verfolgten sie ihn, setzten sich zu einem Film zusammen, dessen Hauptdarsteller immer dieselben zwei Menschen waren. Des Nachts schienen sie sogar lebendig zu werden, nahmen ihre normale Größe an und standen am Fußende seines Bettes. Einmal war es Carrie, die sagte: »Ich habe versucht, es dir zu erklären. Ich wollte, daß du es verstehst.« Und Mick meinte: »Du warst bestens darauf vorbereitet, wie die Dinge im Leben wirklich sind. Doch du kannst der Realität einfach nicht ins Gesicht sehen. Du glaubst noch immer an den Weihnachtsmann.«

Das hatte Mick wirklich einmal gesagt. Es war der Heiligabend gewesen, der zugleich sein fünfzehnter Geburtstag war. Mick war ihm durchs Haar gefahren und hatte lachend gesagt: »Du bist schon komisch. Man könnte fast meinen, du glaubst noch an den Weihnachtsmann.«

Was ihn dazu veranlaßt hatte, diese Bemerkung zu machen, wußte Joe nicht mehr. Er wußte nur, daß er krank war. Dieses Gefühl war nicht nur auf seinen geschundenen Körper zurückzuführen, sondern kam aus der Tiefe seines Herzens und seines Verstandes. Er wünschte sich, wieder in das Schweigen zu verfallen, das er kennengelernt hatte, als er den Titel erbte.

Joe lag zwei Wochen auf der Krankenstation. Maggie besuchte ihn, sooft sie konnte, und keiner machte sich deswegen über sie lustig.

Doch am Ende der zweiten Woche kam ein Pfleger auf sie zu, gerade als sie an der Aufsicht vorbeigehen wollte. »Ich habe festgestellt, daß er mit Ihnen spricht, Miss. Wir bekommen außer einem Nicken oder Kopfschütteln kaum etwas aus ihm heraus. Es gibt da wohl Schwierigkeiten, was die Beantwortung der Fragen des Sanitätsoffiziers angeht. War er schon immer so?«

Sie hätte antworten können: Er war schon immer ein ruhiger, schweigsamer Mensch. Doch sie sagte nur: »Ich glaube, das hat mit dem Unfall zu tun.«

»Ja, vielleicht. Jedenfalls wird er nächste Woche das Lazarett verlassen können. Er ist dann zwar immer noch nicht diensttauglich, aber vielleicht ist das ja auch ein Glück . . .«

Als Maggie sich am folgenden Nachmittag durch einen Schneesturm bis zum Haus ihrer Tante durchgekämpft hatte, lautete ihre erste Frage: »Joe kann das Lazarett verlassen. Kann er zu uns kommen?«

»Was für eine dumme Frage! Natürlich soll er hierherkommen. Wo sollte er denn sonst hingehen, so wie die Dinge stehen? Wie geht's ihm denn? Aber zieh erst mal deine Sachen aus, du bist ja vollkommen durchnäßt.«

»Es geht ihm schon besser, zumindest in einer Hinsicht. Aber er macht kaum den Mund auf. In der ganzen Zeit hat er keinen einzigen anständigen Satz zustande gebracht, geschweige denn sich richtig mit mir unterhalten.«

Kurz darauf hatten sie sich vor den Kamin gesetzt und tranken heiße Bouillon. »Und wie wird es deiner Meinung nach jetzt weitergehen?« fragte Lizzie unvermittelt.

Als Maggie nicht sogleich antwortete, fuhr sie fort: »Du hast an jenem Abend gesagt, daß selbst die Liebe ihn nicht dazu veranlassen könnte, über den Schatten seiner Vergangenheit zu springen. Du scheinst dir dessen wirklich sicher zu sein. Also frage ich dich noch einmal: Wie wird es deiner Meinung nach jetzt weitergehen?«

»Ich werde seine Anwesenheit genießen.«

»O mein Gott!« Lizzie hatte sich beinahe an einem Löffel Brühe verschluckt und wischte sich nun den Mund ab. »Das klingt überhaupt nicht nach dir. Ich hatte immer den Eindruck, daß du nie für halbe Sachen warst, wenn wir vorbehaltlos über bestimmte Dinge gesprochen haben. Konntest du nicht das haben, was du wolltest, gab es für dich keine Alternative. Du bist dir immer der Tatsache bewußt gewesen, daß Männer nur selten bei Frauen darauf achten, wie sie wirklich sind, sondern sie immer nur nach ihrem Äußeren beurteilen.« Sie schwieg einen Moment, dann seufzte sie: »Seltsam, aber ich habe dich noch nie so erlebt.«

»Ich war schließlich auch noch nie so richtig verliebt.«

Lizzie stellte langsam die Suppentasse neben sich auf den Tisch und betrachtete ihre Nichte eingehend. Maggie war zwar immer noch dick, aber sie hatte in der letzten Zeit viel abgenommen. Weder ihre Frisur noch die Uniform, die sie trug, waren besonders vorteilhaft. Doch die stille Trauer in ihrem Gesicht schien sie seltsam schön zu machen.

Lizzie beugte sich vor und legte eine Hand auf Maggies Knie. »Es tut mir leid, Mädchen.«

»Ich weiß, Tante. Aber mach dir um mich bitte keine Sorgen. Ich wußte doch selbst von Anfang an, daß es hoffnungslos ist. Ich gebe mich da keiner Illusion hin, das weißt du genau. Ich hatte in den vergangenen Jahren schließlich auch nie die Möglichkeit, mich Illusionen hingeben zu können.« Sie lachte kurz auf. »Weißt du«, fuhr sie dann fort, »wenn wir zusammen sind, bin ich einfach nur glücklich. Es genügt mir schon, in seiner Nähe zu sein. Frag mich nicht, wie Joe das schafft. Ich kann es mir ja selbst nicht erklären, aber ich könnte ewig so weiterleben. Doch dazu wird es nicht kommen, also genieße ich im Moment doch lieber jeden einzelnen Augenblick. Er ist ein attraktiver junger Mann, Tante Lizzie, und daran kann er nun mal nichts ändern. Joe wird über seine letzte Affäre hinwegkommen. Vielleicht war es ja auch seine erste. Doch irgendwann wird eine Frau in sein Leben treten, die all die Vorzüge hat, die ich nicht habe. Das wäre dann das Ende vom Lied. Ich denke sowieso, wenn der Krieg morgen zu Ende wäre, würde er gehen. Die Zeiten, in denen ich an Wunder glaubte und in denen häßliche Entlein zu hübschen Schwänen wurden, sind für mich längst vorbei.«

»Du bist nicht häßlich«, sagte Lizzie brüsk.

Doch Maggie schaute sie nur mit einem mitleidigen Lächeln an. »Na, das ist ja beruhigend. Aber weißt du was? Ich wäre lieber häßlich als unscheinbar. Im Lager ist eine von der WAAF, deren Gesicht beinahe wie ein gotischer Wasserspeier aussieht. Trotzdem hat sie regelmäßig Verabredungen, weil sie ein Meter siebzig groß ist und eine traumhafte Figur hat. Wenn man dünn ist, kann man sich alles erlauben«, sagte sie und lächelte bitter.

»Aber das liegt doch wohl an dir. Mach eine Diät.«

Maggie stand auf. »Ich sag' dir etwas, Tante Lizzie. Wenn ich noch weniger esse als in den letzten Monaten, werden meine Beine wie Streichhölzer unter mir zusammenbrechen.«

»Man kann aber auch alles übertreiben.«

»Wirklich? Also entweder bin ich dünn und schwach oder dick und gesund. Normalerweise ist es ja umgekehrt, aber ich war ja schließlich schon immer etwas Besonderes.«

»Das kannst du laut sagen. Um noch einmal auf den Punkt zu kommen: Sag Joe, daß sein Bett hier bereitsteht. Er bekommt dein Zimmer«

»Danke, Tante Lizzie. Doch um eines möchte ich dich noch bitten: Sprich nicht mit ihm über mich. Das wird zu nichts Gutem führen.«

Sie sahen einander ernst an, und Lizzie seufzte, erwiderte aber nichts darauf.

11.

»Sag mal, Joe, warum redest du eigentlich nicht mehr mit mir?«

»Weil ich nichts zu sagen habe, Mrs. Robson.«

»Nenn mich doch bitte Lizzie, das ist einfacher. Es muß ja nichts Weltbewegendes sein. Wir können uns auch einfach nur über Gott und die Welt unterhalten. Oder belastet dich etwas?«

»Ja.«

»Aber du willst mir nicht sagen, was es ist?«

»Ich kann es nicht«, erwiderte Joe.

»Nun gut. Das muß ich akzeptieren. Aber wenigstens können wir uns doch über das Wetter unterhalten. Dann werden wir wie zwei rheumakranke alte Damen klingen, die außer der aktuellen eingebildeten Krankheit wirklich nur noch die unterschiedliche Form der Niederschläge als Gesprächsthema haben.« Sie mußte unwillkürlich kichern.

Auch Joes Gesicht zeigte einen Anflug von Lächeln. Als er sie so ansah, hatte er plötzlich das unwiderstehliche Bedürfnis, ihr alles zu erzählen, was ihn zur Zeit beschäftigte und was tief in ihm begraben war. Wie gerne hätte er mit ihr über seine Mutter gesprochen – und über das andere. Wenn es überhaupt jemand gab, mit dem er reden konnte, dann war es diese Frau. Mit Maggie konnte er darüber nicht reden. Und nun trug er noch eine weitere Last mit sich herum. Bei der Grundausbildung hatte er gelernt, wie man mit einem Bajonett umging. Er hatte nie den Wunsch verspürt, es gegen einen Menschen einzusetzen. Doch jetzt wußte er, was für ein Gefühl das war, jemanden aus tiefstem Herzen ermorden zu wollen. Denn genau diesen Wunsch hatte er gehabt, als seine Hände Micks Kehle umschlossen hielten.

Von dem kleinen Schlafzimmer aus schien das Lager Lichtjahre entfernt zu sein und der Krieg auf einem anderen Planeten stattzufinden. Er wünschte sich inständig, er wäre woanders. London, Coventry, irgendwo, wo die Bomben fielen, oder auch an der Front, wo er auf den Feind schießen konnte – oder er vom Feind erschossen wurde. Der Tod schien ihm der einzige Ausweg aus der Falle seiner Gedanken – oder die Stille. Wenn er sich in sie zurückzog, konnte er vielleicht Frieden finden. Man brauchte weder zu sprechen noch zuzuhören.

In der vergangenen Woche war ihm das ein- oder zweimal beinahe gelungen. Doch wenn man mit jemandem wie Lizzie zusammenlebte, konnte man ihn nur schwer ignorieren. Es wäre unhöflich und undankbar gewesen. Hingegen brachte er Maggie ganz andere Gefühle entgegen. Er wollte sie hinter sich lassen, denn sie wußte zuviel von seinem Leben. Sie hatte Carrie gesehen und war Zeuge seiner Demütigung gewesen.

Schließlich machte ihm noch eine andere Sache Sorgen, denn sie widersprach seiner bisherigen Haltung so sehr, daß er darüber erschrak. Er wollte wieder nach Hause, zurück nach Screehaugh. Jedesmal, wenn er daran dachte, sah er dabei nie seine Mutter, sondern nur sich selbst, wie er die Auffahrt entlangging und an der Haustür von Mary Smith begrüßt wurde. Dieser Gedanke erschreckte ihn deswegen, weil er wußte, daß dies das letzte war, was er tun würde.

Er gab seit zwei Tagen wieder Unterricht, als der dünne Faden, der ihn davon abhielt, in der Stille zu versinken, endgültig riß.

Mick hatte das Lager verlassen und war zurück nach Cranwell gegangen. Joe hatte die Nachricht mit einer überwältigenden Erleichterung zur Kenntnis genommen. Den ersten Tag hatte er einigermaßen gut überstanden, und auch der zweite ließ sich ganz gut an. Am Abend sollte ein Konzert gegeben werden, das von einem Orchester aus der Stadt arrangiert wurde. Len hatte Joe zwar versucht zu überreden, das Konzert zu besuchen, doch er hatte mit der Begründung abgelehnt, er müsse noch einiges für den Unterricht am nächsten Tag lesen.

So saß Joe also mit einem Notizblock auf der Bettkante und versuchte sich zu konzentrieren. Doch seine Gedanken schweiften ständig umher. Sein vorgesetzter Sergeant hatte ihn gefragt, warum er nicht das Morsealphabet lernen würde. »Du kannst es in deiner freien Zeit machen. Dann erhältst du nämlich eine Beförderung und kommst hier endlich heraus.«

Joe wollte die Beförderung zwar nicht, aber die Aussicht, von hier wegzukommen, war verlockend. Er wollte irgendwohin, wo man ihn nicht kannte.

Mit ihm saßen noch sechs andere Kameraden um den Ofen. Ab und zu drangen Gesprächsfetzen an sein Ohr. Außerdem wurde die Baracke immer heißer und stickiger, so daß er sich entschloß, in den Aufenthaltsraum der NAAFI zu gehen. Dieser war zwar meistens voll, doch Joe nahm an, daß wegen des Konzertes heute nicht so viel los sein würde.

Er sammelte ein paar lose Blätter ein, legte sie in sein Notizbuch, zog sich Jacke und Mantel an und ging hinaus. Er mußte an den Männern vorbei, die sich um den Ofen versammelt hatten, doch obwohl sie ihn alle ansahen, sprach niemand ihn an. Sie hatten es aufgegeben, sich mit ihm zu unterhalten. Alle – außer Len.

Die Luft war zum Schneiden kalt und brannte in den Lungen. Joe blickte zum sternenübersäten Himmel hinauf. Ich könnte zu euch hinaufkommen. Wenn ich lange genug gehe, könnte ich zu euch hinaufkommen und Gedichte über euch schreiben.

Es hielten sich nur drei Männer in dem Raum auf, die sich ebenfalls Notizen machten. Er wußte nicht, wie lange er schon dort saß und schrieb, als zwei der Soldaten den Raum verließen.

»Ich habe am Samstag schon wieder Dienst. Ich sage dir, der hat es auf mich abgesehen«, meinte einer der beiden.

Da fiel Joe ein, daß auch er am Samstag bei der NAAFI aushalf. Man hatte ihn von zwölf Uhr mittags bis zehn Uhr abends eingeplant. Er mußte Maggie noch Bescheid sagen, denn sie würde ihn bestimmt erwarten. Im Moment half sie hinter den Kulissen. Das tat sie immer, wenn ein Konzert veranstaltet wurde.

Joe sah auf seine Uhr. Sie mußten bald fertig sein. Wenn er sich beeilte, würde er sie vielleicht noch dort antreffen. Morgen würde er sie wahrscheinlich nicht mehr sehen, denn wenn er seinen Dienst beendet hatte, war sie sicher schon auf dem Weg zu ihrer Tante.

Als er die NAAFI verließ, strömten die ersten Zuschauer bereits auf die Straße, die zu den Baracken führte.

Er ging außen herum zum rückwärtigen Bühneneingang. Einige der Musiker packten noch ihre Instrumente ein, waren aber bereits umgezogen und abgeschminkt. Es herrschte noch immer eine geschäftige Atmosphäre.

Joe stellte sich auf die Zehenspitzen, um nach Maggie Ausschau zu halten. Der Sergeant, der diese Veranstaltungen organisierte, ging noch einmal über die Bühne. Doch es gab keine Anzeichen von Maggie.

Joe lief hinter den Kulissen entlang und wollte gerade wieder hinausgehen, als er plötzlich Maggies Stimme hörte. Er blieb einen Augenblick wie angewurzelt stehen, als er sie sagen hörte: »Nimm deine dreckigen Pfoten weg! Hast du nicht verstanden?

Wenn du mich noch einmal anrührst, kratze ich dir die Augen aus.«

Als er um die Ecke bog, sah er, wie Corporal Billings Maggie in den Armen hielt und fest an sich drückte. Doch als er Joes Schritte hörte, drehte er sich um und sah ihn an. Sein Gesicht war rot, sein Mund geöffnet und seine Lippen feucht. Er ließ Maggie abrupt los, die erleichtert aufatmete. Joe starrte die beiden an, doch er sah weder Maggie noch Billings. Die Gesichter, die er sah, waren die von Mick Smith und Carrie.

Als er auf Billings losging, hörte er Maggie schreien: »Tu es nicht, Joe! Joe!! Tu es nicht!«

Er schlug auf Billings ein und zielte dabei unablässig auf das rote Gesicht. Dann stürzten beide und wälzten sich auf dem Boden. Sie wirbelten so heftig herum, daß ein Teil der Kulisse heruntergerissen wurde.

Joe merkte, daß um sie herum alles in heller Aufregung war. Doch dann wurde er auf die Füße gerissen, was ihn aber nicht davon abhielt, weiter wild um sich zu schlagen.

»Auseinander! Aufhören! Das reicht!«

Von einer Sekunde auf die andere hielt er inne, als ob er der Stimme gehorchen würde. Er fühlte, wie er in sich zusammensackte. Eine betäubende Ruhe erfaßte ihn und rief in ihm den Wunsch hervor, auf der Stelle einzuschlafen. Schließlich führte man ihn hinaus zum Wachraum.

Joe war sich im klaren darüber, daß er unter Aufsicht gestellt wurde. Er verstand auch, daß er sich am folgenden Montag vor dem Kommandeur zu verantworten hatte. In der Zwischenzeit jedoch sollte er sich zu jeder vollen Stunde im Wachraum melden. Er wurde gefragt, ob er das verstanden habe.

Ja, er hatte verstanden. Er verstand alles, was man ihm soeben gesagt hatte, doch er konnte nichts darauf erwidern. So nickte er nur, und der diensthabende Offizier gab sich damit zufrieden.

Später setzte sich Len auf das Bett, das neben dem von Joe stand, und redete auf ihn ein. »Was ist nur in dich gefahren, Mann? Maggie wäre sicher auch allein mit Billings fertig geworden. Damit hatte sie noch nie Probleme. Billings hat sie nur ein wenig hochnehmen wollen. Er ist eigentlich gar kein schlechter Kerl. Es ist seltsam, aber er ist schon immer hinter Maggie hergewesen. Weißt du, daß er immer heult, wenn sie singt? Du hast ihn ja ganz schön übel zugerichtet. Ich verstehe dich nicht. Erst bist du schweigsam wie ein Mönch, und dann schlägst du auf einmal ohne Vorwarnung jemanden zusammen. Mann, was für ein Glück, daß du keine Waffe bei dir hattest.«

Als Joe sich in seinem Bett umdrehte und ihm den Rücken zukehrte, sagte Len: »Schon gut, schon gut. Ich habe auf jeden Fall alles soweit geklärt. Ich werde dich vertreten, solange du dich regelmäßig bei der Wache melden mußt. Du hättest dafür in den Bunker gehen können. Das war schon deine zweite Prügelei in dieser Woche. Was ist nur in dich gefahren?«

Joe hätte Len nur zu gern erzählt, was in ihn gefahren war. Doch jedesmal, wenn er antworten wollte, durchzuckte seinen Körper ein unglaublicher Schmerz. Wenn er ruhig liegenblieb und nichts sagte, hatte er seinen Frieden, zumindest beinahe. Doch er war sich sicher, daß er nie zur Ruhe käme, wenn er diesen Ort nicht verlassen würde. Hier war er gezwungen, mit anderen zu reden, Antworten zu geben, sich zu erklären. Doch all das wollte er nicht, denn was er sagen würde, wäre alles gelogen. Und würde er wirklich die Wahrheit sagen, dann wäre es das Produkt seiner überspannten Phantasie, zumindest würden die anderen das behaupten.

Joe fiel in einen tiefen Schlaf, und am folgenden Morgen stand er wie gewohnt auf, nur daß er nicht in die Kantine ging, um zu frühstücken. Genaugenommen verließ er die Baracke erst, als er sich zum ersten Mal bei der Wache melden mußte.

12.

Es war gerade halb fünf, als Maggie am Samstag nachmittag das Haus ihrer Tante erreichte. Lizzie hatte schon auf sie gewartet, und bevor Maggie auch nur ein Wort sagen konnte, fragte sie: »Wo bist du gewesen? Ich hab' mir schon Sorgen gemacht. Du hast gesagt, du wärst um zwei Uhr hier . . .«

»Tante Lizzie!«

Sie hielt inne und betrachtete das sorgenvolle Gesicht ihrer Nichte. »Was ist passiert? Ist irgendwas mit Joe?«

»Ja, allerdings. Er ist durchgebrannt.«

»Er ist *was?*«

»Er hat sich ohne Erlaubnis von der Truppe entfernt.«

»Aber es ist Samstag nachmittag . . . Ich meine, er hat doch jetzt frei. Was hat das zu bedeuten: Er hat sich ohne Erlaubnis von der Truppe entfernt?«

Maggie schloß die Augen und ließ den Kopf hängen. Schließlich zeigte sie auf den Herd und fragte: »Ist der Tee noch heiß?« Nachdem Lizzie ihr eine Tasse eingeschenkt hatte, nippte sie ein paarmal daran.

»Joe ist gestern abend auf Billings losgegangen, als wollte er ihn umbringen. Du weißt schon, der Kerl, von dem ich dir erzählt habe. Er versuchte, zudringlich zu werden, da tauchte Joe auf. Ich wäre damit schon allein klargekommen. Das habe ich bei Billings bis jetzt noch immer geschafft. Joe hatte also überhaupt keinen Grund, so auf ihn einzuschlagen. Er . . . er ist krank, Tante Lizzie!«

Maggie umklammerte ihre Tasse und trank noch einen Schluck. »Man hatte ihn daraufhin unter Aufsicht gestellt, und er mußte sich jede Stunde beim Wachhabenden melden. Heute morgen sah ich ihn das erste Mal, als er auf dem Weg zur Wachstube war. Es war kurz nach neun. Ich . . . ich hielt ihn an und sagte: ›O Joe, es tut mir leid.‹ Er wollte mir wohl etwas erklären, doch alles, was er zustande brachte, war: ›Ist schon gut.‹ Nach einer Weile versuchte er wieder zu sprechen. Diesmal klang es wie ›Nach Hause‹. Ich dachte, er meinte, daß er heute nachmittag zu dir wollte. Also sagte ich: ›In Ordnung, Joe. Ich werde Tante Lizzie Bescheid sagen.‹ Er erwiderte nichts darauf, sondern lächelte mich nur an. Er sah aus, als wäre er plötzlich beruhigt. Weißt du, er sah mich so zufrieden an, als wäre er ganz entspannt. Etwas später habe ich dann Len Forbister getroffen. Er ist einer von Joes Kameraden. Len sagte, daß Joe seine zweite Meldung nicht gemacht hatte. Eine Stunde später traf ich ihn wieder, doch Joe war noch immer nicht aufgetaucht. Also meldete man ihn als ›ohne Erlaubnis von der Truppe entfernt‹. Bill Regan und Amos Bernstein, beide ebenfalls aus derselben Funkeinheit, haben das ganze Lager durchsucht. Aber ohne Erfolg. Sein Fahrrad war verschwunden. Er muß das Lager direkt nach der ersten Meldung verlassen haben.«

»Dieser dumme Kerl! Wo um Himmels willen könnte er denn sein?«

»Ich glaube, ich weiß, wo er hingegangen ist, Tante Lizzie.«

»Wirklich?«

»Er ist da hingegangen, wo er eigentlich nie mehr hingehen wollte. Er ist zurückgegangen. Ich weiß jetzt, daß er mit ›nach Hause‹ sein richtiges Zuhause meinte.«

Lizzie stand auf und schüttelte den Kopf. »Da wird er bestimmt nicht lange bleiben. Sie werden ihn dort sicher bald finden.«

»Ich weiß nicht. Wahrscheinlich werden sie ihn dort zuallerletzt vermuten. Die meisten Kameraden gehen nicht nach Hause, es sei denn, sie haben Frau und Kinder. Trotzdem, ich werde ihn finden, Tante Lizzie.«

»Du wirst *was?*« Lizzie schaute sie entsetzt an.

»Ich werde zu ihm nach Hause gehen und ihn wieder zurückbringen, denn er ist kein Deserteur, sondern einfach nur krank. Ich fühle es ganz genau . . .« – sie warf ihrer Tante einen entschlossenen Blick zu – » . . . ganz genau, daß seine ganzen Schwierigkeiten mit diesem Haus in Verbindung stehen. Ich glaube auch nicht, daß das Ganze etwas mit Carrie zu tun hat. Niemand verläßt so einfach seine Mutter nur wegen eines solchen Mädchens.«

»Kannst du mir vielleicht einmal sagen, wie weit du ohne Ausgangserlaubnis kommen willst?«

Maggie war mittlerweile schon im Flur und rief über die Schulter zurück: »Mein Urlaub ist schon lange fällig, und Miss Robertson war sehr zuvorkommend. Sie gab mir einen Urlaubsschein und einen Berechtigungsschein für die Bahn.«

»Hast du ihr gesagt, warum du so plötzlich wegfahren willst?«

»Natürlich nicht. Ich habe ihr nur gesagt, daß ich mit meinen Kräften ziemlich am Ende sei, und wenn ich nicht sofort Urlaub bekäme, sähe ich mich gezwungen, demnächst einen Besuch auf der Krankenstation zu machen. Ich teilte ihr mit, daß ich ein paar Freunde besuchen wolle.« Maggie lief die Treppe hinauf.

Lizzie rief ihr nach: »Ich finde das überhaupt nicht gut! Woher willst du wissen, ob er wirklich zu Hause ist? Letzten Endes wirst du die Reise noch umsonst machen.«

Sie hörte nicht mehr auf Maggies Antwort, sondern eilte in die Küche, wo sie ein paar belegte Brote machte und die Feldflasche mit Tee füllte. Als Maggie schließlich in der Küchentür stand, fragte Lizzie in ganz beiläufigem Ton: »Hast du dafür noch Platz in deinem Koffer?«

»Natürlich. Sogar für die doppelte Menge. Ich habe nur ein Nachthemd, frische Unterwäsche und meine Zahnbürste eingepackt.«

»Weißt du denn überhaupt, wie du jetzt hinfahren mußt?«

»Sicher. Ich nehme den Zug um zwanzig nach sieben in Hereford, steige in Birmingham um und werde gegen drei Uhr in der Frühe in Durham sein. Das heißt, natürlich nur, wenn wir nicht in einen Luftangriff geraten.«

»Mal bloß nicht den Teufel an die Wand.« Lizzie betrachtete ihre Nichte mit sorgenvoller Miene.

»Nun, immerhin wäre ich dann wieder um eine Erfahrung reicher, nicht wahr?«

»Hör auf, so einen Unsinn zu erzählen! Ich meine es ernst.«

»Ich auch, Tante Lizzie«, erwiderte Maggie leise. »Nie war mir etwas so ernst. Doch wenn ich nur irgendwie helfen kann, wird mich ein Luftangriff auch nicht davon abhalten.« Als sie bemerkte, daß ihrer Tante Tränen in die Augen stiegen, sagte sie betont fröhlich: »Es wird Zeit, daß ich auch einmal ein wenig von diesem Krieg mitbekomme. Denk doch nur daran, wenn ich einen Bombenangriff erlebe und wieder ins Lager zurückkomme, was ich dann alles zu erzählen habe. Die Hälfte der Bodentruppe hat doch noch nie einen Angriff erlebt.«

Lizzie lächelte halbherzig. Sie stand kerzengerade da und hatte die Hände gefaltet. »Und wie erfahre ich, wie es dir geht?«

Maggie zögerte einen Moment, dann sagte sie: »Ich werde Donald auf der Farm anrufen und eine Nachricht für dich hinterlassen. In Ordnung?«

Nach einer Weile runzelte Lizzie die Stirn. »In Ordnung.« Dann ging sie zu Maggie und umarmte sie. »Paß gut auf dich auf. Und glaub mir, ich verstehe, warum du das alles tust, obwohl ich jede Minute um dich zittern werde.« An der Tür sagte sie: »Und wo wirst du das Rad lassen?«

»Bei Mr. Foster. Ich brauche es ja schließlich, wenn ich wiederkomme.« Sie strich Lizzie über die Wange, als sie sagte: »Paß gut auf dich auf.«

»Mach dir um mich keine Sorgen. Achte auf dich, das ist wichtiger. Und fahr vorsichtig!«

»Mach's gut, Tante Lizzie.« Und dann fügte sie leise hinzu: »Ich liebe dich.«

Maggie bestieg ihr Rad und fuhr zügig den Weg hinunter. Sie hatte das Gefühl, als würde sie zum ersten Mal ihr Zuhause verlassen und sich dem Unbekannten stellen. Und sie hatte eine merkwürdige Vorahnung, die nichts mit der Reise, den Luftangriffen oder Joes Schwierigkeiten, die er bei seiner Rückkehr haben würde, zu tun hatte. Es war ein Gefühl der Angst, das sie sich nicht erklären konnte.

Um sieben Uhr am nächsten Morgen kletterte Maggie vollkommen durchgefroren in einen Milchwagen, der vor dem Bahnhof von Consett stand.

Der Milchmann hatte eine Reihe von Paketen aufgegeben. Maggie war gerade aus dem Zug gestiegen, und als sie keinen Gepäckträger sah, fragte sie ihn: »Können Sie mir sagen, wie ich von hier aus nach Screehaugh komme?«

Er hielt inne und schaute sie einen Moment neugierig an. Dann sagte er: »Ich kenne keinen Ort, der so heißt, nur ein Haus, das diesen Namen hat.«

Maggie erwiderte: »Ja, genau da will ich hin. Soweit ich weiß, liegt es außerhalb der Stadt.«

»O nein, Miss!« Er schüttelte lachend den Kopf. »Es ist ein gutes Stück hinter Edmundbyers, und bis dahin sind es zehn Kilometer. Nach Screehaugh sind es dann noch einmal fünf Kilometer. Wenn Sie mit einem Bus fahren wollen, müssen Sie noch eine gute Stunde warten. Aber der Bus fährt nur bis Edmundbyers, den Rest müssen Sie laufen.« Er musterte sie eingehend und fragte dann mit freundlicher Stimme: »Kommen Sie von weit her?«

»Ja, ich bin die ganze Nacht gereist.«

»Also gut.« Er wandte sich zum Ausgang. »Mein Lastwagen steht gleich vor dem Bahnhof. Ich muß sowieso nach Edmundbyers, da kann ich Sie genausogut auch mitnehmen. Ich kann Sie sogar an der Straße hinauslassen, die nach Screehaugh führt. Wenn Sie also mitfahren wollen, sind Sie hiermit eingeladen.«

Maggie hatte sich von ganzem Herzen bei ihm bedankt. Nun saß sie frierend und müde in dem Milchwagen und wurde bei jeder kleinen Unebenheit kräftig durchgeschüttelt.

Sie stellte sehr bald fest, daß ihr Reisegefährte gern und viel redete. Er begnügte sich nicht nur damit, Geschichten zu erzählen, sondern fragte sie auch regelrecht aus. Wo sie herkomme? Aus Hereford? Das sei doch bestimmt ganz schön weit weg. Ob sie jemanden in Screehaugh kannte? Oh, dann konnte es sich nur um Mary Smith handeln, nicht wahr?

Das plötzliche Schaukeln des Wagens entledigte sie von der Pflicht, ihm zu antworten. Und um vor weiteren Fragen verschont zu bleiben, drehte sie den Spieß einfach um. Es sei ein ziemlich wildes Land. Im Frühjahr und im Sommer wäre es hier bestimmt sehr hübsch. Hatten sie dieses Jahr viel Schnee? Und die Luftangriffe? War er auch Bauer? So verging die ganze Fahrt, bis sie schließlich ein kleines Dorf erreichten.

»So, das ist Edmundbyers. Ich muß zwar gleich abbiegen, aber ich kann Sie noch ein oder zwei Kilometer weiterfahren und Ihnen die Straße nach Screehaugh zeigen. Von da aus ist es nur noch eine halbe Stunde zu Fuß.«

»Danke. Ich danke Ihnen tausendmal.«

Kurz darauf hielt er an, beugte sich zu ihr hinüber und drückte ihr die Tür auf. »Viel Glück wünsche ich Ihnen, Miss.«

»Nochmals herzlichen Dank. Ich glaube, ich stehe tief in Ihrer Schuld.«

»Ist schon gut. Dazu ist man ja da, in solchen Gegenden einander zu helfen. Vor allen Dingen in diesen Zeiten. Gott sei Dank war es in der letzten Zeit ziemlich ruhig.«

Sie stieg aus und lächelte ihn an, als er sagte: »Gehen Sie einfach so, wie ich es Ihnen gesagt habe. Da um die Kurve, den Hügel hinab und schließlich durch die Schonung. Da fängt das Grundstück von Screehaugh an. Vielleicht müssen Sie sich ein wenig durchkämpfen. Der Besitz ist in letzter Zeit ziemlich vor die Hunde gegangen. Wenn man solch ein Anwesen vernachlässigt, verfällt es sehr schnell. Besonders, wenn das Militär einquartiert wird. Na ja, bis dann.«

»Bis dann.« Als er losfuhr, ging sie schon auf der kleinen Seitenstraße entlang, die von der schmalen Landstraße aus in die Hügel führte.

Der Morgen war grau und trist gewesen, doch nun schien es, als hätte eine unsichtbare Hand eine beschlagene Scheibe gesäubert. Vor Maggies Augen erstreckte sich eine Hügelkette, die sich am Horizont verlor und in der frühen Sonne erstrahlte. Sie sah zwar noch immer grau und braun aus, doch wirkte sie nun nicht mehr so trist und bedrohlich. Die Luft war so klar, daß Maggie weit in die Ferne schauen konnte. Als sie schließlich die erste Straßenbiegung erreichte, konnte sie kein Anzeichen einer Behausung finden, noch nicht einmal Ruinen.

Aber weiter unten konnte sie die Schonung erkennen, die der Milchmann ihr beschrieben hatte.

Als Maggie die Schonung erreichte, war es fast so, als betrete sie einen Tunnel aus Fichten. Die Straße war so eng, daß sie gerade Platz für ein Auto bot.

Nach einigen Minuten trat sie wieder ins Tageslicht hinaus. Einige Meter vor ihr konnte sie ein schmiedeeisernes Tor erkennen, das zwar geschlossen, aber nicht verriegelt war. Einen Moment hielt sie inne und schaute die Auffahrt hinauf. Als sie die ungeschnittenen Hecken und das wuchernde Gebüsch betrachtete, überkam sie wieder diese unerklärliche Angst.

Sie fragte sich, was sie zu dieser Mary Smith sagen sollte. Möglicherweise war Joe noch gar nicht eingetroffen. Sie hatte sich überlegt, daß er mit Sicherheit nicht den Zug genommen hatte. Dazu war er bestimmt zu vorsichtig. Schließlich mußte er damit rechnen, an jedem Halt nach seinem Urlaubsschein gefragt zu werden. Er konnte demnach nur per Anhalter reisen. Also war es fast unmöglich, daß er Screehaugh bereits erreicht hatte.

Maggie öffnete das Tor und ging den langen, gewundenen Kiesweg hinauf. Hinter der ersten Biegung erblickte sie das Haus. Auf den ersten Blick sah es wie eine riesige Anhäufung grauer Steine aus. Als sie ihre Augen beschattete, konnte sie erkennen, daß es anscheinend aus drei Gebäudeteilen bestand. Der mittlere zeichnete sich durch einen riesigen Kamin aus, und zu beiden Seiten erstreckte sich jeweils ein Flügel. Eine breite Treppe führte von der Kiesauffahrt zum Haus. Maggie konnte außerdem die Zufahrt zu einem Hinterhof erkennen, der von Ställen oder Wirtschaftsgebäuden umsäumt war.

Langsam ging sie über die Zufahrt und stieg schließlich die Treppe hinauf, bis sie an der verwitterten Haustür stand. Dort waren zwei Klingeln angebracht: Die eine war ein altmodischer Zug mit einem rostigen Ring als Griff, die andere ein normaler Klingelknopf. Sie probierte erst letzteren aus. Maggie betätigte ihn dreimal, doch im Haus blieb alles still. Also versuchte sie es mit dem altmodischen Klingelzug, doch auch daraufhin regte sich nichts. Schließlich ging sie auf der Terrasse am Gebäude entlang, um nach einem Lebenszeichen zu suchen. Dann lief sie wieder die Treppe hinunter und blickte die Fassade hinauf. Die Fenster wirkten leer und blind. Sie zitterte ein wenig, als sie den Hinterhof betrat. Wenn diese Mary Smith im Haus war, dann bestimmt in der Küche.

Dort traf Maggie sie auch tatsächlich an.

Mary stellte im Moment das Frühstück für Mrs. Jebeau auf ein Tablett, als es an der Hintertür klopfte. Sie öffnete und blickte erstaunt auf die kleine runde Person, die zu ihr aufsah.

»Miss Mary Smith?«

»Ja, ich bin Mary Smith.« Mehr sagte sie nicht.

»Darf ich eintreten?«

Mary zögerte einen Moment, nickte aber schließlich und trat beiseite.

Maggie sah sich einen Moment in der großen Küche um. Im Gegensatz zum Rest des Hauses schien es, als würde man sie gut in Ordnung halten. Sie drehte sich zu Mary um und fragte zögernd: »Ist . . . ist er schon da?«

»Wer?«

»Joe . . . Ich meine, Mr. Jebeau.«

»Mr. Jebeau?« Mary schaute sie mißtrauisch an.

»Sie meinen Sir Joseph. Er ist bei der Air Force. Zumindest war er das, als wir das letzte Mal von ihm hörten.«

Maggie nickte. »Da ist er auch immer noch, doch . . . doch ich fürchte, es geht ihm nicht gut, und gestern ist er . . .« Sie schluckte und überlegte, wie sie sich ausdrücken sollte. Verschwunden? Desertiert? Schließlich sagte sie: »Er hat sich ohne Erlaubnis von der Truppe entfernt. Er . . . er war nicht ganz bei sich.«

Mary starrte die junge Frau einen Moment an, bis sie schließlich nickte. »Das wundert mich nicht. Er war auch nicht ganz bei sich, als er fortging. Seitdem hat er sich hier nie wieder blicken lassen. Die Verwaltung des Besitzes hat er zwei Anwälten übertragen. Es hat sich viel geändert. Hat man Sie geschickt, um nach ihm zu suchen?«

»Nein, nein!« Maggie schüttelte den Kopf. »Macht es Ihnen vielleicht etwas aus, wenn ich mich setze? Ich bin die ganze Nacht unterwegs gewesen.«

»Oh, sicher.« Mary zog schnell einen Stuhl heran. »Möchten Sie vielleicht eine Tasse Tee? Ich habe gerade frischen aufgebrüht. Er wird Ihnen guttun.«

»Das wäre sehr freundlich von Ihnen.«

»Und vielleicht auch etwas zu essen? Sie können gerne frühstücken, so richtig mit Speck und Eiern. Wir sind nicht auf die Lebensmittelkarten angewiesen. Ein paar Hühner und Schweine haben wir noch. Die Kühe haben wir verkaufen müssen, weil Bill Swann, der sich um sie gekümmert hat, vollkommen überlastet ist. Aber Sie haben über Master Joe gesprochen: Hat er irgend etwas verbrochen?«

»Er . . . er ist in eine Prügelei geraten und hätte sich eigentlich jede volle Stunde beim Wachhabenden melden müssen. Das hat er aber nicht getan. Ich ... ich befürchte, daß es ihm gar nicht gutgeht. Es hatte den Anschein, als würde er bald den Verstand verlieren.«

Mary stand auf und ging zum Herd hinüber, um den Teekessel zu holen. »Das wundert mich ebenfalls nicht. Er war schon sehr merkwürdig, kurz bevor er gegangen ist. Und als er das Haus schließlich verließ, war es ganz schlimm.« Sie zeigte mit dem Daumen nach oben, als sie ergänzte: »Wie seine Mutter.« Mary schüttelte den Kopf. »Es geht ihr wirklich schlecht. Sie kann zwar immer noch klar denken, doch ansonsten kann sie sich kaum bewegen. Sie verläßt nur selten ihr Bett. Der Arzt kommt jede Woche vorbei, doch ist er der Meinung, sie könnte jeden Tag sterben. So, jetzt trinken Sie erst einmal Ihren Tee. Ich bringe Mrs. Jebeau derweil das Frühstück. Wenn ich wieder zurückkomme, mache ich Ihnen auch etwas zu essen. An Ihrer Stelle würde ich den Mantel ausziehen.«

Maggie stand auf und hängte ihren Mantel an einen Kleiderhaken. Als Mary die Küche verlassen hatte, sah sie sich noch einmal um. Es war eine hübsche Küche. Der Herd war eine altmodische Kochstelle. Der Fußboden bestand aus großen Steinplatten, die nur vor der Feuerstelle von einer Matte bedeckt waren. An einer Wand befand sich ein Regal, bestückt mit einem kompletten Tafel- und Kaffeeservice. Ihrer Tante Lizzie hätte das chinesische Porzellan bestimmt gefallen. Und wenn sie daran dachte, daß dies alles Joe gehörte, daß er all das hinter sich zurückgelassen hatte und nie mehr wiedersehen wollte ...

Maggie setzte sich wieder an den Tisch und faltete die Hände. Was wäre, wenn Joe überhaupt nicht kommen würde? Doch sie war sich sicher, daß er hierher zurückkommen wollte. »Nach Hause«, hatte er gesagt. Maggie hatte Zeit und wußte, daß sie warten mußte. Das mußte sie auch Mary sagen. Wenn Joe aber nicht bald käme, würde man die Militärpolizei einschalten. Wer weiß, vielleicht hatten sie schon in Newcastle angerufen. Die Stadt war bestimmt für den ganzen Bezirk hier zuständig. Und obwohl sie sicher vermuteten, daß kein Deserteur auf dem direkten Weg nach Hause fuhr, würden sie keine Möglichkeit außer acht lassen.

Einen Moment lang hatte Maggie das Gefühl, als wäre sie in einem anderen Land. Die Gegend war wild und fremdartig, mindestens genauso fremdartig wie dieses Haus. Und Mrs. Jebeau: Was für ein Mensch war sie? Sollte sie fragen, ob sie sie sehen könnte? Oder würde Joes Mutter sie selbst sehen wollen?

Die Frage erübrigte sich, als Mary die Küche betrat. »So, in einer halben Stunde muß ich wieder zu ihr hinauf. Ich habe ihr gar nicht gesagt, daß Sie hier sind. Ich meine, daß irgend jemand hier ist, der Master Joe kennt. Seit er fort ist, hat sie nie wieder seinen Namen erwähnt. Er hat das Haus Hals über Kopf verlassen, nachdem er mir mitgeteilt hatte, daß die Herren aus Newcastle sich nun um die Verwaltung des Besitzes kümmern würden. Das war überhaupt nicht seine Art. Er war immer ein sehr angenehmer Mensch gewesen, freundlich und hilfsbereit. Aber seit dem Unfall . . .« Sie hielt inne und ging hinüber zum Herd, um eine Platte mit Speck zu holen. »Das reicht für zwei. Möchten Sie vielleicht ein Ei dazu?«

»Nein, besten Dank. Ich habe schon im Zug ein paar belegte Brote gegessen. Meine Tante hat mir mehr Proviant als nötig eingepackt. Aber einer weiteren Tasse Tee wäre ich nicht abgeneigt. Essen Sie nur! Lassen Sie sich durch mich nicht aufhalten.«

Mary schenkte ihr und sich selbst noch eine Tasse Tee ein und begann schließlich zu frühstücken. Nachdem sie eine Scheibe Speck gegessen hatte, fuhr sie mit ihrer Erzählung fort:

»Seit diesem Unfall war Master Joe wie verändert. Es hat uns alle sehr getroffen. Wußten Sie etwas davon?«

Nach einem leichten Zögern sagte Maggie: »Ich habe davon gehört.«

»Master Martin und mein Vater wurden erschossen. Sie hatten sich hinter einer Hecke versteckt, um einigen Viehdieben aufzulauern.«

»Hat man ihre Mör . . . die Täter gefunden?«

»Nein, nie. Die Polizei hatte damals vermutet, daß es Schwarzhändler aus Newcastle gewesen sein mußten. Dieses Gesindel war schon immer hinter Kühen und Schafen her. Mrs. Swann hat gesagt, daß die Polizei die Täter bestimmt gefaßt hätte, wäre kein Krieg gewesen.« Sie schob sich das letzte Stück Speck in den Mund und wischte sich den Mund mit der Schürze ab. »Ich glaube, daß diese Morde dem Haus den Todesstoß versetzt haben. Selbst wenn eine Bombe gefallen wäre, die Folgen hätten nicht so verheerend sein können. Meine Familie ist durch die Vorfälle in alle Himmelsrichtungen verstreut worden. Meine Mutter konnte es einfach nicht mehr ertragen und ist zu meinem Bruder Charly und dessen Frau nach Middlesbrough gezogen. Meine Schwester Helen hat sich freiwillig gemeldet und ist jetzt bei der ATS. Ich weiß nicht, wo Florrie ist, aber meine Mutter hat ihr Kind.«

Sie seufzte tief auf. »Ja, Florrie hat ein Kind, ein uneheliches. Und dann ist da noch Janet. Sie wohnt in Hereford. Mein Bruder Mick hat es mir kurz vor Weihnachten geschrieben. Sie meldet sich ja nie. Mick hat erzählt, daß sie wohl recht viel Glück hatte. Aber das paßt zu ihr, ich kenne es gar nicht anders. Meine jüngste Schwester heißt Carrie. Sie ist auch in der Armee. Aber Sie sehen ja selbst, was aus unserer Familie geworden ist. Daß Master Joe etwas merkwürdig geworden ist, wundert mich überhaupt nicht. Ich sagte ja bereits, daß er schon etwas seltsam war, bevor er hier fortging. Das war wohl alles zuviel für ihn. Er ist auch praktisch in die Fußstapfen der Toten getreten. Ja . . .«

Sie nickte nachdenklich. »Sein Onkel kam vor einigen Jahren durch einen Autounfall ums Leben. Sein Cousin Harry wurde plötzlich krank und starb im ersten Jahr des Krieges. Und Martin starb, kurz bevor er heiraten wollte. Das war sowieso merkwürdig. Er starb wie sein Vater – kurz vor der Hochzeit. Sir Arthur wollte nämlich auch wieder heiraten.«

Maggie hatte das Gefühl, daß die Puzzleteile sich zu einem Bild zusammenfügten. Doch irgend etwas fehlte noch. Sie sah immer noch keinen Grund darin, warum Joe seine Mutter und Screehaugh Hals über Kopf verlassen hatte. Nur weil er durch mehrere unglückliche Todesfälle den Titel geerbt hatte? Nein, es mußte noch eine andere Erklärung dafür geben.

»Wird Master Joe vor ein Kriegsgericht gestellt?«

»Nicht, wenn er bald wieder auftaucht und ich ihn ins Lager zurückbringen kann.«

»Sind Sie bei der WAAF?«

»Nein, ich bin bei der Truppenbetreuung, der NAAFI.«

Mary schaute sie jetzt verwirrt an. »Und Sie sind eine Freundin von Master Joe?«

»Ja«, erwiderte Maggie leise. Dann räusperte sie sich und sagte: »Er kam immer regelmäßig meine Tante besuchen und aß mit uns, wenn er seinen freien Tag hatte. Es schien immer so, als hätte er kein Zuhause mehr.«

»Komisch, daß er nicht wußte, daß Janet in Hereford lebt. Aber wahrscheinlich ist es ein größerer Ort.«

»Ja, das Lager ist auch recht groß und liegt knapp zehn Kilometer vor der Stadt.«

»Ich bin noch nie dagewesen. Eigentlich bin ich noch nie über Newcastle hinausgekommen.« Mary stützte jetzt ihren Kopf auf und schaute versonnen aus dem Fenster. »Mir kommt es fast so vor, als hätte ich mein ganzes Leben hier verbracht. Na ja, eigentlich stimmt es ja auch. Die Küche ist seit meinem zehnten Lebensjahr mein Zuhause. Der gnädige Herr war immer gut zu uns, obwohl unsere Unterkunft hier wirklich nicht besonders war. Es war ziemlich eng, und Mutter fluchte unentwegt. Mein Vater war dem gnädigen Herrn aber immer sehr dankbar. Ich mochte meinen Dad wirklich gern. Deswegen bleibe ich wohl auch noch hier. Ich könnte Mrs. Jebeau in ihrem Zustand sowieso nicht allein lassen. Master Joe hat dafür gesorgt, daß ich anständig bezahlt werde, und genug zu essen gibt es auch. Wenn das nicht der Fall wäre, wäre ich wahrscheinlich auch zur Armee gegangen. Obwohl sie mich in meinem Alter bestimmt nicht mehr eingezogen hätten. Doch manchmal wünschte ich mir, es wäre anders gekommen. Hier oben kann es manchmal sehr einsam sein.«

Maggie hatte Mitleid mit dieser Frau und sagte leise: »Ich glaube, hier sind Sie besser aufgehoben. In der Armee zu dienen macht auch nicht mehr Spaß. Apropos: Es wundert mich, daß man das Haus nicht schon lange requiriert hat.«

»Oh, sie haben es versucht.« Mary nickte heftig. »Drei Frauen wurden mit ihren Kindern hier einquartiert. Ich sage Ihnen, so etwas haben Sie noch nicht erlebt. Ständig versuchten sie, ins Haupthaus einzudringen, weil sie sagten, in den Häusern für die Bediensteten könnte man noch nicht einmal Schweine unterbringen.« Einen Moment schloß sie die Augen, dann fuhr sie fort: »Eigentlich hatten sie ja recht. Schließlich schafften sie es doch, hier hereinzukommen. Mein Gott, sie haben wie die Vandalen gehaust. Geblieben sind sie aber trotzdem nicht lange, weil sie meinten, man wäre hier lebendig begraben. Und so packten sie eines Tages ihre Sachen und gingen wieder zu ihrem Einquartierungsbüro zurück.«

Sie seufzte auf, mußte aber sofort wieder lachen. »Das Leben ist wirklich voller Überraschungen. Man nimmt doch immer an, daß Offiziere etwas Besonderes sind, nicht wahr? Einige hatte man hier einquartiert, doch zwei von ihnen sind wohl in den Elendsquartieren von Newcastle oder Liverpool groß geworden. Ihr Benehmen ... also so etwas habe ich noch nicht erlebt. Der eine rauchte und schmiß seine abgebrannten Streichhölzer immer rücklings auf sein Bett. Und was die Hygiene anging ... Da waren doch tatsächlich welche dabei, die zu faul waren, um auf die Toilette zu gehen! Die Offiziersburschen haben noch ganz andere Sachen über sie erzählt! Sie waren sowieso besser erzogen als so manch einer von den Offizieren. Zumindest besser als die zwei, von denen ich gerade erzählt habe. Vier Monate waren sie hier, aber mir kam es wie vier Jahre vor. Sie fanden es ein wenig langweilig und trist hier draußen. Sie behaupteten, hier gäbe es keine Abwechslung. Aber seit dem letzten Jahr hat man uns mit solchen Leuten verschont ... Wie lange werden Sie denn bleiben?«

Diese Frage überraschte Maggie. Sie hatte gerade überlegt zu fragen, ob sie hier übernachten könnte. »Ich habe eine Woche Urlaub. Aber ... Nun, wenn ich so lange bleiben könnte, bis Joe hier eintrifft? Ich würde ihn dann sofort ins Lager zurückbringen.«

Mary stand auf. »Also was mich angeht, können Sie hier so lange bleiben, wie Sie wollen. Ich gebe Ihnen das Zimmer, das einmal Master Harry gehörte. Es liegt etwas abseits vom großen Flur, dann wird Mrs. Jebeau Sie nicht hören. Es könnte nämlich sein, daß sie sich aufregt, wenn sie merkt, daß ein Fremder im Haus ist. Deswegen mußte ich auch die beiden Klingeln abstellen. Sie hätten einmal sehen sollen, wie sie sich aufführte, als die anderen da waren. Die Missis konnte damals noch ein wenig laufen, aber sie hat trotzdem ihr Zimmer nicht verlassen. Möchten Sie sich das Haus einmal anschauen?«

»O ja! Das würde ich wirklich gerne!«

Und so sah sich Maggie in dem Haus um, in dem Joe seine Kindheit verbracht hatte. Während sie von einem Zimmer zum anderen ging, wunderte sie sich immer mehr, was ihn dazu veranlaßt haben mochte, diesen wunderschönen Ort zu verlassen. Obwohl die meisten Fenster geputzt werden mußten und den Möbeln etwas Politur fehlte, bemerkte sie, daß das Haus in Ordnung gehalten wurde.

Als sie später allein in Harrys ehemaligem Zimmer war, ging sie zum Fenster und sah hinab auf den weitläufigen Garten, den mit Laub übersäten Tennisplatz und hinüber zu dem angrenzenden Wald. Die Sonne schien noch, und es fiel ihr nicht schwer, sich vorzustellen, wie es hier aussähe, wenn man sich ein wenig um all das kümmern würde.

Schließlich murmelte sie: »Nun komm schon, Joe. Komm endlich, damit wir von hier verschwinden können.« Es war, als wäre er im Garten, und sie würde mit ihm sprechen. Doch plötzlich überkam sie wieder diese eigentümliche Angst. Diesmal war das Gefühl so stark, daß sie nur mit Mühe vom Fenster zurücktreten konnte. Sie wußte jetzt, daß diese Angst auf das Haus zurückzuführen war. Maggie hatte das Gefühl, als würde sie beobachtet. Mit einem Ruck wirbelte sie herum. Die Augen weit aufgerissen, schaute sie vom Bett zum Nachttisch, von dort zu dem riesigen Kleiderschrank aus Mahagoni und der Ankleide. Schließlich hefteten sich ihre Blicke auf den Sessel und den kleinen Beistelltisch, auf dem eine schlichte Lampe stand.

Sie hatte sich nie irgendwelchen Tagträumen hingegeben. Selbst als Kind mochte sie Grimms Märchen nicht allzu besonders. Sie las Sachbücher und jede Art der Literatur, die sie auf das Leben, das wahre Leben vorbereiten sollte. Doch das beklemmende Gefühl, das nun von ihr Besitz ergriffen hatte, war keine Einbildung, sondern echte und wahrhaftige Angst. Und sie war sich sicher, daß dieses Haus etwas Bösartiges, Bedrohliches ausstrahlte.

Maggie hatte auf einmal das Gefühl, als würde sich ein schwerer Eisenring um ihre Brust legen. Doch sie riß sich zusammen und faltete die Hände. Ihr kam nur ein Gedanke: Raus! So schnell wie möglich das Zimmer verlassen und hinunter in die Küche laufen, wo Mary war.

Sie hatte die Tür geöffnet und wollte gerade loslaufen, als sie eine dünne Stimme hörte: »Mary! Mary!«

Als Maggie sich der Treppe näherte, kam die Haushälterin ihr schon entgegen. Im Vorbeigehen sagte Mary: »Ich frage mich, was sie nur will. Sie hat nach mir geklingelt, aber das macht sie sonst so gut wie nie.«

Maggie beobachtete, wie Mary den Flur entlangeilte und in einem Zimmer verschwand. Dann holte sie tief Luft und schritt die Treppe hinunter. Unten angekommen, drehte sie sich noch einmal um und schaute nach oben. Dann ging sie in die Küche.

Zehn Minuten später kam auch Mary. »Also, was hält man davon? Sie hat doch tatsächlich bemerkt, daß ein Fremder im Haus ist. Aber sie kann uns nicht gehört haben. Trotzdem mußte ich ihr eine Erklärung geben. Also erzählte ich ihr, daß mich meine Tante aus Howdon besucht hätte. Wissen Sie, das ist die, bei der meine jüngste Schwester Carrie wohnt. Also, ich weiß wirklich nicht, wie sie auf die Idee gekommen ist. Sie etwa?«

Maggie hätte mit Ja antworten können, doch sie schüttelte nur den Kopf und setzte sich langsam hin. Sie fühlte sich ein wenig benommen.

13.

Maggie schlief in dieser Nacht kaum. Stundenlang hatte sie dagelegen und in die Dunkelheit gestarrt. Obwohl sie in diesem Zimmer nicht mehr diese Beklemmung verspürte, hatte sie immer noch Angst. Weniger um sich, sondern vielmehr um Joe. Sie wußte, daß das, was Joe langsam in den Wahnsinn trieb, in diesem Haus seinen Ursprung hatte.

Hätte sie dieselbe Einstellung gehabt wie ihre Tante gegenüber allen vermeintlich spirituellen und okkulten Phänomenen, sie hätte wahrscheinlich laut gelacht. Doch jetzt sah sie sich mit der Tatsache konfrontiert, daß sie doch nicht das realistische und vernünftige Mädchen war, das mit beiden Beinen fest im Leben stand. Etwas in ihr reagierte auf solche unerklärlichen Dinge, wie sie sie in diesem Zimmer erlebt hatte, besonders sensibel. Sie hatte diese beklemmende Angst schon die ganze Zeit verspürt, genaugenommen schon seit ihrer Abreise. Es hatte wie ein feiner Dunst begonnen, doch als sie hier ankam, war es plötzlich wie ein dichter Nebel.

Maggie wußte nicht, wann sie endlich eingeschlafen war, aber sie wurde sofort wach, als eine Hand sie sanft an der Schulter berührte.

»Ich habe Ihnen eine Tasse Tee gebracht. Entschuldigen Sie, daß ich Sie geweckt habe. Aber ich dachte, es ist schon neun Uhr, und vielleicht möchten Sie . . .«

Mit einem Satz richtete Maggie sich auf. »Oh, das tut mir leid.«

»Ist schon in Ordnung«, erwiderte Mary lächelnd. »Sie haben nicht gut geschlafen?«

»Nein«, erwiderte Maggie. »Überhaupt nicht.«

»Ist ja auch ganz natürlich. Sie schlafen in einem fremden Bett.«

Während Maggie am Tee nippte, zog Mary die Vorhänge zurück. »Es ist ein schöner Morgen.«

»Ich nehme an, daß Joe noch nicht eingetroffen ist, nicht wahr?«

»Nein, er ist noch nicht gekommen«, antwortete Mary und zeigte auf die Schüssel und den Krug. »Dort steht kaltes Wasser, damit Sie sich frischmachen können. Wenn Sie aber hinunter in die Küche kommen, können Sie auch heißes Wasser bekommen. In diesem Zimmer ist es sehr kalt. Es ist sowieso im ganzen oberen Stock recht kalt. Die Schlafzimmer wurden nie beheizt, nur unten brannte immer ein Feuer im Kamin. Aber das war zu der Zeit, als man hier noch Holz hackte und die Kohle regelrecht nachgeworfen bekam ... Was war das?« Sie drehte sich um und lief zum Fenster. »Eines dieser Armeeautos ist vorgefahren.«

Maggie sprang mit einem Satz aus dem Bett. »Das kann nur die Militärpolizei sein. Sie gehen besser nach unten.«

»Militärpolizei?« Mary lief sofort los. »Um Gottes willen!«

Maggie zog sich blitzschnell um und stand schon kurze Zeit später in der Küche. Die beiden Militärpolizisten standen am Küchentisch und blickten zu ihr hinüber, als Mary auf sie zeigte.

»Das ist Sir Josephs Freundin. Sie wird Ihnen bestätigen, daß er nicht da ist. Sie ... sie ist auch hierhergekommen, um ihn zu suchen.«

Beide Männer schauten von Mary zu Maggie und wieder zurück. »Was soll das heißen ... Sir Joseph? Wir suchen Corporal Joseph Jebeau.«

Mary reckte den Hals ein wenig vor, als sie sagte: »Ja, für Sie ist er das wohl. Trotzdem ist er Sir Joseph Jebeau.«

Die beiden Polizisten blickten sich erstaunt an. Dann sahen sie fragend zu Maggie hinüber. »Es stimmt. Er ist Sir Joseph Jebeau.«

»Aber er ist . . .« Einer der beiden schaute in seine Papiere, die er in der Hand hielt. »Aber warum?«

»Das ist ja wohl seine Sache.«

Der Größere der beiden reckte pikiert sein Kinn vor. »Das mag schon sein, Miss. Aber sein Aufenthaltsort geht uns sehr wohl etwas an. Er wird gesucht, das wissen Sie doch, oder?«

Nach einer Pause erwiderte sie: »Ja, das weiß ich.«

»Darf ich Ihnen eine Frage stellen?«

Sie gab keine Antwort.

»Wissen Sie, wo er sich gegenwärtig aufhält? Ist er hier?«

»Beide Fragen kann ich mit ruhigem Gewissen verneinen. Ich . . . ich möchte nur hinzufügen, daß Sie nicht nach einem gewöhnlichen Deserteur suchen, sondern nach einem kranken Mann.«

»Ich glaube, das wird der Arzt entscheiden müssen.«

»Ja, wahrscheinlich.«

»Möchten Sie vielleicht eine Tasse Tee?« fragte Mary.

»Das ist sehr nett von Ihnen, Miss. Aber wir würden uns zunächst gerne einmal umschauen. Wenn es Ihnen also nichts ausmacht, könnten Sie uns vielleicht das Haus zeigen?«

»Ja, ich werde Ihnen alles zeigen – mit Ausnahme des Zimmers, in dem die Missis liegt.« Als sie fragende Blicke erntete, ergänzte sie: »Das Zimmer seiner Mutter.«

»Wir müssen überall nachsehen, Miss.« Der Kleinere der beiden Polizisten sah sie belustigt an. »Wahrscheinlich wird er genau dieses Zimmer aufsuchen.«

»Es geht ihr nicht gut. Sie ist in einem schlechten Zustand.«

»Es tut uns leid, aber wir haben unsere Pflicht zu erfüllen.«

Bevor sie die Polizisten aus der Küche führte, warf Mary Maggie einen vielsagenden Blick zu.

Maggie ging zum Herd und wärmte sich ihre Hände. Doch eine Sekunde später kam ihr ein Gedanke. Sie lief hinüber zum Fenster und schaute hinaus auf den Hof. Wenn Joe wirklich so weit gekommen war, würde er dann direkt ins Haus kommen? Er könnte auch in den Wirtschaftsgebäuden sein. Sie wollte gerade nach draußen stürzen, als ihr in den Sinn kam, daß die Polizisten sie dabei beobachten könnten. Sie waren schon mißtrauisch genug.

Erst eine halbe Stunde später kehrten die beiden Männer mit Mary in die Küche zurück. Doch sie hielten sich nicht lange auf, sondern gingen direkt nach draußen. Sie verbrachten eine weitere halbe Stunde damit, die anderen Gebäude und den Garten zu durchsuchen. Sogar die Gewächshäuser ließen sie dabei nicht außer acht.

Als sie wieder in die Küche kamen, sagte der eine mit ernster Stimme: »Sie wissen, daß es Ihre Pflicht ist, uns sofort zu benachrichtigen, wenn Sie etwas von ihm hören.«

Maggie antwortete resolut: »Ich weiß, was meine

Pflicht ist. Das brauchen Sie mir nicht zu sagen.« Der Polizist wollte etwas erwidern, besann sich dann aber eines Besseren. Ohne ein weiteres Wort gingen sie hinaus.

Als das Auto davonfuhr, sank Mary erschöpft auf einen Stuhl. »Was hier nicht alles passiert! Ich dachte zuerst, die Missis würde sterben. Ich mußte ihr das irgendwie erklären. ›Es ist alles in Ordnung, Ma'am‹, sagte ich. ›Es ist die Militärpolizei. Sie suchen nach einem Deserteur.‹ Sie rührte sich kein bißchen. Es sah fast aus, als wäre sie versteinert. Sie beobachtete jede Bewegung der beiden. Und als sie ihren Kleiderschrank öffneten, keuchte sie so heftig, daß ich Angst hatte, sie bekäme einen Herzinfarkt. Warum mußte Master Joe das tun? Die Polizisten sagten, sie würden wiederkommen. Wie haben sie es nur so schnell erfahren können?«

»Man hat sie wahrscheinlich aus Hereford angerufen.«

»Ja, aber es ist doch Sonntag morgen!«

»In einem Lager der Armee ist jeder Tag wie der andere.«

»Ja, das glaube ich auch. Oh, dieser verdammte Krieg! Er bringt alles durcheinander. Wenn mir früher jemand gesagt hätte, ich würde auf dieses Haus aufpassen, ganz allein mit ihr da oben, und müßte zusehen, wie hier langsam alles verfällt, den hätte ich für verrückt erklärt. Aber manchmal habe ich das Gefühl, ich bin es, die allmählich den Verstand verliert.« Sie nickte vor sich hin, als sie aufstand und zum Herd ging, um einen Topf mit Wasser aufzusetzen. »Niemand sollte allein leben. Man braucht doch immer jemanden, selbst wenn es nur ein Hund ist. Wir hatten zwei, und beide sind tot.«

Sie nahm den Schürhaken und stocherte damit im Feuer herum. Dann stellte sie ihn wieder zurück. »Das ist auch so etwas. Ich koche noch immer auf diesem alten Ofen. Vor dem Krieg hatte man eine elektrische Leitung von den Doltons hierhergelegt. Sie hatten schon länger Strom, weil sie näher an der Straße wohnen. Aber das Kabel war zu schwach. Also hat man einen Generator installiert. Doch was nützt der einem, wenn niemand ihn wartet? Bill kann sich nicht darum kümmern. Dazu hat er zuviel zu tun. Außerdem ist es der Mühe nicht wert, solange ich nur für die Missis und mich kochen muß. Selbst die alten Petroleumlampen machen mir nichts aus. Ich kenne sie schon seit meiner Kindheit.« Sie setzte sich neben Maggie auf einen Stuhl und sagte mit bedrückter Stimme: »Es ist alles nicht mehr so, wie es einmal war. Wir waren so viele unten im Haus, daß wir uns ständig auf den Füßen standen. Aber niemand war allein!« Sie streckte ihre Arme aus und betrachtete ihre Hände. »Man kann vieles leichter ertragen, wenn man nicht allein ist.«

Maggie verstand sie. Sie seufzte laut auf, war aber nicht in der Lage, etwas darauf zu erwidern. Mary hatte recht: Man konnte vieles leichter ertragen, wenn man nicht allein war.

Maggie war müde und enttäuscht, nachdem sie von einem Spaziergang über das Anwesen zurückkam. Sie hatte Bill Swann getroffen, einen knorrigen alten Mann, der ihr sagte, es wundere ihn überhaupt nicht, daß Joe einfach davongelaufen war. Er wäre nicht aus dem Holz geschnitzt, das man bei der Armee brauchte. Joe wäre schon immer ein Träumer gewesen, der seine Augen vor der Wirklichkeit verschlossen hielt. Daran war natürlich die Missis schuld. Sie hatte zu lange versucht, ihn an sich zu binden. So still er auch war, er hatte trotzdem seinen eigenen Willen, den er auch oft genug durchsetzte. Wie Mary einmal gesagt hatte, mußte es eines Tages zu einem handfesten Streit zwischen Mutter und Sohn gekommen sein. Aber im Gegensatz zu anderen Menschen war Joe sehr sensibel und konnte nicht so viel einstecken. Die Morde hatten alle Beteiligten tief getroffen, doch ihn schienen sie regelrecht aus der Bahn geworfen zu haben. Nur eines hatte Bill Swann nie verstanden: Warum hatte Joe in all den Jahren seine Mutter kein einziges Mal besucht? Auch wenn sie sehr streng zu ihm gewesen war, sie hatte dieses Leben nicht verdient, einsam und krank. Sie sah nie eine Menschenseele. Nicht, daß sie niemand besuchen wollte. Mr. Dolton und seine Familie hatten sich rührend um sie gekümmert. Es war deren Cousine, Miss Crosbie, die Master Martin heiraten wollte, kurz bevor er starb. Doch die Missis wollte niemanden sehen. Schließlich bekam sie diesen Schlaganfall, und damit war alles aus. »Für kein Geld der Welt«, so hatte Bill Swann geendet, »möchte ich Marys Arbeit machen. Nicht, daß sie schlecht bezahlt wird. Sie bringt ihre Schäfchen schon ins trockene, aber das kann ihr ja schließlich keiner übelnehmen. Wer soll sich denn um sie kümmern, wenn die Missis stirbt und der junge Herr sich nicht mehr blicken läßt? Man würde das Anwesen sehr wahrscheinlich verkaufen, und sie säße dann auf der Straße.«

Maggie hatte nicht weiter zugehört. Mr. Swann gehörte zu der Art von Menschen, die ihre Tante so treffend als »vergrätzte Pfeifenköpfe« bezeichnete.

In der Küche ging gerade das Licht an, als sie wieder zurückkam. Mary begrüßte sie mit den Worten: »Wenn Sie weiter so auf den Beinen sind, werden Sie bald keine mehr haben, weil sie sich abgenutzt haben.« Dann blickte sie sie verlegen an, als habe sie bemerkt, daß ihre Worte etwas unpassend waren.

Den ganzen Tag über hatte Mary viel über Maggie nachgedacht. Sie konnte einfach nicht glauben, daß ein so gutaussehender Mann wie Master Joe sich mit einer solchen Frau abgab. Sie hatte ja anscheinend eine angenehme Persönlichkeit und sprach dieselbe Sprache wie der junge Herr. Aber ihr Aussehen! Daß sie einige Kilo an Übergewicht hatte, wäre bestimmt nicht so sehr tragisch gewesen, wenn sie wenigstens etwas größer gewesen wäre. Und trotz der schönen Augen und der regelmäßigen Zähne hatte sie ein recht gewöhnliches Äußeres.

»Ich habe einen Stew gemacht«, sagte Mary nun. »Ich hoffe, Sie mögen ihn. Beim Mittagessen haben Sie ja kaum etwas zu sich genommen.«

»Oh, das tut mir leid. Ich . . . ich war nicht hungrig, obwohl es sehr gut geschmeckt hat. Sie sind eine exzellente Köchin.«

»Das mag sein, aber ich habe auch genug Übung.« Mary lächelte. »Wenn Sie wollen, können Sie den Tisch decken. Das Tischtuch liegt in der obersten Schublade vom Schrank.«

Maggie hatte sich gerade umgedreht und wollte die Schublade aufziehen, als sie einen weit entfernten Schrei hörte. Sie blickte zu Mary hinüber, die besorgt nach oben schaute.

Als erneut ein Schrei ertönte, diesmal allerdings

lauter, rief Mary: »O mein Gott!« Sie rannte los, und Maggie folgte ihr instinktiv.

Als sie die Treppe hinaufhasteten und vor der offenen Schlafzimmertür standen, steigerte sich der Schrei zu einem schrillen Kreischen. In dem Bett lag eine abgemagerte Frau, die sich mit einer Hand unentwegt durch das Haar fuhr. Ihr Mund war weit aufgerissen. Vor ihr, am Fußende des Bettes, stand eine dunkle Gestalt: Joe.

Mary eilte zu Mrs. Jebeau, nahm sie in den Arm und rief: »Ganz ruhig! Ganz ruhig! Es ist nur Master Joe!«

Maggie war indessen zu Joe gelaufen und hielt seine Hand.

Schlagartig verstummte die Frau. Der Mund öffnete sich noch einmal, dann sackte sie in sich zusammen und schloß die Augen.

Mary blickte zu Maggie und Joe hinüber. »Sie ist ohnmächtig geworden. O Master Joe, Sie haben sie zu Tode erschreckt. Warum . . . warum haben Sie das getan?«

Joe schwieg. Er hatte schon lange nicht mehr gesprochen. Er wußte, daß er kein Wort hervorbringen konnte. Er hatte gehofft, daß sie sich in eine ganz gewöhnliche Mutter verwandeln würde, wenn er sie nur lange genug anschaute. Vielleicht würde sie ihn dann lieben, wie jede normale Mutter ihr Kind liebt. Und weil sie ihn liebte, würde sie ihn gehen lassen. Aber sie hatte geschrien und geschrien. Sie war also doch keine Mutter, sondern eine herrschsüchtige, gefährliche, wahnsinnige Mörderin. Er sah auf eine alte Frau, in deren Augen sich der Schrecken und das Entsetzen widerspiegelte.

Er hatte vorgehabt, mit ihr zu reden. Einen Moment mußte er nachdenken, was er zu ihr sagen sollte. Dann wußte er es.

Schau, was du aus mir gemacht hast. Ich bin ebenso tot wie Martin und die anderen.

Und er wollte sagen: Wenn du mich und Carrie nicht voneinander getrennt hättest, wäre ich nicht der geworden, der ich jetzt bin.

Seine Mutter hatte aufgehört zu schreien. Ihre Augen waren geschlossen, und sie gab keinen Laut von sich. Er wollte zu ihr gehen, doch jemand hielt ihn fest.

Es war Maggie! Maggie war sehr nett. Maggie war ein Trost, genau wie ihre Tante. Sie waren beide nett. Er wollte zu ihr sagen: Warum bist du gekommen? Sie sollte doch eigentlich hinter der Theke stehen und Tee verkaufen. Maggie war ein gescheites Mädchen. Er wollte ihr auch sagen: Laß mich gehen. Wohin willst du mich bringen?

Ihre Stimme drang wie aus weiter Ferne zu ihm durch: »Es wird alles wieder gut. Es wird alles wieder gut.«

Joe wußte, daß er nach unten ging, doch seine Füße fühlten sich auf einmal so schwer an. Er mußte sie mit aller Kraft anheben, denn sie schienen in einem zähen Schlamm zu stecken. Es war ein langer Weg in die Küche, und er war froh, als er sich endlich setzen konnte. Die Küche erschien ihm sehr klein, so klein, daß sie ganz und gar von Maggies Gesicht erfüllt war. Warum sagte sie ständig: »Es wird alles wieder gut?« Natürlich war alles gut. Er war frei. Nichts konnte ihn mehr berühren, weil er nichts mehr spürte. Keinen Schmerz, keine Reue, keine Verbitterung. Und er fühlte sich wohl dabei.

Wenn er doch nur Maggies Gesicht nicht mehr sehen müßte! Dann würde er endlich schlafen können. Ja, genau das wollte er: schlafen – für immer.

Als Maggie sah, wie er erst die Arme auf den Tisch legte und dann den Kopf in ihnen vergrub, konnte sie nur schwer ihre Tränen zurückhalten. Sie wußte, daß sie ihn allein niemals ins Lager zurückbringen konnte. Sie wußte aber auch, daß bestimmte Dinge getan werden mußten, und sie würde sie tun.

Als Mary in die Küche lief, sagte sie zu ihr: »Rufen Sie bitte einen Arzt?«

»Aber natürlich.« Mary sah sehr niedergeschlagen aus. »Am besten für beide.« Dann erst bemerkte sie, daß Joe zusammengekauert über dem Tisch lag. »Haben Sie so etwas schon einmal gesehen? Er ist verrückt geworden, komplett verrückt. Der Schock wird seine Mutter garantiert umbringen, mit Sicherheit.« Dann legte sie ihre Hand an die Wange und schloß für einen Moment die Augen. »Ach ja! Der Arzt! Bill muß hinüber zu den Doltons laufen, um ihn anzurufen.« Hastig lief sie aus der Küche, um Bill zu suchen. Maggie zog sich indessen einen Stuhl heran und setzte sich an Joes Seite, wobei sie sanft einen Arm um seine Schultern legte und flüsterte: »O Joe, Joe.«

14.

Der Arzt hatte Joe in seinem Stuhl zwar aufrichten können, doch ansonsten schien sein Patient nicht ansprechbar zu sein.

»Das wundert mich überhaupt nicht«, sagte er

leise zu Maggie. »Alles begann in der Nacht der Morde. Das hat sie beide, ihn und seine Mutter, vollkommen zerstört. Wir müssen ihn natürlich bei der Militärpolizei melden. Aber es ist schon spät. Da sie heute schon einmal da waren, werden wir wohl heute nacht erst einmal von ihnen verschont bleiben. Man würde ihm wahrscheinlich sowieso keinen Gefallen tun, wenn man ihn jetzt abholte. Ich schlage vor, Sie gehen ins Bett, und ich komme morgen wieder vorbei. Dann können wir uns um alles kümmern. Arme Mary! Sie ist wirklich nicht zu beneiden.« Er seufzte laut. »Ich nehme an, Sie bleiben vorerst hier, nicht wahr?«

Maggie schaute ihn einen Moment an, bevor sie mit einem einfachen »Ja« antwortete.

Was, dachte er, würde sie hier tun? Was für ein Bild hatte er von ihr? Sie kam sich ausgeschlossen vor. Joe, Mary und der Arzt kannten sich schon sehr lange, wie es schien. Sie war diejenige, die hier fremd war.

Sie sah, wie Mary den Arzt draußen verabschiedete.

Als Mary die Küche wieder betrat, sagte sie: »Der Arzt meint, er sei sehr krank. Sehr, sehr krank. Sie werden ihn wahrscheinlich in . . . in ein besonderes Krankenhaus bringen müssen.«

Als Maggie das hörte, wollte sie im ersten Moment aufschreien: Halt deinen dummen Mund, ja? Doch statt dessen erwiderte sie nur: »Wir bringen ihn besser nach oben.«

»Ich muß erst ein Bett frisch beziehen.«

»Er kann in meinem schlafen. Das Bettzeug dürfte mittlerweile gelüftet sein.«

»Und was ist mit Ihnen?«

»Ich werde heute nacht sowieso wahrscheinlich kein Auge zutun. Ich . . . ich werde mich einfach nur zu ihm setzen.«

»Ich könnte schnell ein anderes Bett fertigmachen.«

»Nein, nein. Machen Sie sich keine Mühe. Kommen Sie, bringen wir ihn nach oben.«

Sie beugte sich zu Joe hinunter und sagte zu ihm, als sei er ein Kind: »Komm, Joe. Steh auf.«

Und überraschenderweise stand er wirklich auf. Sie griffen ihm beide unter die Arme und führten ihn zur Treppe, bis er plötzlich abrupt stehenblieb.

»Es ist alles gut. Keiner wird dir etwas tun. Ich bin ja da. Ich bleib' bei dir«, sagte Maggie freundlich. Er entspannte sich wieder und stieg beinahe ohne fremde Hilfe die Stufen hinauf. Im Schlafzimmer ging er auf das Bett zu und wollte sich hinlegen.

Doch diesmal war es Mary, die sagte: »Oh, aber zunächst müssen wir uns aber ausziehen, nicht wahr? Machen wir es uns erst einmal bequem.« Sie nickte Maggie zu, damit sie ihn entkleidete. Geduldig ließ er die Prozedur über sich ergehen, bis er nur noch in Unterhosen vor ihnen stand.

Schließlich lag er im Bett. Und als ob er immer noch der kleine Junge war, an den sie sich erinnerte, sagte Mary: »Sehr schön, brav so. Das ist doch viel besser, nicht wahr? Und jetzt schlafen wir ein wenig, hm?«

Und Joe drehte sich wie ein gehorsames Kind um, schloß die Augen und schlief ein. Maggie verließ das Zimmer, so schnell sie konnte, denn der Anblick schnürte ihr die Kehle zu und ließ beinahe ihr Herz zerspringen.

Es mußte ungefähr gegen ein Uhr morgens sein, als er im Schlaf zu reden begann. Der ungewöhnliche Klang seiner Stimme ließ sie aus ihrem Dämmerzustand hochfahren. Joe saß aufrecht in seinem Bett und hatte seinen Arm ausgestreckt, als wollte er auf etwas zeigen.

Als Maggie sich zu seinem Bett vorgetastet hatte, nahm er keine Notiz von ihr, sondern fuhr mit hastiger Stimme fort: »Nein, Harry, nein! Ich werde sie nicht tragen. Schau dir ihre Federn an. Sind sie nicht schön? Wie konntest du nur. Nein, nein. Ich werde sie nicht essen. Wo ist Martin? Martin! Martin! Ich bin sieben Jahre alt. Ja, ich freue mich auf Weihnachten – und auf meinen Geburtstag.«

Maggie stand schweigend neben dem Bett. Sein Kopf sank auf die Brust, als er mit tränenerstickter Stimme sagte: »Sie hat sie geschlagen. Sie hat Carrie geschlagen. Arme Carrie! Arme Carrie!«

»Leg dich wieder hin, Joe.« Maggie wollte ihn wieder zurück in die Kissen drücken.

Plötzlich drehte er sich um und sah ihr in die Augen. »Oh, du bist zurückgekommen, Carrie? Ich habe dir ein Gedicht geschrieben und ein Bild von dir gemacht. O Carrie.«

Er beugte sich nach vorne und umarmte sie. Als er sich in die Kissen fallen ließ, riß er sie so heftig mit sich, daß sie vor Schmerz beinahe aufgeschrien hätte. Doch all dies machte ihr nichts aus, solange er sie in den Armen hielt. Es war ihr auch egal, daß er sie für jemand anderen hielt. Hauptsache, sie spürte seine Nähe.

Joe sprach im Traum noch immer zu Carrie, sagte unentwegt, wie glücklich er doch sei, daß sie endlich da war, und daß er sie liebte, für immer und ewig.

Der Schmerz dieser Worte verlor sich in dem Glücksgefühl, das seine Nähe in ihr hervorrief. Alles andere war vergessen. Für Maggie war er kein kranker Mann mehr, sein Körper war warm – und er zog sie eng an sich. Er bedeckte ihr Gesicht über und über mit Küssen. Ihre Arme umklammerten ihn, während sie immer und immer wieder stöhnte: »Joe, Joe. Ich liebe dich. Joe, Joe . . .«

Dann geschah es. Sie hatte es soweit kommen lassen. Es würde alles sein, was sie je von ihm erhielt – aber sie hatte wenigstens etwas von ihm bekommen.

Und dieses Etwas bedeutete ihr alles.

Sie schliefen beide friedlich Arm in Arm, als Mary mit einer Kerze in der Hand auf sie hinabblickte. Sie kniff ihre Lippen fest zusammen und schüttelte langsam den Kopf. Dann drehte sie sich um und ging so leise wieder hinaus, wie sie das Zimmer betreten hatte.

Als Mary Maggie am nächsten Morgen sah, saß sie in ihrem Sessel, die Beine in eine Decke gehüllt. Sie war wach, und als Mary ihr wortlos eine Tasse Tee reichte, sagte sie: »Besten Dank, die kommt jetzt gerade richtig.«

»Gut geschlafen?« Die Frage war kurz und bündig, und Maggie, die Mary nun etwas verwirrt ansah, nickte und sagte: »Nicht besonders, aber besser als gestern.«

Mary blickte zu Joe hinüber, der immer noch schlief. Sie fragte nicht, wie er die Nacht verbracht hatte. »Werden Sie heute die Militärpolizei anrufen?«

»Ja, denn alleine bekomme ich ihn nie ins Lager zurück.«

Mary drehte sich um und ging auf die Tür zu. Doch nachdem sie sie geöffnet hatte, blieb sie noch einmal stehen. »Ich habe heute nacht auch kaum geschlafen. Jemand mußte schließlich auf die Missis aufpassen. Sie ist in einem schlechten Zustand.« Dann betrachtete sie Maggie einen Moment länger als notwendig, bevor sie hinausging und die Tür hinter sich schloß.

Maggie sah hinüber auf die schlafende Gestalt. Dann schaute sie wieder nachdenklich auf die Tür. Egal, dachte sie. Was soll's?

Als Maggie Joe mit einer Tasse Tee weckte, machte er einen zugänglicheren Eindruck. Er trank gierig das heiße Getränk, sprach aber noch immer kein Wort. Trotzdem sah er sie an, als würde er sich an sie erinnern.

»Kannst du dich alleine anziehen?« fragte sie ihn, woraufhin er sofort aufstand.

Sie wartete im Flur und beobachtete, wie er ins Bad ging. Er setzte bedächtig einen Fuß vor den anderen, und als er nach einigen Minuten noch nicht wieder zurück war, begann sie sich Sorgen zu machen. Schließlich öffnete sich die Badezimmertür, und Joe kam wieder heraus. Aber anstatt in das Zimmer zurückzugehen, kam er direkt zu ihr. Wie ein Kind stellte er sich vor sie hin, und wie eine Mutter führte sie ihn an der Hand hinunter in die Küche.

Mary hatte ihm etwas Speck und ein paar Eier gebraten, doch er schob den Teller von sich weg und hielt ihr eine Tasse entgegen. Nachdem er drei Tassen Tee getrunken hatte, lehnte er sich zurück und starrte blicklos vor sich hin.

»Der Arzt wird nicht vor zehn Uhr kommen können. Wie ist es mit den anderen?« fragte sie leise.

»Wenn sie wirklich, wie Sie sagen, aus Newcastle kommen müssen und direkt losgefahren sind, müßten sie so gegen halb elf hiersein.«

Der Arzt erschien um Viertel nach zehn und die beiden Militärpolizisten fünf Minuten später. Es waren nicht die Männer wie tags zuvor. Sie kamen in einem offenen Jeep und sahen recht bedrohlich aus.

Der Ältere der beiden kam sofort in die Küche, sah Joe an und sagte zynisch: »Sieh an, sieh an. Wen haben wir denn da?«

»Einen sehr kranken Mann. Sir Joseph hat einen Nervenzusammenbruch erlitten«, erwiderte der Arzt kühl.

Die beiden Männer starrten den Arzt ungläubig an. »Wie bitte?«

»Ich sagte: Sir Joseph hat einen Nervenzusammenbruch. Ich bin Doktor Morgan und kenne diesen Gentleman sehr gut.«

Die beiden schauten einander verdutzt an. Schließlich sagte der Jüngere: »Aber er ist ein Corporal!«

»Ja, ja. Er ist ein Corporal. Anscheinend wollte er nichts anderes sein. Nichtsdestotrotz ist er immer noch Sir Joseph Jebeau.«

»Nun, Sir ... Egal, ob er ein Lord oder ein Duke ist, seinem Rang nach ist er vornehmlich ein Corporal ... und ein Deserteur. Es ist unsere Aufgabe, ihn wieder zurückzubringen.«

Als der andere auf Joe zuging und ihn festnehmen wollte, sagte der Arzt: »Ich gebe Ihnen einen Brief mit, den Sie bitte Ihrem Vorgesetzten überreichen. Ich werde meinen eigenen Bericht in Kürze nachschicken. In der Zwischenzeit . . .« – er senkte die Stimme – ». . . empfehle ich Ihnen, nicht so hart mit ihm umzugehen. Er ist ein sehr kranker Mann.«

Die beiden Soldaten sahen den Doktor durchdringend an. Dann hakten sie Joe unter, und der ältere sagte mit scharfer Stimme: »Los jetzt, Corporal. Sie kommen jetzt mit.«

Joe machte keine Anstalten aufzustehen. Er war in tiefem Schweigen versunken und fühlte sich zufrieden. Um ihn herum hörte er Stimmen, doch sie berührten ihn nicht – mit Ausnahme einer einzigen.

»Komm, Joe. Steh auf.« Das war Maggie. Er dachte, er hätte sie verloren; dachte, sie wäre längst gegangen. Maggie war nett, und Lizzie war nett. Er würde sich bei ihnen auf das Sofa legen und schlafen . . .

Maggie hatte den jungen Soldaten beiseite gedrängt und selbst Joes Arm ergriffen. »Fahren Sie eigentlich wieder zurück nach Newcastle?«

»Ja.«

»Nun . . .« Sie schaute abwechselnd von einem zum anderen. »Ich muß zurück nach Hereford. Könnten . . . könnten Sie mich vielleicht mitnehmen? Corporal Jebeau folgt mir, ohne Widerstand zu leisten.«

Nach kurzer Überlegung sagte der ältere: »Also gut, warum nicht. Bringen Sie ihn zum Wagen.«

»Ich hole meine Sachen.«

»Ich hole sie schon.« Mary sprang auf und lief aus der Küche. Während der Zeit, in der sie weg war, wechselten die Anwesenden kaum ein Wort. Nur als Joe sich wieder hinsetzen wollte, sagte Maggie: »Schon gut. Bleib stehen. Wir fahren weg von hier.«

Eine Minute später hatte sie Mantel, Hut und Koffer in der einen Hand, und mit der anderen führte sie Joe zum Auto. Als sie in den Fond des Wagens kletterte, schaute sie erst hinüber zum Doktor und dann zu Mary, die neben dem Jeep stand. »Danke. Danke von ganzem Herzen.«

Mary gab keine Antwort, sondern wischte sich nur die Tränen von den Wangen. »Gott stehe ihm bei.«

Maggie, die neben dem regungslosen Joe saß, murmelte: »Ja, möge Gott ihm beistehen.« Und dann flüsterte sie: »O Gott. Mach, daß alles gut wird!«

TEIL VIER

Was bleibt

1.

Lizzie stellte das Radio aus. Sie hatte genug von den Nachrichten. Es war Juni 1943, und das Ende des Krieges schien in genauso weiter Ferne zu liegen wie im Jahr 1941. Im vergangenen Oktober, als die Engländer Rommel so zugesetzt hatten, hatte Lizzie schon gehofft, der Krieg wäre bald vorbei. Doch mittlerweile gab es so viele Fronten, daß es fast schien, als würde man an der einen gewinnen, während man an der anderen verlor.

Es war ein wunderschöner Tag. Sie wollte ihren Tee im Pavillon trinken, während sie auf Maggie wartete. Das würde sicher nicht mehr lange dauern.

Lizzie machte sich viele Gedanken um Maggie. Was war nur mit dem Mädchen los? Sie hatte sich in letzter Zeit sehr verändert. Das lag sicher nicht nur an der Tatsache, daß sie sich nach wie vor um Joe Sorgen machte. Im Gegenteil! Manchmal schien sie richtig glücklich zu sein. Aber es war seltsam, denn wenn sie früher zugenommen hatte, war Maggie immer sehr deprimiert gewesen. Und sie nahm in letzter Zeit wieder sehr viel zu. Das war auch kein Wunder bei den Mengen, die sie aß. Von Diät war keine Rede mehr. Es war wohl ihre Angst um Joe, die sie so beschäftigte.

Lizzie setzte sich in den Garten, nippte an ihrem Tee und blickte unablässig hinüber zum Gartentor. Es fiel ihr schwer, sich an Tagen wie diesem vorzustellen, daß in dieser Minute zahlreiche Männer, Frauen und Kinder starben. Sie war froh, daß sie niemanden hatte, den sie in diesem Krieg verlieren konnte. Der jüngste Sohn der Swifts war im vergangenen Monat gefallen. Sein Schiff war von einem Torpedo getroffen worden. Drei Wochen zuvor waren zwei ihrer Neffen gefallen. Einer war Bordschütze, der andere Pilot bei der Royal Air Force. Und erst am Tag zuvor hatte sie gehört, daß die junge Mrs. Stoddard ihren Mann verloren hatte. Nun saß sie da mit ihren drei Kindern. Dabei hatte sie noch Glück. Durch den Zeitschriftenladen blieb ihr wenigstens der Lebensunterhalt.

Ja, Lizzie war froh, daß sie niemanden mehr hatte, den sie in diesem Krieg verlieren konnte. Mit Ausnahme natürlich von Maggie – und Joe vielleicht. Doch ihm konnte niemand mehr helfen. Armer Kerl! Maggie hatte sie dazu überreden wollen, ihn einmal mit ihr im Krankenhaus zu besuchen. Aber sie konnte es nicht. Obwohl man ihr sagte, daß es ein schönes Krankenhaus war und man sich wirklich gut um ihn kümmerte. Sie wußte, daß sie es nicht ertragen konnte, wenn Männer wie kleine Babys weinten, weil sie wieder in ihre Kindheit zurückgefallen waren. Andere waren so voller Angst, daß sie selbst vor einer freundlichen Stimme zurückschreckten. Schließlich gab es noch eine Reihe, die wie Joe waren. Sie saßen einfach nur da, starrten blicklos vor sich hin und gehorchten aufs Wort. Nur sprechen wollten sie nicht.

Ah, da kam Maggie ja. Lizzie stand auf und ging

zum Haus, wo Maggie ihr Rad abstellte. »Du siehst ziemlich mitgenommen aus«, sagte Lizzie.

»Das wärst du auch, wenn du das Rad den Berg hochschieben müßtest.«

Als Maggie ihren Hut absetzte, sah sie hinüber zum Pavillon und fragte: »Ist der Tee noch heiß?«

»Ja, ich habe ihn erst vor ein paar Minuten gemacht. Gib mir deinen Mantel, und setz dich erst einmal hin.«

Maggie hatte bereits eine Tasse Tee getrunken und ein Stück Kuchen gegessen, als Lizzie zurückkam und sie fragte: »Wie geht's ihm heute?«

»Eigentlich wie immer. Ich habe mit einem von den Ärzten gesprochen. Er meinte, es könnte noch ein langer Weg sein. Er hat wohl eine Art Schock erlitten, und er wird wahrscheinlich nur durch einen anderen aus dieser Starre befreit werden können.«

»Nun, wo Joe jetzt ist, wird er wohl kaum einen weiteren erleiden.«

»Nein.« Maggie nahm sich noch ein Stück Kuchen. »Könntest du denn einen Schock überleben, Tante Lizzie?«

»Das kann ich dir so nicht sagen. Kommt ganz darauf an, was für einer es ist. Du weißt genau, daß ich solche Art von Überraschungen überhaupt nicht mag. Du kannst es ja mal darauf ankommen lassen.«

Maggie biß in ihren Kuchen, kaute ein wenig darauf herum und sagte schließlich: »Ich bekomme ein Kind.«

Lizzie richtete sich gerade auf, den Blick ungläubig auf ihre Nichte gerichtet, und brachte keinen Ton heraus.

»Nun sag doch was!« Maggie sah sie bittend an,

doch Lizzie fand noch immer nicht die passenden Worte. »Ich bin glücklich, Tante Lizzie. Versteh doch, ich bin so glücklich wie noch nie in meinem Leben. Es ist das einzige, was mir vermutlich von ihm bleiben wird. Ob er nun für immer im Krankenhaus bleibt oder wieder herauskommt, zwischen uns wird sich nichts ändern. Aber ich ... ich habe jetzt etwas von ihm, und das macht mich glücklich.«

»O Mädchen.«

»Sag das nicht so, Tante Lizzie, bitte. Verstehst du nicht, was mir da passiert ist? Man hat mir etwas geschenkt. Ich werde etwas, von dem ich nie zu hoffen, zu träumen gewagt habe! Ich werde Mutter! Kannst du das denn nicht verstehen?«

»Doch!« Lizzies Stimme klang sehr bewegt. »Und ob ich das verstehe, aber ... aber ich hätte nie damit gerechnet, daß du ... Es ist wirklich ein großer Schock.«

»Du schämst dich jetzt meinetwegen?«

»Nein, kein bißchen.« Lizzie hatte sich wieder gefangen. »Wieso sollte ich? Ich freue mich für dich. Ich hätte nur nicht gedacht, jemals von dir diese Neuigkeit zu hören! Wann ist es denn soweit? Im wievielten Monat bist du?«

»Eins nach dem anderen.« Maggie lehnte sich zurück und wischte sich den Mund mit der Serviette ab. »Um die letzte Frage zuerst zu beantworten: Ich bin im fünften Monat schwanger. Das Wie und Warum ist ein wenig komplizierter.«

»Es war Joe, nicht wahr?« fragte Tante Lizzie.

»Natürlich war es Joe. Das habe ich doch gesagt. Wer hätte auch sonst der Vater des Kindes sein können?«

»Aber wann ist es passiert? Er war doch schon krank, lange bevor er verschwand, und . . .«

»Ich habe dir ja bereits gesagt, daß es ein wenig komplizierter ist. Laß es mich einmal so erklären: Was ich in mir trage, gehört gar nicht mir, sondern eigentlich diesem Mädchen Carrie. Er hatte gedacht, ich wäre sie. Es geschah in jener Nacht, als er zu Hause ankam. Ich hatte neben ihm gesessen. Er hatte so etwas wie einen Alptraum, sprach unablässig mit dieser Carrie, und als ich ihn beruhigen wollte, dachte er, ich wäre sie. Tief in seinem Innersten war er mit ihr in seiner Vergangenheit, und dann . . .« Sie seufzte. »Der Rest war einfach. Nichts, worüber man ein Wort verlieren müßte. Also wirklich, wenn das alles war, dann wird mir die ganze Sache viel zu überbewertet. Recht schmerzvoll war es, keine Rede von den Wonnen, die man sich dabei vorstellt. Trotzdem bin ich in dieser Nacht schwanger geworden. Schon merkwürdig.« Mit einem traurigen Lächeln sah sie Tante Lizzie an. »Aber es war meine einzige Chance, jemals etwas von ihm zu erhalten, und ich habe sie wahrgenommen. Ich würde es auch wieder tun, wenn ich noch einmal vor derselben Wahl stünde. Das ist alles, Tante Lizzie. Ich bin wie so viele andere Frauen in diesem Krieg: sozusagen eine Witwe mit Kind.«

Lizzie ergriff ihre Hand. Dann gab sie Maggie einen Kuß auf die Wange und sagte mit belegter Stimme: »Wenigstens etwas, worauf man sich freuen kann. Und glaub mir, es freut sich kein anderer so sehr auf das Kind wie ich. Hast du . . . ich meine, wissen sie im Lager schon Bescheid?«

»Nein.« Maggie mußte lachen. »Da siehst du mal wieder, daß es auch Vorteile haben kann, dick zu sein. Peggy und Bett haben zwar ein paar Bemerkungen fallengelassen, daß ich wohl etwas aus dem Leim geraten sei. Mit einer Schwangerschaft rechnen sie nie im Leben. Und weißt du was?«

»Nein?«

»Rate mal, wen sie für den Vater halten werden!« Sie legte ihre Hand auf den Bauch.

»Wen denn?«

»Billings.«

»Den?!«

»Ja, den. Und ich gehe mit dir jede Wette ein, daß er es noch nicht einmal leugnen würde.«

Sie mußten beide lachen, bis Lizzie auf einmal meinte: »Sie werden dich aus der Armee entlassen.«

»Oh, das wird mir das Herz brechen. Ich kann es kaum abwarten! Es ist nämlich so: Wenn du hinter einer Theke stehst und bedienst, bist du für die anderen einfach kein menschliches Wesen mehr. Man wird zu einer anderen Gattung, speziell die Frauen, die Tee und Kuchen ausgeben. Die Männer im Lager sind ja eigentlich gar nicht so schlimm. Erinnerst du dich noch daran, als ich einmal bei einer Einheit Außendienst versah? Einige benahmen sich, als wären wir Schweinehirten oder sonst eine niedere Form von Bediensteten. Vor allem die, die selbst aus den erbärmlichsten Umständen kamen, trugen die Nase am höchsten. Dann gab es wieder andere wie Joe, die auch einen Titel hatten, sich aber trotzdem anständig verhielten.«

»Es ist überall auf der Welt das gleiche. Da gibt es in jeder Klasse ein paar schwarze Schafe. Aber ich sage immer, wir sind wie Milch. Die Sahne unter uns wird ganz von allein nach oben steigen.«

»O Tante Lizzie!« Maggie mußte wegen dieses

Vergleiches lachen. Doch plötzlich liefen ihr Tränen die Wangen hinunter.

Lizzie nahm sie sofort in den Arm und flüsterte: »Ist ja schon gut, Mädchen. Alles kommt wieder in Ordnung.«

»Nicht für ihn.« Maggie schluckte. »Nicht für Joe. Er sieht wirklich erbärmlich aus. Er sitzt da wie ein Kind, dem man gesagt hat, es solle sich ruhig verhalten. Und er wird immer dünner. Man kann fast durch ihn hindurchschauen. Wenigstens scheinen ihn die Pfleger gut leiden zu können. Vielleicht liegt das aber auch nur daran, daß er so fügsam ist. Einige der anderen Patienten sind es nicht.« Sie wischte sich die Tränen aus dem Gesicht. »Oh, es ist wahrscheinlich gut, daß du ihn nicht besuchst. Es würde dich sowieso nur aufregen. Am liebsten würde ich jedesmal heulen, wenn ich ihn besuche. Aber auf der anderen Seite muß man auch über einiges lachen. Da ist so einer, der kann einfach nicht aufhören zu singen. Wenn du im Park sitzt, stellt er sich einfach vor dich hin und singt ein oder zwei Lieder, um dann zum nächsten weiterzuziehen. Manchmal singt er auch höchst unanständige Sachen. Trotzdem mußte ich heute lachen. Einer der Patienten malt nämlich, und zwar immer dasselbe Bild: ein schwarzes Quadrat, in dessen Ecken eine Hand, ein Bein und eine Brust zu sehen sind. Verrückt, nicht wahr? Soweit ich gehört habe, muß seine ganze Familie bei einem Bombenangriff ums Leben gekommen sein. Caruso, wie sie den Sänger nennen, singt immer ein Lied, wenn er sich diese Bilder ansieht. Die Melodie ist sehr bekannt, aber der Text ... Er geht ungefähr so.« Kichernd begann Maggie zu singen:

*»Gelobt sei der Herr,
der Beine, Hände und die Brust
und einige and're Glieder
erschuf in stiller Lust.«*

Als Lizzie vor Lachen beinahe keine Luft mehr bekam, beugte sich Maggie vor, legte eine Hand auf die Schulter ihrer Tante und sagte: »Das ist wirklich sein bestes Stück. Trotzdem, selbst wenn man darüber lacht, wenn man all die Menschen in diesem Sanatorium sieht, möchte man am liebsten heulen. Caruso ist ein hochgewachsener Kerl und sieht eigentlich ganz gut aus. In den ersten Jahren mußte man ihn immer ruhigstellen. Er legte sich mit jedem an, und er ist ausgesprochen kräftig. Er hat sogar regelmäßig mit Tischen und Stühlen um sich geworfen. Von einer Sekunde auf die andere konnte er vollkommen die Beherrschung verlieren. Doch dann fing er an, diese Lieder zu singen. Ich vermute, daß es an den Medikamenten liegt, die sie ihm verabreichen.«

Nun war es Lizzie, die sich die Tränen aus dem Gesicht wischte. »Ich kann mir das gut vorstellen. O Himmel, wenn ich jemals Joe besuchen würde, nähme ich wahrscheinlich Reißaus.«

»Das habe ich die ersten Male auch gedacht. Aber um Joe zu sehen, würde ich mich sogar neben den Teufel setzen, wenn es sein müßte.« Sie schluckte wieder, und Tränen stiegen ihr in die Augen.

»Hör auf zu weinen! Oder meinst du, daß die ganze Heulerei deinem Kind guttun wird? Was wünschst du dir eigentlich, einen Jungen oder ein Mädchen?«

»Ist mir gleich.« Sie lächelte wieder, als sie Lizzie

ansah. »Meinst du, es könnten Zwillinge werden, wenn ich einfach etwas mehr esse?«

Lizzie hätte beinahe erneut laut aufgelacht, als ihr plötzlich etwas einfiel. »Da ist übrigens auch ein Brief für dich gekommen, aus Newcastle. Er scheint von dieser Mary zu sein.«

»Oh!« Maggie stand auf. »Ist schon seltsam. Ich war nur ein paar Tage da, und doch ist sie für mich wie eine alte Freundin. Sie weiß übrigens, daß ich in anderen Umständen bin.«

»Wie das denn?!«

»Sie muß in jener Nacht in unser Zimmer gekommen sein. Es stand ihr ins Gesicht geschrieben. Auch die Art, wie sie mit mir am anderen Morgen sprach, war eindeutig. Es war für sie also nicht überraschend. Ich frage mich nur, was sie diesmal schreibt.«

Im Haus setzte Maggie sich hin und öffnete den Brief. Sie las ihn durch, und erst dann sah sie ihre Tante an. »Seine Mutter ist tot. Am Montag ist die Beerdigung. Sie überläßt die Entscheidung mir, ob Joe davon unterrichtet werden soll oder nicht.«

2.

Erst drei Wochen später hielt Maggie die Zeit für gekommen, Joe vom Tode seiner Mutter zu berichten. Es war ein trüber Tag, und es würde sicher bald regnen. Deswegen setzte sie sich mit Joe in die hinterste Ecke des Wintergartens. Die meisten Besucher waren im großen Aufenthaltsraum, so daß es hier einigermaßen ruhig war.

Der blaue Flanellanzug, den Joe trug, hing wie ein

Sack an ihm. Sein Gesicht war vollkommen ausdruckslos. Obwohl er nie sprach, unterhielt sie sich mit ihm, da sie das Gefühl hatte, daß er sie hörte und verstand. Doch nun wußte sie nicht, ob es gut wäre, wenn er sie wirklich verstand, denn was immer mit seinem Kopf nicht stimmte, es hatte auf jeden Fall mit seiner Mutter zu tun. Sie ergriff liebevoll seine Hand.

»Ich soll dir die besten Grüße von Lizzie bestellen. Sie hat dir einen Kuchen gebacken. Sie backt die ganze Zeit. Weiß der Teufel, woher sie die ganze Butter hat. Joe . . . Joe, kannst du mich verstehen? Ich glaube, daß du das kannst, und . . . und ich habe eine schlechte Nachricht für dich.« Sie drückte seine Hand fester und fuhr dann fort: »Deine Mutter ist vor einigen Wochen verstorben.«

Sie wartete auf eine Reaktion, aber als er sich nicht rührte, sagte sie: »Mary hat es mir geschrieben. Sie schreibt mir regelmäßig, seit wir bei ihr waren. Erinnerst du dich? Sie schreibt, daß deine Mutter friedlich eingeschlafen ist . . .«

Beinahe verlor sie ihr Gleichgewicht, als sein Arm emporschnellte. Dann holte er aus, als wollte er sie schlagen.

Maggie sprang von ihrem Stuhl auf und legte eine Hand auf seine Schulter. »Du hast mich verstanden! Du hast mich gehört, Joe! Sag etwas. Bitte, sag doch etwas. Sie ist tot, Joe. Deine Mutter ist tot!«

Und dann erwiderte Joe wirklich etwas. Es waren keine artikulierten Worte, sondern es war ein ohrenbetäubendes hohes Lachen, das die Besucher herumfahren ließ.

Ein Pfleger kam auf sie zu, schob Maggie, die inzwischen Joes Arm hielt, sanft beiseite und hob ihn auf die Füße. »Ist ja schon gut. Ist ja schon gut, Kumpel. Ich glaube, wir machen jetzt erst einmal einen kleinen Spaziergang.«

Maggie beobachtete, wie Joe, der noch immer hysterisch lachte, weggeführt wurde. Als sie ihn nicht mehr sehen konnte, ließ sie sich auf einen Stuhl fallen und versuchte sich zu beruhigen.

Eine Frau, die bei einer Gruppe von Besuchern stand, kam auf sie zu und sagte: »Ich würde mir keine Sorgen machen. Vielleicht ist es ja ein Durchbruch. Er hat bisher nicht gesprochen, nicht wahr?«

Maggie war so entsetzt, daß sie nicht antworten konnte.

»Bei meinem Sohn war es das gleiche.« Sie drehte sich um und zeigte auf einen jungen Mann. »Seit er einen ähnlichen Anfall hatte, geht es ihm immer besser. Er hatte tagelang im Wasser gelegen; es gab zuwenig Rettungsboote. Alle bis auf zwei seiner Kameraden starben. Sie meinen jetzt sicher, er hatte Glück, aber es hat ihn für einige Zeit sehr verändert. Ich an Ihrer Stelle würde mir keine Sorgen machen. Das nächste Mal, wenn Sie ihn besuchen, werden Sie feststellen, daß er große Fortschritte gemacht hat.«

»Ich danke Ihnen.«

Die Frau ging wieder zu ihrem Sohn zurück, und Maggie überlegte, was sie nun tun sollte. Würden sie ihn auf sein Zimmer zurückbringen? Die Besuchszeit dauerte nur zwei Stunden und hatte gerade erst begonnen.

Der Pfleger kam ohne Joe zurück. »Er schläft jetzt. Würden Sie jetzt bitte mit mir zur Oberschwester kommen?«

Einige Minuten später saß sie in einem Büro und

nippte an einer Tasse Tee. Die Frau, die ihr gegenübersaß, kam sofort auf den Punkt.

»Miss LeMan, könnten Sie mir bitte mitteilen, was Sie ihm gesagt haben?«

»Ich habe ihm gesagt, daß seine Mutter vor einigen Wochen verstorben ist.«

»Oh . . . Wie war sein Verhältnis zu ihr?«

»Nicht gut. Ich habe den Eindruck, als sei sie der Grund für seine momentane Verwirrung, obwohl er mich nie richtig ins Vertrauen gezogen hat.«

»Er gibt jetzt Äußerungen von sich. Vielleicht ist das ein gutes Zeichen. Ich hoffe, wir haben in der nächsten Woche erfreulichere Nachrichten für Sie.«

Maggie war im siebten Monat schwanger, als sie ihrer Vorgesetzten im Lager die Nachricht mitteilte.

»Nein! Maggie! Nein, nicht Sie!« Ungläubig sah man sie an.

»Und warum nicht ich?« fragte Maggie wütend.

»So habe ich das doch nicht gemeint. Ich hatte nur immer gedacht, Ihnen würde so etwas nicht passieren. Und dann war da schließlich noch Corporal Jebeau. Sie hatten doch eine freundschaftliche Beziehung zu ihm, und er war so ein netter junger Mann. War es Billings? Wurde er deswegen versetzt?«

»Nein, es war nicht Billings. Und es dürfte ja wohl auch egal sein, wer der Vater des Kindes ist. Ich bin schwanger, und ich fühle mich nicht besonders. Die Schicht hinter der Theke ist mir einfach zu lang. Also, was gedenken Sie zu tun?«

»Darüber kann ich nicht entscheiden. Da müssen Sie schon zu Miss Robertson.«

So ging Maggie also zu Miss Robertson, die ebenfalls erstaunt war. Doch ihre Reaktion war nichts im Vergleich zu der der Mädchen. Für Peggy war es ein Vertrauensbruch. Nach einer Reihe von Fragen, die Maggie jedoch alle verneinte, sagte Peggy schließlich: »Das hättest du mir aber sagen müssen. Schließlich sind wir doch Freundinnen.«

Bett Allsop reagierte wieder anders. »Wenn es dir passiert ist, wieso konnte es nicht mir passieren?«

Nur Rona Stevens Reaktion rief Wut in Maggie hervor, denn als sie die Neuigkeit hörte, sagte sie zu Bett Allsop: »Da hatte es aber jemand schwer nötig.«

Als Maggie sie jedoch herumriß, wurde ihr Gesicht schlagartig bleich. »Auch wenn es jemand nötig hatte«, zischte Maggie, »so ist derjenige damit immerhin zu mir gekommen. Bei dir hat er es erst gar nicht versucht, und das ist auch kein Wunder, denn man sieht sofort, daß du absolut nichts im Kopf hast. Und lassen Sie mich Ihnen eins sagen, Miss Stevens: Wenn Sie wirklich einmal in Ihrem Leben die Gelegenheit haben sollten, einem Gentleman zu begegnen, müßten Sie erst einmal anständig Englisch lernen.«

Dann stieß sie Rona von sich und ging in den Raum, der hinter der Küche war. Als sie bemerkte, daß Peggy ihr nachlief, drehte sie sich um und sagte: »Sie hat es zwar immer nur auf mich abgesehen, aber ich glaube, das hätte ich wirklich nicht zu ihr sagen sollen.«

»O doch, das war schon richtig. Mein Gott, was sie nicht alles hinter deinem Rücken erzählt hat . . . Es war Jebeau, nicht wahr?«

»Wundert dich das?«

»Nein, eigentlich nicht, obwohl du immer wieder

betont hast, eure Beziehung sei rein platonisch gewesen.«

»Das war sie auch, aber auf der anderen Seite wieder nicht.«

»So eine Antwort klärt natürlich alles. Aber ist ja auch egal. Wann hörst du denn auf?«

»So bald wie möglich.«

Peggy sah ihr in die Augen. »Ich werde dich vermissen, Lemon. Wir alle werden dich vermissen. Mit Ausnahme von Rona natürlich. Weißt du was? Auch wenn du es nicht verstehen wirst, aber sie ist neidisch auf dich!«

»Was?!«

»Du warst beliebt, weißt du? Du bist dick, und das wirst du auch vorläufig bleiben, zumindest die nächsten zwei Monate noch. Außerdem bist du keine Schönheit. Ich will dich nicht beleidigen, aber du weißt selbst, daß das eine Tatsache ist. Aber du hast eine sehr schöne Stimme, nicht nur beim Singen, sondern auch so. Und alle mochten dich. Du hast dir nicht so schnell die Butter vom Brot nehmen lassen, und das gefiel den Jungs. Deswegen war Rona eifersüchtig auf dich.«

Maggie schüttelte den Kopf. »Und wer soll dir das abnehmen?«

»Du zum Beispiel, denn es stimmt. Du hättest sie gar nicht tiefer treffen können als mit deiner Bemerkung über den Gentleman. Denn selbst wenn du dich mit jemandem streitest, klingt es sehr gebildet. Darauf können die Leute auch eifersüchtig sein, ich meine Bildung. Besonders die, die keine haben.«

»Ich habe die Schule mit vierzehn verlassen, Peggy.«

»Ja, aber es ist auch wichtig, aus was für einer

Familie man kommt. Rona ist in dem schäbigsten Viertel von Birmingham groß geworden. Kannst du jetzt verstehen, warum sie versucht, ihre Herkunft zu verleugnen?«

Maggie wandte sich ab. »Wir alle haben unsere dunklen Schatten der Vergangenheit. Meine verfolgen mich immer mehr.«

»Darüber würde ich mir an deiner Stelle keine Gedanken machen. Du hast jetzt ganz andere Probleme. Wie geht es Joe überhaupt?«

»Es hat sich nichts geändert.«

»Weiß er von deiner Schwangerschaft?«

»Nein.«

»Na, dann wartet auf ihn ja noch eine schöne Überraschung.«

»O ja, die wartet wirklich auf ihn.«

Maggie erhielt ihre Entlassungspapiere zwei Wochen später. Eigentlich war sie froh, daß sie schon so früh gehen konnte. Obwohl die Sticheleien nachgelassen hatten, standen nun um so mehr ungestellte Fragen in der Luft. Doch Maggie hatte sie enttäuscht.

Am Tag nach ihrer Entlassung besuchte sie Joe, doch sie ließen sie nicht zu ihm. Dafür wurde sie von der Oberschwester und einem der Ärzte zu einer Unterredung gebeten. Sie wurde gefragt, ob sie genau die Beziehung zwischen ihm und seiner Mutter schildern könnte.

Daraufhin erwiderte Maggie, daß sie der Oberschwester schon alles Wesentliche erzählt hatte. Und auch sie hatte vieles nur aus den Schilderungen der Haushälterin erfahren. Mary hatte sich daran erinnert, daß Joes Mutter einst eine sehr dominante

Frau war, die ihren Sohn immer an der kurzen Leine hielt und zuweilen zu unkontrollierten Wutausbrüchen neigte.

Der Doktor nickte. Dann sagte er etwas, was Maggie erschütterte. »Er leidet unter der Vorstellung, daß seine Mutter vier Menschen getötet hat, um ihn zum Baronet zu machen. Sie wußten, daß er diesen Titel hat?«

»Ja.«

»Sie haben gesagt, Sie hätten seine Mutter einmal gesehen. Was war sie für eine Frau?«

»Ich konnte mir nur ganz kurz ein Bild von ihr machen. Auf mich machte sie einen sehr verwirrten Eindruck. Es war, als Joe – Corporal Jebeau – das Lager ohne Erlaubnis verlassen hatte und in sein Elternhaus zurückgekehrt war. Ich ... ich bin schon vorher dorthin gefahren, weil ich hoffte, ich könnte ihn zurückbringen. Erst als ich ihre Schreie hörte, bemerkte ich, daß er im Haus war. Mary Smith, die Haushälterin, und ich liefen nach oben. Das war das einzige Mal, daß ich seine Mutter gesehen habe. Joe stand einfach nur da und starrte sie an.

»Und sie schrie?«

»Ja, sie sah aus, als hätte sie Angst, schreckliche Angst.«

»Er hat die Wahnvorstellung, daß seine Mutter vier Menschen ermordet hat, aber da ist noch etwas, was ihm große Sorgen macht. Als Sie ihm mitteilten, daß seine Mutter gestorben war, wurde eine Tür aufgestoßen. Sein Unterbewußtsein hat daraufhin bestimmte Tatsachen in einen so ... verdrehten Zusammenhang gebracht, daß er jetzt diesen Wahn hat. So sehen wir es zumindest im Augenblick. Aber eine gute Nachricht gibt es inzwischen auch: Er spricht wieder, und das deutet auf eine Besserung seines Zustandes hin.«

Als Maggie nach Hause zurückkehrte, berichtete sie Lizzie von dem Gespräch mit dem Arzt. »Joe denkt, daß seine Mutter vier Menschen getötet hat. Das müssen sein ältester Cousin und Marys Vater gewesen sein, sein Onkel und dessen Verlobte. Ist das nicht verrückt? Keine Frau wie sie könnte vier Menschen ermorden! Oder was meinst du?«

»Gott allein weiß, was geschehen ist. Nur er kennt die Wahrheit und kann sie uns sagen. Und wie die Dinge stehen, wird es noch einige Zeit dauern, bis es soweit ist.

3.

Maggies Baby wurde an einem Sonntag morgen mitten im November geboren. Man mußte ihm noch nicht einmal einen Klaps geben, denn es schrie bereits, als es den ersten Atemzug tat. Es war ein Junge, auf dessen Köpfchen schon ein schwarzer Flaum zu sehen war.

Als der Arzt Maggie das Kind in die Arme legte, meinte Lizzie: »Jawohl. Laß ihn nur schreien. O Gott, es ist das schönste Geräusch der Welt.«

»Ganz Ihrer Meinung. Hören Sie jetzt aber endlich auf, weiter so herumzustehen, und waschen Sie ihn endlich, Lizzie.« Dann wandte er sich an die Hebamme, die neben ihm stand. »So, den Rest an Arbeit überlasse ich Ihnen.« Schließlich beugte er sich zu Maggie hinunter und lächelte in ihr müdes Gesicht. »War zwar eine ziemliche Prozedur, aber ich denke, es hat sich gelohnt.«

»O ja, Doktor. Das hat es wirklich.«

»Jetzt werden Sie aber erst einmal schlafen.«

»Ich . . . ich möchte ihn erst halten.«

Sie blickte zu Lizzie hinüber, die den Arzt fast zur Seite rempelte und den Jungen in Maggies Arme legte. Sie war den Tränen nahe, als sie sagte: »Erstklassige Arbeit, Mädchen.«

»Er ist wunderschön.«

»Ja, das kann man wirklich sagen. Jetzt gib ihn mir aber wieder zurück, sonst schmeißen sie mich hier noch raus.«

Während der folgenden Tage wurde sie von einigen Kollegen aus dem Lager besucht. Sie hatte zwar Peggy erwartet und vielleicht auch noch Bett Allsop, aber weder Rona Stevens noch ihre ehemalige Vorgesetzte noch Len Forbister. Sie alle brachten ihr etwas mit, daß es fast so schien, als hätten sie alle ihre Rationen geplündert. Und als ein großer Blumenstrauß mit einer Karte kam, auf der schlicht »Von den Funkern« stand, war Maggie den Tränen nahe, denn sie betrachtete dies als eine besondere Anerkennung. Ein Teil derjenigen, die unterschrieben hatten, waren aus derselben Abteilung wie der Vater ihres Sohnes.

Es war schon merkwürdig. Als sie so in die Wiege blickte, die neben ihr stand, kam ihr in den Sinn, daß alle wußten, wer der Vater des Kindes war, nur nicht er selbst. Armer Joe! Es war einen Monat her, seit sie ihn das letzte Mal gesehen hatte. Während die Unterhaltungen früher nur von ihr bestritten wurden, war er es jetzt, der unentwegt über alles mögliche redete.

Er war immer froh, wenn sie kam. Doch selbst als sie hochschwanger war, bemerkte er ihren Zustand nicht. Sie hatte mit der Oberschwester über ihn gesprochen, doch die schien in keinster Weise besorgt zu sein. Es war ein Verhaltensmuster, so sagte sie, das sich irgendwann einmal von allein geben würde.

Weihnachten stand vor der Tür, und Lizzie stellte den Baum auf. Zum ersten Mal hatte dieses Fest eine wirkliche Bedeutung für sie. So saßen sie vor dem Kamin im gemütlichen warmen Wohnzimmer, wobei das Baby vergnügt in der Ecke des Sofas lag. Der Tisch war überhäuft mit Tausenden von Köstlichkeiten, die in erster Linie von Freunden aus dem Lager kamen. Sie sollten Maggie zeigen, daß man sie nicht vergessen hatte. Einige hatten es sogar zu ihrem Erstaunen geschafft, zwei Orangen zu besorgen.

Doch was alles andere übertraf, war das Essen für die Feiertage. Es gab eine Weihnachtsgans und genügend Wein, um sie hinunterzuspülen. Trotzdem wollte eine richtige Freude nicht aufkommen. Zu viele Familien waren in dieser Zeit auseinandergerissen und mußten ohne den Vater feiern. Und auch in diesem Haus waren sie nicht vollzählig.

»Wir müssen es auch von der anderen Seite betrachten. Stell dir vor, Joe wäre in Afrika, auf hoher See oder als Kriegsgefangener in Deutschland. Er könnte auch tot sein. So gesehen müßten wir eigentlich dankbar sein«, meinte Lizzie.

Ja, unrecht hatte sie damit nicht, aber im Grunde genommen war Joe so gut wie tot – zumindest in seinem Inneren.

Sie waren froh, als die Feiertage vorüber waren und sie sich wieder dem Alltag widmen konnten. Zweimal am Tag hörten sie Nachrichten. In diesen Momenten war der Krieg Gast in ihrem Haus. Wenn das Radio aber abgeschaltet war, schien es, als lebten sie in einer anderen, friedlichen Welt. Sie verbrachten die meiste Zeit damit, sich um das Kind zu kümmern, den anfallenden Haushalt zu erledigen und den Garten für das Frühjahr vorzubereiten.

Die tägliche Routine wurde nur dann unterbrochen, wenn Maggie ins Krankenhaus fuhr, um Joe zu besuchen. Doch es sollte noch ein halbes Jahr vergehen, bis sie einen Fortschritt erkennen konnte.

Zu ihrem größten Erstaunen sagte er: »Du bist letzte Woche nicht gekommen.«

Sie brauchte etwas Zeit, bis sie die richtigen Worte gefunden hatte. »Ich war letzte Woche krank.« Sie konnte schließlich nicht sagen: Ich hatte Angst, das Baby allein zu lassen.

Was sie alle in dieser Zeit aufwühlte, war der Umstand, daß es endlich gelungen war, eine zweite Front zu eröffnen. Jeder schien in dieser Zeit aufgerüttelt zu werden, nur einer nicht. Doch Maggie behielt ihre Sorgen zunächst für sich. Sie hatte bemerkt, daß Tante Lizzie sich veränderte. Ihre Stimme und ihre ganze Art waren noch immer dieselbe, die man von ihr gewohnt war. Sie verbrachte viele Stunden im Haus oder im Pavillon, wobei sie häufig einschlief. Wenn man sie dabei erwischte, sagte sie nur, sie würde dösen.

Maggie äußerte ihre Angst erstmals Joe gegenüber. Es war Ende September, und er hatte während ihrer letzten drei Besuche vollkommen normal gewirkt. Joe plapperte nicht mehr unentwegt. Er hatte sogar Phasen, in denen er nicht viel sagte, sondern nur auf Fragen antwortete, obwohl seine Erwiderungen durchweg alle vernünftig waren. An diesem Tag zeigte sich, daß er sich wirklich auf dem Weg zur Besserung befand, als er eine Feststellung machte, die darauf hinwies, daß er seine Umwelt bewußt wahrnahm.

»Du hast abgenommen.«

Maggie lächelte ihn an und sagte in ihrer gespielt schnippischen Art: »Ich dachte schon, du würdest das nie bemerken.«

»Nun ja, ich habe es schon letztes Mal bemerkt, aber es erschien mir nicht wichtig ... Stimmt alles mit dir?«

»Mit mir ist alles in Ordnung.«

»Tante Lizzie ... Du hast heute noch gar nicht Tante Lizzie erwähnt.«

Sie schaute zu Boden und murmelte: »Ich mache mir Sorgen um sie, Joe.«

»Ist sie ... ist sie krank?«

»Nein, es ist nichts Konkretes. Aber sie scheint fast nur noch zu schlafen. Und genau wie ich hat sie abgenommen. Sie sieht jetzt erschreckend dürr aus. Und dabei hat es noch nicht einmal etwas mit der Rationierung zu tun. Wir bekommen eigentlich mehr, als wir brauchen.« Sie mußte ein wenig lächeln.

»Hast du schon mit einem Arzt gesprochen?«

»Ja, schon vor einiger Zeit, aber er konnte nichts finden.«

Sie sah ihm direkt in die Augen. »Joe, warum kommst du nicht wieder zurück? Sie ... sie würde dich gerne wiedersehen. Tante Lizzie spricht unentwegt von dir.«

Die Wirkung dieser Worte war bestürzend. Es

war, als fiele ein Vorhang. Joe rutschte ein Stück von ihr weg. Seine Augen verloren jeden Glanz, und er murmelte: »Nein, nein. Mir geht es ganz gut hier. Ich ... ich möchte nicht fort. Hier geht es mir ... gut. Hier bin ich sicher.«

Einen Moment lang spürte sie Wut in sich aufsteigen, und sie konnte sie auch nicht ganz unterdrükken, als sie sagte: »Willst du denn dein ganzes Leben hier verbringen?«

»O Maggie.« Er schüttelte bedächtig den Kopf.

»Und sag nicht ›O Maggie!‹ Dir geht es schon viel besser. Man könnte dich sogar entlassen, da bin ich mir ganz sicher. Du bräuchtest ja noch nicht einmal zurück ins Lager. Und wenn du dich noch ein wenig erholen mußt, dann kannst du das genausogut zu Hause tun. Joe ...« Sie legte ihre Hand auf sein Knie. »Sieh den Tatsachen ins Gesicht. Du kannst nicht für immer hier bleiben.«

»Warum nicht?« fragte er mit leiser Stimme.

»Warum nicht?« rief sie aufgebracht.

Sie hielt sich den Mund zu und schaute verstohlen über ihre Schulter. Dann beugte sie sich zu ihm hinüber und zischte ihm zu: »Weil das feige ist. Du bist wieder gesund. Ich weiß das. Du willst dich nur nicht dem wirklichen Leben stellen. Versuch doch endlich in deinen Kopf zu bekommen, daß du nicht dein ganzes Leben lang bemuttert werden kannst.«

»Ich werde nicht bemuttert.« Er war jetzt beinahe so wütend wie sie.

»O doch!«

»Was weißt du denn schon davon, wie ich mich fühle? Möchtest du das auch einmal durchmachen? Bemuttert, sagst du!« Er sprang auf und starrte sie wütend an.

Maggie senkte den Kopf. »Es tut mir leid, Joe. Es tut mir leid, daß du dich so aufregst. Ich glaube ... ich glaube, ich werde besser gehen.«

Sie wollte sich gerade von ihm abwenden, als er nach ihrem Arm griff. »O Maggie! Versuch doch bitte mich zu verstehen! Ich bin noch nicht soweit. Sie sagen, daß es da noch immer ein Hindernis gibt. Wenn ich mich diesem Hindernis stellen kann, darüber sprechen kann, erst dann bin ich wieder gesund.«

Sie sah ihn mit tränenfeuchten Augen an. »Wie lange wird es noch dauern, Joe?«

»Ich weiß es nicht, Maggie. Doktor Straker, der Chefarzt, hat zu mir gesagt, ich solle nichts überstürzen und mir keine Sorgen machen. Eines Tages wird es soweit sein, und ich werde es noch nicht einmal merken. Ich muß nur noch diese letzte Hürde nehmen.« Er blickte zu Boden und murmelte: »Ich ... ich wäre wirklich wieder gerne bei dir und Tante Lizzie. Ich ... ich denke oft an die Zeit zurück, die ich bei euch verbracht habe. Manchmal, in den langen Nächten, wünschte ich mir, ich wäre bei euch beiden.«

Maggie blickte ihn zärtlich an, wobei sie seine Worte in Gedanken wiederholte: Bei euch beiden. Es würde nie heißen: Bei dir, Maggie.

Gemeinsam gingen sie zum Pförtnerhaus, wo er sich von ihr verabschiedete. Er wußte, daß Maggie recht hatte, obwohl er sich geweigert hatte, es zuzugeben. Er wollte nie wieder von hier fort.

4.

Drei Wochen später verließ er doch das Krankenhaus. Zwei Besuchstage waren verstrichen, und Maggie war an beiden nicht erschienen. Bis zu diesem Morgen hatte er keine Nachricht von ihr erhalten, doch nun hielt er einen Brief in der Hand, in dem sie schrieb, daß es ihr leid täte. Sie müsse zu Hause bleiben, da Lizzie ernsthaft erkrankt sei. Und sie hatte noch hinzugefügt, daß ihre Tante wohl bald sterben würde.

Joe stand da, mit dem Brief in der Hand, und sein Herz begann zu rasen. Wenn es jemanden in dieser Welt gab, den er wirklich mochte, dann war es Tante Lizzie. Sie war wie eine Mutter zu ihm gewesen, eine richtige Mutter ...

An diesem Morgen hatte er seinen üblichen Termin beim Psychiater. »Wie geht es Ihnen heute?« fragte Doktor Straker, nachdem Joe Platz genommen hatte.

»Sehr gut.«

»Oh, das ist ja ein guter Anfang.«

»Doktor?«

»Ja?«

»Sie sagten vor ungefähr drei Wochen zu mir, daß es für mich nur noch eine Hürde geben würde, dann wäre ich wieder gesund. Nun ...« Joe hielt einen Moment inne. »Ich möchte diese Hürde heute nehmen.«

»Schön, das zu hören. Und was hat Ihre Entscheidung so beeinflußt?«

»Eine Freundin ... eine gute Freundin ist sehr krank, und sie wird ... sie wird bald sterben. Ich ... ich möchte sie gerne sehen.«

»Dann möchten Sie uns also verlassen?«

Joe senkte den Blick. »Ich weiß nicht . . . wie ich mich fühlen werde, wenn ich erst einmal draußen bin.«

»Oh, ich sehe da eigentlich kein Problem.« Der Arzt blickte in die Krankenmappe von Corporal Jebeau. Er war zu dem Schluß gekommen, daß dieser junge Mann so große Angst vor dem Krieg und dem Tod hatte, daß er seine ganze Ablehnung auf seine Mutter übertragen hatte. Das war kein ungewöhnlicher Fall. In seiner Laufbahn hatte er schon so viele Erkrankungen der Seele kennengelernt, daß ihn nichts mehr überraschte.

»Und die Sache mit Ihrer Mutter, haben Sie die jetzt überstanden?«

Joe wußte, wenn er die Wahrheit sagen würde, ließ man ihn nicht gehen. Also antwortete er: »Ja.« Obwohl die Antwort anders hätte lauten müssen: Nein, weil das, was sie tat, eng mit mir verbunden war und ist, doch ich sehe jetzt alles in einem anderen Licht. Es gibt nur noch eines, was ich im Zusammenhang mit den damaligen Ereignissen tun will: das Gewehr finden, damit ich selbst den Beweis in Händen halte, daß nicht alles ein Produkt meiner Phantasie war.

Der Arzt lächelte ihn nur an und sagte: »Gut, ich werde alles Nötige veranlassen. Aber denken Sie daran: Sollten Sie sich nicht wohl dabei fühlen, kommen Sie einfach zurück.«

»Das werde ich. Besten Dank.«

Als Joe durch das Wartezimmer ging, betrachtete er traurig seine Mitpatienten. Es war, als würde er eine glückliche Familie verlassen. Da waren Ted und Gerald und Hookey und Caruso. Doch Caruso hatte aufgehört zu singen und war sehr still geworden. Er wirkte fast ein wenig traurig. Sein Gesang war zwar allen auf die Nerven gegangen, doch sein Schweigen berührte sie noch mehr.

Joe hatte plötzlich den Wunsch, wieder umzukehren und ihnen zu sagen, daß er wiederkommen würde. Aber würde es sie überhaupt kümmern?

Der Wagen brachte ihn direkt zum Bahnhof, und der Fahrer, der solche Abschiede kannte, rief ihm zu: »Passen Sie gut auf sich auf. Sind Sie sicher, daß Sie es alleine schaffen werden?«

»Ja, danke.«

»Normalerweise werden unsere Patienten in solchen Fällen immer von Verwandten abgeholt. Sind Sie wirklich sicher, daß Sie es schaffen?«

»Ganz sicher.« Das Gefühl, das an seinen Nerven zerrte, strafte seine Worte Lügen. Ihm kam die Welt draußen jetzt schon fremdartig vor. Es schien ihm, als wäre er ein Leben lang fortgewesen.

Einige Minuten später stand Joe am Bahnsteig und wunderte sich, daß niemand ihn anstarrte. Er mußte merkwürdig aussehen, denn er bestand nur noch aus Haut und Knochen, die in einem viel zu großen Anzug steckten.

Der Zug fuhr ein, und Joe suchte sich einen Platz am Fenster. Ihm gegenüber saß ein junges Paar, das unentwegt Händchen hielt. Und obwohl keiner von beiden in Uniform war, ging von ihnen eine Spannung aus, als stünde ihnen ein Abschied bevor.

Erst als er in Hereford ausstieg, kam ihm in den Sinn, daß er Maggie und Lizzie wohl besser geschrieben hätte. Aber warum hatte er es nicht getan? Er wußte, warum, denn er hatte Angst gehabt, er würde die letzte Hürde nicht nehmen können. Und dann wären sie sicher enttäuscht gewesen.

Hereford hatte sich überhaupt nicht verändert. Es war mitten am Nachmittag, und die Invasion auf das Kino durch die Soldaten des Lagers hatte noch nicht begonnen.

Als er sich danach erkundigte, wann der Bus von Madley nach Hay fuhr, stellte er fest, daß er noch eine Dreiviertelstunde warten mußte. Also setzte er sich zunächst eine Weile an den Straßenrand, entschied sich dann aber doch, in ein Café zu gehen und einen Tee zu trinken.

Als der Bus endlich kam, verspürte Joe keine Erregung oder Freude. Die stellte sich erst ein, als er aus der Ferne Lizzies Haus sah. Nun wußte er, daß er es geschafft hatte. Und er war erfolgreich gewesen, denn er verspürte überhaupt keine Lust, in das Krankenhaus zurückzukehren. Er war drauf und dran, die letzten Meter bis zum Haus zu rennen, doch dann überlegte er es sich anders. Wie würde Lizzie auf sein plötzliches Auftauchen reagieren? Immerhin war sie sehr krank.

Joe ging gleich um das Haus herum. Die Hintertür war geöffnet, und Maggie war in der Küche. Sie saß mit dem Rücken zu ihm und beugte sich zu etwas hinüber, das wie eine Baby in einem Kindersitz aussah! Er beobachtete fasziniert, wie sie mit einem Löffel aus einer kleinen Schüssel etwas Brei nahm und das Baby fütterte. Dann hörte er ein seltsames Gurgeln.

»Du hast also genug. Deswegen brauchst du mir das Essen aber noch lange nicht ins Gesicht zu spucken«, sagte Maggie in gespieltem Ärger.

Joe sah, wie sie das Baby zärtlich auf die Wange küßte. Schließlich drehte sie sich mit der Schüssel in der Hand um, und beinahe hätte sie sie fallen gelassen.

»O Joe! Joe!« Sie lief auf ihn zu und zog ihn über die Türschwelle. Schweigend sahen sie einander an.

Endlich fand sie die Sprache wieder. »Aber warum hast du mir nicht Bescheid gesagt? Guter Gott. Setz dich doch erst einmal. Ich ... ich bin vollkommen durcheinander.« Sie fuhr sich mit der Hand über die Stirn. »Wann haben sie dich entlassen? Hast du schon etwas gegessen?«

Er griff nach ihrer Hand. »Nun beruhige dich erst einmal. Es tut mir leid, daß ich dich so aus der Fassung gebracht habe. Ich hätte dir schreiben sollen, daß ich komme, doch ich hatte noch so viel zu tun, so viele Formulare, die ich unterschreiben mußte.«

»O Joe!« Sie zog sich einen Stuhl heran. »Du glaubst ja gar nicht, wie ich mich freue, dich zu sehen.«

»Ich bin froh, daß ich endlich wieder gesund bin ... Wie geht es Lizzie?«

»Ich fürchte, nicht besonders gut. Ich muß sie erst fertigmachen, bevor du zu ihr kannst.«

Er antwortete nicht, sondern schaute nur auf das Baby, das sie in den Armen hielt. »Ausgebombt?«

»Nein, nein.« Sie blickte verlegen auf ihre Hände.

»Dann paßt du also für jemanden auf das Kind auf.«

»Nein, Joe.« Sie stand auf und stellte sich hinter den Kinderstuhl. Schließlich sah sie ihm fest in die Augen und sagte: »Es ist mein Kind.«

Ungläubig starrte er sie an. Als er sich wieder gefaßt hatte, flüsterte er nur: »Dein Kind?«

»Ja. Überrascht dich das?«

Er stand auf und sah sie noch immer an, als könnte er es nicht fassen. »Na ja, irgendwie schon.«

»Du denkst genau wie die anderen. Ich bin nun mal nicht besonders hübsch und attraktiv, also kann ich auch kein Kind bekommen.«

»Nein, das wollte ich damit nicht sagen. Es ist nur ... na ja, es sieht dir überhaupt nicht ähnlich. Nicht das Kind, sondern überhaupt ... Bist du denn verheiratet?«

»Nein, ich bin nicht verheiratet. Und ich gehöre auch nicht zu diesen schlechten Mädchen. Wir haben Krieg, und da passiert so etwas eben ab und zu einmal. Er ist unehelich und das, was man im Volksmund einen Bastard nennt.«

»Tut mir leid«, murmelte er.

»Mir auch, Joe.«

»O Maggie!«

»Du bist schockiert, nicht wahr?«

»Nein, bin ich nicht. Ich bin nur ...« Ihm fielen auf Anhieb nicht die richtigen Worte ein, um seinen Gefühlen Ausdruck zu verleihen. Aber es stimmte: Er war schockiert. Er überlegte, wer wohl der Vater des Kindes sein könnte. Der einzige Mann, der dafür in Frage käme, war seiner Meinung nach Billings. Joe wußte nicht mehr, daß er ihn geschlagen hatte. Er erinnerte sich nur daran, daß Billings schon immer ein Auge auf Maggie geworfen hatte und er permanent ihren Sarkasmus zu spüren bekam. Doch wie hieß es doch gleich so schön: Was sich neckt, das liebt sich. Trotzdem hatte Joe gedacht ... Ja, was hatte er damals eigentlich gedacht? Daß

Maggie ihn liebte? Ja, davon war er überzeugt gewesen. Aber er hatte sich wohl in ihr getäuscht. Und auf einmal hatte er das Gefühl, einen großen Verlust erlitten zu haben. Er war verletzt, denn sein Verstand sagte ihm, daß Maggie ihm doch die Wahrheit hätte sagen können. Es war nicht fair von ihr. Und doch konnte er sich nicht erinnern, daß sie Billings einmal zu sich nach Hause eingeladen hatte.

Vielleicht war Billings ja verheiratet. Bei diesem Gedanken wandte er sich zu ihr um und fragte: »Ist der Vater verheiratet?«

Maggie starrte ihn mit offenem Mund an. Dann erwiderte sie langsam: »Nein, er ist nicht verheiratet.«

»Dann . . . dann sollte er dich aber heiraten.«

»Ich glaube, er ist da ganz anderer Meinung.«

»Also . . . ich wüßte nicht, warum. Ich meine . . . er muß dich doch sehr mögen.«

»Was? Wer? Von wem redest du überhaupt die ganze Zeit?«

»Nun . . .« Joe trat unbehaglich von einem Fuß auf den anderen, bis er endlich sagte: »Ich rede von . . . Billings.« Als sie darauf nichts erwiderte, blickte er sie fragend an.

Maggie stand noch immer bei dem Kind. Schließlich meinte sie enttäuscht: »Weißt du, Joe, ich könnte dich in diesem Moment wirklich hassen.« Mit diesen Worten machte sie kehrt und verließ wütend die Küche.

Maggie lief aufgebracht die Treppe hinauf. Dann blieb sie einen Moment stehen und holte tief Luft, um sich zu beruhigen. Sie wollte nicht, daß ihre Tante merkte, wie aufgewühlt sie war.

Als sie Lizzies Schlafzimmer betrat, gab sie sich

große Mühe, ganz normal zu klingen. Lizzie lag im Bett und hatte die Augen geschlossen. Sie schlief.

»Tante Lizzie?«

»Ja? Was ist? – Oh, ich muß eingenickt sein . . .«

»Ich habe eine Überraschung für dich.«

»Wirklich? Laß mich raten: Sie haben die Rationen verdoppelt?« Ein schwaches Lächeln zeigte sich auf ihrem Gesicht.

»Nein, etwas viel Besseres. Du hast Besuch bekommen.«

»Ach, Kind. Ich glaube kaum, daß ein Arzt noch helfen kann. Du weißt es, ich weiß es . . .«

»Tante Lizzie, es ist kein Arzt. Es ist jemand, den du sicher gerne sehen willst.«

»O ja?«

»Es ist Joe.«

»Joe?« Lizzies Gesicht erstrahlte, und sie versuchte mühsam, sich aufzurichten. »Joe ist hier?«

»Ja, Tante. Aber hör zu. Würdest du mir einen Gefallen tun?«

»Alles, mein Kind. Das weißt du doch.«

»Hör mir bitte zu. Sag ihm nicht, daß Charles sein Kind ist!«

»Du willst nicht, daß er . . .«

»Tante Lizzie, er war schockiert, als er das Kind sah. Ich weiß immer noch nicht, ob er wieder ganz gesund ist. Ich weiß auch nicht, ob er jetzt nur zu Besuch ist und wieder ins Krankenhaus muß. Ich weiß ehrlich gesagt überhaupt nichts. Also soll er noch nicht erfahren, daß Charles sein Kind ist. Es könnte vielleicht einen Rückfall auslösen.«

»Aber Kind, er muß doch schließlich wissen . . .«

»Tante Lizzie, bitte!« Maggie ergriff ihre Hand. »Ich flehe dich an. Tu mir den Gefallen.«

Lizzie blickte ihre Nichte eindringlich an. »Also gut. Ich werde nichts sagen. Aber das ist ihm gegenüber nicht fair.«

Maggie richtete sich auf. »Vielleicht hast du recht, Tante Lizzie. Aber er erinnert sich nicht an das, was passiert ist. Und wenn du diese Erinnerung in ihm weckst, wird er glauben, Carrie hätte diese Nacht mit ihm verbracht. Ich vermute, daß es ihm schaden könnte, wenn er die Wahrheit erfährt.«

»O Maggie . . .« Lizzie streichelte ihre Hand. »Du solltest dich nicht damit abfinden. Dein Leben war schon schwer genug. Du hast ein bißchen Liebe und Geborgenheit verdient.«

»Liebe und Geborgenheit habe ich von dir bekommen, sogar mehr als genug. Und nun habe ich das Kind. Ich bin zufrieden . . . und glücklich. Jetzt hör doch auf zu weinen, sonst fang' ich auch noch an. Ich . . . ich schicke Joe jetzt zu dir. Aber laß es ruhig angehen, ja?«

Es ruhig angehen! Lizzie mußte unwillkürlich lächeln. Bald würde sie es für eine sehr, sehr lange Zeit ruhig angehen lassen. Sie freute sich, daß sie Joe noch einmal sehen konnte. Sie mochte den Jungen. Nein, eigentlich liebte sie ihn. Wenn sie je einen Sohn gehabt hätte, so wünschte sie sich, er wäre wie Joe geworden.

Sie konnte ihn kaum wiedererkennen, als er ihr Zimmer betrat und ihre Hand ergriff. »Himmel, was haben sie mit dir gemacht? Du bist ja nur noch Haut und Knochen!«

Joe versuchte zu lächeln. »Sie haben mich auf halbe Ration gesetzt, obwohl ich ihnen gesagt habe, was du davon halten wirst.«

»Schön, dich zu sehen, Joe.«

»Ich freue mich auch, dich zu sehen.«

»Setz dich, Junge.«

Er zog sich einen Stuhl ans Bett heran, und als sie ihn fragte, wie es ihm ginge, antwortete er: »Sehr gut, wirklich sehr gut.«

»Sind alle Knäuel entwirrt?«

»Die meisten.«

»Wenn du damals mehr Vertrauen zu mir gehabt hättest, wäre es gar nicht erst soweit gekommen.«

»Da hast du wahrscheinlich recht, Lizzie.« Er beugte sich zu ihr hinunter und sagte mit einem verschmitzten Lächeln: »Wenn ich dir von Anfang an die Wahrheit erzählt hätte, wäre ich wahrscheinlich sofort in der Klapsmühle gelandet, und zwar auf deine Bitte hin.«

»War es so schlimm?«

»Viel schlimmer.«

»Aber jetzt bist du geheilt.«

»Keineswegs.« Er lachte kurz auf. »Nun, als ich ihnen die Wahrheit gesagt habe, dachten sie alle, jetzt wäre ich wirklich übergeschnappt. Ich hätte angeblich Wahnvorstellungen, deren Ursprung in meiner Kindheit läge. Einer war sogar so schlau und behauptete, ich hätte eine verdrängte Angst vor dem Krieg. Dabei wollte ich die ganze Zeit an die Front und Leute erschießen.«

»Hör auf! Erzähl nicht so etwas Schreckliches. Du und an die Front, um Menschen zu erschießen . . .«

»Aber es stimmt, Lizzie!«

Sie sah ihn ernst an. »Wirklich?«

»Ja.«

»Dann muß dir in deiner Kindheit wirklich etwas Schlimmes zugestoßen sein. Möchtest du darüber sprechen?«

»Ja, aber vielleicht später, wenn du wieder mehr bei Kräften bist.«

»Ich bin bei Kräften. Schließlich liege ich hier den ganzen Tag herum und werde von vorne bis hinten bedient. Wirklich, wenn jemand in diesem Krieg einen Orden verdient hat, dann ist sie es da unten. Was hältst du eigentlich von dem Baby, Joe?«

Er zögerte einen Moment, dann sagte er: »Er scheint ein kluger kleiner Kerl zu sein. Ich ... ich war nur ein wenig überrascht.«

»Ja, das kann ich mir vorstellen. Aber du weißt ja, Maggie ist schließlich auch nur ein Mensch. Vielleicht ist dir das ja nie aufgefallen.«

»Und ob! Aber ich ... ich hätte nie gedacht, daß es da noch jemanden gab.« Plötzlich kam ihm ein schrecklicher Gedanke, und er blickte Lizzie entsetzt an. »Sie wurde doch nicht ... sie wurde doch nicht etwa verge ...«

»Vergewaltigt? Nein, Joe. So wie ich sie verstanden habe, hat sie auch ihren Teil dazu beigetragen.«

»Aber wer war es dann? Kennst du den Vater?«

»Ja, ich kenne ihn.«

»Corporal Billings?«

»Corporal Billings! Um Gottes willen, Joe. Wie kommst du denn auf Billings? Ich habe ihn zwar nie kennengelernt, aber Maggie hat mir einmal gesagt, er ekelt sie an. Nein, es war nicht Billings.«

»Aber du weißt, wer der Vater ist?«

»Ja, das weiß ich.«

»Ist er ... ist er ein anständiger Kerl?«

»Einer der besten, Joe.«

Joe stand auf und sagte voller Entrüstung: »Aber warum heiratet er sie dann nicht?«

»Vielleicht . . . vielleicht kann er nicht. Wir haben Krieg, wie du weißt, und viele Dinge haben . . .«

»Ist er etwa tot?« unterbrach er sie.

Lizzie hätte beinahe gesagt: Nein, er ist sogar sehr lebendig. Doch dann änderte sie ihre Meinung und erwiderte: »Man weiß es nicht. Und deswegen möchte ich dich um einen Gefallen bitten. Nein, eigentlich ist es eher ein Versprechen.«

»Ich mache alles, was du willst.«

»Wirst du dich so lange um die beiden kümmern, bis Maggie auf eigenen Beinen stehen kann? Wenn ich nicht mehr da bin, braucht sie einen Menschen. Sie hat sonst niemanden auf der Welt. Ihr Vater ist für sie wahrscheinlich genauso tot, als würde er wirklich in einem Grab liegen. Das Leben wird für Maggie sehr einsam werden. Sie hat zwar keine finanziellen Probleme, aber was nützt ihr das, wenn sie allein ist. Sie braucht jemanden, Joe. Und ich hatte immer den Eindruck gehabt, als würdest du sie ein wenig mögen.«

»O ja, Lizzie. Ich mag sie wirklich. Ich mag Maggie sehr. Seit meine Cousins gestorben sind, hat mir niemand so nahegestanden wie ihr beide.«

»Also wirst du tun, worum ich dich bitte?«

»Mach dir keine Gedanken. Ich werde mich um sie kümmern.«

»Danke, Joe.« Dann lachte sie leise. »Sie hat ihn Charles genannt, genau wie meinen dritten Mann, der so ein guter Mensch war. Charles Joseph LeMan . . . Klingt doch gut, oder?«

»Sie hat ihn auch Joseph genannt?«

»Ja. Wir haben lange nachgedacht und überlegt, nach wem wir ihn wohl noch benennen könnten, und da sind wir auf dich gekommen.«

»Was ist mit dem Namen des Vaters?«

»Oh.« Lizzie schaute auf ihr Kissen und entfernte einen imaginären Faden. »Da mußt du sie schon selbst fragen. Ich würde es aber an deiner Stelle lassen. Im Moment reagiert sie darauf noch sehr sensibel. So, und nun mach, daß du hinunterkommst. Du hast bestimmt Hunger. Und sag ihr, ich hätte gerne auch eine Tasse Tee – bitte mit Whisky.«

»O Lizzie . . .« Er legte seine Hand auf ihre Stirn und strich ihr eine Haarsträhne aus dem Gesicht. Schließlich beugte er sich zu ihr hinunter, küßte sie sanft auf die Wange und verließ dann das Zimmer.

Drei Nächte später saß Maggie an Lizzies Bett. Sie wußte, daß sie bald von ihr Abschied nehmen mußte. Bei diesem Gedanken krampfte sich ihr Herz zusammen, und sie hatte das Verlangen, ihrem Schmerz in einem lauten Schrei Ausdruck zu verleihen. Und doch schien Lizzie gefaßt und in sich selbst versunken, als sie auf einmal schwer atmend zu ihr sprach.

»Ich werde dir jetzt etwas erzählen, und ich möchte, daß du es glaubst, wie auch ich es glaube. Er hat mir die Ursache seines Leidens genannt: seine Mutter. Wir haben die ganze letzte Nacht miteinander geredet.«

»Aber das haben wir uns doch bereits gedacht, nicht wahr? Schlaf noch ein wenig, Tante Lizzie. Ruh dich aus.«

»Nein, nein. Mir geht es gut. Aber ich muß dir etwas sagen: Seine Mutter ist eine Mörderin. Sie tötete drei Männer und eine Frau, nur damit er das Haus und den Titel erben konnte.«

Lizzie spürte, wie Maggies Hand die ihre umklammerte. »Es ist die Wahrheit, Mädchen. Dieser Mann ist geistig so gesund wie du und ich. Er hat mir die ganze Geschichte von Anfang an erzählt.« Und so berichtete sie Maggie von allem, was Joe ihr gesagt hatte: von der Affäre zwischen seiner Mutter und seinem Onkel; wie er und seine Verlobte starben; von der Ermordung von Martin und seinem Stallburschen. »Er hat mir auch erzählt, wie er die Wahrheit herausfand. Jetzt scheint er nur davon besessen zu sein, das Gewehr zu finden ... Sie muß es irgendwo in ihrem Zimmer versteckt haben. Und ... und ich glaube ihm.«

»O Tante Lizzie. Kein Wunder, daß er daran zerbrach.«

»Nein, kein Wunder ... Glaubst du ihm?«

»Ja, ich habe seine Mutter gesehen. Sie war vollkommen verängstigt, als sie ihn sah. Mein Gott, wie schrecklich!«

»Paß gut auf ihn auf, Maggie. Er braucht jemanden, der sich um ihn kümmert. Er braucht sowohl eine Frau als auch eine Mutter. Und ... hab keine Angst, es wird schon alles gut werden ...«

Das glaube ich kaum, Tante Lizzie. Ich glaube es wirklich nicht. Ihr Verstand sagte diese Worte laut, während ihre Lippen verschlossen blieben.

5.

Sie beerdigten Lizzie vierzehn Tage später, und nach weiteren drei Wochen erhielt Joe seine offiziellen Entlassungspapiere der Air Force. Sie saßen beide in der Küche, als er sagte: »Ich würde gerne bleiben ... aber wir müssen an deinen guten Ruf denken.«

»O mein Gott!« Maggie schloß die Augen.

»Sag das nicht. Solange Lizzie noch lebte, haben wir drei ...«

»Wir sind jetzt auch zu dritt!« unterbrach sie ihn und zeigte auf das Kind. »Und wen geht das überhaupt etwas an? Wenn du dir Sorgen um die Leute im Lager machst ...«

»Wegen dem Lager mache ich mir keine Sorgen.« Joe war aufgesprungen und fügte nun brüsk hinzu: »Zur Hölle mit dem ganzen Lager!«

»Dem schließe ich mich an. Also, was soll das alles? Da gibt es nur noch die Cuthberts auf ihrer Farm, und die Bewohner von Blakemere wissen sehr wahrscheinlich nicht einmal, ob wir überhaupt noch existieren. Und selbst wenn sich jemand über uns aufregt, würde dir das so viel ausmachen?«

»Mir ist es vollkommen egal, was die Leute sagen. Und hör endlich auf, mir das Wort im Mund herumzudrehen. Ich denke dabei wirklich nur an dich. Oder willst du vielleicht noch einen ...« Er unterbrach sich selbst, bevor er ›Skandal‹ sagen konnte. Aber heutzutage war ein uneheliches Kind kein Skandal mehr. Oder doch? Was wußte er schon davon? Der Krieg hatte alle Moralbegriffe auf den Kopf gestellt. Was früher das Privileg des reichen Mannes und des Soldaten gewesen war, gehörte jetzt zum gesellschaftlichen Allgemeingut. Es lag im Ermessen jeden Mannes ... und jeder Frau, sofern sie Lust dazu hatten. Er erinnerte sich daran, daß man Florrie Smith wegen des unehelichen Kindes weggeschickt hatte, um einen Skandal zu vermeiden.

Joe wollte nur nicht, daß die Menschen schlecht von Maggie dachten. Und eines wußte er mit Bestimmtheit: Wenn er bei ihr blieb, würde genau das eintreten. Er wußte zwar, daß es da einen Weg gab, der über das Standesamt führte, doch schon allein der Gedanke daran ließ ihn erschauern.

Maggie sah ihm an, wie er mit sich kämpfte. »Mach dir keine Gedanken, Joe. Ich würde mich zwar freuen, wenn du bleiben könntest, aber wenn du anderer Meinung bist, ist es deine Entscheidung.«

»Ich möchte bleiben, Maggie.«

»Du könntest nach Hause gehen und dich um die Hinterlassenschaft kümmern«, schlug sie vor, doch gleichzeitig warnte sie eine innere Stimme davor, ihn unter Druck zu setzen.

»Ich kann es noch nicht, Maggie. Ich bin noch nicht dazu bereit«, erwiderte er ruhig.

»Damit wäre das Thema wohl erledigt.« Sie stand vom Tisch auf und fügte noch hinzu: »Ich wäre übrigens froh, wenn mir jemand bei der Arbeit helfen könnte. Das kleine Stück Land bringt mich noch um. Ein Wunder, daß bei dem harten Boden überhaupt Gras wächst! Und dann ist schließlich er auch noch da. Der kleine Racker hält einen ganz schön auf Trab, und ich . . . Ja, grins mich nur an. Ich rede über dich.« Sie wandte sich dem Kind zu, das zur Antwort mit dem Löffel auf den Tisch schlug.

»Schau ihn dir an. Er versteht garantiert jedes Wort, aber schert sich keinen Deut um das, was ich sage.« Daraufhin kniff sie ihm leicht in die Wange, nahm ihn aus dem Sitz und sagte: »Den Mund könnte ich dir auch mal wieder abwischen. Also los!«

Joe schaute ihr nach, wie sie mit dem Kind in der Küche verschwand. Merkwürdig, er wußte genau, daß sie in ihn verliebt war. Aber wer war dann der Vater des Kindes? Er fragte sich auch, warum er dieses Kind nicht leiden konnte. Er sah in ihm wohl einen Eindringling, einen Konkurrenten, der sich ständig in den Mittelpunkt setzte. Und dabei hatte Joe immer gedacht, daß er der Mittelpunkt in Maggies Leben war. So konnte man sich täuschen.

Er blickte hinüber zur Tür und versuchte sich an den Gedanken zu gewöhnen, daß er wohl bleiben durfte, weil sie seine Hilfe benötigte und vielleicht auch Mitleid mit ihm hatte. Doch ihre Hauptsorge galt dem Kind, und das würde von nun an immer so bleiben.

6.

»Heute abend um sechs Uhr fünfundzwanzig unterzeichneten fünf deutsche Bevollmächtigte in Anwesenheit von Feldmarschall Montgomery die Kapitulationsurkunde«, verkündete der Sprecher mit monotoner Stimme.

»Es ist vorbei! O Joe, es ist endlich vorbei!«

Sie standen vor dem Radio und fielen sich lachend um den Hals, wobei Maggie fast hysterisch wurde.

»Komm, darauf müssen wir eigentlich einen trinken. Heute nacht werde ich mich deshalb sinnlos besaufen.«

»Spiel jetzt bloß nicht verrückt!«

»Wer ist den hier verrückt? Hast du es denn nicht gehört? Es ist vorbei!«

»Nicht ganz. Da sind immer noch die Japaner, mit denen wir fertig werden müssen.«

»Ach, das machen die doch mit links! Wo ist die Flasche? Ich habe gesagt, daß ich mich besaufen will, aber es ist vermutlich noch nicht einmal genug da, um einen Schwips zu bekommen. Wenn Tante Lizzie noch leben würde, hätte sie bestimmt genug auf Lager. Eine Schande, daß ich ihre Beziehungen nicht weiter gepflegt habe. Aber es wird wohl für ein paar Gläser reichen.«

Sie beugte sich vor, hob ihren Sohn hoch, der durch das Zimmer gestapft kam, und warf ihn in die Luft, daß er gluckste. Als sie ihn auf den Arm nahm und er über ihre Schulter sah, rief er: »Joe . . . Joe.« Joe kitzelte ihn unter dem Kinn, woraufhin sich das Kind lachend im Arm seiner Mutter wand. »Willst du zu ihm? Ja?« Sie reichte ihm den Jungen.

In den letzten Monaten hatten sich seine Gefühle ihrem Sohn gegenüber ein wenig geändert. Denn von dem Tag an, an dem er sich dazu entschlossen hatte, in Maggies Haus einzuziehen, schien Charles einen Narren an ihm gefressen zu haben. Es kam sogar vor, daß der Junge anfing zu heulen, wenn Joe nur das Zimmer verließ.

Joe machte dieses Verhalten anfangs sehr verlegen. Die Tatsache, daß er noch nie in seinem Leben ein Kind auf dem Arm gehalten hatte, machte ihn übervorsichtig.

Schließlich hatte Maggie ihn eines Tages in aller Offenheit gefragt: »Magst du das Kind etwa nicht?«

»Natürlich mag ich ihn«, hatte Joe sie angelogen. »Ich bin nur nicht an so ein kleines, plärrendes Bündel gewöhnt.«

Er dachte, daß diese Erklärung Maggie beruhigt

hätte. Doch sie vermutete, den Grund der Ablehnung zu erkennen. Und diese Erkenntnis ließ in ihr eine Flamme der Hoffnung auflodern, wenn auch nur eine sehr kleine.

Monate danach schien es, als hätten sich die Bahnen ihres Lebens in gewisser Weise gefestigt. Die Bewohner der beiden Dörfer schienen sie zu akzeptieren, ohne daraus einen Skandal zu machen. Man nahm an, daß der junge Mann nach Madley geschickt worden war, um im Lager seine Kriegsneurose auszukurieren. Der Erfolg dieser Maßnahme war wohl ausgeblieben, und nun war er halt immer noch ein kranker Mann.

So verdrehten sie ein wenig die Wahrheit, um eine moralische Entschuldigung dafür zu haben, daß das Paar immer noch in Sünde Mrs. Robsons Haus bewohnte.

Doch eines Tages brachte der Postbote zwei Briefe, die wie zwei Ausläufer einer Sturmfront ihr Leben beeinflussen sollten. Der eine war an Maggie adressiert, der andere an Joe.

Maggie las ihren Brief durch und blickte dann zu Joe hinüber, der noch nicht soweit war. Als er aufsah, sagte sie: »Er ist von Mary. Sie will heiraten.«

»Ja, das teilen sie mir auch mit. Außerdem kommen sie hierher.«

»Wer?«

»Martins ehemalige Partner, die ich als Vermögensverwalter eingesetzt habe. Sie schreiben, wenn der Prophet nicht zum Berge kommt, dann . . .«

»Wann wollen sie denn kommen?«

Joe sah wieder auf den Brief. »Hier steht, am Mittwoch, also morgen. Außerdem scheint nur Holden zu kommen, er ist der jüngere Partner von Mr. Beecham.«

»Wie jung ist er denn?«

»Oh, er muß so um die Fünfzig sein . . .«

»Das nennst du jung?« Maggie lachte. Schließlich fügte sie geschäftig hinzu: »Dann werde ich wohl etwas vorbereiten müssen, was wir auch kalt essen können. Wenn das Wetter schön ist, können wir uns nach draußen setzen . . .«

»Ich glaube, Holden wird wohl in Hereford essen. Und selbst wenn nicht, soll er doch essen, was auf den Tisch kommt. Ich zerbreche mir um solche Sachen nicht mehr den Kopf, und das solltest du auch nicht.«

»Ach, und wieso? Ich möchte nun mal nicht, daß er den weiten Weg hierher macht, ohne wenigstens etwas zu essen zu bekommen.«

»Er kann ja meine Wochenration Fleisch haben, wenn er mir dafür seine Lebensmittelkarte gibt.«

Sie drehte sich lachend um und öffnete den Vorratsschrank, um zu sehen, welche Lebensmittel sie noch hatten.

Joe beobachtete sie dabei verstohlen. Was wird Holden nur denken, wenn er mich mit dem Kind und dieser kleinen, dicken Frau hier vorfinden wird? Nein, sie war nicht mehr dick, nur noch ein wenig schwerfällig. Maggie hatte gut zwanzig Kilo abgenommen und sich auch sonst äußerlich sehr verändert. Sie trug ihr Haar nicht mehr streng nach hinten gekämmt, sondern hatte es schneiden und sich locken lassen. Ihr Gesicht war noch immer rund und ihre Wangen voll, doch ihre Haut hatte eine rosige Farbe angenommen, für die wohl die ständige Bewegung an frischer Luft verantwortlich war.

Sie sah weitaus jünger und attraktiver aus als noch vor drei Jahren. Trotzdem machte Joe sich Gedanken darüber, was Holden wohl von Maggie halten würde.

Aber da war noch etwas anderes, was ihm Kopfzerbrechen bereitete. Was sollte er Holden morgen sagen? Daß er nie mehr zurückkommen würde? Irgendwann mußte er nach Screehaugh zurück, ob er wollte oder nicht, und das wußte er auch ganz genau. Die Frage war nur, warum Holden überhaupt diese beschwerliche Reise auf sich nahm. Bisher hatte sich alles schriftlich regeln lassen, und außerdem gab es da noch Mary.

Aber genau das war sehr wahrscheinlich der springende Punkt: Mary wollte Screehaugh verlassen.

James Holden hatte sich in den Garten gesetzt und nippte an seiner dritten Tasse Tee. Er mußte zugeben, daß er verwundert war. Wenn Joe nicht der Vater des Kindes war – denn das betonte er oft genug – und er diese Frau nicht heiraten wollte, wieso blieb er dann hier? Für Holden war es offensichtlich, warum Joe Miss LeMan nicht heiraten wollte, sie war wirklich nicht besonders attraktiv. Trotzdem war sie sehr nett und unterhaltsam. Er hatte schon lange nicht mehr so gelacht. Ihre Anekdoten aus der Zeit bei der NAAFI hätten ein Buch füllen können. Und sie hatte eine ungewöhnliche Stimme, und sie sprach sehr kultiviert. Es war überaus angenehm, ihr zuzuhören.

Auch ihr Sohn war ein lieber kleiner Kerl. Wenn der junge Jebeau nun der Vater dieses Kindes gewesen wäre, so hätte er seinen Wunsch verstehen können, bei ihnen zu bleiben. Doch von Anfang an hatte Joe klargestellt, daß er mit dieser Frau keine Beziehung hatte, die über diese seltsame Freundschaft hinausging. Und seltsam war sie in der Tat. Doch er mußte Joe dazu veranlassen, gewisse Dinge in die Wege zu leiten. Er wußte nicht, ob er dabei Schwierigkeiten haben würde, denn vor ihm saß ein ganz anderer Mann als damals in seinem Büro in Newcastle. Da war er fast noch ein Junge gewesen, der unbedingt seinen eigenen Weg gehen wollte. Doch nun hatte Holden den Eindruck, daß das Leben ihm sehr übel mitgespielt hatte und er nun endlich seine Ruhe haben wollte. Das Bild, das sich ihm bot, verstärkte diesen Eindruck noch: Joe saß in einem Korbsessel, die Beine weit von sich gestreckt, zu seiner Seite eine Frau und zu seinen Füßen ein spielendes Kind. Sie schienen so zufrieden und glücklich zu sein, daß es ihm fast leid tat, sie zu stören.

»Miss Mary hat, wie Sie wissen, zum Monatsende gekündigt. Sam ist schon etwas länger weg, ungefähr seit fünf Monaten. Sein Rücken hat ihm schwer zu schaffen gemacht. Außerdem muß ich Ihnen sagen, daß sich im Frühjahr die Armee in Ihrem Haus breitgemacht hat. Sie war nur neun Wochen dort, aber der Schaden ist ungefähr so groß, als wären es neun Jahre gewesen. Der alte Kamin in der Halle hat Feuer gefangen, und es war ein Wunder, daß nicht das ganze Gebäude abbrannte. Natürlich werden Sie eine Entschädigung dafür erhalten, aber sie wird nicht so hoch sein, um alle Schäden beseitigen zu können. Das ganze Anwesen ist in einem schlechten Zustand, Sir Joseph.«

Wie merkwürdig es war, Sir Joseph genannt zu

werden. Joe mußte lächeln. Er würde sich nie wie ein Sir fühlen, und er wollte auch gar keiner sein. Nein, das wollte er wirklich nicht.

»Besteht irgendeine Möglichkeit, diesen Titel abzulegen?« fragte er nun.

»Was?«

»Sie haben mich schon verstanden. Ich fragte: Besteht irgendwie eine Möglichkeit, daß ich diesen Titel ablegen kann! Ihn ablehnen, streichen oder sonstwie.«

»Nicht, daß ich wüßte.«

»Dann machen Sie sich bitte kundig.«

»Wenn Sie unbedingt wollen.« Herr im Himmel, was für ein schwieriger Mensch! Arthur und Martin würden sich im Grabe umdrehen, wenn sie das hören könnten. Etwas pikiert fügte er hinzu: »Titel oder nicht, es muß etwas mit Screehaugh geschehen. Es ist ein schönes Haus mit einem guten Stück Land, wenn ich Sie daran erinnern darf.«

»Ja, ja. Ich weiß. Ich habe mir auch schon Gedanken darüber gemacht und bin zu dem Schluß gekommen, es zu verkaufen.«

»Es zu verkaufen?!«

»Ja. Oder gibt es etwas, das mich daran hindern könnte?«

»Nein, nein. Sie sind der Alleinerbe.«

»Dann machen wir es doch einfach so.«

»Aber in der Zwischenzeit, nachdem Mary das Haus verlassen hat, müssen wir jemanden einstellen, der sich um den Besitz kümmert. Und es muß ein Ehepaar sein. Ich kann niemandem zumuten, dort allein zu leben.«

»Arrangieren Sie das doch bitte für die Übergangszeit.«

James Holden blickte den merkwürdigen jungen Mann an. Warum war er überhaupt gekommen? Alec war der Meinung gewesen, er sollte es tun. »Erzählen Sie ihm alles über den Zustand des Hauses, erzählen Sie ihm, daß es bald abbruchreif sein wird, wenn nicht bald etwas geschieht.« Nun, abbruchreif war es ja jetzt schon, dafür hatten die Soldaten gesorgt.

Kurz darauf verabschiedete sich Holden.

Er war mit dem Taxi gekommen und wollte den Fahrer gerade bitten, er solle ihn zu einer bestimmten Zeit wieder abholen kommen, als Joe ihn unterbrochen hatte. Er wollte ihn selbst zum Bahnhof fahren. Vor einigen Monaten hatte Maggie im Dorf ein gebrauchtes Auto gekauft. Es hatte einem jungen Mann gehört, der im Krieg gefallen war. Obwohl sie wußte, daß sie wegen der Benzinrationierung nur ganz selten fahren würde, erfreute sie sich einfach daran, Besitzerin eines Wagens zu sein.

Und so schüttelte Maggie Mr. Holden die Hand und versicherte ihm, daß es ihr eine Freude war, ihn endlich einmal kennengelernt zu haben, woraufhin er erwiderte, die Freude sei ganz auf seiner Seite. Dann sah sie dem Wagen nach, bis er aus ihrem Blickfeld verschwand.

Sie hob ihren Sohn auf den Arm, ging ins Haus und setzte sich. Dann drückte sie Charles fest an sich, um den Schmerz zu lindern, der ihr Herz erfüllt hatte.

»Darf ich fragen, ob Sie sie heiraten werden?« Maggie hatte gehört, wie Mr. Holden Joe diese Frage gestellt hatte. Sie kam gerade aus der Küche und blieb mit dem Tablett hinter der Tür stehen, um die Antwort abzuwarten.

»Nein, nein. Sie ist eine Freundin, mehr nicht. Und ... und das Kind ist auch nicht von mir. Nein, ich habe nicht vor, sie zu heiraten.«

Nun, das wußte sie bereits. Aber sie hatte es nie zuvor mit solchem Nachdruck gehört. Und das sollte wohl die Sache ein für allemal klarstellen.

Es war nicht fair.

Nein, natürlich war es das nicht. Aber war das Leben überhaupt jemals fair? Zu manchen Menschen ja, zu anderen wiederum nicht. Nachdem das Kind geboren war, hatte sie sich eingeredet, daß sie zufrieden war und nichts mehr vom Leben erwartete. Aber das Leben zwang einen dazu, sich Illusionen hinzugeben. Tante Lizzie hatte einmal gesagt, daß das Leben alle Wunden heilte, nur um einem dann ohne Vorwarnung in den Hintern treten zu können.

Es war vielleicht ein etwas harter Vergleich, aber auf sie traf er zu, ohne jede Einschränkung.

Warum gab das Leben einem die Kraft, jemanden hassen zu können, den man eigentlich liebte? Ja, im Moment empfand sie nur Haß für Joe.

7.

»Captain William Parsons von der Marine der Vereinigten Staaten, der die Explosion der Bombe von der Super Fortress aus beobachtete, sagte: Als wir die Bombe abwarfen, wollten wir uns so schnell und so weit wie möglich von ihr entfernen. Es gab einen gewaltigen Lichtblitz, der heller als die Sonne war. Das war für mich das erste Zeichen, daß die Bombe funktionierte. Jedem an Bord hatte es die Sprache verschlagen, als das, was einst Hiroshima war, in einer gewaltigen Wolke gen Himmel stieg.«

Drei Tage, nachdem diese Nachricht im Rundfunk gesendet wurde, sagte Maggie noch immer: »Warum mußten sie das tun? Die ganze Stadt dem Erdboden gleich machen? Es ist schrecklich, das reinste Massaker.«

»Der ganze Krieg ist ein Massaker . . .«

»Ja, aber doch nicht so, daß alles auf einmal verbrannt wird!«

»Hast du einmal London während der Luftangriffe gesehen?«

»Nein.«

»Ganze Stadtteile brannten. Außerdem hätten die Japaner nie aufgegeben. Durch diese Bombe wurde Tausenden Soldaten das Leben gerettet.«

Maggie wechselte das Thema. »Ich nehme Charles mit zu Mrs. Cuthbert. Donald hat mir gesagt, seine Mutter würde den Kleinen gerne einmal wiedersehen. Ich hätte mich längst einmal bei ihr melden müssen, aber ich hatte nie große Lust dazu gehabt. Jetzt hat Donald mich darum gebeten, also bleibt mir nichts anderes übrig, als sie heute nachmittag zu besuchen.«

»Soll ich mitkommen und ihn ein Stück tragen?«

»Nein, nein. Ich nehme den Kinderwagen.«

»Es ist ganz schön windig draußen, da wirst du gut zu schieben haben.«

»Ach weißt du, damit werde ich schon fertig.«

Als sie ihn anlächelte, lächelte er zurück. »Du wirst fast mit allem fertig, was du dir in den Kopf gesetzt hast.«

»Oh, ist das heute der Tag der Komplimente? Wie auch immer, was hast du denn vor?«

»Ich habe mir überlegt, den Artikel fertigzuschreiben.«

»Gut. Ich finde, daß der Titel hervorragend ist. ›Ihr habt vielleicht Nerven‹ trifft den Geist der Zeit.«

»Meinst du?«

»Natürlich.«

»Na ja, dann wollen wir mal. Soll ich wirklich nicht mitkommen?«

»Nein, laß gut sein. So stehe ich dir wenigstens nicht mehr im Weg herum. Los, setz dich hin und fang endlich an.«

Lachend setzte sich Joe an seinen Schreibtisch. Als er zehn Minuten später Maggie mit dem Kind am Fenster vorbeigehen sah, stand er auf, klopfte an die Scheibe und winkte ihnen zu. Maggie und Charles blieben stehen, winkten zurück und gingen dann weiter.

Er hatte erst einige Zeilen zustande gebracht, als er sich zurücklehnte und hinaus in den Garten zu dem kleinen Pavillon schaute, der mittlerweile von zwei Gemüsebeeten umsäumt war. Ein Gefühl tiefer Zufriedenheit erfüllte ihn.

Seit James Holden ihn besucht hatte, kam ihm zu Bewußtsein, war er wohl zum ersten Mal in seinem Leben glücklich. Nicht ganz und gar, aber doch zum größten Teil. Endlich hatte er eine Vorstellung davon, wie sein weiteres Leben verlaufen würde. Es war nicht besonders aufregend, doch andererseits erwarteten ihn auch keine unangenehmen Überraschungen.

Doch bevor er endgültig den Blick auf die Zukunft richten konnte, mußte er zurück nach Screehaugh, um sich zu vergewissern, daß seine

Vermutungen richtig waren. Es gab immer noch Momente, in denen er zweifelte. Und diese Zweifel mußten ein für allemal beseitigt werden.

Als Joe sich wieder seinem Artikel zuwenden wollte, sah er, wie ein Auto die Auffahrt zum Haus hinaufkam. Er dachte zunächst, daß es wieder Holden sei, der diesmal Beecham mitbrachte. Aber es war kein Taxi, sondern ein altes Auto.

Als der Wagen vor dem Haus hielt, stand Joe bereits an der geöffneten Haustür. Ihm stockte für einen Moment der Atem, als die Fahrerin ausstieg. Er sah sie ungläubig an und trat dann auf sie zu.

»Hallo, Joe. Ich ... ich hätte nicht gedacht, daß ich das Haus finden würde. Du bist wohl ziemlich überrascht ...«

»Ja, das bin ich wirklich, Carrie. Aber ... aber komm doch herein.«

Sie folgte ihm durch den kleinen Flur in das Wohnzimmer. Unfähig, auch nur ein Wort zu sprechen, wies er auf einen Sessel.

»Ein wunderschönes Haus ist das.«

»Ja. Es gehört nicht mir, sondern ... Miss LeMan. Ich wohne nur hier.«

Er sah sie an und fragte sich, was sie von ihm wollte, warum sie gekommen war. Und das ausgerechnet jetzt, wo es ihm besserging. Doch was auch immer der Grund sein mochte, es hatte nicht die Auswirkung auf ihn, die er sich noch vor einigen Monaten vorgestellt hatte. Sie war noch immer schön, aber dennoch hatte sie sich verändert. Sie strahlte eine Art von Gelassenheit aus. Nein, das war nicht das richtige Wort ...

»Du fragst dich bestimmt, warum ich hergekommen bin.«

»Ja, allerdings.«

»Geht es dir besser? Ich meine, bist du wieder gesund?«

»Ja, ich bin wieder gesund.«

»Es tat mir leid zu hören, daß es dir so schlecht ging.«

»Danke.«

»Ich wollte dich nur noch einmal sehen, bevor ich . . . nun, bevor ich gehe.«

»Willst du verreisen?«

»Nein . . .« Sie lächelte ihn an. »Nicht verreisen.« Sie blickte zu Boden. »Es ist mir noch nie so schwergefallen, es jemandem zu erklären, wie bei dir. Ich kann mich noch daran erinnern, daß ich es einmal versuchte, aber da hattest du es . . . falsch verstanden. Ich möchte er . . . Oh, Joe, setz dich bitte. Ich kann besser mit dir reden, wenn du nicht wie ein Lehrer auf mich herabsiehst.«

»Entschuldige bitte.«

»Es geschah, nachdem Vater gestorben war. Ich glaube, es war sein Tod und der Krieg, die Verwüstungen durch all die Bombenangriffe. Ich habe Seite an Seite mit einer Nonne gearbeitet. Sie machte kaum eine Pause, kümmerte sich tage- und nächtelang um die Verletzten. Man konnte fast meinen, sie sei kein normaler Mensch. Als sie sich einmal um ein Kind kümmerte, das wirklich in einem erbarmungswürdigen Zustand war, verfluchte sie die Deutschen. Dann sprach sie zu Gott und bat ihn, ihre Verwünschungen einfach zu vergessen. Ich lachte und lachte, bis ich schließlich weinte. Endlich merkte ich, daß ich schon die ganze Zeit über geweint hatte. Ich glaube, an diesem Tag hat alles angefangen. Der langen Rede kurzer Sinn, ich bin zum Katholizismus konvertiert. Das war es, was ich dir an diesem Weihnachtsabend sagen wollte: daß ich der katholischen Kirche beitreten wollte, und zwar mit ganzem Herzen.«

Joe sah sie überrascht an. »Was meinst du damit?«

Sie mußte lachen, und für einen Moment klang sie wie das Mädchen, das er einst kannte. »Halt dich jetzt gut fest, sonst trifft dich womöglich der Schlag. Ich werde ins Kloster gehen.«

»Ins Kloster?« wiederholte er ungläubig.

»Ja. Schrecklich, nicht wahr?«

»Aber ich verstehe nicht ... Warum um Gottes willen gerade du?«

»Ja, warum gerade ich? Das sagen alle. Die ganze Familie denkt, ich wäre nicht mehr ganz richtig im Kopf. Alle, mit Ausnahme von Mick.« Sie sah ihn ernst an und sagte mit leiser, aber fester Stimme: »Alles, was dir Janet in jener Nacht erzählte, war eine Lüge, Joe. Es hat nie etwas zwischen Mick und mir gegeben. Es stimmt, wir lieben uns. Es stimmt auch, daß wir das schon sehr früh gemerkt haben. Vielleicht war unsere Liebe stärker, als sie zwischen Geschwistern sein sollte. Aber das war auch alles. Weiter ging es nicht. Weißt du, seit ich ein kleines Kind war, hat sich Mick um mich gekümmert. Er dachte immer, daß ich ... anders als die anderen sei. Ich weiß jetzt, daß das seine Art war, mich vor Mutter zu beschützen. Genauso wie mein Vater mich vor ihr beschützte, als er mich zu Tante Alice schickte. Ich liebe Mick noch immer so wie damals. Aber glaub bitte nicht, daß ich deswegen ins Kloster gehe. Ehrlich gesagt ist Liebe unter Geschwistern ja nichts Neues. Ich kann mir nicht vorstellen, daß das ein so großes Verbrechen ist.« Sie mußte wieder lachen. »Ich klinge wohl nicht gerade wie eine angehende Nonne, nicht wahr?«

»Nein, da muß ich dir zustimmen, Carrie.«

»Wenn es eines gibt, was ich in der Zwischenzeit über Nonnen gelernt habe, dann das: Sie sind nur allzu menschlich. Das kannst du dir wahrscheinlich gar nicht vorstellen. Also sieh mich bitte nicht so an, als wäre ich eine potentielle Heilige. Ich hatte jedenfalls das Gefühl, daß ich ... daß ich dir das alles besser erkläre, bevor ich gehe. Übermorgen ist es soweit. Es macht dir doch nichts aus, daß ich hier bin, oder?«

»O nein, Carrie«, erwiderte Joe. »Ich bin froh, daß du gekommen bist. Es ist seltsam, denn ich wollte sowieso einige Sachen klären. Dazu gehörte auch die Sache zwischen Mick und dir.«

»Das freut mich. Mick wird erleichtert sein. Ich wollte, daß er mitkommt, aber er war anderer Meinung.«

»Wo ist er?« Joe blickte aus dem Fenster. »Wartet er nicht draußen?«

»O nein, Mick ist in Hereford. Er ... er hatte das Gefühl, daß seine Anwesenheit dich irritieren könnte. Ich sollte dir alles erklären. Aber ich weiß, daß er sich freuen würde, dich zu sehen. Weißt du, er hat in etwa denselben Weg eingeschlagen wie ich.«

»Sag bloß, er ist ein Priester geworden?«

»O nein.« Carrie lachte. »Er ist ja noch nicht einmal konvertiert. Ich meine, er ist kein Katholik geworden. Aber er ist dem Dritten Orden der Gemeinschaft des Heiligen Franziskus beigetreten. Du hast nie davon gehört?«

»Nein.« Joe schüttelte den Kopf.

»Er wird so etwas wie ein Laienprediger. Nein, kein Prediger, aber so etwas Ähnliches. Man muß ein Gelübde ablegen über ein Leben in Armut und so.«

»Er geht also in ein Kloster der anglikanischen Kirche?«

»Nein, nein! Sobald er aus der Royal Air Force entlassen wird, will er ein Radiogeschäft eröffnen. Er wird ein ganz normales Leben führen, aber er muß versprechen ... nun, regelmäßig die Kommunion zu besuchen und eine bestimmte Zeit des Tages dem Gebet vorzubehalten. Eines der Hauptziele dieses Ordens ist die praktizierte Nächstenliebe.«

Joe stand auf und schüttelte den Kopf. »Ich kann es immer noch nicht fassen. Wenn ich so zurückblicke, gab es da schon immer etwas Besonderes an Mick ... Ich verstehe ihn zumindest besser als dich.«

Sie lächelte. »Daran habe ich überhaupt keinen Zweifel. Manchmal verstehe ich mich ja selbst nicht. Aber deswegen gehe ich schließlich auch fort. Würdest du mit mir in die Stadt fahren und mit Mick reden? Er hat diese Nacht bei Janet noch immer nicht überwunden. Einmal hat er zu mir gesagt, daß er ständig versucht, seinen Haß auf Janet zu bekämpfen. Würdest du mit mir fahren? Übrigens, wo ist eigentlich Miss ...«

»Maggie? Sie besucht eine Nachbarin und hat das Kind mitgenommen.«

»Sie ... sie hat ein Kind?« Carrie war überrascht.

»Ja, aber es hat nichts mit mir zu tun.« Und beinahe hätte er hinzugefügt: Leider.

Joe wandte sich von ihr ab. Hier stand er nun

zusammen mit dem Mädchen, das er seit seiner Kindheit liebte. Und alles, was er sich in diesem Moment wünschte, war, Charles' Vater zu sein.

Schließlich sagte er: »Ja, ich werde mitkommen. Mir würde ein Stein vom Herzen fallen, wenn die Sache mit Mick geklärt werden kann. Möchtest du vielleicht noch eine Tasse Tee, bevor wir fahren?«

»Nein, besten Dank. Ich habe gerade erst zu Mittag gegessen.« Sie stand auf und sah sich um. »Das ist wirklich ein schönes Haus.«

»Schau dich ruhig um. Ich ziehe mir inzwischen meinen Mantel an.«

Als er in seinem Schlafzimmer war, betrachtete er sich kurz in dem Spiegel über der Kommode. Er lächelte, und seine Augen leuchteten. Er sah wieder lebendig aus.

Als Joe wieder nach unten ging, wartete Carrie in der Küche auf ihn. »Ich hätte Maggie gern gesehen«.

Er ging nicht darauf ein, sondern meinte nur: »Ich hinterlasse ihr eine Nachricht.« Dann verbesserte er sich und sagte: »Nein, ich werde ihr alles erzählen, wenn sie zurückkommt. O Carrie . . .« Er legte die Hände auf ihre Schultern. »Ich freue mich für dich – und für mich. Du hast mich heute wirklich zu einem glücklichen Menschen gemacht.«

Er beugte sich vor und küßte sie auf die Stirn. Schließlich verließen sie gemeinsam das Haus.

Fast zwei Stunden später kam Joe wieder zurück. Seine Unterhaltung mit Mick war nicht so gelöst gewesen wie die mit seiner Schwester. Er und Joe schienen sehr verlegen, nicht so sehr wegen jener Nacht, sondern wegen der Gründe, die Bruder und Schwester dazu veranlaßt hatten, so religiös zu werden. Mit Carrie hatte er relativ leicht über all dies sprechen können. Nur bei Mick hatte er das Gefühl, als gäbe es da eine unsichtbare Barriere. Erst als er den beiden zuhörte, wie sie sich über ihren Glauben unterhielten, wurde ihm klar, daß sich die Menschen, die ihm einst so viel bedeutet und die keinerlei Bildung genossen hatten, ihm gedanklich weit überlegen waren. Sie sprachen über Dinge, die er wohl nie nachvollziehen konnte.

Doch nun war er wieder zurück. Er hatte den Bus ins Dorf genommen und war die letzten Kilometer gelaufen. Wenn ihn an diesem Nachmittag eine große Freude erfüllte, so war es nun schon fast eine Euphorie. Er lief in die Küche und rief: »Maggie! Maggie!« Wie blind er doch gewesen war! Und was hatte dieses Mädchen nicht alles für ihn getan. Sie mußte ihn sehr lieben. Schon von Anfang an hatte sie ihn geliebt. Aber was war mit diesem Kind? Und wer war der Vater? Er mochte den Jungen, er liebte ihn sogar. Ja, er liebte ihn wirklich. Doch wer war er schon, daß er ihr solche gemeinen Vorwürfe machen konnte?

»Maggie! Maggie!« Er ging ins Wohnzimmer. Sie war anscheinend immer noch nicht zurück. Nun, dann würde er ihr eben entgegengehen.

Er lief zu dem Anwesen der Cuthberts hinüber. Schon von weitem konnte er das Bauernhaus sehen, und der Wind trug das Quaken der Enten und Gänse zu ihm hinüber. Er war ganz außer Atem, als er den Hof erreichte.

Im gleichen Moment trat Donald Cuthbert aus dem Wohnhaus. Als er Joe sah, kam er auf ihn zu.

»Ich wollte Maggie entgegenkommen. Ist sie bei Ihnen?« fragte Joe.

»Nein, schon lange nicht mehr. Was ist denn passiert? Hatten Sie Streit?«

Joe blickte ihn verwirrt an. »Was soll das heißen? Wie kommen Sie denn darauf, daß wir Streit hätten?«

»Irgendwas hat sie auf jeden Fall aus der Fassung gebracht. Als sie heute nachmittag kam, war sie ganz normal. Wissen Sie, meine Mutter hat Geburtstag, und ich fragte Maggie, ob Sie nicht vielleicht auf eine Tasse Tee vorbeikommen wollten. Also ließ Maggie ihr Kind da und wollte Sie holen gehen.«

»O mein Gott!«

»Was haben Sie gesagt?«

»Nichts. Haben Sie vielleicht eine Ahnung, wo sie hingegangen sein könnte?«

»Nein, überhaupt nicht. Sie war eine ganze Weile weg, und als sie wiederkam, hatte sie den Wagen bis unter das Dach beladen. Sie schnappte sich ihr Kind und murmelte etwas davon, daß sie noch etwas Wichtiges erledigen müsse. Dann fuhr sie weg. Ich habe ihren Wagen im Hof stehen sehen. Ich sage Ihnen, er sah aus, als hätte sie alles, was sie nur greifen konnte, in Windeseile in den Wagen gepackt.«

»Aber sie hat keine Andeutung darüber gemacht, wo sie hinwollte?« Dann schüttelte Joe den Kopf. »Nein, sicher nicht.«

»Können Sie sich vorstellen, warum sie plötzlich so aufgeregt war?«

Joe sah den Mann an. »Ja. Eine alte Freundin kam unerwartet zu Besuch. Maggie muß wiedergekommen sein, während wir uns unterhielten. Wahrscheinlich hat sie etwas falsch verstanden.«

»Das passiert schon mal. Besonders bei Frauen.« Mr. Cuthbert holte tief Luft. »Schade, daß ich Ihnen nicht weiterhelfen konnte. Wir alle mögen Maggie sehr gerne. Als sie damals zu ihrer Tante zog, war sie so rund wie ein Ball. Aber sie war nett und immer guter Laune.«

»Ja . . .«, murmelte Joe gedankenverloren. »Besten Dank. Und richten Sie Ihrer Mutter bitte meinen herzlichen Glückwunsch aus. Es tut mir leid, daß ich nicht zu ihrer Feier kommen konnte.«

»Das geht schon in Ordnung. Wir haben eh nur eine Tasse Tee gemeinsam getrunken. Aber sie macht sich um Maggie Sorgen. Ich werde ihr sagen, was geschehen ist. Und was werden Sie jetzt tun?«

»Ich weiß es nicht. Aber wahrscheinlich erst einmal nach Maggie suchen. Ja, ich werde sie suchen, und ich werde sie finden.«

»Ja, bestimmt. Sie kann mit einer Tankfüllung nicht weit kommen. Irgendwann muß sie anhalten.«

»Ja, Sie haben recht. Besten Dank, Donald.«

»Ich wünschte, ich könnte mehr für Sie tun.«

Joe erwiderte nichts darauf. Wortlos drehte er sich um.

Er rannte nicht. Wozu auch? Es hatte sowieso keinen Zweck. Als er wieder im Haus war, sah er sich um. Wieso war ihm vorhin nicht aufgefallen, daß kein Spielzeug mehr herumlag und die Babyflaschen verschwunden waren? Er ging langsam ins Wohnzimmer und starrte vor sich hin. Was sollte er jetzt tun? Wo sollte er nach ihr suchen? Er hatte doch nicht ahnen können, daß sie gerade in dem Moment wiederkam, als Carrie da war. Und vor allen Dingen: Was hatte sie gehört?

Joe setzte sich niedergeschlagen an den kleinen Tisch, der unter dem Fenster stand. Und da entdeckte er den Umschlag, auf dem sein Name stand: *Joe.* Er riß ihn auf und holte ein Blatt Papier hervor. Nun erfuhr er, was sie gehört hatte, denn sie schrieb:

»Du brauchst nicht mehr nach Hause zu kommen und mir alles zu erklären. Ich habe Dir zum letzten Mal geglaubt. Ich möchte Dich nicht mehr wiedersehen, also bitte ich dich, uns zu verlassen. Ich werde nicht eher nach Hause kommen, bevor Du gegangen bist. Und tu mir einen Gefallen: Lebe Dein eigenes Leben und laß mich dabei aus dem Spiel.«

Keine Anrede, keine Unterschrift.

»O Maggie, Maggie!«

Er las den Brief wieder und wieder. Doch eines fiel ihm auf. Wenn sie erst wiederkommen wollte, sobald er gegangen war, konnte sie nicht weit sein. Warum passierten immer ihm solche Dinge? Warum konnte er nicht wie alle anderen Menschen ein ganz normales Leben führen? Aber führten die anderen wirklich ein ganz normales Leben? Kannte er überhaupt jemanden, der ein normales Leben führte? Er brauchte sich doch nur seine Familie anzusehen: sein Vater, seine Mutter, Onkel Arthur, Martin, Harry. Ja, Harrys Leben war ganz normal verlaufen, bis die Götter neidisch wurden. Nur die Guten sterben jung. An dieser Weisheit war etwas dran. In diesem Moment wünschte er sich, er wäre tot . . . Nein! Das tat er nicht! Genug davon, er würde sie suchen. Egal, wie lange es dauern würde, er würde sie suchen und finden. Aber wo sollte er anfangen? Am besten in Hereford.

Er durchkämmte ganz Hereford in drei Tagen. Eigentlich war ihm diese Stadt immer sehr klein vorgekommen, doch nun schien sie von Tag zu Tag größer zu werden.

Danach versuchte Joe es in den Dörfern der Umgebung. Er fuhr von einem zum anderen mit seinem Rad und stellte diskret Nachforschungen an. Doch niemand schien von einer Miss LeMan und einem zweijährigen Kind gehört zu haben. In einigen Fällen riefen seine Nachforschungen mißtrauische Blicke hervor. Eine Dame fragte sogar, ob die junge Frau denn ein Opfer des Krieges sei. Sie waren alle Opfer des Krieges.

Joe war seit zehn Tagen allein im Haus, als zwei Briefe eintrafen. Einer war von Alec Beecham, der andere war an Maggie adressiert und, der Handschrift nach zu urteilen, von Mary Smith.

Alec Beecham schrieb ihm, daß sein neues Testament fertig ausgearbeitet war und nun vor Zeugen unterschrieben werden konnte. Dann wollte er wissen, ob Joe zu ihnen ins Büro käme oder ob es ihm lieber wäre, James Holden würde ihm das Testament bringen.

Ich werde erst wieder zurückkehren, wenn Du fort bist. Nun könnte er gehen. Er könnte nach Newcastle fahren, um das Testament rechtskräftig zu machen. Schließlich könnte er bei der Gelegenheit auch ein letztes Mal zum Haus gehen, um dort alles für einen eventuellen Verkauf vorzubereiten. Und wenn Maggie erfuhr, daß er weg war, käme sie bestimmt wieder zurück. Er war sich sicher, daß sie irgendwo sein mußte, von wo aus sie ihn beobachten konnte. Oder es gab jemanden, der sie unterrichtete. Nun, er würde für eine Woche verreisen und dann wieder zurückkommen. Was sie auch geschrieben hatte, er wollte nicht so leicht aufgeben. Im Grunde genommen mußte sie inzwischen eine Ahnung davon haben, wie es um ihn und Carrie wirklich stand. Warum machte sie es nur so schwierig? Wollte sie ihn wirklich loswerden? Nein! Er schüttelte bei diesem Gedanken den Kopf. Sie schien so glücklich gewesen zu sein – zumindest bis vor kurzem. Er konnte nicht genau sagen, wann sich ihre Stimmung geändert hatte, aber er war fast sicher, daß es seit Holdens Besuch war. Irgend etwas war geschehen, das ihre Einstellung verändert hatte. Aber was war es? Hatte er irgend etwas gesagt, was sie verletzt haben könnte? Er erinnerte sich daran, Holden gesagt zu haben, daß eine Ehe mit ihr für ihn nicht in Frage kam. Hatte sie das vielleicht mit angehört?

Er war taktlos und vollkommen ohne Einfühlungsvermögen gewesen. Wann würde er denn endlich erwachsen werden? Und vor allen Dingen: Wann würde er aufhören, nur an sich und seine Vergangenheit zu denken? Als Kind hatte er geweint, weil er Carrie nicht sehen durfte. Als er schließlich gemerkt hatte, daß seine Mutter wahnsinnig war, war er vor seiner Verantwortung geflohen, hatte es sogar beinahe geschafft. Und als er herausfand, daß seine Jugendliebe für den eigenen Bruder mehr empfand als für ihn, hatte er einfach aufgegeben. Er war wirklich der Meinung gewesen, daß dies alles zuviel für ihn war. Und wer hatte in dieser Zeit zu ihm gestanden? Wer hatte sich um ihn gekümmert, als er in der Masse der Soldaten unterzugehen drohte? Ein kleines, dickes Mädchen. Er war so undankbar gewesen, daß er von Anfang an versucht hatte, seine Freundschaft zu ihr vor den anderen zu verbergen. Es war sie, die sich durch seine stille Welt gekämpft hatte, um ihn wieder zurück in die Realität zu holen. Schließlich war sie es sogar gewesen, zu der er zurückgekehrt war, nur um sie wegen des Kindes vor den Kopf zu stoßen. Abgesehen von Lizzie war es Maggie gewesen, dieses kleine, unscheinbare Mädchen, die ihn all die Jahre vor dem Untergang bewahrt hatte. Und nun mußte sie den Eindruck gewonnen haben, daß er sich einer anderen zuwandte und sie und das Kind im Stich ließ.

Was mußte sie nur von ihm denken?

8.

»Ich glaube, Sie machen einen großen Fehler.«

»Vielleicht, aber ich habe mich nun mal entschlossen, den Besitz zu verkaufen.«

»Das Haus ist in einem schrecklichen Zustand. Man sollte es erst renovieren, bevor wir es auf dem freien Markt anbieten.«

»Nein, verkaufen Sie es, wie es ist. Der Preis spielt dabei keine Rolle.«

»Warum überlegen Sie es sich nicht noch einmal?«

»Sie haben doch selbst gesagt, daß das Haus baufällig ist. Warum also noch länger warten?«

Alec Beecham seufzte ungeduldig. »Es könnte doch ein wunderbares Anwesen sein«, gab er zu bedenken.

»Das war es einmal, aber für mich wird es das nie

wieder sein. Zu viel ist dort geschehen«, erwiderte Joe.

»Überall ist viel geschehen!«

»Ja, da haben Sie vielleicht recht. Trotzdem fahre ich noch heute nach Screehaugh und werde Mary verabschieden. Sie war eine gute Hilfe.«

»Gut ist wohl nicht gerade das richtige Wort. Sie hat all die Jahre dort draußen gelebt, mehr oder weniger ganz allein. Ein Wunder, daß sie das so lange ausgehalten hat. Ich denke, man sollte sie für ihre Mühe entschädigen. Möchten Sie, daß ich mich darum kümmere?«

»Nein, das nehme ich selbst in die Hand.«

»Wie Sie wünschen.«

Alec Beecham stand auf und reichte seinem Klienten die Hand. Er war ein schwieriger Mensch. In bezug auf seine Mutter war er immer sehr uneinsichtig, fast schon stur gewesen. Das war leider eine sehr tragische Geschichte gewesen, deren Hintergründe er bis heute noch nicht kannte. Und was das Haus anging, war er fast genauso störrisch. Er war wirklich ein seltsamer Mensch. Daß er seinen Titel ablegen wollte, war Mr. Beecham ebenfalls unverständlich . . .

Joe konnte sich vorstellen, was der Anwalt von ihm dachte. Lächelnd sagte er: »Ich bin für Sie eine richtige Plage, nicht wahr? Sie hatten es noch nie leicht mit mir.«

Doch Alec Beecham wies diese Behauptung, obwohl sie stimmte, weit von sich. »Unsinn! Sie hatten nur eine schwierige Zeit. Ich möchte Sie nochmals bitten, sich gut zu überlegen, ob Sie den Besitz wirklich verkaufen möchten. Ich hatte schon immer eine Schwäche für Screehaugh. Ich habe Sir Arthur immer um dieses Haus beneidet und jede Einladung zur Jagd mit Freuden angenommen.«

Ohne ein weiteres Wort verließ Joe die Kanzlei. Es gelang ihm nicht, einen Taxifahrer dazu zu überreden, ihn den weiten Weg nach Screehaugh zu fahren. Also nahm er den Zug nach Consett und konnte dort am Bahnhof schließlich ein Taxi mieten.

Joe hatte erwartet, daß der Besitz etwas heruntergekommen sein würde. Doch daß es so schlimm war, hatte er nicht erwartet. Er konnte sich an seinen letzten Besuch nicht erinnern, daher verglich er den derzeitigen Zustand des Anwesens mit dem damaligen, als er Screehaugh verlassen hatte. Das war der Tag gewesen, als er weinend in Micks Armen gelegen hatte.

Das Haus selbst sah furchtbar aus: Einige Fenster waren zerbrochen und die Front rauchgeschwärzt.

Joe ging über den zugewucherten Hof zur Hintertür, doch sie war verschlossen. Joe blickte nach oben und fragte sich, ob Mary schon gegangen war. Alec Beecham hatte ihm zumindest nichts davon gesagt.

Wind kam auf und ließ die Tür einer Pferdebox in den Angeln quietschen. Joe erschauerte. Der Tag war kühl, aber die Kälte schien hier noch durchdringender zu sein.

Er blickte durch das Küchenfenster, wobei er sein Gesicht, von beiden Händen beschattet, gegen die Scheibe drückte. Es schien alles sauber und aufgeräumt zu sein. Im Kamin glommen noch einige Holzscheite. Mary konnte also noch nicht lange fort sein. Joe schob rasch sein Taschenmesser zwischen den Spalt der oberen und unteren Fensterhälfte, löste die Verriegelung und schob das obere Fenster hoch. Dann kletterte er hinein.

Die Küche wirkte aufgeräumt, obwohl das Regal bis auf wenige einfache Teller und Tassen kein Porzellangeschirr mehr enthielt. Auch die Kupferpfannen waren verschwunden, ebenso wie die Hufeisen, die am Kaminsims hingen.

Joe wollte die Küche verlassen und in die Halle gehen, blieb jedoch in der Tür stehen. Die Mittagssonne schien durch das Fenster auf den Boden, der einst so glänzte, daß man sich fast darin spiegelte. Nun wiesen nur noch häßliche Flecken darauf hin, wo früher Möbel gestanden hatten.

Als er vor dem Kamin in der Halle stand, konnte er sehen, wo das Feuer ausgebrochen war. Die ganze Wand war rußgeschwärzt, und der Eichenbalken, der den Sims hielt, war verkohlt. Wie James Holden bereits gesagt hatte: Es war ein Wunder, daß nicht das ganze Haus niedergebrannt war. Schade, daß es nicht so gekommen war.

Der Salon war genauso kahl wie das Eßzimmer. Erst als er durch das Billardzimmer in Onkel Arthurs ehemaliges Arbeitszimmer ging, sah er, wo die Möbel untergebracht waren. Auf dem Billardtisch, der von Sesseln, Sofas, Schreibtischen und Schränken umgeben war, stapelten sich die Teppiche. Es war ein seltsames Bild, da die Ansammlung dieser Einrichtungsgegenstände bis fast unter die Decke reichte.

Dasselbe Bild bot sich ihm in der Bibliothek.

Langsam ging er die Treppe hinauf und stand schließlich in dem Korridor, an dessen Ende jener Raum lag, den er noch einmal betreten mußte.

Als Joe die Tür zu dem Zimmer seiner Mutter aufriß, erwartete er sie beinahe aufgerichtet im Bett vorzufinden, obwohl er sich nicht daran erinnern konnte, sie einmal so gesehen zu haben. Er wußte nur noch, wie er ihre Bettdecke zurückgeschlagen und sie im Mantel vorgefunden hatte. Das Bett war abgezogen, nur die Matratzen lagen noch auf dem Gestell. Außer dem Kleiderschrank befand sich auch kein einziges Möbelstück mehr in diesem Raum.

Joe ging im Zimmer umher und prüfte, ob nicht irgendwo ein loses Brett in der Wand oder auf dem Boden war, das einen Hohlraum verbergen konnte. Er rückte sogar das Bett vor und untersuchte dort den Boden, fand aber nichts.

Dann betrachtete er den Kleiderschrank. Es war ein holländisches Möbelstück, das in seinem Inneren keine einzelnen Fächer aufwies. Das Oberteil war flach und wies außer an der Stirnseite keine Verzierungen auf. Er sah nach, ob das, was er suchte, vielleicht auf dem Schrank lag. Doch auch dort war es nicht.

Es mußte aber doch irgendwo sein. Was waren sonst noch für Möbelstücke in diesem Raum gewesen? Der Waschtisch mit der Marmorplatte, ein Schminktisch mit zwei kleinen und einer großen Schublade und schließlich der Sekretär.

Er ging zum Fenster, das man wegen seiner merkwürdigen Form auch das Dreiecksfenster nannte. Es war nicht mehr als einen Meter breit und ließ sich nur nach außen öffnen. Während er hinaussah, erregte die Regenrinne seine Aufmerksamkeit.

Joe öffnete langsam das Fenster. Dann beugte er sich so weit wie möglich hinaus, um in die Öffnung der Rinne zu schauen. Doch er konnte nichts erkennen, da sie verrostet und voller Blätter war.

Er hielt sich mit der einen Hand am Fensterrahmen fest und beugte sich so weit vor, daß er mit der anderen in die Öffnung des Rohrs greifen konnte. Außer einer Handvoll schwarzer, verrotteter Blätter förderte er nichts zutage. Er richtete sich wieder auf, entledigte sich seines Mantels, krempelte die Ärmel hoch und versuchte es noch einmal. Diesmal konnte er tiefer in das Rohr hineingreifen – und er fand das, wonach er suchte. Seine Finger ertasteten die Form eines hölzernen Kolbens. Joe griff zu und versuchte daran zu ziehen, aber ohne Erfolg. Auch der zweite Versuch schlug fehl.

Als Joe sich erneut aufrichtete, atmete er schwer. Schweißperlen hatten sich trotz der Kälte auf seiner Stirn gebildet. Er mußte die Waffe herausholen, sonst konnte er das Haus nicht verkaufen. Der zukünftige Eigentümer würde bestimmt die Rohre erneuern lassen. Und was würde geschehen, fände man das Gewehr? Seit der Krieg beendet war, brachten die Zeitungen alles heraus, was sich gerade anbot. Joe malte sich in Gedanken schon die Schlagzeile aus: Hühnerdiebe fälschlicherweise des Mordes beschuldigt!

Er streckte seinen Arm wieder in die Öffnung, doch sosehr er auch zog, die Waffe rührte sich nicht.

Enttäuscht zog Joe seinen Mantel an. Plötzlich begann er zu lachen. Er drehte sich zu dem Bett um.

»Du hast es von Anfang an darauf angelegt, daß ich das Gewehr finde. Das war sozusagen dein letzter Trumpf.«

In diesem Moment rief jemand seinen Namen. Zu Tode erschrocken wirbelte er herum.

»Himmel, Master Joe, ich dachte schon, Sie

wären ... Ich habe von der Straße aus gesehen, wie Sie sich aus dem Fenster beugten.«

»O Mary ...« Er fuhr sich mit der Hand über die Stirn.

Die Haushälterin trat auf ihn zu und fragte verlegen: »Habe ich Sie erschreckt?«

»Natürlich haben Sie mich erschreckt, Mary!«

Sie ging an ihm vorbei zum Fenster und schaute nach unten. »Haben Sie etwas gesucht?«

Er starrte sie an. »Ich ... ich glaube, das Fallrohr ist verstopft. Es ist voller Blätter. Ich ... ich habe es nur wieder frei gemacht.«

»Es ist schon sehr lange verstopft, Master Joe.« Er blickte sie entsetzt an, und obwohl er ungläubig den Kopf schüttelte, sagte ihm eine innere Stimme: Sie weiß es! Mary weiß es!

Und plötzlich hörte er sich mit kaum wahrnehmbarer Stimme fragen: »Sie wissen es?«

»Ja, Master Joe. Ich weiß es.«

»Und ... und Sie haben nichts unternommen? Sie haben sich trotzdem um sie gekümmert?«

»Wissen Sie, am Anfang habe ich es nicht geglaubt. Sie hatte oft Alpträume, in denen sie schrie: ›Seht zu, daß die Regenrinne verschwindet!‹ Kurz bevor sie dann starb, war sie noch einmal bei klarem Verstand, und ... und da hat sie es mir erzählt. Sie hat mir alles erzählt. Und sie sagte immer wieder, sie hätte es nur für Sie getan. Doch nach einer Weile kam ich darauf, warum sie es wirklich getan hat. Es war nur zu einem geringen Teil Ihretwegen. Hauptsächlich hatte sie es nur für sich getan. Sie war jahrelang Herrin in diesem Haus und konnte einfach den Gedanken nicht ertragen, es verlassen zu müssen. Wissen Sie, Master Joe ... in dieser Nacht hätte ich sie beinahe umgebracht. Das einzige, was mich davon abhielt, war ihr nahendes Ende. Sie hat etwas Furchtbares getan, Master Joe, aber sie hat auch dafür bezahlt. O ja, das hat sie wirklich. Als ich sie tot in ihrem Bett liegen sah, löste sich mein Haß in nichts auf. Sie war nie ein sehr glücklicher Mensch gewesen und hatte in den letzten Jahren die Hölle durchgemacht ... Wann haben Sie es herausgefunden, Master Joe?«

Er holte tief Luft. »In der Nacht, als sie die Morde beging. Ich habe gesehen, wie sie zurückkam, und überraschte sie dabei, angezogen im Bett zu liegen.«

»Auf ihre Art war Ihre Mutter eine gerissene Frau. Wenn Sie sie nicht durchschaut hätten, so hätte sie wahrscheinlich weitergelebt, als wäre nichts geschehen, und niemand hätte je etwas davon erfahren. Aber was dieses Rohr angeht ... Ich habe mir darüber Kopfzerbrechen bereitet. Letztes Jahr habe ich versucht, das Gewehr herauszuziehen. Nein, eigentlich habe ich meinen Arm hineingesteckt, nur um mich zu vergewissern, daß meine Vermutung richtig war. Manchmal, wenn ich so ganz allein hier oben war, hätte es mich nicht gewundert, wenn ich genauso verrückt geworden wäre.«

»Das kann ich gut verstehen, Mary. Ich bewundere Sie, wie Sie das alles ausgehalten haben.«

»Nun, ich hatte keine andere Wahl. Entweder mußte ich bleiben oder zu meiner Mutter in die Munitionsfabrik gehen. Hierzubleiben war das kleinere Übel. Ich war sozusagen mein eigener Herr. Aber um noch mal auf das Rohr zurückzukommen ... Ihr Anwalt hat mir erzählt, daß Sie das Haus vielleicht verkaufen möchten. Ich denke, vorher sollten wir uns noch um das Gewehr kümmern.« Sie blickte aus dem Fenster hinaus. »Was geschehen ist, ist geschehen. Lassen wir die Vergangenheit ruhen. Ich war nie ein Mensch, der gerne Unruhe stiftet. Ich habe mir schon oft überlegt, daß ich vielleicht mit etwas Hilfe das Rohr abmontieren könnte. Allein habe ich es nicht geschafft.«

»Meinen Sie denn, wir schaffen es gemeinsam?«

»Bestimmt, Master Joe. Aber ... aber lassen Sie uns erst in die Küche gehen und eine Tasse Tee trinken.«

Zehn Minuten später saßen sie einander am Küchentisch gegenüber, und wieder schaffte es Mary, ihn aus der Fassung zu bringen. »Wie geht es denn Maggie und dem Baby? Ich wette, der Kleine wird Ihnen von Tag zu Tag ähnlicher.«

»Ähnlicher?! Was meinen Sie damit?«

»Na ja, warum sollte er auch nicht?« Mary blickte ihn erstaunt an. »Habe ich jetzt etwas Falsches gesagt? Mir ist es egal, ob Sie heiraten oder nicht. Ich ... ich meine, Sie wissen selbst, was für Sie am besten ist. Aber als Maggie das Kind von Ihnen bekam, da ...«

»Mary!« Er sprang auf und beugte sich zu ihr hinüber, wobei er Mary so wütend ansah, daß sie erschrocken zurückwich. »Was zum Teufel erzählen Sie da?!«

Mary stand hastig auf und stellte sich hinter ihren Stuhl. Er war verrückt, genauso verrückt wie seine Mutter. »Aber es ist Ihr Kind, Master Joe, und ich dachte ...«

»Mary, erzählen Sie keinen Unsinn! Es ist nicht mein Kind.« Dann fügte er leise hinzu: »Ich würde viel darum geben, wenn es so wäre.«

»Na ja, ich habe einfach zwei und zwei zusammengezählt, und demnach ist Charles Ihr Sohn.«

Er setzte sich langsam hin und starrte sie an. »Mary, jetzt erzählen Sie mir doch einmal, wie Sie darauf kommen, daß ich der Vater bin.«

Mary nahm wieder Platz und begann vorsichtig zu erzählen. »Als Sie damals desertiert waren, kam Maggie hierher, um nach Ihnen zu suchen. Sie war schon hier, bevor Sie kamen. Wir fanden Sie schließlich im Zimmer Ihrer Mutter. Sie standen vor dem Bett, und sie schrie wie am Spieß. Sie waren sehr merkwürdig, haben kaum etwas gesagt und auch überhaupt nicht reagiert. Der Arzt, den wir daraufhin holten, sagte uns, daß Sie sehr krank seien. Also brachten wir Sie ins Bett, und Maggie hielt in dieser Nacht bei Ihnen Wache.« Sie schaute zu Boden. »Ihre Mutter hatte eine schlimme Nacht, es war schrecklich. Ich ging hinauf, um nach ihr zu sehen. Und da habe ich mir gedacht, ich schaue auch mal bei Ihnen vorbei. Da habe ich dann gesehen, wie Sie mit Maggie im Bett lagen.« Leise fügte sie hinzu: »Sie lag in Ihren Armen und war genau wie Sie fest eingeschlafen.«

»Herr im Himmel!« Er legte den Kopf zurück und schaute zur Decke hinauf. Dann sprang er auf und rief: »Wenn Sie noch nie in Ihrem Leben einen Idioten gesehen haben, hier steht ein Prachtexemplar vor Ihnen!«

»Nun, das würde ich nicht unbedingt sagen«, entgegnete Mary lächelnd.

»Ich aber schon. Ich habe ihr vorgeworfen, zumindest in Gedanken, sie wäre fremdgegangen. Und jetzt denkt sie . . . O mein Gott! Kein Wunder, daß sie gegangen ist.«

»Gegangen ist?«

»Ja.« Er nickte. »Carrie hatte mich besucht, und Maggie muß davon einen falschen Eindruck bekommen haben . . .«

»Aber Carrie geht doch ins Kloster!«

»Ja, das weiß ich, aber Maggie weiß es noch nicht. Und sie schien jetzt wohl ein für allemal genug zu haben.«

»Was für ein Durcheinander! Aber das sieht Carrie wieder einmal ähnlich. Unruhe stiften konnte sie schon immer gut. Und ausgerechnet sie will Nonne werden! Als unsere Mutter davon hörte, hat es ihr schier den Boden unter den Füßen weggezogen. Seitdem redet sie kein Wort mehr mit ihr. Es war schon schlimm genug, daß sie katholisch wurde. Aber eine Nonne? Irgend jemand muß sie dazu überredet haben. Das meint zumindest meine Mutter. Und Mick ist beinahe genauso schlimm. Aus ihm ist auch so ein heiliger Apostel geworden.«

Die gute Mary! In gewisser Weise hatte sie Ähnlichkeit mit Maggie. Sie brachte auch immer alles auf den Boden der Tatsachen zurück. Nun hatte sie es auch bei ihm geschafft. Charles war sein Kind? Er konnte es einfach nicht fassen. »Ich muß wieder zurück, Mary. Bringen wir also die Sache mit dem Rohr hinter uns.«

»Ja, Master Joe. Bringen wir es hinter uns.«

Sie benötigten fast zwei Stunden, um die rostigen Schrauben zu entfernen. Und als das Rohr schließlich auf dem Boden lag und sie das Gewehr aus ihm herausgezogen hatten, sagte keiner von beiden ein Wort. Das Gewehr war vollkommen verschmutzt von alten, fast schon zersetzten Blättern. Als Mary es aufheben wollte, hielt Joe sie davon ab, nahm ein

Taschentuch und hob es am Kolben hoch. »Holen Sie eine Schaufel, Mary.«

In dem kleinen Wald grub er ein schmales Loch, einen knappen Meter tief. Dann legte er schweigend das Gewehr hinein.

Joe hatte den Taxifahrer gebeten, ihn in drei Stunden wieder abzuholen. Er mußte also jeden Moment kommen. Sie hatten sich in die Küche gesetzt und warteten auf ihn.

»Ich freue mich wirklich, daß Sie heiraten wollen, Mary. Und wenn ein Mensch alles Glück der Erde verdient, dann sind Sie es.«

»Ich werde schon glücklich werden, keine Angst, Master Joe. Er ist ein guter Mann. Ich habe lange gewartet ...« Bei diesen Worten mußte sie lachen. »Aber ich bin mir sicher, daß ich die richtige Wahl getroffen habe. Er war schon einmal verheiratet. Seine Frau ist bei einem Bombenangriff in Liverpool umgekommen. Er humpelt ein wenig, weil er verwundet wurde. Wir werden wohl einen Zigaretten- und Zeitschriftenladen aufmachen. Er trifft sich nächsten Montag mit dem Bankdirektor, weil er schon ein passendes Geschäft gefunden hat. Es ist ein kleiner Laden in Gateshead.«

»Darf ich fragen, wieviel er kosten soll?«

»Oh, jede Menge, Master Moe. Aber mein Verlobter wird das Geld schon bekommen. Er hat hundertfünfzig Pfund gespart, und ich habe auch etwas zurückgelegt. Ich brauchte mein Gehalt ja nie auszugeben. Wir bräuchten dann nur noch weitere zweihundert Pfund. Aber darüber mache ich mir keine Sorgen, er wird den Kredit bestimmt bekommen.«

»Ich glaube nicht, daß das nötig ist.« Er ging zum

Tisch hinüber, auf dem seine Aktentasche lag, und holte sein Scheckheft heraus. Und dann schrieb er: *Miss Mary Smith. Fünfhundert Pfund.*

Als er ihr den Scheck reichte, sah sie ihn fassungslos an. Tränen standen ihr in den Augen. »Oh . . . Master Joe. Sie brauchen mir kein Geld zu geben, weil . . .«

Er ergriff ihre beiden Hände und sagte: »Ich gebe Ihnen das als Dank für Ihre Loyalität, die Sie schon als kleines Kind diesem Hause gegenüber bewiesen haben. Für nichts anderes. Sie sind eine gute Frau, Mary, eine tapfere und gute Frau. Ich werde immer in Ihrer Schuld stehen. Aber Sie müssen mich unbedingt zu Ihrer Hochzeit einladen, damit ich diesen Glückspilz einmal kennenlernen kann.«

»Master Joe«, erwiderte sie schluchzend. »Ich . . . ich hätte nie gedacht, daß ich jemals so viel Glück haben könnte, obwohl ich immer zufrieden war. Denn was immer dieses Haus Ihnen auch angetan haben mag, Master Joe, es war ein Teil meines Lebens. Ich mußte nie Hunger leiden, mir hat es an nichts gefehlt, solange ich hier war. Und nun brauche ich mir auch um meine Zukunft keine Sorgen zu machen. Oh, Master Joe!«

Er legte seinen Arm um ihre Schultern. Und mit einem Hauch von Wehmut wurde ihm klar, wie wenig es mitunter bedurfte, um manche Menschen glücklich zu machen. Sie hatte ihm gesagt, sie wäre immer zufrieden gewesen. Sie hatte sich jahrelang fast zu Tode gearbeitet, dann hatte sie sich um eine Wahnsinnige kümmern müssen. Und selbst als sie herausfand, daß diese Wahnsinnige ihren Vater ermordet hatte, pflegte sie sie weiter und behielt das Geheimnis für sich. Es gab nicht viele Menschen auf der Welt, die wie Mary waren. Aber Gott sei Dank gab es noch solche Menschen.

Mary weinte noch immer, als er sich verabschiedete und in das Taxi stieg.

Er mußte schnellstens zu Maggie. Er nahm den Nachtzug nach Birmingham, und mit ein wenig Glück konnte er zum Mittagessen zu Hause sein.

Was wäre, wenn sie nicht da war? Aber sie mußte einfach zu Hause sein. Ja, sie mußte einfach.

9.

Es regnete in Strömen, und Joe wurde auf dem Weg von der Bushaltestelle zum Haus vollkommen durchnäßt. Aus dem Kamin kräuselte sich feiner Rauch. Joe schloß die Augen und biß sich auf die Unterlippe. Dann ging er um das Haus herum und öffnete die Hintertür.

Maggie kümmerte sich um das Kind und wollte gerade einen Teller mit Brei auf den Tisch stellen, als er die Tür öffnete. Als sie sich umdrehte und ihn ansah, verschüttete sie ein wenig vom Inhalt. Dann nahm sie einen Lappen, wischte den Brei auf und sagte gelassen: »Du hast dir aber ganz schön viel Zeit gelassen.«

Joe glaubte seinen Ohren nicht zu trauen. Seine Kehle war wie zugeschnürt, und er hatte das Gefühl, als müßten all die Dinge, die er ihr sagen wollte, jeden Moment aus ihm heraussprudeln. Und was sagte sie zu seiner Begrüßung? »Du hast dir aber ganz schön Zeit gelassen.« Er hätte beinahe laut losgelacht, beherrschte sich aber mühsam. Nun wollte er den Spieß einmal umdrehen. Er ging zum Tisch hinüber, wo das Kind schon die ganze Zeit »Joe, Joe« rief, und nahm den Jungen auf den Arm.

»Nein, nicht Joe. Das heißt Papa, hörst du? Papa!«

»Joe, Joe.«

Er sah das Kind lange und eingehend an. Dann, in einer Woge der Gefühle, drückte er Charles fest an sich und blickte zu Maggie hinüber. »Das werde ich dir übrigens nie verzeihen! Ihn so lange von mir fernzuhalten . . .«

»Ha!« Sie drehte sich zu ihm um. »Wenn du die Wahrheit wissen willst: Dein Anteil an der Zeugung war überaus gering. Du wußtest ja noch nicht einmal, daß ich bei dir war. Du dachtest nämlich, ich sei Carrie. Sonst wäre es doch nie soweit gekommen.«

Er setzte den Jungen wieder an den Tisch, wo er recht unbeeindruckt sein Frühstück fortsetzte. Dann ging Joe auf Maggie zu und nahm sie bei den Händen. »Wir . . . ich meine, ich muß dir viel erzählen, Maggie. Komm mit.« Er führte sie aus der Küche ins Wohnzimmer.

Das Feuer im Kamin qualmte ein wenig, und als er sie auf das Sofa ziehen wollte, sträubte sie sich dagegen. »Ich muß Holz nachlegen.«

»Vergiß das Holz!« Er wirbelte herum, und ehe sie sich versah, saß sie auf seinem Schoß.

Er hielt sie fest umschlungen und brachte sein Gesicht nahe an das ihre. »Wie . . . wie soll ich anfangen? Was war ich doch für ein Narr, blind und selbstsüchtig.« Sie nickte zustimmend. »Der Anfang ist doch schon mal gar nicht so schlecht.«

»O Maggie, ich schäme mich so. Wie ich dich ausgenutzt habe . . .« Dann sah er ihr fest in die Augen. »Aber das mit dem Kind hättest du mir erzählen müssen. Egal, wie die Umstände waren, du hättest es mir erzählen müssen. Wenn Mary es mir nicht erzählt hätte, wüßte ich es noch immer nicht.«

»Ja, Mary ...« Ihre Stimme klang nachdenklich. »Wir haben ihr viel zu verdanken. Ohne sie wüßte ich auch nicht, daß Carrie ins Kloster geht. Mary hat es mir in einem Brief geschrieben. Wenn es nicht so gekommen wäre, hätte ich schon längst alles gepackt und wäre fort. Und alles nur wegen ... Ich konnte es einfach nicht mehr ertragen. Ich hatte zuerst gedacht, ich ... ich könnte einfach mit dir zusammenleben, aber ich wußte, daß es nicht gutgehen würde. Das habe ich mir immer wieder gesagt. Ich mußte mich damit abfinden, daß du mich nicht liebst.«

Er nahm ihr Gesicht in beide Hände. »Aber das tue ich doch! Das tue ich doch schon lange, ich habe es nur nicht wahrhaben wollen. Ich wollte nur mit dir zusammensein. Ich war mir deiner zu sicher. Du warst da, würdest immer für mich dasein. Es war fast so, als ob wir verheiratet wären. Aber ich war mir meiner Gefühle für dich schon bewußt, bevor Carrie kam. Kurz nachdem ich James Holden so großspurig erklärt hatte, daß ich nie heiraten würde, fiel es mir wie Schuppen von den Augen. Denn wie hätte ich mich gefühlt, wenn du geheiratet hättest? Den Vater des Kindes zum Beispiel. Das wurde bei mir schon fast zu einer fixen Idee: der Vater des Kindes. Ich wollte mir einfach nicht eingestehen, daß ich auf diesen Mann eifersüchtig war. Und du hast die ganze Zeit geschwiegen. Nur weil du nicht wolltest, daß ich mich zu etwas verpflichtet fühle. Inzwischen habe ich das erkannt. Maggie, sieh mich an. Öffne deine Augen und sieh mich an.«

Erst nach einigen Sekunden kam sie seiner Bitte nach. Tränen liefen ihr über die Wangen.

»Maggie, ich bin noch nie in meinem Leben so glücklich gewesen. Und ich kann mir auch nicht vorstellen, daß ich jemals wieder so glücklich sein werde wie in diesem Moment. Ich liebe dich, liebe dich so sehr, daß ich es kaum in Worte fassen kann. Ich habe das Gefühl, als wäre ich gerade erst geboren worden. Du hast mir ein neues Leben geschenkt. O Maggie, Maggie!«

Er küßte sie so zärtlich und sanft, daß sie das Gefühl hatte, es nicht ertragen zu können.